AF308013

Martin Hagenmaier

Irreguläre Migration

Wie Abschiebungshäftlinge die Welt sehen
Mediale und politische Abgründe

Bibliografische Informationen der Deutschen Bibliothek

Die Deutsche Bibliothek verzeichnet diese Publikation in der Deutschen Natio-
nalbibliografie; detaillierte bibliografische Daten sind im Internet unter
http:/dnb.d-nb.de abrufbar.

© 2018 Martin Hagenmaier
Herstellung und Verlag: BoD – Books on Demand, Norderstedt
ISBN: 9783748148647

Umschlagsbild, Foto: Martin Hagenmaier

Inhalt

Vorwort

Eine Grundbedingung irregulärer Migration ist eine subjektive Interpretation der eigenen Wirklichkeit als anomisch in verschiedenster Hinsicht: „Gerechtigkeit" im Sinne von Chancen, Ressourcenverteilung, Zugang zu den Machtverhältnissen, Rechtssicherheit und Schaffung gefestigter Lebensgrundlagen durch Arbeit scheint nicht erreichbar. Menschen mit dieser Wirklichkeitsinterpretation unternehmen den Schritt, „innovativ" auf die Situation zu reagieren, indem sie die kulturellen Ziele, die im Umkehrschluss aus der Anomiebewertung entnommen werden können, unter Missachtung der vorgeschriebenen Mittel (Aus- bzw. Einreisegenehmigungen, Reisevorbereitungen anderer Art) zu erreichen suchen.

Die Wahrnehmung und Bewertung entsteht nicht nur in der Auseinandersetzung mit der umgebenden Sozialstruktur, sondern in Auseinandersetzung mit den verschiedenen Ebenen der globalisierten Einordnung und Verteilung weltweit. Gerechtigkeit, Menschenrechte und Ressourcenverteilung gewinnen globalen Charakter für Individuen und lassen sich nicht länger nach nationalen, regionalen oder kulturellen Grenzen definieren.

Diese Wahrnehmung ist männlich dominiert, womit nicht behauptet werden soll, dass Frauen sie nicht in ähnlicher Weise machen. Frauen scheinen, wenn sie denn eine solche Lösung in Betracht ziehen, ihre Chancen und Möglichkeiten in der Radikallösung „irreguläre Wanderung" besser und zielstrebiger einschätzen und einsetzen zu können. Männlich dominiert bedeutet, dass Männer im System der „hegemonialen Männlichkeit" in andere Konkurrenzen geraten als Frauen. Sie nehmen daher auch andere Risiken, u.a. das der Marginalisierung, auf sich: Das männliche Risiko enthält keinen Rückzugsraum und setzt alles auf eine Karte.

Vorhandene Kontakte in die Ziel(Wunsch)länder lassen die Vorstellung von anderen Lebensverhältnissen realistisch aussehen, auch wenn sie mythische Züge annehmen. Medien und Netzwerke transportieren viele „Erzählungen" und Metaerzählungen, die das Leben leichter erscheinen lassen als in der heimischen Anomie und wirtschaftlichen Not. Berufliche Sozialisation, Familiengründung, Einordnung in die Welt der verantwortlichen Erwachsenen, also die Statusübergänge der jungen Erwachsenenzeit, sind in allen Kulturen Zeiten erhöhter Mobilität und mehr oder minder radikaler Identifikations- und Selbstfindungsvorgänge. Daher sind diese Zeiten auch die, in denen sich irreguläre Migration herausbildet. In früheren Lebensaltern handelt es sich bei irregulärer Migration um jugendliches „Abhauen" oder die Auswirkungen von Entscheidungen schützender bzw. verantwortender nahestehender Personen. In höheren Lebensaltern um die Einsicht, dass das nicht alles sein kann, was das Leben bietet. Insofern unterscheiden sich Entscheidungen in diesen Bereichen der

Statusübergänge nicht von anderen Statusübergängen in öffentlich definierten und geregelten Verhältnissen.

Das bestehende irreguläre Migrationssystem erleichtert den Entschluss, den Versuch der Abwanderung zu unternehmen, zumal die Wege „gebahnt" erscheinen. Daran ändern auch die schlechten Erfahrungen in der Wirklichkeit (mit überfüllten Schrottbooten gegen teures Geld und unverschämten Schleusern, die Erfahrung des Todes auf der Wanderung durch die Sahara und auf halsbrecherischen Bootsfahrten auf dem Mittelmeer sowie Hunderttausende von Abschiebungen) nichts. Je früher die irreguläre Migration im Lebensalter beginnt, desto länger dauern die Wirrungen an und desto unlösbarer wird die Situation für alle Seiten. Im Alter von über dreißig Jahren sind die persönlichen Daten und Spuren so zahlreich, dass wenig Chancen bestehen, durch irreguläre Migration auf Dauer im Wunschland unterzukommen.

Irreguläre Migration bedeutet oft jahre-, wenn nicht jahrzehntelanges Herumirren im Dschungel von Paragrafen, weil die Zugangsländer durch umständliche bürokratische Verfahren das Bewohnen des Landes ohne Aussichten auf Zulassung und Eingewöhnung möglich machen. In der EU gebiert dieses Problem eine ‚bürokratische Verwahrlosung', in der es darum geht, die Verantwortlichkeit durch Zuständigkeitsverteilung zu umgehen. Die Kräfte werden dadurch gebunden, dass niemand für die „irregulären MigrantInnen des anderen" zuständig sein möchte. Statt politischer Entscheidungen gibt es formalisierte Endlosschleifen. Der irreguläre Migrant lebt in verschiedenen Warteräumen verschiedener Länder, die aber genau als solche definiert sind.

Weltanschauliche Positionen in der Politik und in den Flüchtlingsbetreuungsorganisationen haben es bisher nicht zugelassen, die irreguläre Migration als ein Phänomen zu betrachten, das man mit den sonstigen soziologischen und soziostrukturellen Theorien erklären kann. Wenn ein Phänomen als unerklärlich dargestellt wird, kann man es nur mit vermeintlich voraussetzungslosen Glaubenssätzen hinzunehmen versuchen oder verleugnen. Oder aber es bilden sich Einfachstthesen wie die von „Wirtschaftsflüchtling" gegen „Menschrechtsopfer". Für beide Einfachthesen lassen sich genügend Beispiele anführen, dagegen ebenso. Daher verlangt die irreguläre Migration nach dem Anschluss an die allgemeine wissenschaftliche Wahrnehmungsweise über das Handeln von Menschen in gesellschaftlich – strukturellen Wirklichkeiten oder über die Konstruktion von Wirklichkeit in einer globalisierenden Welt.

Jede denkbare Situation im menschlichen Leben kann als Migrationshintergrund dienen. Selbst die ‚klassische Flucht' ist eine aktive Handlung und keine bloße Reaktion. Die in dieser Studie aufgezeigten Gründe für irreguläre Migration sind Lebenslagen in schwierigen gesellschaftlichen und/oder persönlichen Verhältnissen, die ihre Brisanz aus der Dynamik einer globalisierten

Wahrnehmung des eigenen Platzes in der Welt und nicht nur in der je eigenen gesellschaftlichen Wirklichkeit gewinnen. Sie müssen jedoch der eigenen Gesellschaft als „ungerecht", „gewaltsam" oder „bedrohlich" angelastet werden können. Nahezu jede dem Betroffenen unlösbar erscheinende Drucksituation gesellschaftlicher Art von lebensbedrohlichen Auseinandersetzungen politischer Art, undurchschaubarer Machtausübung durch den Staat, Bedrohung durch inoffizielle Machtanmaßung, Empfinden von Rechtsunsicherheit und Benachteiligung über wirtschaftlichen Misserfolg in Nachkriegs- oder im rapiden Wandel begriffenen Gesellschaften bis in Familienkonflikte bzw. Familienkonstellationen hinein kann u.a. auch zur irregulären Migration führen. Das wird durch die globalen Verkehrsstrukturen erleichtert.

Es sind mehrheitlich nicht die Lebenslagen von marginalisierten Gruppen, die den Entschluss zur irregulären Migration grundieren, sondern eher von Menschen, die eine Idee von „Verbesserung" durch Veränderung entwickeln können. Außerdem setzen sie Mittel aus verschiedenen Quellen ein. Der Anteil derer, die sich mit ihrem Migrationsversuch gegen Konflikte in bereits erreichten gesellschaftlichen Positionen zu wehren versuchen, ist relativ gering. Meistens handelt es sich um Übergriffe unklarer Art, Diskriminierung, das Unter-Druck-Geraten durch gewaltförmige und anomische Situationen, gegen die sich Betroffene unter dem Einsatz beträchtlicher Mittel zu wehren versuchen. Bisweilen nimmt sich dies als „Rettungsversuch" aus, besonders, wenn junge männliche Familienmitglieder unter hohem Einsatz außer Landes geschafft werden. Hier ist irreguläre Migration eine Handlung von Vätern oder (männlichen) Verwandten, die um ihre Kinder – meistens um die Söhne – fürchten. Manchmal aber ist es auch die Aussendung in das gelobte Land.

Eine weitere Quelle bildet die allgemeine Frustration der Erfüllung von Bedürfnissen, die alle Menschen teilen. Wer seine Situation als anomisch interpretiert, kann sich die Teilnahme an politischen und anderen Prozessen zur Verbesserung der Erfüllungsmöglichkeiten nicht vorstellen. Das würde den Einsatz von persönlichen Ressourcen unter der Gefahr des totalen Scheiterns erfordern. Scheitern bedeutet in anomischen Gesellschaften nicht nur, sich nicht durchzusetzen, sondern wie im Glückspiel alles zu verlieren. Der „Sieger" bekommt alles, der „Verlierer" nichts. Verlierer zu sein kann das Leben kosten. Vor dieser Erfahrung des Anomischen erscheint das Risiko erträglich, dass man vielleicht beim irregulären Migrationsversuch scheitern könnte. In den Erzählungen von der ‚besseren Welt' hat nach dieser Version selbst der extreme Verlierer noch ein Leben, das von der Gemeinschaft einigermaßen garantiert wird.

Die Zuwanderungsländer versagen den irregulären Migranten genau diesen Schutz vor dem Status des extremen Verlierers. In der globalen Struktur gibt es den sozialen Ausgleich nicht, der mehr oder weniger Kennzeichen westlicher Gesellschaftstrukturen oder Systeme ist. Der Ausgleich betrifft Berechtigte, nicht Menschen allgemein. Irreguläre Migranten wollen den Status des Berechtigten erzwingen, wo sie lediglich Menschen sind. In ihren Augen sind Menschenrechte global vereinbart und zugesprochen, aber in ihren Herkunftsgesellschaften nicht umsetzbar. In westlichen Augen sollten die Hauptabwanderungsstaaten sich um die Umsetzung bemühen, damit vor allem irreguläre Migration nicht nur nicht mehr nötig, sondern nicht mehr sinnvoll ist. Das empfinden die Abwanderungsstaaten oft als Bevormundung oder gar Gewaltandrohung und interpretieren diese politische Situation als anomisch. Der irreguläre Migrant wird in dieser Wahrnehmung als einer gewertet, der mit den Bedrohungsstaaten des Westens kollaboriert. Daher wird ihm in der Herkunftsgesellschaft der Status des „Feindes", des Regimegegners oder des „unsicheren Kantonisten" zugeschrieben.

Irreguläre Migration, Anomie und der Mythos von der besseren Welt

Einführung

Die irreguläre Migration ist ein weltweites Problem und ein häufiges Thema der Medien. Nach spektakulären und aufregenden Berichten von Wanderungen biblischen Ausmaßes und halsbrecherischen, todbringenden Überquerungsversuchen des Mittelmeeres und von politischen Abwehrversuchen Europas[1] verschwindet es im Alltag – bis auf die Wellen der Aufregung, die sich manchmal bis zum Terror steigern, von „Wut-„ oder anderen „besorgten Bürgern". Dieses Muster änderte sich nach der so genannten Flüchtlingskrise 2015/2016 ein wenig. Die Abwehrversuche erzeugten Anfänge eines politischen Bebens durch nationalistische Anwandlungen, das dann in Europa irgendwie nicht so richtig auslief. Nach der „Schließung" der Balkanroute trat wieder die Lybien – Sizilien – Route, nach deren Blockade durch Italien die Straße von Gibraltar in den Mittelpunkt. Der Integration (der moslemischen) Zuwandernden wurde zum Leit- und Reizthema.

Die Migrationsversuche enden häufig in Abschiebungsbemühungen der Zielländer. Das besondere Symptom dieser Bemühungen ist die Abschiebungshaft. Hier treffen vorwiegend Männer aus allen Abwanderungsländern zusammen und sehen ihrer „Rückführung" entgegen.

Weit mehr als hunderttausend Menschen durchliefen zeitweise in Europa jedes Jahr die Abschiebungsgefängnisse. Fakten über die Abschiebungshaft, also die Zahl der Haftplätze, die Durchführung der Haft, die rechtlichen Grundlagen,

---

[1] Stellvertretend sei hier nicht Syrien genannt: Ansturm der Armen, Titel des Nachrichtenmagzins Der Spiegel, Nr. 26 vom 26.6.2006, 66-91. Als zentrale Geschichte wird hier die schließlich zum Einwanderungserfolg führende vierjährige Reise eines Migranten aus Ghana nach Spanien nachgestellt und als Folie für die Geschichte innerafrikischer gegenseitiger Ausbeutungs-, Unterdrückungs und Gewaltverhältnisse genutzt. Garniert ist dies mit afrikanischen Einsichten aus der Sicht eines Afrikaners, der es nach Europa geschafft hat. Sein Migrationsgrund waren 1000 Dollar Schulden in Accra. (75).

Sonja Margolina, Absurder Verschleiß. Miserable Integration: Deutschland ist kein Einwanderungsland, Süddeutsche Zeitung 62. Jahrgang, Nr. 150 vom 3. 7. 2006, 13. Hier steht eine Geschichte irregulärer Migration aus der Ukraine im Zentrum, die die Absurdität der ausländerrechtlichen Regelungen unterstreicht. Migrationshintergrund ist eine problematisch-tragische Familiensituation. Die Autorin spricht von einem „absurden Verschleiß an Humankapital", vor allem im Hinblick auf das Arbeitsverbot. Sie diagnostiziert einen Mangel an pragmatischer Orientierung an eigenen (nationalen gesellschaftlichen) Interessen, wie es überall auf der Welt normal sei. Den Grund erblickt sie in der aus dem Zweiten Weltkrieg und dem Holocoust abgeleiteten Viktimisierung von Migranten in Deutschland. Zudem: Steffen Lüdke, 14 Kilometer, die über Leben oder Tod entscheiden, http://www.spiegel.de/politik/ ausland/spanien-ueber-gibraltar-kommen-die-viele-migranten-in-die-eu-a-1220480.html, 28. Juli 2018.

können hier unterbleiben. Es fehlt eine genauere Differenzierung mit dem Focus auf der Frage, wer in Abschiebungshaft kommt und wie diese Personen ihre irregulären Migrationsbemühungen sehen. Allzu schnell steht die Behauptung der Inhumanität der abschiebenden Gesellschaft im Zentrum und verstellt den Blick auf die Abzuschiebenden selbst.[2] Dann kann auch nicht mehr gefragt werden, wann die Irregularität im unerwünschten Migrationsgeschehen eigentlich beginnt und ob Verhaltensweisen und soziale Zugehörigkeiten von Migranten Abschiebungshaft und Abschiebung mit verursachen.

Niemand ist nur Objekt, sondern konstruiert seine jeweilige Wirklichkeit durch eigene Bewertungen und Handlungen verantwortlich (mit). Denkbar wäre beispielsweise: Risikobereites Verhalten etwa durch bewusstes Ignorieren überall bekannter Vorschriften (Passgesetze, Einreiseformalitäten etc.), abweichendes Verhalten in der Herkunftsregion schon bei der Reiseplanung auf der einen und anomische gesellschaftliche und globale Verhältnisse auf der anderen Seite, die dieses Verhalten provozieren, das jedoch - wie in anderen Zusammenhängen - nicht jeder als Antwort auf die Anomiesituation unternimmt.

Kapitel 1 greift die Diskussion über Migration in der politischen Debatte in Deutschland nach 2015 auf und versucht sie zu verstehen. Die politische Seite trägt nahezu nichts zum Verständnis von unerwünschter, irregulärer Migration bei. Sie kreist immer wieder in Zyklen um die Fragen, ob und wie man irreguläre MigrantInnen abwehren und wer sich darin als starke(r) Anführer(in) beweisen kann.

Kapitel 2 führt daher in die Fragestellung der irregulären Migration ein und definiert die in diesem Feld gebräuchlichen Begriffe. Ziel ist der Versuch, durch die Begriffsbestimmung sicherzustellen, dass die Untersuchung nicht durch Besetzung der Begriffe Flüchtling, Migrant oder Vertriebener mit politischen Positionen aufgeladen wird. Darin ist jeweils ein moralisches Urteil enthalten. Die Begriffe werden durch die Zielländer der Migration definiert und dann politisch und verwaltungsrechtlich und –technisch verwendet. Die Migrationsforschung hat mit ihrer Suche nach Theorien über Wanderungsursachen Migration zunehmend als komplexes Geschehen dargestellt, bei dem nicht nur die Verhältnisse in der Herkunftsregion, sondern auch die Einschätzung von Verhältnissen in der Zielregion eine Rolle spielen („Schub- Sogmodell"). Die Anomietheorie von Robert K. Merton und die Motivationstheorie von Abraham

---

[2] Siehe in hochmoralisierender Form Jakob Augstein, Leben und Sterben lassen, Spiegel online vom 16. 7. 2018, 13.40 Uhr, http://www.spiegel.de/politik/deutschland/fluechtlinge-die-migrationskrise-als-krise-unserer-moral-kolumne-a-1218646.html. Allerdings habe ich dasselbe Ziel wie Augstein: Dass Menschen keine Masse, sondern Individuen sind. Ich denke aber, Individuen können nicht von jeder Art der Selbstverantwortung frei gesprochen werden, eben weil sie nicht bloß als Objekte gedacht werden können.

A. Maslow ermöglichen Zugänge zu einer vertieften Interpretation der irregulären Wanderung nach klassischen Ansätzen.

Kapitel 3 beschäftigt sich mit der Sicht der Betroffenen. Die Grundlage bilden 100 Interviews mit Abschiebungshäftlingen nach beiliegendem Interviewleitfaden. Die Interviews wurden in der Abschiebungshafteinrichtung in Rendsburg und in der JVA Kiel in den Jahren vor 2010 durchgeführt, also vor der „Flüchtlingskrise" 2015/16. Daher handelt es vorwiegend nicht um Syrer.

Die Auswahl der Interviewpartner folgte dem Zufallsprinzip. Die Betroffenen berichten über ihre Herkunft (Familie, soziales und politisches Umfeld, Sozialstatus), ihr Leben vor dem Migrationsentschluss und die Gründe für diesen Entschluss. Sie erzählen von ihren Mythen und Vorstellungen, denen sie mit ihrer Migration folgen und vom Scheitern der Migration mit seinen Folgen für Familien etc. Das Scheitern enthält tragische Züge. Im Duktus der qualitativen Methodik werden die Ergebnisse der Befragung gesichtet und bewertet. Zur Interpretation kommen die Handlungs- und Systemtheorie ebenso zum Einsatz wie auch Teile des symbolischen Interaktionismus und des Konstruktivismus. Zudem werden Grundpositionen der quantitativen und qualitativen Sozialforschung diskutiert. Diese Perspektive trägt dazu bei, das Geschehen der irregulären Migration aus gesellschaftlicher, individueller und subjektiver Sicht einem Verständnis näher zu bringen.

Kapitel 4 vergleicht die Ergebnisse der Auswertung mit der Kontrollgruppe von 10 Personen, die trotz irregulärer Anteile mit der Einwanderung (vorläufigen) Erfolg hatten. Damit wird auch deutlich, dass die mit Abschiebungshaft belegten Migranten nur die sichtbare Seite eines großen „Dunkelfeldes" darstellen, wo vor allem durch bewusste Falschidentität der Erfolg versagt bleibt und weniger exakte Vorstellungen vom Ziel der Migration diese erschweren. Zudem deutet sich an, dass kulturelle Faktoren möglicherweise mehr an den Problemen der irregulären Einwanderung beteiligt sind, als das aus politisch korrekter Sicht angenommen wird. Die theoretische methodische Notwendigkeit einer Kontrollgruppenuntersuchung lässt sich damit praktisch beweisen. Ohne die Ergebnisse dieses Interviewteils wäre die Gültigkeit der Studie in Frage gestellt.

Kapitel 5 erstellt als Abschluss und Ergebnis anhand der Anomietheorie in Verbindung mit der Motivationstheorie eine Theoriebildung über irreguläre Migration. In den Abwanderungsgebieten baut sich ein doppelter Anomiedruck auf (global und national, wobei beide eng zusammenhängen), weil die kulturellen Ziele in Formen der Mythen vom westlichen Leben und die kulturellen Ziele der je eigenen Gesellschaft mit den erlaubten Mitteln der sozialen Struktur nicht erreichbar scheinen. Die Mythen wirken in diesem Zusammenhang wie kulturelle Ziele. Der Druck wirkt auf marginalisierte und alle anderen

Gruppen. Die Randgruppen verfügen jedoch selten über die Mittel, die eine irreguläre Migration verschlingt. Daher handelt es sich um Menschen aus gesellschaftlichen Schichten, in denen Mittel zur Verfügung stehen oder zumindest beschafft werden können. Der Anomiedruck wird durch die Ungleichzeitigkeit der Gesellschaften verstärkt. Irreguläre Migration wird von beiden beteiligten Gesellschaften als nicht erlaubtes Mittel angesehen. Sie ist deviantes Verhalten, das dem Mythos der Rettung oder Selbstrettung aus unhaltbaren Zuständen folgt. Ihre innere individuelle Dynamik erhält sie aus der menschlichen Bedürfnisstruktur.

Die irreguläre Migration wird durch Annäherung an den Mythos vom „Land, in dem Milch und Honig fließen" gespeist. Der Mythos wird allerdings heruntergebrochen in

1) ein Land, wo man durch Arbeit und ohne Behinderung durch Krieg und Willkür eine Familie gründen und / oder ernähren kann, was in der Anomiesituation zu Hause nicht oder nur schwer möglich scheint.

2) ein Land, wo Gerechtigkeit herrscht und man vor aggressiver Justiz und Polizei sowie Nachstellungen, die man als ungerecht und willkürlich empfindet, sicher ist.

Dass sich gleichzeitig ein Anomiedruck in den westlichen Ländern aufzubauen beginnt, weil die Industrien durch Lohndumping „im Ausland" viele Menschen marginalisieren, erzeugt die Kreuzung der einen Anomie mit der anderen. Doch das ist nicht das Thema dieser Untersuchung.

Der Theorieteil erweitert die Anomietheorie um den subjektiven Faktor, der allerdings bei Robert K. Merton bereits intendiert ist, auch wenn Merton seine Theorie streng sozialstrukturell ausgerichtet hat. Der subjektive Faktor stellt eine Schnittstelle für die Verknüpfung der Anomietheorie mit den anderen Sozial- und Psychowissenschaften dar. Die Schnittstelle ist das Individuum in seiner Familie und gesellschaftlichen Position, das diese jeweils subjektiv interpretiert und danach seine Entscheidungen trifft. Man könnte auch sagen, jedes Individuum konstruiert seine Welt in der Interpretation und Bewertung seiner Umwelt in einer komplex referentiellen und multiperspektivischen Weise.

Dazu entwickelt Kapitel 6 einen Ansatz zur Erweiterung der Anomietheorie durch den subjektiven Faktor. Anomie ist nicht einfach ein struktureller „Zustand", sondern eine Wirklichkeitskonstrukt und damit Ergebnis einer subjektiven und nicht nur individuellen Interpretationsleistung, die Handlungen wie die irreguläre Migration begründen kann. Das Individuum ist in seiner subjektiven Verfasstheit innerhalb seiner multiperspektivischen kulturellen Konstellationen bzw. Strukturen der Akteur bei Entscheidungen zur Migration.

Als Konsequenz fordert das Ergebnis einen Übergang zu der von Ulrich Beck angestoßenen methodischen Denkweise, die die Welt als in einer Metamorphose befindlich versteht, in der die „alten Methoden" der sozialen Verteilungsverständnisse nicht zur Interpretation und daher auch nicht zum Handeln ausreichen, sondern einem kosmopolitischen Ansatz weichen sollten.[3]

[3] Ulrich Beck, Die Metamorphose der Welt, Suhrkamp Verlag, Berlin 2017

Kapitel 1

Migration – der politische Aspekt in Deutschland

Nicht nur in Deutschland zeigt sich das Migrationsproblem immer noch und immer wieder als Auseinandersetzung über Zuwanderung. Durch die EU-Türkei Vereinbarung (2016) endete das nicht. Besonders angefacht wurde es noch einmal nach dem dortigen Putsch. Die Debatte änderte nur ihre Richtung und glitt in die bekannten alten Frontlinien und auf die Route Libyen – Sizilien zurück. Ganz aus der Fassung kam sie nach dem Weihnachtsmarktattentat von Berlin, dann durch weitere Attentate und schließlich ein wenig im Wahlkampf 2017. Zuletzt kam sie in der Wohnungsnot – 800.000 wohnungslose Menschen in Deutschland 2017 - und in Sondierungen vor und verhinderte vielleicht zunächst eine neue Regierung. Danach brachte ein Nebenaspekt der Flüchtlingsdebatte trotz rückläufiger Zahlen fast die Regierung zu Fall. Es geht immer wieder von vorne los:

Menschen schütten Hass über andere Menschen aus und sind nicht bereit, ihren Mitmenschen zuzuhören, bevor sie ihnen antworten. Sie wähl(t)en in großer Zahl die AfD, um irgendetwas wie Politikkritik zum Ausdruck zu bringen. Es kann auch sein, sie sind verantwortlich für die CSU und versuchen mit allen Mitteln, ihre Partei oben zu halten. Anscheinend sind alle neu geboren. Niemand erinnert sich offenbar, dass Anfang der 90iger Jahre weder Hass, noch Brutalität, noch die Republikaner, noch die Abschiebung von ausländischen Straftätern irgendetwas an der Zuwanderung und ihren Problemen geändert hat.

Die gesellschaftliche Auseinandersetzung ist zurückgekehrt. Bald dreißig Jahre des Lernens wurden vertan. Verschärft[4] hat sich alles in Deutschland durch Vorfälle wie in Nizza, Würzburg, Ansbach, Freiburg, Berlin oder Hamburg, zuletzt auch in Kandel und Chemnitz, wo jeweils männliche Zuwanderer Morde oder Mordversuche an Feiernden, Konzertbesuchern, Bahnfahrenden, Weihnachtsmarktbesuchern, an einer jungen Frau, ja an schlichten Edeka-Kunden, an einem 15-jährigen Mädchen, verübten und dann der so genannte Islamische Staat (IS) und stets rechtsgeübte Hassdeutsche ihr Süppchen darauf kochten.

Nur weil hier Pegida demonstriert und die AfD in die Parlamente kommt, fallen die Probleme in der arabischen/afrikanischen Welt nicht in sich zusammen. Menschen, die Pegida anhängen oder sich rechtsradikal[5] einordnen, glauben,

---

[4] Siehe Ängste der Deutschen 2016, www.ruv.de: Die Angst vor Terrorismus steht 2017 ganz vorne. Sie erreichte ihren Höhepunkt mit 71%, gefolgt von Extremismus (62%) und Spannungen durch Ausländerzuzug (61%).

[5] „Rechtsradikal" siehe Oliver Decker, Johannes Kies, Elmar Brähler, Hg., Die enthemmte Mitte. Autoritäre und rechtsextreme Einstellungen in Deutschland, Psychosozial Verlag Gießen, 2016.

man könne aus der Welt aussteigen und sich in Deutschland einigeln. Sie halten das für ein Modell für alle „Völker", wie es auch der US – Präsident immer wieder verlauten lässt.[6] Die Welt soll eine Welt der Völker sein oder so gesehen werden. Internationales ist in ihren Augen linke Propaganda. Die Uno ist eine Weltdiktatur, welche die Völker zu unterwerfen versucht.[7]

Das dazugehörige Gedankengut ist z.B. in Blogs und Zuschriften der Internetzeitung „Freie Welt" aufgeblättert. Da ist von den „Altlastparteien" die Rede, die entsorgt werden müssen. Die Kanzlerin wird Kanzler – Diktatorin genannt. Die Regierung heißt Regierungskartell. Wie sich diese Sprache im Bundestag entwickelt, wird man sehen. Minister und Abgeordnete werden mit Todesdrohungen – übrigens nicht nur von Urdeutschen, sondern auch von Zugewanderten – konfrontiert.[8] Einen Mordversuch gab es am 17.10. 2015 in Köln.[9] Das gleicht einer Kampfansage gegen die bisherige Bundesrepublik mit Freiheit, Gleichheit und internationaler Orientierung.[10] Sehnsuchtsziel ist wohl das, was seit dem US-Wahlkampf die einfache und oft bösartige Trumprhetorik ausmacht, eine Kampfansage an Zuwanderer, Religionen und das „kriminelle und korrupte Establishment". Den Erfindern dieser Rhetorik, heißen sie nun Trump, Erdogan oder Putin, geht es ausschließlich um Macht, nicht um die Menschen.

Dass es sich in Deutschland um eine eher terroristisch gestimmte Hass-, Gesinnungs- oder gar Glaubensparteilichkeit handelt, macht folgendes Zitat deutlich: „Wir werden Freund und Feind ein Beispiel unserer Unbeugsamkeit, unserer unverstellten Vaterlandsliebe und unseres Zusammenhalts geben", heißt es in einem Aufruf der ‚Patriotischen Plattform', eines Zusammenschlusses rechter AfD-Politiker."[11]

Schon die Einteilung der Menschen in Freund und Feind schockt geradezu. Sie hat aber Methode. Carl Schmitt, juristischer Vordenker in der Hitlerdiktatur, hat sie einst als „das Politische" definiert.[12] Die ‚Unbeugsamkeit' zeigt, dass es hier

---

[6] Donald Trump betonte beim Apec-Gipfel am 10.11. 2017, die USA haben kein Interesse an internationalen Abkommen: http://www.dw.com/de/apec-gipfel-trump-diktiert-seine-handelsregeln/a-41323838. https://www.zdf.de/nachrichten/heute/trump-bei-apec -gipfel-in-vietnam-100.html.

[7] **Beispielhaft:** Roland Woldag, http://www.freiewelt.net/blog/carl-schmitt-wo-steht-der-feind-10070376.

[8] http://www.t-online.de/nachrichten/deutschland/gesellschaft/id_78029790/patrone-im-briefkasten-morddrohungen-gegen-maas-und-oezdemir.html.

[9] http://www.spiegel.de/panorama/justiz/henriette-reker-attentaeter-hatte-es-auf-angela-merkel-abgesehen-a-1095738.html.

[10] http://www.freiewelt.net/nachricht/desaster-fuer-die-cdu-afd-klar-zweistellig-10065891/.

[11] http://www.spiegel.de/politik/deutschland/afd-meuthen-nimmt-an-veranstaltung-von-afd-rechten-teil-a-1095115.html.

[12] Carl Schmitt, Der Begriff des Politischen.: Text von 1932 mit einem Vorwort und drei Corollarien, Berlin, Duncker & Humblodt, 9. Auflage 2015, 26.

nicht um einen Beitrag zum politischen Geschehen in der Demokratie geht, sondern um eine Art von Widerstand gegen vermutete Feinde. Ein solches Denkmuster, um nicht Wahn zu sagen, hält auch den Islamismus am Laufen. Die Folgen sind bekannt und gefürchtet und wie aller Wahn auch schwer zu bekämpfen. Warum 12,6 Prozent der deutschen Wähler diesem Weltbild zustimmten und somit eher terroristisch gestimmt erscheinen wollen, das kann eigentlich niemand erklären. In Umfragen wächst diese Zahl weiter.

Offenbar empfinden viele Menschen die bei uns gesicherte Freiheit als Zwang und Unterdrückung. Der Schritt zum ‚Sich-Wehren' per Waffe ist da nicht mehr weit! Bis jetzt wird das als feiger Angriff auf Flüchtlinge und politische Abenteuerei zelebriert. Den Ernstfall dieser Denkweise demonstrierte aber die Terrorgruppe „NSU". Können wir darin den Beginn einer „Metamorphose der Welt" sehen, von der niemand weiß, wohin sie führen kann und soll?[13]

Jetzt hätten wir zumindest die Zeit, die Migrationsfragen gründlich zu bedenken: Um was geht es eigentlich in dieser Auseinandersetzung, in der die so genannte Flüchtlingspolitik, die oft nur ‚Reaktion' ist, für falsch erklärt wird? Wer soll etwas falsch machen, wenn unser Land zunächst einmal Gastfreundschaft übt? Die Wohnungsproblematik mit der Konkurrenz zwischen zugewanderten und anderen wohnungslosen Menschen drang erst zwei Jahre später ins Bewusstsein.[14]

Bedroht fühlen muss man sich aber schon, wenn Menschen so aggressiv sind wie seit dem 3. Oktober 2016 über den ganzen Wahlkampf 2017 hinweg. 2018 erreichte die Aggressivität weitere Höhepunkte, zuletzt in Chemnitz. Ähnliche Bedrohung geht von Migranten oder Flüchtlingen aus, wenn sie einige ihrer Gastgeber umbringen.

Manchmal stehen wir staunend oder empört davor, dass Menschen sichtlich Gastlichkeit oder gar Rechte in einem für sie fremden Land dazu benutzen, ihre Herkunft zu verschleiern, die Bewohnerinnen schlecht zu behandeln oder sogar terroristische Angriffe zu zelebrieren. Bei Flüchtlingen setzt man voraus, dass sie nicht anders können als grundehrlich zu sein, weil sie auf der Flucht sind. Aber was, wenn sie gar nicht auf der Flucht, sondern lediglich - wenn auch mit nachvollziehbaren oder mit erdachten Gründen - unterwegs sind? Wer kann das mit unseren beschränkten Mitteln erkennen?

Asyl und unsere dazugehörenden Gesetze wie auch die Genfer Flüchtlingskonvention werden natürlich auch von Menschen taktisch genutzt – bis hin zum IS. Das ist unübersehbar und disqualifiziert keinen einzigen Flüchtling. Es fordert

---

[13] So lautet die Zeitdiagnose des Soziologen Ulrich Beck, Die Metamorphose der Welt, Suhrkamp Verlag, Berlin 2016, die sich ausdrücklich auch auf die Migrationsproblematik erstreckt.
[14] https://www.zdf.de/nachrichten/heute-journal/wohnungslose-in-deutschland-102.html.

unsere Möglichkeiten und Fähigkeiten der Unterscheidung heraus, damit der Flüchtling mit seiner Familie den notwendigen Schutz bekommt und der andere die notwendige Konsequenz. Wenn man sich vor Unter- und Entscheidungen drückt, wird sogar das Recht auf Asyl wertlos.[15]

Sicher können im jeweiligen Einzelfall auch mal falsche Entscheidungen getroffen werden. Das kennzeichnet menschliches Leben und zwingt nicht dazu, Entscheidungen zu unterlassen. Das aufnehmende Land entscheidet, wem es Schutz gewährt und wem nicht.

So lautet bisher der Grundsatz in der Welt der Nationalstaaten. Dass Deutschland daraus ein Grundrecht auf Asyl als Menschenrecht (= das jedem Menschen zusteht) gemacht hat, erschwert die Entscheidung. Jeder hat schließlich einen guten Grund, sein Land zu verlassen, wenn es anderswo besser zu gehen scheint. Dazu gehören sogar in manchen Fällen strafrechtliche Ermittlungen im Abwanderungsland mit den jeweiligen polizeilichen Gepflogenheiten, die schon mal unmenschlich ausfallen können. Das wird rechtlich sogar als Fluchtgrund anerkannt.[16] Wir Deutsche fällen nicht gerne negative Bescheide und andere nehmen sie nicht gerne entgegen. Das gilt als unmenschlich. So weit ist alles „ungeheuer normal". Eine erwachsene lebenserfahrene Sicht, in der es Zustimmung und Ablehnung gibt, ist dennoch besser. Darauf können sich auch MigrantInnen einstellen.

2016 kamen laut „Easy" 321.370 Migrierende neu nach Deutschland.[17] Es wurden ca. 280.000 Asylanträge gestellt. 2017 waren es 222.683, davon 198.317 Erstanträge.[18] Zu Recht spricht die Politik von Entlastung. Dann wäre eine vernünftige Arbeit am Asyl-/Migrationsproblem doch möglich. Es sei denn, es muss eine Regierung gebildet werden wie im Herbst und Winter 2017/18 in Deutschland – oder der Innenminister nimmt seine Regierungschefin in Geiselhaft. In den ersten acht Monaten 2018 kamen noch 94.457 Erstanträge auf Asyl zu Stande.[19]

---

[15] Christian Kreutzer, Die Täter von Köln: Verdacht fällt auf Pseudo-Syrer aus Marokko
http://www.t-online.de/nachrichten/panorama/kriminalitaet/id_76590692/tid_pdf.
[16] §3 AsylG Abs. 2 Nr. 2-4.
[17] Erstverteilung von Asylbegehrenden: „Im Easy-System werden keine persönlichen Daten erfasst, sie weisen daher Ungenauigkeiten auf und Mehrfacherfassungen sind nicht auszuschließen." Manuel Bewarder u.a., **Spürbar mehr illegale Grenzübertritte aus Nordafrika**, www.welt.de/politik/deutschland/article160960068/Spuerbar-mehr-illegale-Grenzuebertritte-aus-Nordafrika.html.
[18] http://www.bamf.de/SharedDocs/Anlagen/DE/Downloads/Infothek/Statistik/Asyl/aktuelle-zahlen-zu-asyl-dezember-2017. Bundesministerium des Inneren, Pressemitteilung vom 16.01.2018, www.bmi.bund.de/DE/presse/presse-node.html.
[19] http://www.bamf.de/SharedDocs/Anlagen/DE/Downloads/Infothek/Statistik/Asyl/aktuelle-zahlen-zu-asyl-august-2018.pdf?__blob=publicationFile.

Konstruktionen der Wirklichkeit

Die Beschäftigung mit den Konstruktionen der Wirklichkeit ist nicht nur notwendig, sondern unausweichlich. Die Migrationsproblematik ist dabei eins der Arbeitsfelder in allen sozialen Berufen und eins der Lebensfelder in allen sozialen Zusammenhängen und in den Medien, zumal viele Wahrnehmungen, Konstruktionen und Stimmungen inzwischen aus der Beschäftigung mit migrierenden Menschen stammen.

Flüchtlinge werden in unserer Gesellschaft als Menschen wahrgenommen, die ihr Leben nicht mehr gestalten können, sondern einem übergeordneten Zwang ausgesetzt sind. Um ihr Leben zu erhalten oder sich zumindest nicht schwersten Schädigungen diverser Art auszusetzen, verlassen sie ihre Heimat bzw. den Ort, an dem sie leben. Zunächst führt eine Flucht an einen erreichbaren sicheren Ort oder in ein Nachbarland. Wie es dann weitergeht, entscheidet die eigene Lage - Einschätzung der Menschen auf der Flucht. Dabei spielen die „Wahrnehmungen der Welt" und Weltkonstruktionen eine entscheidende Rolle. Theologen kennen das aus den Geschichten des Alten Testaments. „Geh aus deinem Vaterland … in ein Land, das ich dir zeigen will."[20] Da will sich zunächst niemand integrieren, sondern einen Ort zum Leben finden. Der Ort zum Leben ist aber die Integration als (Mit-)Mensch.

Unterwegs im schäbigen Flüchtlingslager der Nachbarstaaten erinnert man sich, dass es andere Orte auf dieser Welt gibt, in denen vielleicht schon (entfernte) Angehörige wohnen so wie bei Joseph in Ägypten.[21] Da ist es dann, wie in der Josephsgeschichte, gleichgültig wie diese dorthin gekommen sind. Der Flüchtige weiß von der fernen Rettungsbasis und strebt ganz gleich auf welchen Wegen da hin. Die Bilder der Rettung aus der Not gleichen denen vom Paradies. Im gesichteten Paradies wohnen aber bereits Menschen. Wie Wirklichkeitskonstruktionen der Migrierenden und der Bewohner des Zielgebietes zusammenpassen, das sieht man später. Manche befürchten, es werde niemals passen.

Die Konstruktion der Migrierenden heißt: In Europa ist es gut zu leben. Da gibt es nicht die Unsicherheiten, Gewaltakte und Katastrophen der arabischen und anderer Länder. Ob und wie sie selbst auch irgendwie mitverantwortlich sind für diese Lage, fragt auf der Welt niemand.

Die Konstruktionen der bisherigen Bewohner von Europa lauten anders: 1) Da kommen viele, wo sollen die alle bleiben? Sie sind eine Bedrohung für unsere gesellschaftliche Ordnung. 2) Wenn sie Terroristen sind, dann bedrohen sie alle. 3) Flüchtigen Menschen muss geholfen werden, egal wie viele es sind. Das ist unser gesellschaftlicher Auftrag. Wer das ablehnt, ist bestenfalls inhuman

---

[20] 1. Mose 12,1.
[21] 1. Mose 42-46.

oder aber rechtsradikal. 4) Die politische Konstruktion ist stets die gleiche: ‚Zuzug steuern und begrenzen.' Dazu kommt die Zauber- und Wunschtütenformel von der Integration. 5) Die wirtschaftliche Konstruktion schwankt zwischen Hoffnung auf wirtschaftlichen Nutzen und Befürchtung wirtschaftlichen Schadens.

In allen Fällen werden die MigrantInnen eher wie Objekte gesehen, bei denen etwas getan, entschieden, eingeleitet oder verhindert werden muss. Sie werden also viktimisiert. Doch die MigrantInnen beginnen ihrerseits, unsere Konstruktionen in Frage zu stellen, fühlen sich also zumindest uns gegenüber nicht als Opfer.

Wenn Flucht eine alternativlose Handlung übergeordneten Zwanges sein sollte, ist Differenzierung notwendig. So ganz ohne übergeordneten – für die meisten ‚alternativlosen' - Zwang geht auch bei uns vieles nicht. Wir Ureinwohner in Europa sind ihm auch ausgesetzt. Das fängt bei dem kaum gestaltbaren Zwang Schule an. Dann muss jede/r Geld verdienen und sich dafür verbiegen, ob er will oder nicht. Wenn er/sie auf die staatliche Unterstützung setzen sollte, geht es ihr / ihm lebenslänglich schlecht. Und schließlich wird jede/r zwangsweise zur Ruhe gesetzt, ob er oder sie will oder nicht. Jede/r muss sich in eine Gesellschaft mit diffusen Werten - die meisten davon sind ausgehöhlte „bürgerliche" und werden selten eingehalten - einpassen, so wie es eine nicht definierte Umgebung von ihm oder ihr verlangt. Wehe, jemand möchte nicht alles teilen. Dann wird er gemobbt, zur Ordnung gerufen, bestraft oder gekündigt – oder alles zusammen. Auch hier meinen Leute, sie müssten andere dirigieren und sich darüber auskotzen, was andere tun, denken oder lassen. Ja auch unsere Regierungen, die wir in steter Einfalt selbst wählen oder auch nicht, betrachten uns als Volk, das auf Schritt und Tritt kontrolliert werden muss.

Was bei uns – und das ist nicht das Verdienst der jetzigen Generationen – anders ist als an vielen Stellen auf dieser Erde: Bei uns sind Waffen - noch - wenn nicht geächtet, so doch als gefährliche Gegenstände angesehen, die nicht einmal die Staatsgewalt einfach mal so erheben darf. Schon bei der westlichen Vormacht kann nicht einmal der Präsident etwas gegen über 30.000 Waffentote pro Jahr mitten im angeblichen Friedensreich USA[22] unternehmen. Mancher will das auch gar nicht.

Also: Europa ist keine Insel der Seligen, sondern nur eine, die gelernt hat, Konflikte ohne Waffen zu lösen. Manchen leuchtet es allerdings schon nicht mehr ein, dass man Konflikte verhandelt, statt sofort mit Machtgehabe oder Gewalt irgendetwas zu entscheiden. Ansonsten herrscht auch hier alles Mögliche, was Menschen das Leben erschwert und sie nicht zu ihrer zugesicherten Freiheit

---

[22] Davon sind 12.000 durch Mord, 21.000 durch Suizid Getötete. http://www.spiegel.de/panorama/justiz/waffengewalt-in-den-usa-mehr-suizide-als-morde-a-1121772.html.

kommen lässt. Es gibt auch hier Menschen, die über andere die Macht ausüben, sie wirtschaftlich dominieren oder abhängen und viele solche, die sich sogar ohne Zwang das Leben schwer machen.

Aber in einer entscheidenden Hinsicht gibt es einen großen Unterschied. In Europa hat, selbst wenn es ihm schlecht geht, niemand mehr einen Sehnsuchtsort, für den er alles aufgeben würde. Es geht vielen schlecht (mit ein wenig Nord-Süd-Gefälle, in Deutschland mit Süd-Nord-Gefälle). Trotzdem suchen Millionen Menschen bei uns Schutz aus Gebieten, in denen Gott, Macht, Waffengewalt und Regierung noch nicht differenziert werden und die Gesellschaften an diversen Loyalitäten ersticken. Man könnte auch sagen, dort interessieren die Regierungen ihre Staatsbürger als Menschen überhaupt nicht. Gruppeninteressen werden einfach so lange ausgetragen, bis alle erschöpft oder tot sind.

Daraus muss doch eigentlich erkennbar sein, was Menschen suchen: Eine Welt ohne brutale Gewalt, in der Verträge gelten, wo keine unberechenbare Willkür herrscht, in der das Erwartbare nicht zu weit vom Realen entfernt liegt. Eine Welt, wo Einzelne und Familien leben können. Eine, in der die Interessen von verschiedenen Gruppen zu Diskussionen, aber nicht zum Krieg führen. Ein bisschen Spießigkeit und Biedermeier sind doch das Paradies, wenn man aus der Welt von Gewalt und Menschenverachtung kommt.

Was kann ein neues Gesetz jeweils bewirken?

Die Bundesregierungen unternahmen stets die in unseren (westlichen) Weltkonstruktionen üblichen Schritte. Sie versuchten und versuchen, durch Gesetzesänderungen und Verträge Ordnung in diese Lage beim Asyl zu bringen und sich und ‚dem Volk‘ den Eindruck der eigenen Handlungshoheit zurück zu gewinnen. Ob das je helfen kann, war und ist sehr fraglich. Dieser Weg wurde schon mit dem Asylkompromiss von 1993 beschritten und hat damals lediglich zu vermehrten Abschiebungsversuchen und zu einem vehementen Anstieg der Abschiebungshaft vom 1. Juli 1993 an geführt.[23] Seither waren viele gesetzliche Maßnahmen einfach nur die Umsetzung europäischer Richtlinien in deutsches Recht. So wurden im Asylrecht Bestimmungen über den Flüchtlingsstatus und subsidiären Schutz ausdrücklich formuliert.[24] Das Bundesamt prüft den Schutzstatus von Schutzbegehrenden als Flüchtling, auf subsidiären Schutz oder Asyl. „Asyl“ bezeichnet nunmehr eine Unterkategorie von „Flüchtling“. Das Amt entschied 2017 in 603.428 Fällen. Es erkannte auf

Flüchtlingseigenschaft: 123.909 (20,5 %)

---

[23] Siehe Martin Hagenmaier, Abschiebung, Sierksdorf, TBT-Verlag 1994; ders., Abschiebung und (k)ein Ende, Sierksdorf, TBT Verlag, 1995; ders., Mythen, Konstruktionen, Lebensentwürfe, München, Martin Meidenbauer Verlagsbuchhandlung 2009, 317-388.

[24] Richtlinie 2011/95/EU vom 13.12.2011; § 3 Abs. 1 AsylG, § 4 Abs. 1 AsylG bzw. § 60 AufenthG.

Asyl:	4.359 (0,7 %)
Subsidiärer Schutz:	98.074 (16,3 %)
Abschiebungsverbot:	39.659 (6,6 %)
Ablehnungen:	232.307 (38,5 %)
Formelle Entscheidungen:	109.479 (18,1 %).[25] (D nicht zuständig)

In der Alltagssprache und in der Politik wird weiterhin alles als Asyl debattiert. Das trifft aber rechtlich und sachlich nicht mehr zu.

Seit in Bremen ein so genannter Asylbetrug ‚aufgedeckt' wurde, steht die Rechtsqualität der Zuerkennung des Asyl- oder Flüchtlingsstatus mal wieder ebenso in Frage wie die Ablehnung. In Bremen sollen über 2000 Jesiden den Status ohne Rechtsgrundlage erhalten haben.[26] Jesiden genießen nach einem Grundsatzurteil des Bundesverfassungsgerichts vom 30.6.1992 als Gruppe Schutz in Deutschland. Daher kann der „Betrug" lediglich die Zuständigkeit in Europa betreffen und wird trotzdem gierig aufgegriffen, als sei das endlich der Beweis für den ganz großen Asylbetrug in Deutschland.

Üblicherweise ist das die Denkweise der AfD. Die hat sich nun aber durchgesetzt. Die Politik sprach generell von einem Skandal im Bundesamt für Asyl. Als wäre Ähnliches nicht aus allen Verwaltungen bekannt: zu wenige Mitarbeitende für anstehende Entscheidungen oder andere Verwaltungsakte, subjektive Faktoren überwiegen, Kenntnisse der einschlägigen Gesetze durch Verwaltungsrichtlinien überformt, schlechte Ausstattung, massive Ängste vor Fehlern, hierarchische Verantwortungsdelegation bei Fehlern („es trifft immer ein Bauernopfer oben und/oder Mitarbeitende am unteren Ende der Verantwortungshierarchie). Im Asylfalle kommt hinzu, dass es hier kaum „richtige" Entscheidungen geben kann. Vorläufig wurde das „Problem" mit einem Wechsel an der Spitze des Bundesamtes beendet, was jedenfalls das öffentliche Skandalgerede angeht. Die Gremien werden sich wohl weiter daran abarbeiten. Das bedeutet: Es wird nichts Entscheidendes passieren. Die sachliche Überprüfung von 43.000 Fällen des Bundesamtes ergab eine minimale prozentuale „Fehlerquote von 0,7%", die die ganze Aufregung und Diskussion im Nachhinein lächerlich erscheinen lässt.[27] In Bremen wurden 18.315 positive Bescheide überprüft,

---

[25] Bundesamt für Migration und Flüchtlinge, Aktuelle Zahlen zum Asyl, Ausgabe Dezember 2017, 11.

[26] https://www.butenunbinnen.de/nachrichten/gesellschaft/asylbetrug-bremen100.html. Aber: https://www.weser-kurier.de/bremen/bremen-stadt_artikel,-entscheidend-ist-das-angewandte-recht-arid,1723778.html.

[27] https://www.t-online.de/nachrichten/deutschland/innenpolitik/id_84307878/bamf-affaere-wenige-fluechtlinge-haben-zu-unrecht-bleiberecht-erhalten.html.

davon 165 (0,9%) beanstandet.[28] Der Skandal liegt also eher bei Berichterstattung und politischer Reaktion.

Es herrscht des Weiteren der Eindruck vor, dass Entscheidungen nicht umgesetzt werden. Es bleiben nach der Entscheidung im Prinzip alle im Land. Viele beschreiten den Rechtsweg.[29] Abschiebungen betreffen daher meist sehr alte Fälle. Darin unterscheiden sich die Menschen, die nach dem Flüchtlingsstatus streben, nicht von der deutschen Bevölkerung. Auch deutsche Staatbürger fechten viele Entscheidungen von Ämtern ihres Staates an und halten das für ihr ‚gutes Recht'.

Eine grundsätzliche Neuordnung bei Asylfragen, eigentlich heute bei der Zuerkennung der Flüchtlingseigenschaft, trat nie ein. Vielleicht geht das auch gar nicht, weil Flucht mit menschlichen und politischen Katastrophen weltweit zu tun hat. Die richten sich nicht nach deutschem Recht oder Befinden, sondern nach den Befindlichkeiten von Tyrannen, Terroristen, Verbrechern und der von ihnen bedrohten Bevölkerungen. Hinzu kommen Naturbedingungen, die die Menschheit nur zum Teil verursacht hat. Verträge und Gesetze helfen bei einem Problem, das durch den Zusammenbruch von Ordnungen gekennzeichnet ist, wohl eher nicht. Nach 1992 ging wie nach 2015/2016 die Zahl der Asylbewerber drastisch zurück. Das auf die Asylrechtsänderung in Deutschland zurückzuführen wäre eine Überschätzung von Gesetzen. Geändert hatte sich eher die innere Haltung in Deutschland.

Das deutsche Asylrecht war eigentlich für politische Katastrophen erfunden worden und ist inzwischen nahezu europäisiert. Die Gründermütter und -väter konnten die heutigen Entwicklungen in der Globalität aber nicht voraussehen. Sie formulierten für Deutschland unter dem Eindruck von Millionen Mitmenschen, die bedroht und in quasi-industriellen Verfahren getötet wurden. Die Erfahrung mit dem Untergang der Menschlichkeit ließ sie an die ziemlich unbegrenzte Aufnahmefähigkeit ihres – unseres – Landes glauben. Können wir ihre visionäre Idee vom Asyl nicht einlösen oder vielleicht auch gar nicht mehr verstehen?

Dass Deutschland auch in den Jahren 2015/16 nur einen kleinen Ausschnitt an bedrängten Menschen aufnehmen konnte oder musste, ist ohnehin klar. Asyl ist in Europa so konstruiert, dass große Teile der Weltbevölkerung es zu Recht beanspruchen könnten. Insofern ist die wirkliche Umsetzung eine Illusion. Aber es ist eine Regelung, die weltweit in Geltung gesetzt werden müsste – wie es die Genfer Flüchtlingskonvention eigentlich verlangt. Einen Ansatz zur Umset-

---

[28] https://www.zdf.de/nachrichten/heute/kaum-falsche-asylbescheide-in-bremer-bamf-ausgestellt-100.html.

[29] https://www.abendblatt.de/politik/deutschland/article212979201/Zahl-der-Asylklagen-hat-sich-auf-200-000-verdoppelt.html.

zung, zumindest aber zu Verständigung, verspricht ein - von Ungarn und den USA abgelehnter - ausverhandelter Migrationspakt. „Darin ist von ‚geteilter Verantwortung' sowie ‚gegenseitigem Vertrauen, Entschlossenheit und Solidarität' die Rede. Die Uno-Sonderbeauftragte für Migration, Louise Arbour, warnte, die "chaotischen und gefährlich ausbeuterischen Aspekte" von Migration dürften nicht zur Normalität werden."[30] Wo 199 Staaten der Welt Einigkeit erzielen können, wähnen einige weltfremde Teile ihrer Bevölkerungen, Abschottung sei ein realistisches Konzept.

Änderung in der Wahrnehmung

Die Flüchtlings- und Migrationswahrnehmungen haben sich geändert. Das geschah und geschieht auch deshalb, weil die Medien allgegenwärtig Originalstimmen der Betroffenen in Echtzeit übertragen. Wir sehen heute Menschen, die klare Vorstellungen haben, wo sie hingehen wollen. Da spielen folgende Motive eine Rolle: Wo werde ich wahrscheinlich als Flüchtling anerkannt? Wo ist der Familiennachzug denkbar? Wo leben schon Verwandte? Wo könnte ich Arbeit bekommen?

Nachdenklich machte manche, dass rund 70 Prozent dieser MigrantInnen jüngere Männer sein sollen. Frauen und Mädchen bleiben offenbar eher im Flüchtlingslager der Region und hoffen auf Nachzug. Aber irgendwann schien sich das zu ändern. Jetzt entdeckte man eher ca. 80 Prozent Frauen, Kinder und Jugendliche. Frauen und Kinder kommen nach, weil sie die Hoffnung auf reguläre Familienzusammenführung verloren haben. Mit dem Blick auf Schweden berichtet die ‚Freie Welt' genüsslich über die „extrem hohe Arbeitslosen- und Vergewaltigungsrate"[31], um die von ihr immer noch angenommene Migrationsrate junger Männer zu illustrieren.

Auch Männer kommen hier an, die nicht in Syrien kämpfen wollen, mit dem Kämpfen schon fertig sind oder damit Schluss gemacht haben. So gibt es Nachrichten über kurdische Kämpfer, die sich mit Familie zur Migration nach Deutschland entschlossen, weil sie für ihre Kämpfertätigkeit seit Monaten kein Geld mehr bekamen. Daher verkauften sie ihre Waffen und reisten mit dem Ertrag über die Balkanroute. Dabei handelte es sich aber wohl um Einzelfälle.[32]

[30] http://www.spiegel.de/politik/ausland/uno-einigt-sich-auf-weltweiten-migrationsvertrag-usa-dagegen-a-1218443.html. http://www.unhcr.org/dach/de/was-wir-tun/auf-dem-weg-zum-globalen-pakt-fuer-fluechtlinge.

[31] http://www.freiewelt.net/nachricht/extrem-hohe-arbeitslosen-und-vergewaltigungs-rate-10067197/

[32] http://www.n-tv.de/politik/Regierung-ruft-irakische-Kurden-zum-Rapport-article16832506.html. http://www.tagesschau.de/ausland/peschmerga-163.html. http:// www.zeit.de/politik/ausland/2016-01/irak-kurden-waffen-bundesregierung-schwarz-markt-verkauf.

Es gibt auch Berichte über Personen aus den Foltertrupps von Assad, die hier Asyl erhalten haben.[33]

Sie kennen sich in den Fallstricken des Asylrechts aus, d.h. sie oder aber ihre Schlepper beherrschen die Drittstaatenregelung Deutschlands und Europas. Vor allem Deutschland hat sich damit abgeschottet. Daher zogen viele es vor, illegal durch einige europäische Länder zu reisen, damit sie dort nicht registriert werden konnten. Selbst innerhalb Deutschlands sprangen einige aus einem Zug Richtung Aufnahmeeinrichtung, um eine Registrierung zu vermeiden, weil hier nicht ihr Zielland war.

Dazu kommt, dass alle Menschen wissen, dass das Mittelmeer tödlich sein kann, dass aber die Europäer Boote mit vielen Migrierenden auf See retten. Das Todesrisiko ist dann mit dem Erfolg, schiffbrüchig in Europa zu landen, abzuwägen. Für viele scheint diese Möglichkeit lohnender als die Rückkehr nach da, wo sie herkommen. Viele erscheinen dem europäischen Auge jedoch auch verantwortungslos. Jeder Mensch kann erkennen, dass die Überquerung eines Meeres im Schlauchboot, in dem man wegen Überfülle nur stehen kann, ein höchstes Risiko darstellt. Wer da einsteigt, lässt bewusst jede Sorgfalt außer Acht. Auch das könnte man mit der Abwägung gegenüber dem Zurückkehren erklären. In Europa wird aber deutlich mehr Sorgfalt bei der Lebensplanung vorausgesetzt.

Viele Migrierende kommen nicht direkt aus dem Krisengebiet, sondern aus der Krisenregion nach Europa. Krisenregionen können einige Teile dieser Welt genannt werden. Ihre Flucht ist eigentlich eine geplante – aus unserer Sicht irreguläre - Migration aus einem zwar nicht unbedingt unsicheren, aber doch schlechten Flüchtlingslager oder aus einem Land, das ihnen keine Möglichkeiten bietet.[34] Sie gehen Nachrichten, aber auch Gerüchten nach, dass sie hier besser leben können. Sie geben damit ihr altes Leben endgültig auf, um anderswo neu anzufangen. Diese Form der Migration ist das Eingeständnis sich selbst gegenüber, dass sie keine Chance auf Rückkehr in ihr Herkunftsland mehr sehen. Das Herkunftsland scheint ihnen aussichtslos anomisch oder endgültig durch Krieg und andere Aggression zerstört, so dass dort Chancen auf Leben für lange Zeit vernichtet statt ermöglicht worden sind. Diese Einschätzung macht Menschen nicht nur hoffnungs-, sondern auch heimatlos.

---

[33] http://rtlnext.rtl.de/cms/rtl-nachtjournal-spezial-assads-folterer-unter-fluechtlin-gen-antonia-rados-auf-den-spuren-syrischer-schlaegertrupps-in-deutschland-2640700.html.
http://www.berlinjournal.biz/shabihas-assads-folterer-kommen-als-fluechtlinge-getarnt-nach-deutschland/
[34] Siehe den Bericht: Hamza Hendawi, AP, Blut, Wasser, Asphalt. Die wahre Geschichte von Mohammeds langer Reise, t-online, 21.10.2015, 11:19 Uhr.

Manche MigrantInnen waren offenbar der Meinung, wenn sie an der Grenze lange genug demonstrierten oder sich anders bemerkbar machten, würden sie dann endlich durchgelassen. Das unterscheide Europa von ihrer Staatlichkeit – etwa in Syrien. Da demonstrierten sie und wurden von Granaten empfangen. Aber dann erleben sie europäische Überforderung. „Es ist schwer vorstellbar, dass es nicht genug Essen geben soll. Wir organisieren Wasser und Nahrung. Aber manche Flüchtlinge verweigern es, um den Druck zu erhöhen, damit wir sie weiterziehen lassen." Das sagte der Bürgermeister des Ortes Brezice unter Hinweis auf weggeworfenes Brot. Um weiterzukommen, zündeten einige 27 Zelte an. „Das ist die Art mancher Flüchtlinge, ihre Weiterfahrt zu erzwingen. Einige haben Selfies vor den brennenden Zelten gemacht. Ich an ihrer Stelle wäre froh, in einem sicheren Land zu sein und etwas zu trinken und zu essen zu bekommen. Aber sie sind nicht zufrieden mit dem, was sie haben."[35] Man könnte hinzufügen: Sie haben sich auf den Weg gemacht, weil sie mit ihrer Situation im Herkunftsland und in Flüchtlingslagern des Nahen Ostens – und das zu Recht - nicht zufrieden waren. Das wurde aus Jordanien von einer seriösen Stimme berichtet. „Mir fällt hier im Mittleren Osten eine wachsende Zahl von Leuten auf, die nach Deutschland gehen wollen. Nicht wegen Krieg, sondern 'weil es möglich ist'.... Wenn Deutschland nur Syrer haben will, muss es anderen klarmachen, dass sie nicht einmal versuchen sollen, zu kommen. Jetzt herrscht Chaos und jeder will gehen."[36]

Entsprechend groß ist die Enttäuschung, wenn es im ‚gelobten Land' nicht richtig vorangeht, sprich wenn man auch hier nach Monaten oder länger noch in einer Halle leben und auf die Anhörung warten muss. Wenige versuchten mit einer Art terroristischer Methoden, dem Gastland Beine zu machen, wie der oder die Brandstifter von Düsseldorf im Juni 2016. Das wird dann als Protesthandlung verstanden, „damit sich etwas ändert". Der Brandstifter soll ein schon bekannter Intensivtäter gewesen sein. Vielleicht ging es letztlich „nur" ums Essen, das in Groß - Unterkünften oft als Diskussionsthema herhalten muss.[37]

Bisweilen drängt sich nicht nur beim Interviewverhalten von Migrierenden der Eindruck auf, dass auch Menschen unterwegs sind, die eher aus dem kriminellen Milieu stammen. Sie sind in der extremen Minderheit, haben aber eine große Wirkung. Von einer Million könnte das schon auf fünf- bis zehntausend Menschen zutreffen. Der Prozentsatz deutscher Tatverdächtiger in der Krimina-

---

[35] Flüchtlingslager in Brezice, "Das ist fast wie Krieg". Ein Interview von Heike Klovert, 23. Oktober 2015, 08:35 Uhr, Spiegel online, http://www.spiegel.de/politik/ausland/brezice-buergermeister-ueber-fluechtlingscha-os-das-ist-fast-wie-krieg-a-1059215. html.

[36] Lenz Jacobsen Kolumne, Diesseits von Pirinçci, Zitat aus Al Aan TV von Jenan Moussa, http://www.zeit.de/ politik/deutschland/2015-10/fluechtlinge-sorgen-allensbach.

[37] http://www.spiegel.de/panorama/duesseldorf-brand-in-fluechtlingsunterkunft-streit-um-essen-a-1096550-druck.html.

litätsstatistik ist weit höher als fünf oder zehn Promille. Er liegt bei ca. 3 Prozent. Bei Gewalt- und Sexualstraftaten sind es in Deutschland ca. 2,5 Promille bezogen auf die Bevölkerung.[38] Ein Bericht aus Hamburg hat dazu statistische Daten der Polizei vorgelegt. Danach sind Ausländer generell häufiger tatverdächtig, als ihrem Anteil an der Bevölkerung entspricht, Asylbewerber ebenso.[39] Das wird damit erklärt, dass diese Tatverdächtigen in ihrer Mehrheit junge unbeschäftigte Männer sind, so dass die Vergleichsgruppe nicht die Bevölkerung, sondern ihre deutschen Altersgenossen sein müssten. Dazu statistische Erhebungen durchzuführen, ist etwas schwieriger. Bedenklich ist der Anteil trotzdem. Auch die Ausländerrate in den Hamburger Gefängnissen beträgt rund das dreifache ihres Bevölkerungsanteils. In Politik und Kriminologie herrschen Argumentationen vor, die diese nackten Zahlen in Relation zu anderen Daten (Alter, Anzeigebereitschaft der Bevölkerung, migrationsspezifische Straftaten wie Passfälschung etc.) relativieren.[40]

Das Kriminologische Institut Niedersachsen untersuchte das Problemfeld mit folgendem Ergebnis: Die Zunahme der polizeilich registrierten Gewalttaten im Land um 10 Prozent sei zu 92,1 Prozent Flüchtlingen geschuldet. Die Täter sind überwiegend junge Männer (14-30 Jahre), darunter viele Asylsuchende, die keine Chance auf ein Bleiberecht haben, aus Marokko, Algerien und Tunesien. Gründe seien Macho-Kultur, Perspektivlosigkeit, aber auch fehlende „zivilisierende Wirkung", die von Frauen ausgehe.[41] Männern ohne Bleiberecht, ohne Perspektive und ohne Familien ist es häufiger egal, wie sie in dieser Gesellschaft dastehen. Sie sind durch die Gefahr sozialer Stigmatisierung nicht in ihrem Verhalten zu beeinflussen.[42] Oder einfacher, sie haben hier wie dort nichts (mehr) zu verlieren. Gesellschaftliche Bemühungen um sie könnten in dieser Lage vielleicht etwas erreichen.

Oftmals frech vorgetragenen Forderungen nach ‚humaner Behandlung' entsprechen dem, was man auch bei uns an Äußerungen aus kriminellen Milieus

---

[38] Bundeskriminalamt: Polizeiliche Kriminalstatistik 2015.

[39] Siehe auch Christoph Heinemann, André Zand-Vakili, Wie viele Flüchtlinge sind in Hamburg kriminell? Hamburger Abendblatt vom 11.01.2017.

[40] Dazu kritisch: http://www.epochtimes.de/politik/deutschland/migrantenkriminalitaet-ausgeblendet-und-kleingerechnet-bka-statistik-unter-der-lupe-a1997675.html. Dirk Baier, Migration und Kriminalität, (Kriminologisches Forschungsinstitut Niedersachsen), in: Die Polizei 3/2015. Christian Endt, Parvin Sadigh, Nicole Sagener, Die guten, bösen Einwanderer, Zeit-Magazin, 20. Juni 2013, http://www.zeit.de/wirtschaft/2013-06/einwanderung-migration-mythen-fakten. http://www.focus.de/politik/deutschland/ kriminalstatistik-studie-verneint-vorurteil-migranten-begehen-nicht-mehr-straftaten-als-andere_id_5704392.html, 6. Juli 2016.

[41] So fasst zutreffend ausgerechnet die Bild-Zeitung die Ergebnisse zusammen. http://www.bild.de/regional/hannover/verbrechen/studie-pfeiffer-54367184.bild.html.

[42] Siehe auch den Bericht im heute-Journal vom 03.01.2018, https://www.zdf.de/nachrichten/heute/kriminologen-fordern-mehr-praevention-gegen-fluechtlingskriminalitaet-100.html.

zu hören bekommt. Wenn Männer sich wie in Köln am Silvester 2015 und anderswo zusammentun, um ihren Teil des ‚Reichtums von Europa' durch Diebstähle abzuschöpfen oder Frauen zu belästigen, wird das überdeutlich. Mit der Not der Zuwanderer hat das nichts zu tun. Manche sagen sogar, sie holen sich das wieder, was ihnen von uns einst weggenommen wurde.

Die Täter versuchen, unsere manchmal risikoreiche Offenheit zu nutzen, wie das einige unserer Mitbürger auch gerne machen. Dass Offenheit – ebenso wie Geschlossenheit - Risiken birgt, sagt einem bereits die durchschnittliche Lebenserfahrung. Dass Frauen belästigt werden, ist in Deutschland nichts Unnormales. Da steht oft auch kein Polizist in der Nähe und verhindert das. Dass sie jedoch sexuell belästigt werden, um dann leichter bestohlen werden zu können, diese Verquickung ist irgendwie neu und verstörend.

Da kommt kein kulturell oder religiös bedingtes Fehlverhalten von jungen Männern zu Ausdruck, sondern das weltweit bekannte Verhalten marginalisierter Randgruppenangehöriger ohne Chancen, die es überall gibt. Wenn sie aus Nordafrika oder Arabien kommen, passen sie in das Vorurteil - Raster vom gefährlichen, zumindest dominanten, ‚arabischen Mann'. Falls das der Ausdruck dafür sein sollte, dass in arabischen Ländern ein Problem mit jungen Männern besteht, das in Migrationszeiten auch hier zu Buche schlägt, mag es richtig sein.

In arabischen Ländern haben viele junge Männer – so ihre Erzählungen - kaum eine Chance, sich ein Leben nach den dort geltenden Vorstellungen zu erschaffen. Es fehlen Arbeit und Flexibilität, um die gesellschaftlich vermittelten Vorstellungen von dem, was ein Mann leisten muss, um als solcher anerkannt zu werden, zu erfüllen. Arbeit bekommt niemand aufgrund einer Ausbildung. Das geht nur mit Korruption. Hat die Familie kein Geld oder andere – verkäufliche – Güter, kann man nicht korrumpieren. Hat der Betroffene aber keine Arbeit, kann er aus Geldmangel nicht heiraten. Familie zu gründen, ist ein wichtiges Ziel, das er dann mit den gegebenen Nichtmöglichkeiten nicht erreichen kann.[43] Familien handeln insofern sehr überlegt und konsequent, wenn sie das ohnehin verlorene Geld lieber einem Schlepper als einem korrupten Eventualarbeitgeber zukommen lassen. Dann sucht einer aus der Familie sein Glück mit einem vielleicht antiquierten Männerbild anderswo auf der Welt. Wenn das zu Handlungen führt, die deutlich gegen Mitmenschen irgendwo auf der Welt gerichtet sind, kann sich darüber natürlich niemand freuen.

[43] Siehe auch: Eva Thöne, „Mohammed war in gewisser Weise Feminist", http://www. spiegel.de/kultur/gesellschaft/sexualitaet-im-islam-interview-mit-shereen-el-feki-a-1072533.html, Absatz 15.

Im Übrigen: Auch der Terrorismus bezieht seine Kämpfer zum Teil aus dieser Quelle. Und abgeschobene – also „vom Westen verschmähte" - Menschen bieten ein hervorragendes Ziel für islamistische Rattenfänger.

Menschenrechte

Die MigrantInnen berufen sich immer hörbarer auf Menschenrechte. Damit ist z.B. die Freizügigkeit gemeint, die noch nie für alle Menschen gegolten hat. Selbst innerhalb eines lockeren Staatenbundes wie Europa gibt es damit immer wieder Probleme. Die Menschenrechte erweisen sich als Konstruktion, die auf Migrationsvorgänge nicht vorbereitet ist. Mit Freizügigkeit war wohl gemeint, dass man in seinem Geburtsland, wo man Staatsbürger ist, hingehen kann, wohin man möchte. Auch das ist ja lange noch nicht auf der ganzen Welt umgesetzt, geschweige denn transnational. Zudem wirken bei der Umsetzung der Freizügigkeit soziale Schranken: Ohne Geld lässt sich eigentlich auch in dieser Hinsicht wenig ausrichten.

Aber wir werden beim Wort genommen. Denn das Wort heißt Menschenrecht und nicht Staatsbürgerrecht. Als die Menschenrechte in Europa entwickelt wurden, sagte man Menschenrecht und meinte damit Bürgerrecht.[44] Diese Zweigleisigkeit gilt für MigrantInnen nicht mehr. Sie berufen sich auf das von uns in der ganzen Welt zitierte und eingeforderte Recht und nehmen es in Anspruch, auch wenn es ihnen nirgendwo auf der Welt gewährt wird. Dieses vermeintliche Recht steuert ihre Handlungen. Da lernen sie dann sehr schnell, wie in Europa Rechte gehandhabt werden. Sie sind da, aber nicht jeder kann sie bekommen. Das hieß früher: Recht haben und Recht bekommen sind zweierlei Dinge. Dort wo sie herkommen, bekommen sie kein Recht, weil sie im gesellschaftlichen Machtgefüge keines haben.

Die mit den Menschenrechten eingeforderte Freiheit scheint so eine Art Schlüsselmotiv für Migration zu sein. Es ist der Traum, in seinem Leben nicht dauernd von Kriegen, Terrorismus, Traditionen und Gesetzen gestört und in Panik oder traumatisierende Umstände versetzt zu werden.

Manchmal wird es auch ganz einfach formuliert, wie im Original in den Nachrichten des 22. Oktober 2015 zu hören. Angesichts der Situation an der Grenze in Slowenien sagte ein Migrant, es sei nicht menschlich, was hier passiert. Gemeint waren die Zustände an einer Grenze. Welche Erwartungen hatte er an seine (irreguläre) Migration, bei der Hunderttausende das gleiche tun und wollen, und welche Erwartungen an die Aufnahmekapazitäten in Europa? Eigentlich braucht das nicht gefragt zu werden, denn es ist ohnehin klar.

---

[44] Siehe auch: Ulrich Beck, Die Erfindung des Politischen, Frankfurt a.M., Suhrkamp Verlag 1993, 93.

Menschenrechte zeigen noch auf ein anderes diffiziles Problem. Eine Schande ist es, dass auf den Wegen der Migration Frauen bis auf Bomben nahezu dieselben Erfahrungen des Ausgeliefertseins machen wie im Kriegsgebiet: Sie sind sexuellen Übergriffen ausgesetzt. Diese Gefahr geht sowohl von Männern aus, die mit unterwegs sind, als auch von Schleusern und manchmal von Wachleuten auf der Strecke. Frauen als Freiwild zu betrachten, scheint nicht nur in Köln vorzukommen.[45] Offenbar müssen die Menschenrechte von Frauen doppelt geschützt werden.

Gehört die Missachtung der Frau als Mensch zu den Traditionen, vor denen man fliehen muss? Was bedeutet es, dass Frauen unterwegs schutzlos sind? Es könnte bedeuten, dass Menschenrecht in manchen Gehirnen als Männerrecht missverstanden wird. Sexuelle Übergriffe von Männern bekommen so den Charakter des Verstoßes gegen Menschenrechte. Asyl für Frauen könnte also auch mit dem Ausgeliefertsein der Frau begründet werden, wenn ein Land nicht in der Lage ist, Frauen als gleichberechtigte Menschen zu schützen. Das träfe im Fall des Falles auch für Deutschland zu. Nur – wohin sollen die Frauen aus Deutschland fliehen?

Vorurteile bestätigen sich nebenbei. Auch wenn europäische Moslems betonen, die Achtung der Frau sei aufs Peinlichste im Koran vorgeschrieben, so ist es doch mindestens ebenso schlimm wie im Christentum, dass angeblich gottergebene Männer Frauen nicht respektieren. Und in beiden Welten missachten manche (viele) Männer Frauen auf sexistische Weise. Nur die westliche behauptet nicht, sie sei gläubig.

Beim Thema Glauben und Menschenrecht ist trotz guter Grundlagen in den Religionen noch viel zu arbeiten. Wenn einer, der die Frau nicht achtet, sich auf seine heilige Schrift beruft, irrt er in beiden Religionen. Soll jemand, der eindeutig in seiner Kultur Menschenrechte nicht verstehen kann, bei uns Asyl bekommen? Diese Frage muss mit einer Gegenfrage beantwortet werden: Wie werden wir die Menschen los, die in unserer Kultur nichts anderes zu tun haben, als anderen Menschen nachzustellen, sie zu bepöbeln oder zu verprügeln oder noch Schlimmeres an Missachtung im Alltag zu produzieren?

Menschenrechte sind eine tägliche Aufgabe und ein tägliches Ziel. Sie immer wieder zu bekräftigen und umzusetzen, braucht in allen Gesellschaften großen Einsatz, sowohl bei Einheimischen als auch bei Migranten. Dem Anderen das Recht aufs Menschsein wie sich selbst zuzugestehen, fällt schon unter Gleichgesinnten und Gleichgläubigen nicht immer leicht.

---

[45] Amnesty-Report: Weibliche Flüchtlinge berichten von sexueller Belästigung.
http://www.spiegel.de/panorama/gesellschaft/amnesty-international-weibliche-fluecht-linge-werden-in-europa-sexuell-belaestigt.

Der Ernstfall der Globalisierung

Seit Jahrzehnten fabuliert die westliche Welt von Globalisierung – eine weitere Weltkonstruktion, die im christlichen und moslemischen Bereich schon lange von der Idee zum Faktum geworden und vor der Nationalstaatenentwicklung auch vorhanden war. Wenn heute damit gemeint ist, dass die westliche Industrie weltweit agieren kann, wie sie will, in Billiglohnländern die Menschen ausbeuten darf statt ihnen ordentliche Löhne zu zahlen, dann sind viele dafür. Wenn aber Globalisierung heißt, der Mensch sieht sich aufgrund seiner neuen Fähigkeit zur Information und Kommunikation in der Lage, seine persönliche Lebenssituation in der Welt einzuschätzen und Änderungsstrategien aller Art zu entwickeln, dann muss er sich mühsam irgendwo um Asyl bemühen. Oft bekommt er es nicht.

Der Mechanismus war auch in der Zeit vor den sozialen Medien kaum anders. Da gab es genau so umherschweifende Gerüchte oder echte Nachrichten und aus beiden wurden die Weltbilder geformt, die dann sogar Völkerwanderungen auslösten. Da ist es gleichgültig, ob die Verbreitung einen Monat, eine Woche oder 2 Sekunden dauert. Die Völkerwanderungen waren nie so friedlich wie das heute vor sich geht. Die Wanderungsbewegung aus dem östlichen Mittelmeerraum oder aus Afrika ist eine Folge oder auch der Ernstfall der Globalisierung. Aber es ist der Ernstfall der „alten" – analogen - Globalisierung.

Daneben entwickelt sich langsam die Sicht, dass diese Form der Globalisierung zu Ende geht. Wenn die Digitalisierung der Welt mitgedacht wird[46], erscheint das Prinzip, dass Menschen nur auf deutschem Boden Asyl beantragen können, überholt. Diese analoge Form wird zunehmend überflüssig, wenn der Antrag digital gestellt werden kann. Dann ist auch klarer, für und gegen wen sich Deutschland entscheidet. Die ganzen idiotischen Lapalien von der Grenzkontrolle bis zum Schlepper werden dann überflüssig. Es kommen nur noch angemeldete oder ausgesuchte Migranten analog. Das bedeutet, dass in Zukunft der Welt das bevorsteht, was Europa heute erlebt. Das Bemühen um weltweite gemeinsame Rechts-, Sozial- und Moraldefinitionen wird fortschreiten und ähnliche Verwerfungen erzeugen wie in der EU. Dennoch hilft diese Globalisierung 2.0 zunehmend, Konflikte so zu bearbeiten, dass lebensbedrohliche Migration überflüssig werden kann. Lösungsorientierte Ansätze werden sich wahrscheinlich durchsetzen, auch wenn sie noch von alten analogen Eliten und national gesinnten Minderheiten bekämpft werden. National gesinnte Minderheiten können zeitweise als Reaktion die Macht erringen, wie uns die USA im November 2016 bewiesen haben.

---

[46] Siehe die Gedanken von Thomas Straubhaar im Interview vom 9.1. 2015, www.spiegel.de/wirt-schaft/unternehmen/thomas-straubhaar-klassischer-gueter-handel-ist-ein-auslaufmodell-a-1068787.html.

Die Globalisierung 2.0 wird uns andererseits bereits heute - allerdings in eher pervertierter Form - vom so genannten Islamischen Staat und von allen Terroristen des Islamismus ziemlich einseitig vorgeführt. Anbahnung und Werbung verlaufen digital. Bevor jemand nach Syrien fährt, ist er / sie schon digital konvertiert und Mitglied der Verbrechergemeinschaft. Die Ausbreitung verläuft unübersehbar dezentral. Verbrecherisch handeln muss er / sie dann aber analog. Wenn eine rein digitale Form des Terrorismus sich weiter ausbreitet, wird es noch unübersehbarer als jetzt sein.

Was uns heute viele Sorgen und Ängste bereitet, wird in Zukunft nützlich sein. Es werden sich vermehrt dezentralisierte Knotenpunkte der „Vernünftigen" bilden, wie es schon heute mit den so genannten Nichtregierungsorganisationen funktioniert. Der Nationalstaat wird dann ein Relikt mit Verwaltungsfunktion sein. Globalisierung 2.0 deutet auf die von Ulrich Beck angedachte „Metamorphose der Welt" hin, die sich als Menschheit neu erfinden muss.

Das Netzwerkbilden ist im Übrigen lange das Prinzip der meisten Religionen. Sie wuchsen und wachsen dezentral einfach über die Weitergabe von Botschaft, Regeln und Büchern. Auch da gibt es Rivalitäten und Probleme durch verschiedene Auslegungen. Ein großes Problem wird daraus, wenn eine Gruppe Religion und ihre Auslegung als Machtausübung versteht und die anderen als ‚Ungläubige' herausfordert.

Die Problemstellungen der Globalisierung 2.0 zeigen sich: Welche Gesetzgebung und (soziale) Kontrolle wird zum Erreichen der Menschheitsziele notwendig sein und wer kann sie ausüben? Werden wir uns eines Tages nach einer gemütlich analogen Welt einschließlich ihrer Konflikte zurücksehnen? Ohnehin beschäftigt uns jetzt aber die analoge Welt.

In dieser können Menschen aus begüterten Weltregionen reisen, wohin sie wollen. Europäer und Nordamerikaner haben kaum ein Problem, sich überall auf der Welt niederzulassen, wenn sie bereit sind, sprachliche und bürokratische Hürden zu überwinden. Sie ordnen sich durch Erwerbsarbeit in die aufnehmende Gesellschaft ein. Menschen in gehobenen oder mittleren gesellschaftlichen Positionen aus fast allen Staaten der Welt können sich ebenso überall aufhalten. Probleme treten nur dann auf, wenn jemand sich nicht frei bewegen kann. Das sind fast überall Menschen in niedrigeren gesellschaftlichen Positionen. Bei ihnen fehlen Geld, Ausbildung, sprachliche Fertigkeiten und der geschickte Umgang mit Bürokratie überall auf der Welt. Oben kumulieren sich die Vor-, unten die Nachteile des gesellschaftlichen Lebens. Das Migrationsproblem kann man also auch als soziales Problem eines Teils der Weltbevölkerung bezeichnen.

Asyl ist nicht die Lösung für alles

Die speziell deutsche Konstruktion ‚Asyl' ist wohl aufgrund einer politischen Katastrophe entstanden, aber für große Wanderungsbewegungen nicht gemacht. Daher spielt sie auch nur noch eine untergeordnete Rolle im Bereich von Fluchtmigrationsvorgängen. Klare Entscheidungen sind nötig, denen man dann folgen kann, selbst wenn es schwer ist. Wenn aber jemand aus Deutschland entscheiden soll, ob ein Fluchtgrund vorliegt, ist er ebenso auf die Nachrichtenlage und Gerüchte angewiesen wie der Antragsteller bei seiner Migrationsentscheidung. Die Entscheidung über Fluchtgründe könnte der deutsche Beamte gleich dem Zufallsgenerator überlassen, der im Falle Syriens dann auf 95, im Falle Marokkos auf 1 Prozent eingestellt werden müsste. Da wäre es besser, die Länder eindeutig zu benennen, aus denen AsylbewerberInnen bzw. MigrantInnen aufgenommen werden. Besser ist, was in der Mehrzahl 2015, 2016 und 2017 auch gemacht wurde: Eine Aufnahme als Kriegsflüchtling, der nach der Genfer Flüchtlingskonvention Schutz genießen kann. Das hat die Asylbürokratie, die zu einer bürokratischen Verwahrlosung im Sinne der Abschottung verkommen ist („wir sind im Zweifel nicht zuständig!"), entlastet und den Migranten aus Syrien beispielsweise definierte Schutzräume eröffnet. Die Anfangsaufgabe des Bundesamtes für Migration ist lediglich die Feststellung, ob jemand aus Syrien kommt oder nicht. Das ist bei Massen an gefälschten Papieren auch nicht einfach, aber jedenfalls leichter als eine umständliche Asylprüfung.

Dass die syrische Tragödie von Schleppern und Betrügern ausgenutzt wird, um erstens den Menschen das Geld aus der Tasche zu ziehen und sie zweitens als Menschenschmuggler durch die Welt zu lotsen, das müsste nicht sein, wenn der Kriegsflüchtlingsstatus eindeutig vergeben würde. Wozu haben wir Kreuzfahrtschiffe riesigen Ausmaßes als Teil unserer Weltkonstruktion? Statt Touristen herum zu fahren, könnten diese mit ihren Kapazitäten bereit stehen, um Flucht- bzw. Migrationsbewegungen zu managen. Damit könnte man auch sicherstellen, dass die Menschen aufgenommen werden, die es besonders nötig haben und nicht die, die irgendwie Geld organisieren können oder welches haben, um Schlepper zu bezahlen. Und besonders wichtig: Dann müsste sich niemand mehr in Form von „Krediten" an Schlepper verkaufen.

Im Zweifelsfalle verläuft die Prüfung eines Asylantrages in Deutschland nach dem Prinzip Versuch und Irrtum. Wenn der Fall eindeutig ist, wird jemand nach einigen Monaten als Asylbewerber oder Kriegsflüchtling anerkannt, was man auch am zweiten Tag erreichen könnte. Bei einer Ablehnung beschreitet man den Rechtsweg. Das kann dauern. Wenn nach fünf Jahren schließlich die Verfahren endgültig abgeschlossen sind, ist es geradezu unmenschlich, eine Abschiebung vorzunehmen. In nicht wenigen Fällen bestehen Abschiebungshindernisse wie zu erwartende erniedrigende Behandlung, Folter oder Todesstrafe. Man muss sich immer wieder daran erinnern, dass diese Verbrecher -

Verfahrensweisen auf der Welt hoch offiziell in anerkannten Staaten existieren. Manchmal ist der Aufnahmestaat insuffizient oder immer noch im Krieg. Wer alle diese Umstände durchsteht, kann schließlich darauf hoffen, dass das als Integrationsleistung anerkannt wird. Denn immerhin haben seine Kinder dann einen deutschen Schulabschluss in Aussicht. Zeitablauf erledigt die Arbeit, die eigentlich von der Rechtsweggarantie gemacht werden sollte. Diese Erledigungsweise verlangt vor allem den Betroffenen viel ab, ist aber eigentlich eines Rechtsstaats nicht würdig.

Junge Männer aus Marokko und Algerien kommen ohne Familien. Dennoch ist es nicht leichter, sie abzuschieben. Sie haben sich durch Vernichten ihrer Ausweise und das Selbstverständnis ihrer heimischen Bürokratie gut gewappnet. Wahrscheinlich sind Algerien und Marokko froh, sie los zu sein.[47] Die deutsche Innenpolitik versucht Vereinbarungen zur „Rückabnahme" zu schaffen. Dabei zeigt sich auch, dass die Asyl- bzw. Schutzfrage eigentlich keine Rechtsfrage sein kann, sondern eine der Barmherzigkeit. Wird sie als Rechtsfrage abgehandelt und formalisiert, birgt das Missverständnisse ohne Ende. Barmherzigkeit kann versagt werden, sie kann unmöglich werden, wenn die Umstände dazu führen, dass der Barmherzige sich selbst überfordert. Dennoch ist im Asylrecht der Versuch zu sehen, Barmherzigkeit zum Recht aller Menschen zu erheben. Es ist rein numerisch unmöglich, dieses Recht umzusetzen. Wenn es umgesetzt wird, dann immer mit einer begrenzten Auswahl von Menschen, die ihre Bedrohung einleuchtend beschreiben und den EntscheiderInnen plausibel machen können. Genau dieses wird in Verfahren rechtsförmig geprüft.

Man kann in Deutschland nur darauf vertrauen, dass Flucht-Asyl als Menschenrecht sich im Laufe der Zeit auf der Welt durchsetzt. Ein Menschenrecht braucht als Entsprechung die Menschenwelt. Im Weltmaßstab kleine Einheiten wie Deutschland mit ca. 1,3 Prozent der Weltbevölkerung können hier nur exemplarisch handeln.

Schablonenmigrierende gibt es nicht

Was bei uns derzeit zu Grunde geht, sind die schablonenhaften Konstruktionen vom Flüchtling, die sowohl auf der politischen Ebene wie auch auf der Flüchtlingsbewegtenseite – aber nicht so sehr bei denen, die auf eigene Verantwortung helfen - das Bild bestimmen. Man merkt ganz langsam, es handelt sich um Individuen, die sich eine Vorstellung von der Fortsetzung ihres Lebens machen. Darin brauchen sie Hilfe. Sie sind keine Objekte oder gar „Opfer" von Wohltätigkeit, die man unterbringen oder „verteilen" kann. Man muss mit ihnen verhandeln, was das Land, was Europa zu tun in der Lage ist. Sie müssen und

[47] Severin Weiland, Schneller abschieben - nur wie?
http://www.spiegel.de/politik/deutschland/fluechtlinge-aus-marokko-und-algerien-im-fokus-der-bundesregierung.

werden realisieren, dass das Leben in einem fremden Land alles andere als einfach ist. Und sie werden wohl oder übel ihre Illusionen darüber ablegen, hier sei das Leben problemloser als anderswo. Das einzige, was Europa derzeit bieten kann, ist relative Sicherheit und Versorgung für Leib und Leben. Leben ist also, anders als in mehreren Weltregionen, möglich. Vielleicht kann es einem Teil der MigrantInnen Arbeit bieten, die sie dann in die Gesellschaft integriert. Europa kann den Kindern anbieten, in die Schule zu gehen und sich so auf die Gesellschaft vorzubereiten, in der sie nun leben. Es ist sinnvoll, realistisch und ‚normal‘ mit ihnen umzugehen. Das „Normale“ ist schon mal die Integration als Mitmensch.

Wir müssen und werden realisieren: MigrantInnen sind Individuen, die ihre Geschichte mitbringen. Ihr bisheriges Leben hat sie geprägt in allen Belangen, auch religiös und politisch. Sie sind keine unbeschriebenen Blätter. Sie haben keine Erfahrung mit unseren unendlich langen und umständlichen Verfahren in allen Lebenslagen, die ganz anders funktionieren als die Gewaltbürokratie zu Hause. Es fällt ihnen schwer zu verstehen, dass hier niemand etwas entscheiden kann ohne eine ewige Prozedur der Zuständigkeiten, der Entscheidungsbefugnisse und der Gremien. Wenn sie gefragt werden, dann ist Gesellschaft für viele Männer: „Die Männer kämpfen gegeneinander, das war immer so. Wenn die USA kommen, kämpfen alle gegen die Amerikaner. Wenn sie wieder weg sind, kämpfen die Männer wieder gegeneinander. Frieden ist ein Synonym für ‚USA haben die Macht‘.“[48] Das ist also ‚pax americana‘. Diese Gedankengänge oder Weltkonstruktionen wird man nicht so schnell los.

Schnell wird man auch Verhaltensweisen nicht los. Wer denkt, wenn Menschen aus Kriegsgebieten wie Syrien kommen, müssten sie solidarisch mit allen Flüchtlingen sein - weit gefehlt: Die Polizei ist über Massen-Schlägereien und ähnliches entsetzt, die sich in Unterkünften zutragen, bisweilen auch über religiös geprägte Auseinandersetzungen. Man kann trotzdem keine Trennung nach Religionen vornehmen. Das wäre ja genau die Fortsetzung dessen, was in den Fluchtgebieten passiert. Wer wirklich der Gewalt entronnen ist, wird sich zehnmal überlegen, ob er hier wieder Gewalt ausübt. Oder er wird genau das tun, was für uns unverständlich ist. Für ihn ist es vielleicht die Möglichkeit, sich endlich durchzusetzen, was ihm zu Hause versagt blieb. Wie gesagt, man kann seine Kultur nicht einfach ablegen.[49]

Europa muss beginnen, MigrantInnen nicht mehr als Objekte zu betrachten, sondern ihnen die Subjektqualität von menschlichen Individuen zuzugestehen.

---

[48] Ausgeführt bei Martin Hagenmaier, Mythen, Konstruktionen, Lebensentwürfe, München 2009, 383f.
[49] Siehe auch http://www.t-online.de/nachrichten/deutschland/gesellschaft/id76040344/-hart-aber-fair-menschen-an-der-basis-reden-ueber-fluechtlingskrise.html, bes. Absätze 9-11.

Dann wird es nicht leichter, viele aufzunehmen. Es wird aber mit größerer Würde vor sich gehen. So wie es heute läuft, dass der Migrant, die Migrantin sowohl von ihren Gegnern als auch von ihren Befürwortern wechselweise als Wohltätigkeits- oder Hassobjekte angesehen werden, kann es nicht weitergehen. Beides entreißt ihnen die Achtung ihrer Würde als Menschen und macht sie (erneut) zu Opfern.

Alles auf eine Karte – alles weg?

Viele der MigrantInnen haben alles auf eine Karte gesetzt. Das Geld aus dem Hausverkauf oder die Ersparnisse der Familie oder gar die Kredite von irgendwem reichen für die irregulären Reiserouten, aber nicht weiter. So kommen sie mit der Hoffnung oder dem Anspruch, dass das ‚reiche Europa' sie versorgen kann und muss. Und sie hoffen auf Arbeit, mit der sie diesem Versorgungsstatus wieder entkommen können. Würde man normale Reisewege einrichten, hätten viele der MigrantInnen bei der Ankunft noch einiges von ihrem Geld übrig und müssten nicht in die demütigende Lage der Versorgung kommen. Das Schmuggeln von Menschen ist ein Geschäft, das einige illegal reich macht und andere um ihre Möglichkeiten bringt. Die Schlepper fahren mit neuesten SUV's in der Wüste herum oder tun dasselbe in Europa. Der Geschleuste sitzt in der Falle. Vielen wird selbst der teuer bezahlte, vielleicht gefälschte, Reisepass am Ende wieder abgenommen, damit eine eventuelle Abschiebung möglichst lange verzögert werden kann. Die (Schlepper -) Taktik kann auch lauten, Papiere nicht vorzuweisen, damit die Identifizierung nicht so einfach möglich ist - für alle Fälle. Als Syrer dagegen empfiehlt es sich selbst aus Schleppersicht derzeit, echte Papiere zu haben. Gefälschte syrische Papiere dienten unter anderem als Tarnung für IS – Terroristen.[50]

‚Alles auf eine Karte' setzt sich darin fort, dass viele der Angekommenen lieber schlecht bezahlte Arbeit übernehmen, als sich drei Jahre ausbilden zu lassen.[51] Ihre Verpflichtungen und Versprechungen gegenüber Schleppern oder Zurückgelassenen verlangen die Rückzahlung oder Unterstützung sofort. ‚Alles auf eine Karte' verstärkt oftmals Abhängigkeiten und Ausgeliefertsein an Marktmechanismen. Eigentlich kamen sie wegen der Freiheit, aber in dieser Hinsicht versklaven oder erniedrigen sich viele im übertragenen Sinne zusätzlich selbst

---

[50] Siehe die Berichte über nicht erkannte Fälschungen beim Bundesamt für Migration, die IS – Terroristen, aber auch echten Flüchtlingen, die Türen öffnen. Dpa, AFP, rtr, t-online.de: BAMF soll massenhaft gefälschte Pässe übersehen haben. 17.9.2016. Manuel Bewarder, Christoph B. Schlitz, Bosbach verlangt nachträgliche Überprüfung von Migranten; Die Welt vom 21.9.2016. www.welt.de/politik/deutschland/article1582821. Aber auch: www.huffingtonpost.de/aras-bacho/gefälschte-paesse-fluechtlinge-_b_12087890html.
[51] http://www.sueddeutsche.de/news/politik/fluechtlinge-bundesagentur-fuer-arbeit-viele-fluechtlinge-wollen-keine-ausbildung-dpa.urn-newsml-dpa-com-20090101-160111-99-835798.

statt die neue Freiheit zielgerichtet zu nutzen. Auch die Loyalitäten gegenüber der Herkunftsfamilie spielen dabei eine Rolle.

Zielgerichtete Nutzung ist unsere Logik, wo der formale Abschluss einer Ausbildung für das ganze Leben und ein solides Einkommen entscheidend sein kann. Die Logik der irregulären Migration macht Menschen jedenfalls zunächst nicht frei.

Warum keine Kontingente?

Es wäre doch theoretisch ein Leichtes, Kontingente auszugeben, wie viele Syrer z.B. in Deutschland aufgenommen werden, und gleichzeitig weltweit zu kommunizieren, dass Deutschland eine bestimmte Anzahl Syrer aufnimmt und sonst niemand – dachte und propagierte bisher vor allem die bayerische Staatspartei. Zu solcher Klarheit sind wir wegen der Rechtsweggarantie nicht in der Lage. Daran hindert uns auch die Europäische Menschenrechtskonvention, die andere keineswegs zu binden scheint. Ebenso sind wir dazu psychisch nicht in der Lage, weil uns dann jemand vorwerfen könnte, wir vergäßen alle anderen, die in insuffizienten Ländern wohnen. Es gehört zu unserer Weltkonstruktion, dass niemand benachteiligt wird, obwohl das keiner Realität standhält. Vorwürfe dieser Art scheuen wir wie der Teufel das Weihwasser, obwohl sie doch zu einem üblichen Dasein gehören, wenn man sich für das und nicht für dies entscheidet. Die Entscheidung darf nicht wirklich offen gelegt werden. Das mindert angeblich die Chancengleichheit aller.

Alles offen zu lassen hilft aber am Ende keinem und verstört manche. Die Aufnahmebereitschaft ist ja nicht alles, sie muss auch dem Gesetz entsprechend umsetzbar sein. Wenn man den Stand vom Ende 2015 betrachtet, konnte Deutschland dem eigenen humanen Anspruch mangels Unterkünften und Kapazitäten beim Amt für Migration schon nicht nachkommen und musste realistischer Weise trotzdem aufnehmen.

Die Humanität des Artikels 16 GG und weitere Flüchtlingsrechte gelten zwar wie ein Menschenrecht weltweit. Sie sind aber keine Regelung für ganze Völker, sondern für einzelne Verfolgte und Flüchtlinge. Heute könnte mit den bereitstehenden Kommunikationsmitteln ein entsprechender Antrag von jeder Stelle der Welt gestellt und in ganz geringer Zeit bearbeitet und entschieden werden (siehe Globalisierung 2.0). Der Antragsteller ist dann in der Lage, mit normalen Verkehrsmitteln sein Asyl anzutreten. Er braucht keine Wanderung durch die Sahara, über den Balkan oder durch Österreich nach Deutschland. Erst recht aber benötigt er keinen Schleuser, um dann schließlich hier abgewiesen und nach jahrelangem Hin und Her abgeschoben zu werden. Zuwanderung kann mit Asyl- und Flüchtlingsrechten nicht gesteuert werden, zumal beides eine Lösung auf Zeit ist. Im Gegenteil, Zuwanderung mit dem Asylrecht steuern zu wollen, kommt einem Asylrechtsmissbrauch gleich. Dagegen wirkt der so genannte Asylmissbrauch durch die Asylbegehrenden geradezu harmlos, zumal das nur eine Definitionsfrage ist. Beim Steuerungsversuch von Zuwanderung durch das Asylrecht aber kommt politischer Wille zu Einsatz.

Die Genfer Flüchtlingskonvention ist genau so wenig ein Steuerungsinstrument für Zuwanderung. Zuwanderung kann über Kontingente gesteuert werden, Notaufnahmen wie Asyl- und Fluchtsituationen dagegen nicht.

Andere Reaktion in der Bevölkerung als 1992

Anders war und ist diesmal die Reaktion unserer Bevölkerung. Es gab zwar dieselbe Diskussion Anfang der 90iger Jahre. Im 2. Halbjahr 1992 und im 1. Halbjahr 1993 trafen 474.835 AsylbewerberInnen ein, von denen 319.844 aus Rumänien, Restjugoslawien, Bosnien, Bulgarien und der Türkei stammten. Damals brannten ebenso Häuser im Land, man erinnert sich etwa an die Orte Mölln, Lübeck und Solingen. Da verloren in diesen Häusern nicht wenige Menschen ihr Leben. Einige skandierten ‚Deutschland den Deutschen…'. Was nicht vergessen werden darf: Es gab auch bundesweit Lichterketten für Asylbewerber. Im Gegensatz zu heute aber pöbelte die Bildzeitung und nannte die Politikerkaste ‚Versager'. Daraufhin kam der Asylkompromiss zu Stande, der die sicheren Drittstaaten einführte und am 1.7. 1993 in Kraft trat. Der Beschluss sorgte dafür, dass praktisch niemand mehr in Deutschland Asyl beantragen konnte, weil Deutschland von Drittländern umgeben ist. Deutschland schaffte es schließlich, die eigenen Einschränkungen des Asylrechts in Europa durchzusetzen, so dass die Anträge jetzt eigentlich in anderen Ländern gestellt werden müssten. Seit ‚Dublin' muss Asyl beim Erreichen des europäischen Bodens beantragt werden, also in keinem Fall in Deutschland. Dieses Land bleibt auch bis zum Abschluss des Verfahrens zuständig. So gab es jede Menge Hin- und Herschiebungen innerhalb Europas. Das änderte sich in Bezug auf unser Land erst mit einem Urteil des Bundesgerichtshofs 2013 - ein wenig.[52]

Die Stimmung von damals gibt es heute nicht mehr, weil vor allem die Bildzeitung nicht die rechte Stimme verstärkt. Ein Teil der Bevölkerung heißt MigrantInnen willkommen und reibt sich auf, um sie in Empfang zu nehmen. Der Konsens heißt: ‚Wir sind keine Nazis und Fremdenfeinde.' Das stört ein anderes Viertel der Bevölkerung nicht, heimlich oder offen doch welche zu sein. Sie haben aber heute nicht die Fähigkeit, sich - aufgrund der ihnen gegenüber nicht unterstützenden Haltung der Bildzeitung - so in den Vordergrund zu drängeln, dass sie die Medien ganz beherrschen, auch wenn einige nach wie vor zündeln, weil ihnen keine Argumente einfallen und sie von vielen als ‚Dummköpfe'

---

[52] Beschluss des Bundesgerichtshofs vom 23. 7. 2014 (AZ: V ZB 31/14). Danach entspricht der § 62, III 1 Nr. 5 Aufenthaltsgesetz nicht dem Art. 28 II der Dublin III – Verordnung (604/2013 vom 26.6.2013). Abschiebungshaft kann bei Rückführungen innerhalb Europas nicht mehr verhängt werden. Daher wurden auch die Zurückschiebungen weniger (siehe „Asyl in Zahlen" des BAMF).

betrachtet werden. Dennoch sind es viele, die heimlich oder offen fremde Menschen nicht tolerieren wollen. Sich darüber nicht im Klaren zu sein, birgt sozialen Sprengstoff und stellt wiederum die Konstruktion „alle haben das gleiche Recht und die gleichen Chancen" in Frage.

Allerdings sitzen sie nun in den Parlamenten und beweihräuchern sich selbst als die demokratischsten Demokraten, weil sie angeblich selbstlos den „Nichtgehörten" eine Stimme geben. Deren unschöne Auftritte mit so genannten fremdenfeindlichen Parolen und dem Versuch, Menschen wegen ihrer Religion als ungeeignet für Deutschland und unintegrierbar abzuqualifizieren, gipfeln in der Behauptung, Deutschland würde demnächst vom Islam überrollt. Wie bei den islamistischen Terroristen fühlen sich dadurch hasserfüllte Einzelpersonen oder Gruppen befleißigt, ihrerseits terroristische Aktionen zu veranstalten.

Dazu kommt, dass Leute aus diesem Umfeld sich nicht schämen, die Helfenden aller Art zu maßregeln, zu beschimpfen und ihnen zu drohen. „Wenn die THW-Helfer zum Beispiel nach getaner Arbeit aus der Flüchtlingsunterkunft kommen, werden sie von rechten Pöblern fotografiert und bekommen zu hören: Wir kriegen euch noch", beschreibt der Behördenchef im Interview. Die Drohungen beträfen auch die Familie oder das private Umfeld der Helfer. „Da fragen sich manche schon, ob sie ihre Aufgabe beim THW noch wahrnehmen können, das geht den THW-Helfern sehr nahe."[53] In welcher Welt leben in diesem Land viele Menschen? Woher stammt der Hass? Ihre Weltkonstruktion bezieht sich auf sich selbst als Recht auf ihren angeblich ‚angestammten Platz' und dessen Vorhof. Dass es das in dieser Welt nicht mehr gibt, dass wir unser Leben deshalb relativ gut bestreiten können, weil wir mit der ganzen Welt verbunden, dass wir Weltbürger sind, das haben sie noch nicht gehört.

Die alten und neuen rechten Konstruktionen und Reflexe braucht eigentlich niemand! Sie verachten die eigenen Landsleute ebenso wie die MigrantInnen. Dennoch müssen sie in die Kommunikation einbezogen werden. Wer sich so wenig in unsere viel beschworene Leitkultur integriert zeigt, wer andere Menschen missachtet und keineswegs der Menschenwürde dient, der müsste sich eigentlich fragen lassen und gefragt werden, wohin er auswandern möchte. Gerade machen wir mal wieder die beschämende und erschreckende Erfahrung, dass was oft für ‚Leitkultur' gehalten wird, etwas ist, was allerhöchstens für drei Viertel unserer Gesellschaft gilt. Für das eine Viertel gelten eher Werte wie „hier bin ich und nicht du!", „das ist mein Land!", „vor Dir habe ich Angst", „du gehörst nicht hierher!", „Fremde raus!" und „die Regierung muss tun, was ich will, nicht was mein Nachbar will!", „sieh zu, dass du Land gewinnst, sonst

---

⁵³ Flüchtlingshilfe - THW beklagt rechte Pöbeleien gegen Mitarbeiter, spiegel-online, 24. Oktober 2015, 11:17 Uhr, http://www.spiegel.de/panorama/gesellschaft/fluechtlingshilfe-thw-beklagt-poebeleien-gegen-mitar-beiter-a-1059433.html

werde ich gewalttätig!" Und sie haben klare Feindbilder! Und sie trauen sich, diese in die Welt zu posaunen und im Parlament anzubieten.

Darin liegt eine der wesentlichen Veränderungen seit den 1990iger Jahren. Was damals als schmuddelige ‚Bildzeitungsdenke' galt, mit der ‚Bild' Meinung machte, geht heute ungeniert als politische Kraft in den Ring. Die Schmuddelecke, früher auch als ‚Stammtischgequatsche' abgetan, beansprucht nunmehr den Rang als politischer Beitrag. Bei völlig neutraler Beobachtung könnte darin eine Emanzipation dieser Seite der Gesellschaft konstatiert werden. Was immer untergründig im Volk grummelte, ist in die politische öffentliche Auseinandersetzung gerückt. Da muss man es leider auch anschauen. Früher konnte man es als finsteres Gegrummel wegschieben. War ja nicht ‚Offizielles'.

Ansonsten wiederholt sich in der Auseinandersetzung um die Migration nahezu alles – auch in den Widersprüchen. Darauf hat der Migrationsforscher Jochen Oltmer im Interview hingewiesen. „Der Diskurs um Migration läuft häufig wertend, vereinfacht und widersprüchlich: Es gab sogar schon Situationen, in denen asylpolitische Öffnung und Schließung gleichzeitig befürwortet wurden - ohne dass das als Gegensatz wahrgenommen wurde." Bereits 1956 habe Adenauer argumentiert, man könne sich die Aufnahme von Flüchtlingen aus Ungarn nicht leisten, da man genug mit den eigenen Vertriebenen zu tun habe. Die Überlastung der Sozialsysteme gelte immer wieder als Argument gegen die Öffnung für Flüchtlinge. „Bei jeder Migrationsbewegung wird von Politik, Verbänden, Medien und Bevölkerung völlig neu ausgehandelt, wie Einwanderung angenommen wird - wer als fremd gilt und wer als kulturell nah, wer als Bedrohung, wer als Bereicherung. Diese Diskussion nimmt dabei nie Bezug auf frühere Diskussionen."[54] Die derzeitige politische Gewichteverschiebung in der Debatte zum nationalistischen Horizont hin ist nicht neu. In den neunziger Jahren machten das die heute von rechts als „Altlast-Parteien" bezeichneten Parteien selbst.

Alarmisten auf Marktplätzen und im Netz

Damit ist auch in der viel apostrophierten ‚Mitte der Gesellschaft' einiges anders geworden. Das Konstrukt des Alarmismus sieht jetzt ganz offen überall drohende Gefahren. Im Netz tummeln sich die Alarmisten aller Art und sagen Probleme mit den MigrantInnen voraus oder konstatieren diese. Nein, nicht mit den MigrantInnen, sondern ausdrücklich mit den Migranten (männlich). Das geht bis dahin, dass Terroristen als Asylbewerber erwartet werden, aber es tarnt sich auch als Sorge um unsere (europäische) Gesundheit oder als Problem der

---

[54] Eva Thöne, Maria Feck ein Interview mit dem Migrationsforscher Jochen Oltmer, 20.03.2017, 10:31 Uhr, Deutsche Einwanderungspolitik, "Merkel handelt hier völlig rational". http://www.spiegel.de/panorama/gesellschaft/deutsche-einwanderungspolitik-merkel-handelt-hier-voellig-rational-a-139 109.html.

Integration aufgrund von mangelnder Schul- und Ausbildung. Alarmisten dieser Art kommen aus allen politischen Richtungen. In der Mehrheit könnte man sie wohl als bürgerliche Rechte bezeichnen[55], die aber wegen ihrer manchmal schon fiesen Sprachfertigkeit fast noch schlimmer wirken als plumpe rechte Mörder und Schläger.[56] Wovor sie Angst haben und warum sie diese schüren, bleibt eher unklar – Hauptsache es gibt Alarm, der mit akademischen oder anderen Weihen vorgetragen wird. Viele lassen sich von diesem Alarmgeschrei beeindrucken.

Aber des Alarms bedarf es gar nicht. Alle wissen, dass Menschen, seien sie nun geborene Deutsche oder nicht, alles Mögliche mit sich herumtragen, darunter auch Hass, Geltungsbedürfnis und die Missachtung von Mitmenschen. Am liebsten machen sie das, was sie gewohnt sind – unter anderem auch das Alarmgeschrei.

Wer immer da als Migrant kommt, wird sich an das Leben in unserem Land gewöhnen oder aber weiterziehen. Der wachsame Blick auf alles, was sich unterscheidet, ist immer nötig, so wie der auf das, was immer gleich bleibt. Wir brauchen keinen Alarm, um zu merken, dass das, wovor die Menschen (Männer) fliehen oder die Migration wählen, von einigen am Zielort zumindest im Kopf weiter betrieben wird. Die ganz schlimmen Verbrechen aber wie in Frankreich der Anschlag auf das Satire-Magazin oder auf wehrlose Menschen im Cafe, Konzertsaal oder an der Promenade wurden nicht von Migranten verübt. Die in Würzburg, Ansbach, Brüssel oder Berlin dagegen schon. Aber einige unserer (hauseigenen) jungen Männer und Frauen verschwinden nach Syrien, um dort ganz und gar nicht die Meinungs- und Religionsfreiheit auszubreiten, sondern Menschen zu schlachten – und Flüchtlinge zu produzieren. Dieses Verhalten ruft keine Alarmisten auf den Plan – es sei denn sie kehren zurück. Dann haben sie und wir alle Angst vor unseren eigenen Ausgeburten.

Helfen die Medien immer?

In einer Hamburger Kirchengemeinde sollten 1992 Flüchtlinge angesiedelt werden. Der Aufschrei war groß und laut: ausgerechnet bei uns in der kleinräumigen Umgebung! Kommune und Kirchengemeinde entschlossen sich zu einer Diskussionsveranstaltung. Dort durfte jeder über seine Befürchtungen reden. Das hörte sich sicher nicht schön an, wenn die Erwartung von mehr Kriminalität, die Ruhestörung beim Mittagsschlaf, unangepasstes Verhalten der Fremden, Unsicherheiten der Frauen auf der Straße und der Wertverlust der Immobilien thematisiert wurden. Der Abend diente dazu, diese Befürchtungen auszusprechen und er endete mit dem Beschluss, die Flüchtlinge einzuladen.

---

[55] Siehe z.B. die Internet-Seite freiewelt.net.
[56] Z.B. die Hetze von Klaus Peter Krause, http://kpkrause.de/2015/10/23/das-system-merkel/; der Thüriger AfD –Vorsitzende Bernd Hoecke.

Als sie ankamen, gab es massenweise Hilfe von fast jedem Einwohner. Die Devise, man darf alles sagen, was man befürchtet, hatte offenbar einen reinigenden, wenn nicht sogar einen Beschämungseffekt.[57] Hätten wir die Leute als Dummköpfe und Blödmänner von Anfang an zurückgewiesen, weiß ich nicht, was passiert wäre. Jedenfalls waren bei diesem Zusammentreffen keine Medien vor Ort.

Ich weiß auch, dass es sich bei dieser Erzählung um eine Romantik des kleinen Raumes handelt. Ich weiß aber auch, Leben spielt sich in kleinen Räumen ab, wenn nicht immer alles sofort bewertet und weltweit berichtet wird. Da kann auch der ‚Blödmann' sich besinnen und normal werden. Wenn es jedoch darum geht, seine Botschaften vor der Welt zu präsentieren, muss man mit jeder Meinung in die Linse springen, bevor die Chance zur Profilierung vertan ist. Unter Medien - Bedingungen ändert niemand seine Ansichten. Damit sind die Probleme der Mediendemokratie zwar nicht erschöpfend beschrieben, aber immerhin angedeutet. Sie nutzen uns – wir nutzen sie nicht immer zu beiderseitigen Vorteil.

Wenn derselbe Vorgang für die Migration angenommen wird, kann man sich vorstellen, dass niemand die Geduld aufbringen will, bis sich endlich jemand seiner schlechten Lage erbarmt, sondern die Chance beim Schopf packt, egal ob zehntausend oder hunderttausend oder noch mehr das Gleiche tun. Daher schlagen sich auch erwachsene Menschen um Plätze in Zügen oder Bussen, denn jeden Moment könnte die Möglichkeit zum Weiterkommen dahin sein – siehe Idomeni im März 2016. Bei den MigrantInnen lässt sich jedoch die Angst vor der vertanen Chance verstehen, wenn man bedenkt, dass sie ihr ganzes Dasein für diese eine Reise in die Waagschale geworfen haben.

Wie die Medien das Phänomen der „Migration" verändern, wird sichtbar, wenn man die Perspektive umdreht und wie Orban Wallace nicht Migrierende, sondern MedienvertreterInnen zum Thema macht.[58] Die Menschen, die mit Booten auf griechischen Inseln ankommen, trafen nicht zuerst auf die, die ihnen helfen wollten, sondern auf eine Phalanx von Kamerateams, die möglichst authentische Bilder von Not verbreiten wollten. Ihre Sender sitzen ihnen im Nacken, immer Neues zu liefern. Die erlebte Not ist darin lediglich das Motiv, die Bilder einzufangen, aber keine, die direkt Hilfe auslöst. Dieser Bilderüberbietungswettbewerb wird dann zum eigentlichen Inhalt, nicht die Lösung des Problems oder gar die Hilfe für die Ankommenden. Ein von ungarischen Grenzbeamten geschlagener Mann wurde von 75 Kamerateams umringt. Sie haben ihn gefilmt, aber nichts an seiner Lage verändert. „Das Erste, wonach sie

---

[57] Siehe Martin Hagenmaier, Abschiebung, Text Bild Ton Verlag, Sierksdorf 1994.
[58] http://www.ardmediathek.de/tv/ttt-titel-thesen-temperamente/Wie-aufwühlend-muss-Nachrichtenjournalis/Das-Erste/Video?bcastId=431902&documentId=48471166.

fragen, ist nicht essen oder trinken, sondern Strom für ihre smartphones." Die Skandalisierung steht an der ersten Stelle. An den entscheidenden Punkten ist niemand, der die Migrierenden darüber informiert, was sie tun können oder könnten, um mit ihrer schwierigen Lage zurechtzukommen. So hat auch und gerade die Bilderflut Europa in die Lage gebracht, in der es politisch derzeit zu finden ist. Da konnten die politischen Akteure die Position beziehen, die ihnen am liebsten oder am besten erschien, nicht die, mit der man das Problem einer Lösung hätte näher bringen können.

Schlepper

Die Schlepper bekommen durch die beteiligten Weltkonstruktionen eine große Bedeutung. Man fragt sich, warum bei der allen vertrauten Sachlage noch Schlepper notwendig sind. Sind diese doch von der UNO als organisierte Kriminalität bewertet und einem Bekämpfungsprogramm ausgesetzt.[59] Das Schmuggeln von Menschen definiert Unodc folgendermaßen: "Smuggling of Migrants is a crime involving the procurement for financial or other material benefit of illegal entry of a person into a State of which that person is not a national or resident. Migrant smuggling affects almost every country in the world. It undermines the integrity of countries and communities, and costs thousands of people their lives every year."[60] Artikel 3 definiert weiter: "procurement, in order to obtain, directly or indirectly, a financial or other material benefit, of the illegal entry of a person into a State Party of which the person is not a national or a permanent resident."[61]

Europa ist eigentlich verpflichtet, Schleppern das Handwerk zu legen. Im Jahr 2015 hat die Bundespolizei immerhin 3370, 2016 über 900 Schlepper (oder Schleuser) festgenommen.[62] Dennoch geht die irreguläre Migration trotz eminenter Preise und ziemlich gefährliche Reisebedingungen weiter oder steigt sogar an wie seit 2016 auf der Route nach Italien oder 2018 auf der Westroute nach Spanien.

Wenn man dafür eine weitere Weltkonstruktion der Europäer tatsächlich anwenden würde, nämlich dass durch Verhandlungen Probleme gelöst werden können, wäre die so genannte Balkanroute kein irregulärer, ziemlich langer, Wanderweg (gewesen). Sie wäre nach Verhandlungen mit allen Beteiligten – auch den MigrantInnen - eine natürliche Route, die mit offiziellen Verkehrsmitteln durchquert werden kann. Statt Schlepper mühsam zu fangen, statt Menschen an Staatsgrenzen im Dreck versinken zu lassen, könnten wir uns darauf

---

[59] http://www.unodc.org/unodc/en/human-trafficking/faqs-migrant-smuggling.html.

[60] http://www.unodc.org/unodc/en/human-trafficking/faqs-migrant-smuggling.html.

[61] (Article 3, Smuggling of Migrants Protocol).

[62] Die Welt am 8. 1. 2017, https://www.welt.de/politik/deutschland/article160960068/ Spuerbar-mehr-illegale-Grenzuebertritte-aus-Nordafrika.html.

konzentrieren, Transporte zu organisieren. Dann sparen wir uns die vollmundige, moralisch vernichtende und meist wirkungslose Strafverfolgung.[63] Die MigrantInnen sparen ihr Geld, sind nicht illegal oder irregulär und bleiben am Leben. Die Geldquelle für die Schlepper trocknet damit aus. Man muss es nur politisch wollen. Und es bedarf klarer Entscheidungen: Es ist kaum erträglich, dass man überall auf den Routen Hilfsorganisationen und Fernsehteams in Menge finden kann, damit wir alle zuschauen, wie MigrantInnen sich unter höchster Gefahr mit einem unsäglichen Resourcenverbrauch ihren von uns als illegal angesehenen Weg bahnen oder dabei ums Leben kommen. Das geschieht, weil wir uns nicht entscheiden wollen und gesetzlich auch nicht so richtig können, wen und wie viele wir aufnehmen.

Was wir aber nicht können, ist zu garantieren, dass Menschen sich an unsere Entscheidungen halten. Wer keine Chance hat, will sie trotzdem nutzen. Er weiß, dass Zwang in Europa und in Deutschland ein heißes Thema ist. Daher sind Abschiebungsdrohungen wohlfeil. In der Realität dauert es Jahre bis zur Zwangsrückführung. Viele rechtlich ausdrücklich zugelassene Gründe stehen dem Vollzug einer Ausweisungsentscheidung entgegen.[64] Es erscheint ziemlich problematisch, wenn die deutsche Politik ihr Heil in der Erhöhung der Abschiebungsquote sieht. Das ist ausgerechnet das Instrument mit der geringsten Wirkung, auch wenn dafür immer wieder der Rechtsstaat als Argument bemüht wird. Am Ende verstört die Abschiebungsforderung sogar das Vertrauen in den viel zitierten Rechtsstaat und zwischen den Behörden. Dafür steht u.a. der Fall Sami A.[65] Er wurde entgegen einer Gerichtsentscheidung nach Tunesien abgeschoben. Dabei sprachen die Gerichte von einer „grob rechtswidrigen" Handlung. Die Rechtswidrigkeit bestand in der fehlenden Unterschrift des tunesischen Staates, der Abgeschobene werde nicht gefoltert. Er wird offenbar in der Tat nicht gefoltert. Die formalistische Auslegung des Rechts zählt hier mehr als die inzwischen eingetretene Realität. Das trägt erheblich zur Verunsicherung bei. Es handelt sich bei diesem Vorgang um ein Ringen um die Macht im unserem „Rechts"-Staat. Die Gerichte verteidigen hier ihre Position im unserem Staat.

Die Schleuserkriminalität ist eng mit den Regelungen des internationalen Verkehrs verbunden. Die in Nationalstaaten organisierte Welt kann heute effektiv

---

[63] Siehe z.B. http://www.spiegel.de/panorama/justiz/italien-haftstrafen-fuer-schlepper-hartes-urteil-kaum-signalwirkung-a-1125713.html.

[64] S. "Kalif von Köln", 2004 nach langwierigem Verfahren in die Türkei abgeschoben.

[65] https://www.bild.de/politik/inland/politik-inland/acht-jahre-justiz-hickhack-um-sami-a-jetzt-will-bochum-den-rueckflug-zahlen-56694552.bild.html. www.focus.de/politik/deutschland/mutmasslicher-ex-leibwaechter-bin-ladens-stadt-bochum-gibt-auf-deutsche-behoerden-muessen-sami-a-aus-tunesien-zurueckholen_id_9421549.html. https://www.sueddeutsche.de/politik/oberstes-nrw-gericht-sami-a-muss-nach-deutschland-zurueckgeholt-werden-1.4093967.

ihre Bevölkerungen kontrollieren. Ungeregelte Zuwanderung verursacht einen Mangel an Überblick und Voraussagbarkeit zum Beispiel der Bildungs-, Gesundheits- und Sozialsysteme. Um das zu verhindern, steht Hilfe bei der ungeregelten Zuwanderung unter Strafe. Ein besserer Weg fände sich durch klare und einfache Zugangsregelungen. Die verhinderten dann auch die Geldabschöpfung durch Schlepper.

Die irreguläre Migration besitzt den Nebenaspekt, dass auch hier eine soziale Schlagseite existiert. Wer Geld organisieren kann, kann sich schleusen lassen. Wer das nicht kann, muss im Flüchtlingslager des Nachbarlandes bleiben. Daran sollte der Türkei-EU-Pakt durch aktive Übernahme von syrischen Flüchtlingen etwas ändern. Das scheint aber nicht oder nur sehr begrenzt der Fall zu sein.

Das Interesse der aufnehmenden Gesellschaften scheint unentschieden: Auf der einen Seite steht die tatkräftige Hilfe für wirklich Bedürftige, auf der anderen der Zugang für Menschen, die unser Arbeitsmarkt braucht. Gegen beides richtet sich ungefähr ein Viertel der Gesellschaft.

Auch Registrieren kann angstbesetzt sein

Eine weiteres irritierendes Konstrukt: Dass Flüchtlinge bei ihrer Ankunft registriert werden, für uns eine Selbstverständlichkeit und als Grund für staatliche Leistungen angesehen und wirksam, hat für sie aufgrund der unübersichtlichen Verfolgungs- oder Kriegssituation in ihren Herkunftsländern den Anschein einer Gefahr für Leib und Leben. Wer bekannt und identifizierbar ist, kann auch ganz leicht gefunden und beseitigt, unterdrückt oder abgeschoben werden. Wer nicht so leicht identifizierbar ist, lebt u.U. länger. Bei uns bildet die Registrierung den Grund für die Asylbewerberleistungen. Das muss man erst mal verstehen, wenn man nach bisher anderer Erfahrung damit behelligt wird. Allerdings kann, wer identifiziert ist, auch leichter wieder weggeschickt oder abgelehnt werden. Auch in Europa entscheidet eine Registrierung in den Migrationsaugen über Wohl und Wehe: Deutschland oder Ungarn oder Griechenland oder Rückführung. Wenn also schon Registrierung, dann dort, wo die vermeintlich besten Chancen vorhanden sind. Wer sein ganzes Leben einsetzt, will es für eine bessere Zukunft tun.

Für unser Gemeinwesen ist Registrierung unabdingbar. Denn eine unbekannte Größe kann nicht gesteuert oder kontrolliert werden. Man kann dafür keine Vorsorge treffen und auch keine Strafverfolgung gewährleisten. Daher scheint ein Ausweispapier, wie es in der Genfer Flüchtlingskonvention angeregt wird[66], für alle Seiten von Vorteil zu sein. Bisher können irregulär Migrierende durch alle Maschen schlüpfen, weil sie zwar amtlich gesehen illegal reisen, aber gera-

---

[66] Anlage: Muster-Reiseausweis.

de daher nicht ‚bürokratisch behandelbar' sind. Manche wurden bisher durch die Verwaltung in diese Illegalität gezwungen, weil sie ohne gültige Papiere zur Ausreise aufgefordert wurden. Da man ohne Papiere nicht aus- oder einreisen darf, begeht der so Betroffene durch die Befolgung der Ausreiseweisung eine Straftat. So verhedderte sich die Migrationsbürokratie zum eigenen und fremdem Schaden in sich selbst. Das wird durch ein Flüchtlings - Ausweispapier verhindert.

Und wieder Asylrechtsänderungen

„Das Asylrecht ist eine Frage der Generosität, und wenn man generös sein will, muss man riskieren, sich gegebenenfalls in der Person getäuscht zu haben." (Carlo Schmidt im Parlamentarischen Rat (1948/49) zum Asylrecht). Diese Aussage zeigt, worum es damals ging. Nähere Bestimmungen wurden vermieden, weil es unerträglich zu sein schien, an den Grenzen die Asylgründe prüfen zu lassen, um dann eine Entscheidung über Einreise oder Abweisung zu fällen. Daraus hat sich der Zustand entwickelt, den wir heute beklagen: Es kommen Asylbewerber oder Flüchtlinge ins Land, denen dann nach ein paar Jahren gesagt wird: Hier dürft ihr nicht bleiben. Wenn man schon abweisen möchte, sollte das nicht bei der Einreise geschehen, sondern noch vor der Abreise im Herkunftsland durch klare Bestimmungen. Die Ausweisung nach Jahren des Rechtsstreits kann für Familien bedeuten, dass sie wieder ihre Heimat verlieren und in ein Land kommen, welches sie nicht mehr wirklich kennen. Auch damit wird klar: Es handelt sich um Menschen, die man nicht jahrelang wie im Vakuum lebend behandeln kann. Man muss schnell Klarheit schaffen. Ob die kosmetischen Korrekturen das erbringen, kann am Beispiel vom 29. 9. 2015 betrachtet werden. Dieses Gesetz soll an folgenden eher formalen Punkten eingreifen.

1 Es werden Staaten benannt werden, deren Bürger zwar wie gesagt - wegen der Rechtslage - nicht vom Asyl ausgeschlossen werden dürfen, aber kaum eine Chance auf Anerkennung haben. Wenn diesen gleichzeitig die Arbeitsaufnahme im Asylverfahren untersagt, aber die Möglichkeit eröffnet wird, mit Arbeitsvertrag hier einzureisen, kann diese Regelung nur begrüßt werden.

2 Wenn die Beschleunigung der Verfahren beschlossen ist, muss sie nur noch umgesetzt werden. Eine Verfahrensdauer von mehreren Monaten ist unzumutbar. Es müsste doch möglich sein, sich auf höchstens vier Wochen einzustellen. Dazu kommt die Dauer von evtl. Gerichtsverfahren. Eigentlich müssten diese in die Verfahrensdauer einbezogen werden. Auf deren Dauer hat die Regierung keinen Zugriff. Der Regierungsentwurf vom 29. 9. 2015 klingt an dieser Stelle wie eine Bitte statt einer gesetzlichen Vorschrift, obwohl die Regierung auf das Bundesamt für Migration direkten Durchgriff hat. Es ist ihre höchsteigene Behörde.

3 Über Sachleistungen kann man sich streiten. Wenn jemand mit Mühe und Not dem Morden in der Heimat entkommen ist, wird ihm oder ihr das herzlich gleichgültig sein, wie er am Leben gehalten wird. Hauptsache, es gibt keine verzögernden Verwicklungen. Dass ausgerechnet hieran die Menschenwürde und das Menschenrecht scheitern sollen, wie manche argumentieren, will mir nicht einleuchten. Es gibt u.a. Menschenrechte auf Leben, Gesundheit und Meinungsfreiheit. Aber wie das bei Hunderttausenden oder Millionen von MigrantInnen praktisch umgesetzt werden soll, wird nicht in der Charta der Vereinten Nationen beschrieben. (Unter UN-Hoheit bestimmen im Übrigen Flüchtlingslager das Bild.) Wenn der Migrant oder die Migrantin Arbeit gefunden oder den Asylstatus bekommen hat, stellt sich die Frage sowieso nicht mehr.

4 Schließlich die Integration. Dieses Bemühen gilt ja schon lange als Zauberstabangelegenheit. Sprachkurse und Staatsbürgerkunde integrieren nicht wirklich. Sie sind lediglich eine Voraussetzung dafür. Arbeit integriert ebenso wie Schulbesuch und der ganz normale Alltag. Differenzen in der Kultur müssen zunächst beidseitig ausgehalten werden. Integration ins Rechtssystem stellt sich auf die Dauer ein, weil es gar nicht anders geht. Dennoch wurde jetzt ein Integrationsgesetz erarbeitet, das Integration auf einem bestimmten Niveau regeln soll.[67] Die Kritiker nennen es Integrationsverhinderungsgesetz[68], weil es Menschen in eine Schablone zwingt, also individuelle Vorgänge durch eine Regelung für alle behindern könnte.

Was dann noch übrig bleibt, sind religiöse und Identitätsfragen. In diesen gibt es keinen Zwang, nur Kommunikation. Das Aufzwingen von Identität können wir in Ländern wie Syrien und dem Irak beobachten. Das will ja wohl in Deutschland niemand. Da können Änderungen im Asylrecht nur wenig bewirken. Es müsste bei der Integration gefragt werden, ob jeder Mensch, der hier eintrifft, sich schon im Klaren darüber ist, was er wirklich will. Er oder sie könnte dafür Zeit brauchen, ohne dass er gleich als integrationsfeindlich abgestempelt wird. Sonst würde Integration zum Zwang.

Die Gesetzesänderungen vom Anfang 2016[69] fallen auch unter die Rubrik „kosmetische Operationen" und ändern an den Umständen nahezu nichts. Sie sollen Handlungsfähigkeit der Regierung demonstrieren. Ansonsten zeigen sie, dass das Asylrecht zu einem Recht geworden ist, an dem Regierungen dauernd

---

[67] https://www.bundesregierung.de/Content/DE/Artikel/2016/04/2016-04-14-presse-konfernz-merkel.html. http://www.sueddeutsche.de/politik/integrationsgesetz-integra-tionsgesetz-sechs-seiten-voller-neuer-regeln-1.2949888.

[68] https://www.bundestag.de/dokumente/textarchiv/2016/kw22-de-integrationsgesetz/ 425504.

[69] http://www.spiegel.de/politik/deutschland/asylpaket-ii-bundesregierung-bringt-verschaerfte-asylgesetze-auf-weg-a-1075424.html. https://www.bundesregierung.de/Content/DE/Artikel/2016/02/2016-02-03-asylpaket2.html;jsessionid=0FB0E47FE22260 3B7567A3B95DAC3AFC.s1t1.

sinnlos herumbasteln. Selbst die Gesetzesvorhaben vom Januar 2017 bringen keine neuen Aspekte. Fußfesseln oder Abschiebungshaft für Gefährder können vielleicht eine Wirkung erzielen. Eigentlich ist die Abschiebungshaft bereits rechtlich möglich gewesen: Wenn der Ausländer seine Abschiebung aktiv verhindert, z.B. durch mangelnde Mitwirkung bei der Beschaffung von Papieren, kann sie angeordnet werden. Eine Fußfessel aber kann keinen Anschlag verhindern. Das konnte im Fall Amri nicht einmal eine engmaschige Beobachtung durch diverse Sicherheitsbehörden. Dagegen ist die strenge Residenzpflicht von entscheidender Bedeutung. Wer sie verletzt, kann in Haft genommen werden. Nur muss das jemand entscheiden und durchsetzen und dann auch durchhalten.

Aus ganz intensiven Erfahrungen mit den innerdeutschen Flüchtlingen im und nach dem zweiten Weltkrieg glaube ich zu wissen, dass Sprache und Arbeit alleine nicht in jedem Fall integrieren. Viele fühlten sich noch nach dreißig und vierzig Jahren als Flüchtlinge und bezeichneten sich selbst so. Es war für sie eine entscheidende Identität. Selbst politisch spielte das eine Rolle – z.B. als Mitgliedschaft im ‚Bund der Vertriebenen'[70]. Wie gesagt - Identitätsformen kann man nicht herbeizwingen. Folgende Generationen sind oftmals stolz auf ihre „ausländischen Wurzeln" mitten in der Normalität des vielleicht erfolgreichen Alltags. Gleichzeitig engagieren sie sich auch bei der Integration der neuen Flüchtlinge.

Gesellschaftliche Verunsicherung wird medial zelebriert

Die Flüchtlingswahrnehmung erzeugt ganz offenbar auch eine neue Selbstwahrnehmung. Nachdem in den Medien zunächst die hohe Zustimmung zur „neuen Flüchtlingspolitik der Kanzlerin" regelrecht weltweit zelebriert worden war, kamen in Deutschland schon bald Tendenzen auf, die mit den Worten „die Stimmung kippt" zunächst schwach dann stärker den Blick auf die begrenzten Möglichkeiten in Deutschland und Europa richteten. Jeden Abend um acht kippte ein wenig die Stimmung, das wurde geradezu herbei geschrieben. Wer sich diesem Kippen verweigern wollte, wurde durch die Fülle der Anzeichen der kippenden Stimmung herausgefordert. So genannte ‚Brandbriefe' der Basis erreichten die Öffentlichkeit. ‚Bricht die Zustimmung zur Kanzlerin an der Basis ihrer Partei ein?' lautete die Frage. Täglich gab es zuerst die Meldungen von der abnehmenden ‚Zustimmung' zur Kanzlerin, dann zu ihrer Partei, ohne dass sich allerdings auf der anderen Seite bei den übrigen Parteien etwas änderte – mit Ausnahme des AfD - Aufschwungs.

Es wurden Anzeichen gesammelt und sogleich eifrig gedeutet, dass die Regierung die Flüchtlingskrise nicht managen kann, weil böse politische Buben aus Deutschlands Süden quer schießen, weil sie keinen Plan hat oder weil das gar

---

[70] http://www.bund-der-vertriebenen.de/.

nicht geht[71]. Das kann sie aber auch deshalb nicht, weil sie lange geschlafen hat und schuldhaft Informationen von Frontex nicht zur Kenntnis nahm.[72] Dies ist in unsicheren Zeiten als Schuldvorwurf zu verstehen in dem Sinne: Die Regierung ist schuld an unserer Misere. So kann eine deutsche Regierung Schuld wegen Verspätung im Handeln tragen, denn sie hätte nicht nur wissen müssen, sondern auch wissen können, was kommt.

Wer bei den Medien genau zuhört, entdeckte seit Mitte Februar 2016 Tendenzen, die Regierung – personifiziert durch die Kanzlerin – zu einer Haltungsänderung bewegen zu wollen: „Mit der Türkei kann das doch nicht gelingen!" „Unschick ist es, mit Alleinherrschern wie dem türkischen Präsidenten zu verhandeln!" „Wie lange wird Frau Merkel noch Kanzlerin sein?" „Warum ändern Sie ihre Haltung nicht, Frau Merkel?" Die ‚kippende Stimmung' kippt weiter…. Schließlich gipfelte alles in der Feststellung, die Regierung habe entgegen ihrer Selbstdarstellung kein Problem gelöst, sondern lediglich Scheinlösungen produziert. Ja, es war sogar vom Staatsversagen die Rede, als offenkundig besonders Migranten in Köln ein männliches Silvesterunwesen trieben.

Bald sprachen alle vom Kontrollverlust des Staates: „Wie kann ein Staat Flüchtlinge ins Land lassen, ohne zu wissen, um wen es sich wirklich handelt?" Wer eine solche Frage stellt, muss wohl mal wahrnehmen, dass manche Staaten auf dieser Welt keine Verwaltung haben, die für jeden Menschen eine Steuer-Nummer und eine Registrierung bereit hält, noch einfach Ausweise ausstellt. In vielen Staaten ist ein Ausweis eine teure, bestechungsgeneigte Ware. Oftmals ist ein Ausweisantrag schon die Urkunde für staatsfeindliche Gesinnung. ‚Wozu braucht ein Mensch einen Ausweis, wenn er nicht die Absicht haben sollte, das Land zu verlassen und es dadurch schlecht zu machen?' Woher soll also der Ausweis kommen? Die Kontrollverlustfrage wurde zuletzt vom damaligen SPD - Fraktionsvorsitzenden gestellt.

Die Schlepper sind auch nicht doof. Aus ihrer Sicht erhöht ein Identitätsnachweis die Gefahr der Ablehnung und damit Abschiebung für die Betroffenen. Wer sich vor der Flucht noch einen solchen besorgen kann, wollte im Zweifelsfall nicht fliehen, sondern eher auswandern. Die Ausweisfrage übrigens ist den Männern aus Afrika zumindest nicht geläufig, wie ich in tausenden von Gesprächen in der Abschiebungshaft hören konnte. Männer aus Südosteuropa wollten sie auch nicht wahrnehmen. Sie hatten alle einen guten Grund, ihre Zukunft außerhalb ihres Herkunftslandes zu suchen. Der aber passte eben selten

---

[71] Die These, dass die Lösung der Flüchtlingsfrage objektiv nicht möglich ist, vertritt z.B. Jonas Schaible in einem Kommentar. https://www.t-online.de/-/id_79772292/tid_pdf_o/vid_84080730/index.

[72] Regierung wusste angeblich früh von hohen Flüchtlingszahlen, http://www.spiegel.de/politik/deutschland/frontex-regierung-wusste-angeblich-frueh-von-hohen-fluechtlingszahlen-a-1061684.html.

zu unseren Gesetzen. Einige hatten ihren Pass in der Sahara gefunden, z.B. bei Toten. Den brachten sie dann natürlich mit. Es konnte nicht schaden und half zu verschleiern. Manche hatten inzwischen Kinder, waren verheiratet und wieder geschieden, standen zu Zeiten sogar in Arbeit. Alles geschah während des Wartens auf die verschiedenen Entscheidungsstufen in Deutschland.

Der Kontrollverlust – Vorwurf bekommt Nahrung durch hervorstechende Einzelfälle wie durch den eines Bundeswehrsoldaten, der sich eine Scheinidentität als syrischer Flüchtling aufbaute und vom Bundesamt für Migration tatsächlich als Kriegsflüchtling anerkannt wurde.[73] Oder durch einen von vielen Betrügern, die mit zahlreichen Identitäten an verschiedenen Stellen abkassieren.[74] Wollte man das als staatlichen Kontrollverlust verstehen, was wäre dann mit über sechs Millionen Straftaten, die jährlich bei der Polizei angezeigt werden? Davon werden nur ca. 56 Prozent aufgeklärt und nur rund 15 Prozent irgendeiner Strafe zugeführt.[75] Staatsversagen? Auch bei den Krawallen während des G 20 Gipfels in Hamburg sprachen wieder welche vom Staatsversagen. Es scheint ein Modebegriff zu werden.

Manchmal mündete dieses Geunke in eine Beschreibung der Welt als unsicherem Ort, wo alles anders wird als es mal war. Durch die Schwierigkeit, in dieser Lage genaue Prognosen zu erstellen, gehe die (westliche) Welt in eine sehr unübersichtliche Phase. Ein solcher Alarmruf aus der Wirtschaftswissenschaft klingt entweder alarmierend oder er kommt um drei Jahrzehnte zu spät.[76] Unsere Gesellschaft wurde in der Soziologie als postmoderne beschrieben.[77] Das Individuum muss sich seine Welt selbst basteln. Niemand kann sich mehr auf Traditionen oder Wahrheiten ausruhen. Diese ehemals großen „Erzählungen" haben keine Deutungskraft mehr.[78] Das Individuum konstruiert in der metropolitanen Weltgesellschaft seinen Platz auf dieser Welt und muss das auch. Dadurch ist Planung mit erheblichen Schwierigkeiten verbunden. Die Lebensweise neigt zur Improvisation.

[73] http://www.t-online.de/nachrichten/deutschland/id_81028228/soldat-unter-terrorverdacht-haben-die-behoerden-die-kontrolle-verloren-.html. http://www.spiegel.de/politik/deutschland/bundeswehr-soldat-unter-terrorverdacht-wie-franco-a-zum-fluechtling-wurde-a-1145376.html

[74] Beispiel: http://www.freiewelt.net/nachricht/marokkaner-mit-20-scheinidentitaeten-aufgeflogen-10070787/

[75] Siehe die jährliche Polizeiliche Kriminalstatistik des Bundeskriminalamtes.

[76] Nichts ist mehr sicher, wursteln wir uns durch. http://www.spiegel.de/wirtschaft/ muellers-memo-das-leben-wird-immer-weniger-planbar -a-1061644.html.

[77] Ulrich Beck: Risikogesellschaft. Auf dem Weg in eine andere Moderne. Frankfurt a.M., Suhrkamp, 1986.

[78] Jean-François Lyotard: Das postmoderne Wissen, Wien, Passagen-Verlag, 2009, Original-Titel: La condition postmoderne, Paris, éditions Minuit, 1979. Ulrich Beck, Die Metamorphose der Welt, Suhrkamp Verlag, Berlin 2016.

Ist diese Botschaft jetzt angesichts der Flüchtlings- oder Migrationsbewegung auch in der Wirtschaft angekommen? Und zwar so, dass sie geeignet ist, im Ausblick auf eine kommende Woche eine ganze Gesellschaftstheorie der Unsicherheit auf allen Gebieten des Lebens zu konstatieren? Vor allem stellte der Spiegel-Kolumnist und Professor Henrik Müller die Finanzplanungen der nächsten Zeit in diesen Kontext.

Wir stehen nicht wegen MigrantInnen vor dem wirtschaftlichen Planungs-Aus. Allerdings rechnen auch der Internationale Währungsfonds und das Weltwirtschaftsforum ‚Flüchtlinge' unterschiedslos zusammen mit Terrorismus und Klimawandel zu den Risiken der Weltwirtschaft: "Durch Ereignisse wie die Flüchtlingskrise und Terroranschläge in Europa ist die globale politische Instabilität so hoch wie seit dem Kalten Krieg nicht mehr".[79] Ist es eine Krise, wenn man mal nicht ganz genau vorhersehen kann, was sich entwickelt? Es ist vor allem eine Krise der Vorhersagesysteme, die ausnahmslos auf comptergesteuerte Modelle der Voraussagbarkeit durch Verlängerung der Vergangenheit in die Zukunft zurückgreifen. Im Modell bleibt - anders als in der Wirklichkeit - immer alles gleich.

Im Übrigen scheint die Flüchtlingskrise eher eine Politikkrise zu sein.[80] Eine Politik, die allumfassend alles Gesellschaftliche regeln will, muss die Erfahrung machen, dass es Grenzen ihres Einflusses gibt. Weder Integration von Flüchtlingen noch Integrationsbereitschaft der Bevölkerung können erzwungen werden. Niemand kann den Befehl zu einer 'Metanoia' erteilen. Allein markige Worte, dass sich alle hier Befindlichen an die Gesetze und Werte zu halten haben, ändern noch nichts am Zustand der aufnehmenden Gesellschaft, die es mit Gesetzestreue nicht immer so genau nimmt. Aber auch umgekehrt wird klar, dass Teile der Bevölkerung sich die Regierung ganz undemokratisch als letzte Instanz vorstellen, die alles regeln muss. Das war einst die Aufgabe eines ganz anderen, den man nicht abwählen konnte.

Politische Krise bedeutet jedoch auch: Die fraglose Autorität staatlicher Organe scheint bei vielen deutschen MitbürgerInnen nicht mehr vorhanden zu sein. Um das zu sehen, braucht es keine MigrantInnen. Bei denen kann es aber auch so aussehen, zumal in ihren Herkunftsländern Staat und Polizei oft keine schützende, sondern eine bedrohende Funktion ausüben. Darin sind sich Alt- und Neubewohner des Landes sehr ähnlich, wenn auch aus unterschiedlichen Gründen. Die Altbewohner trauen den hergebrachten Parteien und damit der Regie-

[79] http://www.t-online.de/wirtschaft/id_76638356/wef-und-iwf-risiken-fuer-die-weltwirtschaft-so-gross-wie-lange-nicht-mehr.html.
[80] http://www.spiegel.de/kultur/tv/hart-aber-fair-ueber-fluechtlinge-endlich-sprechen-die-richtigen-gaeste-a-1061 963.html. Besser: http://www.t-online.de/nachrichten/ deutschland/gesellschaft/id_76040344/-hart-aber-fair-men-schen-an-der-basis-reden-ueber-fluechtlingskrise.html.

rung immer weniger zu, die Probleme der Gesellschaft zu lösen, obwohl sie es von der Regierung fordern. Aber eine neue Lösungskompetenz haben sie nicht. AfD und Pegida taugen selbst in den Augen ihrer Anhänger nur zum Protest, nicht zu konstruktiven Lösungen.

Und dann die Medien wieder andersherum: Sie stellten unisono die Lage an der griechisch – mazedonischen Grenze Anfang März 2016 als inhuman und Handlungsappell dar, obwohl sie einen Tag vorher ebenso unisono die Kanzlerin zur Abschottung Deutschlands unter der Überschrift „Wir schaffen das nicht!" bewegen wollten. Das begreife wer will!

Bald machten Medien eine echte ‚Wende' und zwar eine der Kanzlerin aus.[81] Nun wurde sie als Umfallerin bezeichnet, weil sich das abzeichnete, was sie lange als Ziel angestrebt hatte: Eine Umstellung der irregulären auf reguläre Migration mit Hilfe der Abschottung der Grenzen und der Türkei. Eine „Umsteuerung" ist darin m.E. nicht zu sehen, obwohl die immer wieder entdeckt wird: „Bundeskanzlerin Merkel zeigt eine härtere Linie gegen Flüchtlinge", war wieder im Spiegel zu lesen.[82] Diese Linie bestand schon immer, auch vor und mit Merkel. Sie wurde immer nur weiter befestigt.

Wenn überhaupt von Politik in der Flüchtlingskrise die Rede sein kann, dann mit der Türkei- oder der Afrikavereinbarung: Vielleicht wird das Ziel der Begrenzung und Steuerung am Ende erreicht. Deutschland könnte dann großzügig und exemplarisch aufnehmen, wen es für richtig hält und wäre nicht gezwungen. Ob die anderen Europäer mitmachen, ist in diesem Modell gleichgültig. Vielleicht ist Deutschland dann unter europäischem Druck, mit Rücksicht auf die moralische Selbstachtung der Fremdenverweigerer nicht zu viele freiwillig aufzunehmen. Theoretisch impliziert die Aufnahme von 100.000 Migrierenden in Deutschland die Aufnahme weiterer 500.000 in den anderen EU-Ländern oder aber 20.000 gegenüber 100.000.

Endlich las man dann noch im politischen Magazin ‚Der Spiegel' vom Ende der Kanzlerin. An einem Nebenaspekt des EU - Türkei - Paktes, der die Kanzlerin schwach erscheinen ließ, wurde ein Szenario des Kanzlerinnensturzes ausgebreitet[83] und das als Folge ihrer „Fehlentscheidung" – so weit war es tatsächlich gekommen - im Sommer 2015.

---

[81] Stefan Kuzmany, Merkels Wende: Die Umfallerin, http://www.spiegel.de/politik/ deutschland/angela-merkel-in-der-fluechtlingskrise-die-umfallerin-kommentar-a-1081863.html

[82] http://www.spiegel.de/politik/ausland/merkel-will-weitere-fluechtlingsdeals-mit-drittstaaten-a-1113811.html, 24.09.2016.

[83] http://www.spiegel.de/politik/deutschland/boehmermann-warum-merkel-ueber-ein-gedicht-stuerzen-koennte-a-1086553.html.

Und so weiter: Die Kanzlerin wurde zwischenzeitlich nahezu als Sicherheitsrisiko interpretiert.[84] Die Pressekonferenz im Juli 2016 fiel in ungnädige Betrachtung. „Wir schaffen das!", sei starrsinnig und fern jeder Realität.[85] Gegenvorschläge, wie etwa das Motto „Wir schaffen das nicht!" kamen aber auch nicht vor. 2017 war das Echo dann wieder nicht positiv. Die Kanzlerin verschiebe die Grenze Europas nach Mitte Afrika (wie einst die Imperialisten) und könne kein ordentliches Asylverfahren im Tschad oder in Niger garantieren. Trotz strategischer Planung mit europäischen Partnern verstehen selbst erfahrenste Kommentatoren nicht, dass die Willkommenskultur und die Bemühungen um Legalisierung von Migration keine Gegensätze sind.[86]

Selbst von links kam der Vorwurf, die Kanzlerin sei schuld an Terrorattentaten mit ihrer „leichtfertigen" Einladung im Sommer 2015.[87] Welch ein Quatsch! Welche Hilflosigkeit! Neuerdings erwarten alle das Heil durch die Schaffung von Sicherheit. Angeblich brauchen wir noch mehr Sicherheit durch Gesetze, während die Recherchen zum Berlin-Attentat zeigen, dass es durchaus möglich gewesen wäre, dieses zu verhindern. Der Fehler, wenn man davon sprechen kann, lag in der Interpretation des Attentäters durch die Dienste unseres Landes sowie in der nachlässigen oder fehlenden Umsetzung der Vorschriften für Asylbewerber.

Was tun mit Hilflosigkeit? In der Seelsorge würde man darauf hinarbeiten, dass ein Mensch Hilflosigkeit aushalten lernt – und darauf hoffen, dass Lösungen gewissermaßen nach der Überwindung von Versagensgefühlen bei freiem Blick wie von selbst auftauchen. Müsste die deutsche Gesellschaft vielleicht zur Seelsorge gehen? Nicht immer ‚machen' und den starken Mann herauskehren, sondern sich zuerst einmal überlegen, was „markige Worte", die Art in der Politik ‚etwas macht', anrichten können. Neuerdings gibt es dafür ein Beispiel aus den USA.

Das gilt besonders, wenn markige Worte wider besseres Wissen gesagt werden, wie die Sache mit der Begrenzung der Flüchtlingszahlen, mit der Obergrenze. Wer das will, muss einen Gründungsmythos der Bundesrepublik stürzen und ein völlig neues Asyl- und Zuwanderungsrecht einschließlich einer Verfassungsänderung anstreben. Das tut ganz offenbar neben der CSU die Alternative für Deutschland. Viele Menschen in Deutschland scheinen den Gedanken gut

---

[84] http://www.faz.net/aktuell/politik/fluechtlingskrise/sieht-csu-merkels-fluechtlings- politik-als-sicherheitsrisiko-14359479.html, 27.7.2016.
[85] http://www.faz.net/aktuell/feuilleton/anschlaege-in-deutschland-angela-merkels-trotz-14361849.html, 29.7.2016.
[86] Beispiel Tina Hassel, Stillschweigende Kurskorrektur, Kommentar in den Tagesthemen vom 30. August 2017, https://www.tagesschau.de/inland/btw17/willkommen-oder-abschottung-101.html.
[87] http://www.spiegel.de/politik/deutschland/sahra-wagenknecht-wut-der-linken-wegen-fluechtlings-aussagen-waechst-a-1105315.html, 29.7.2016.

zu finden. Sie müssen dann aber mit einer Republik rechnen, in der sie im geringsten Falle nicht mehr tun und lassen können, was sie wollen. Im Koalitionsvertrag vom Februar 2018 ist eine Beschränkung der Flüchtlingszahlen in der Tat vereinbart[88], allerdings als Feststellung, dass dies nach bisherigen Erfahrungen zu erwarten sei. Dabei geht es um den steuerbaren Teil der Zuwanderung.[89] Es ist also gar nicht als Beschränkung formuliert.

Am Ende steht dann ungläubiges Staunen. Die Regierungserklärung von Kanzlerin Angela Merkel provoziert in der Presse ein Lob vorher nicht gekannten Ausmaßes. Sie wird als mutig bezeichnet. Sogar Anzeichen von Radikalität findet die Spiegel-Redakateurin Christiane Hoffmann[90]. Und das nur, weil die Kanzlerin ausführte, man und auch sie selbst hätte die Ausmaße des Flüchtlingsproblems 2015 nicht richtig einschätzen können. Die Reaktionen (in Deutschland und Europa) seien oft halbherzig gewesen, weil man gehofft habe, das Problem treffe einen selber nicht. Die AfD ließ schließlich durch ihren Fraktionsvorsitzenden verlauten, die Kanzlerin habe ihrer Opposition wegen in ihrer Rede zum ersten Mal wieder das Wort „die Deutschen" in den Mund genommen. Für meine Ohren hat die Kanzlerin nichts anderes gesagt als schon immer. Ein paar Wochen später folgte darauf das unsägliche „Seehofer-Theater", das ein normaler Mensch nicht kommentieren kann.

Noch ist das alles eine Auseinandersetzung im Bereich unserer herkömmlichen Weltbetrachtung. Dafür wurde das Wort Dauerkommunikation geprägt.

In der Rückschau wird eine kurze politische Wende sehr interessant. In Deutschland tauchte plötzlich eine Situation auf, in der die Flüchtlingsfrage, wie vom Winde verweht, keine Rolle mehr zu spielen schien. Der im Januar 2017 ausgerufene Kanzlerkandidat der SPD konnte durch die Benennung der Wähler als „hart arbeitende Menschen" und mit Kritik an der Art der Gerechtigkeit im Land plötzlich das Gefühl hervorrufen, hier spreche jemand im Namen des Volkes. Er schien seine eigene Partei – noch in der Regierung – aufs Heftigste nahezu populistisch zu kritisieren. Er trat als Mann auf, der endlich mal sagte, „Jetzt reicht's!", wenn Erdogan und seine Minister zu frech wurden.[91]

Es kommt in der Politik offenbar nicht auf Tatsachen an, sondern auf Stimmungen. Denn der Kandidat lag in allen Fragen bis hin zu Europa auf Linie mit der großen Koalition. Die Flüchtlingsfrage hätte er nicht anders lösen können

---

[88] Ergebnisse der Sondierungsgespräche von CDU, CSU und SPD, Finale Fassung 12.01.2018, 19.

[89] Koalitionsvertrag von 2018, 103, Zeilen 4815-4823.

[90] http://www.spiegel.de/politik/deutschland/news-bundestag-eu-gipfel-freiburg-urteil-raucher-oesterreich-a-1199283.html.

[91] http://www.t-online.de/nachrichten/deutschland/gesellschaft/id_80586202/martin-schulz-da-muss-ein-kanzler-sagen-jetzt-reicht-s-.html, 10. 03.2017.

als sie gegenwärtig zu lösen versucht wird. Das spielte plötzlich keine Rolle mehr. Aber er nahm die Stimmung aus der „Flüchtlingskrise" auf, die vor allem über die Gerechtigkeitsfrage gegen Flüchtlinge argumentierte: „Wir Ureinwohner kommen zu kurz bei all den Flüchtlingen." Den zweiten Teil des Satzes sagte er nicht, wurde aber von vielen so interpretiert. In Deutschland reicht(e) offenbar ein Anflug von Volkstribun, um Stimmungen – kurzfristig - zu wandeln. Das ist *eine* Ausprägung von Kommunikation in unserer Demokratie und erinnert an die Stimmung in anderen Ländern. Der plötzliche Kandidat erlebte vier heftige Niederlagen und einen halben Sieg sowie eine politische Pleite.

Als er das Flüchtlingsthema im Sommer vor der Wahl wieder aufnahm, kam dabei eine heftige Reaktion im politischen Raum heraus. Diese wurde durch das Hamburger Edekamarkt-Attentat mit einem Messer befördert, wenn nicht gar umgekehrt. Plötzlich konnte die Bildzeitung wieder mit Schlagzeilen wie „Abschiebungslüge" längere Zeit vermisste Instinkte ansprechen. Obwohl jeder und jede in der Politik die Abschiebungshindernisse unserer Gesetzeslage seit Jahrzehnten ebenso kennt wie die mangelnde Bereitschaft zur Kooperation der Aufnahmestaaten und wohl auch deren heftige korruptionsgeneigte Bürokratie, beklagen alle das Abschiebungsdefizit. 220.000 Ausreisepflichtige, von denen über 75% eine Duldung bekommen haben, sind aber einfach nicht unser Problem. Zudem hört man immer wieder, dass gerade die falschen, sprich gut integrierte Mitmenschen, aus formalen Gründen zur Abschiebung anstehen.[92]

Es ist die gesellschaftliche Verunsicherung, die u.a. die Medien heftig betreiben, allerdings angeregt durch die Gier nach jeder noch so kleinen Schlagzeile aus der Politik. Der politisch-mediale Durchlauferhitzer läuft auf Hochtouren und droht wieder sinnlose Gesetzsverschärfungen zu produzieren, die alle viel zu kompliziert ausfallen. Beispiele sind Fußfessel und Abschiebungshaft für Gefährder. Auch da wusste jeder politisch einigermaßen wache Mensch, wie kompliziert das werden würde, da der Begriff „Gefährder" vor Gericht konkret belegt werden muss. Bis sich unsere vielen Dienste auf den einen und den anderen Gefährder geeinigt haben, vergehen Monate oder Jahre. So lange kann niemand warten. In der Zwischenzeit begehen Leute Attentate, laufen die Redner aller Seiten zu Hochform auf, berichten die Medien auf Hochtouren. Die echte Analyse aber und verantwortungsvolles Handeln fallen aus, denn alle haben nur ein Gehirn. Am Ende kommt dann ein Wahlergebnis heraus wie 2017. Das könnte wie bei den Verwerfungen nach den Koalitionsverhandlungen 2018 zur großflächigen Politikveränderung führen, in der der Wähler sich

---

[92] Beispiel: Tagesthemen vom 13.08.2018, Zuwanderungsgesetz: Mittelstand fordert sicheren Status für Flüchtlinge.

zum Fan wandelt, der seine Lieblinge kürt und dann wieder fallen lässt[93] - demonstriert an der ‚Causa Schulz' in der SPD. Wenn die Wähler und Parteimitglieder zu Fans mutieren, werden Mehrheiten sehr unüberschaubar und variabel.

Dauerkommunikation gestaltet die Welt

In der Dauerkommunikation, die für unsere Gesellschaft konstitutiv ist[94] und nicht von Traditionen religiöser und politischer Art eingezwängt scheint, sondern diese formuliert und umsetzt, werden Gesellschaft und Politik gestaltet. Es hat keinen Sinn, anderen, die andere Konstruktionen betreiben, den Mund zu verbieten. Es muss im Gegenteil ein Weg gesucht werden, Kommunikation offen zu halten, damit auch ihre Gefährdungen erkannt werden können. Die Lösung für einzelne Problemfelder, z.B. die ‚Fluchtmigration', hat keiner wirklich gefunden. Die Lösung machte Kommunikation überflüssig. So aber stehen wir als Individuen und als Gesellschaft mit unseren Weltkonstruktionen bei einem derart die Welt umfassenden Problem im Zentrum des Geschehens. Im Alltag wird die Welt der Heimatlosigkeit und der Zuflucht, der Lebensvernichtung und der Lebenschancen konstruiert und gestaltet ... und in diesen kommunikativ unruhigeren Zeiten als sonst helfen immer noch tausende Menschen ihren Mitmenschen. Wenn das kein gutes Zeichen ist und ein Beitrag zur Gestaltung unserer Welt durch ihre Konstruktion als Menschenwelt.

Durch die Silvesternacht 2015 in Köln wurde diese Konstruktion jäh unterbrochen. Plötzlich ging es um „Horden" von Nordafrikanern und Arabern, die deutsche Frauen bedrängen, missbrauchen und bestehlen. Die Polizei steht machtlos vor diesen „Horden" und versucht gar noch zu vertuschen, was vorfiel. Flüchtlinge waren nun flugs in „Horden" gewandelt. Die Stimmen derer, die alles kommen sahen, geißelten besonders die Naivität der deutschen Kanzlerin und einiger ihrer „Follower", dieser ewigen Multi-Kulti-Gutmenschen. Das ist schon für sich genommen ein merkwürdiger Wandel, die Kanzlerin so zu bezeichnen und so zu verstehen. Ein Minister vermutete sogar einen Plan hinter dem Auftreten betrunkener Silversterfeierer. In meiner Weltwahrneh-

---

[93] Siehe etwa http://www.spiegel.de/wirtschaft/soziales/martin-schulz-die-spd-und-die-groko-deutschland-sucht-den-super-kanzler-a-1192860.html, Kolumne von Henrik Müller.

[94] Reinhardt Schmidt-Rost hat formuliert, dass die Gesellschaft Dauerkommunikation ist, Massenmedium Evangelium: Das „andere" Programm, Hannover, VELKD 2011, 53. Das ist zu unterscheiden von der „institutionalisierten Dauerreflexion" der 60iger Jahre: Helmut Schelsky, Ist die Dauerreflexion institutionalisierbar? : Zum Thema einer modernen Religionssoziologie, Zeitschrift für evangelische Ethik Bd. 4 (1957), 153-174. Hier ging es darum, die Spannung zwischen Individuum und Institution zu institutionalisieren. S. auch: Ders., Zur soziologischen Theorie der Institution, in: ders., Die Soziologen und das Recht: Abhandlungen und Vorträge zur Soziologie von Recht, Institution und Planung, Opladen: Westdeutscher Verlag, 1980, 215-231.

mung würde durch besoffene junge Männer jeder eventuell vorhandene Plan gründlich zerstört. Und: Plötzlich war es wieder da, das Abschiebungsgeschrei.

Natürlich ist es schrecklich, wenn sich junge Männer in Gruppen auf Frauen stürzen und sich durch nichts aufhalten lassen. Ich erinnere mich, dass auch die Aussicht auf von Gesetzen ungehemmten Besitz von (jungen) Frauen junge Männer aus ganz Europa nach Syrien ziehen lässt.[95] Das hat keinen Entrüstungssturm ausgelöst, sondern wurde zunächst gar nicht bemerkt. Frauenverachtung und –missbrauch sind keineswegs nur für Nordafrikaner typisch, sondern leider ubiquitär.[96] Andererseits ist es eine Minderheit der Spezies männlicher Mensch, die sich so aufführt. Die generelle Männerschelte ist in dieser Hinsicht genau so falsch wie jede Generalisierung. Man (Frau) muss genau so wenig vor jedem Mann Angst haben wie vor jedem aus Nordafrika. Auch in diesem Thema spielen Interessen von allen Seiten eine Rolle. Manche wollen nur die Polizei ins schlechte Licht stellen, andere die Politik tadeln, andere ihrem Hass auf Zuwanderer freien Lauf lassen. Manche Intellektuelle wollen die Welt richtig stellen, je nachdem auf der eher linken oder auf der eher rechten Spur.

Dieses kommunikative Chaos ebbt relativ schnell ab. Dann hat die Politik wieder einige vorschnelle Scheinlösungen verabredet, deren Implementierung keine Wirkung zeigen kann. Denn sie versucht, Probleme von begrenzten Einzelfällen durch generelle Lösungen zu beheben. Die gesamte Regierung ließ sich durch die Kölner Silvesternacht in die Falle locken, die da heißt: Die/den fähige/n Politiker/in zeichnet vor allem der Ruf aus, hier müsse „die volle Härte" des Rechtsstaates eingreifen. Darin steckt kein Rassismus, sondern die angebliche Erfahrung, die passende Reaktion auf auffällige oder gehäufte Straftaten sei Härte. Es müsste sich herumgesprochen haben, dass diese verbale Härte keinerlei Wirkung hat, sondern diejenigen, die sich so äußern, nach einiger Zeit als Spruchtante oder –onkel bloßstellt. Denn eigentlich sind das Äußerungen der Hilflosigkeit. Sie vergiften nur das Klima zusätzlich. Die Polizei hat ihr Problem in Köln 2016 durch vorbeugendes Verhalten am Silvester wieder ausgebügelt. Sachgemäße Lösungen entstehen nicht durch Geschrei, sondern durch Analyse und Planung.

---

[95] http://www.spiegel.de/schulspiegel/leben/londoner-teenager-reisen-zum-is-nach-syrien-warum-a-1020843.html

[96] Insofern kann ich Jakob Augstein nur bedingt zustimmen, dass Köln mehr über Deutsche als über Afrikaner lehrt. Die inzwischen alte These vom kulturellen Rassismus der liberalen Bürgerlichkeit zieht nicht mehr. Interessanter ist die These vom sexistischen Rassismus, die einiges für sich hat. Nur glaube ich nicht, dass der in Deutschland wirklich weit verbreitet ist. (Rassismus nach Köln: Lust der Angst, Spiegel_online, http: //www.spiegel.de/politik/deutschland/koeln-wenn-sexismus-und-rassismus-sich-treffen-kolumne-a-1071403.html.)

Gesetzesverschärfung aber trifft immer die Falschen. Aus Deutschland werden Zehntausende jährlich abgeschoben, darunter nur wenige Straftäter. Im Normalfall handelt es sich um Menschen, die sich kaum öffentlich oder mit allen gerichtlichen Finessen zur Wehr setzen können. Sie benutzen oftmals als einzige 'Waffe' die Identitätsverschleierung oder verheddern sich im Asylrecht. Das wird ihnen dann als krimineller Akt angerechnet. Die Klügeren gehen ohnehin von selbst, um sich wenigstens eine geringe Chance auf regelgerechte Rückkehr zu erhalten.

Die laut geforderte Abschiebung straffälliger ausländischer Mitbürger fällt in zwei anderen Richtungen auf fruchtbaren Boden, um die gefährdete Homöostase der Gesellschaft zu stabilisieren.

1) Die Öffentlichkeit und auch einzelne tun sich schwer damit, Deutschland als ein Land zu erleben, in dem Straftaten eine derart große Rolle spielen wie sie es in der Tat tun. Wer das „den Ausländern" zuschreiben kann, behält vor sich selber seine „weiße Weste" und muss nicht über private und politische Richtungsänderungen nachdenken. Das derart verfälschte und verbesserte Selbstbild kann durch Verschärfung gegenüber 'ausländischen Kriminellen' gepflegt werden. Das Einverständnis mit sich selbst braucht diese Projektion zur Stabilisierung des Selbstbildes.

2) In der gesellschaftlichen Auseinandersetzung um die Verteilung der Güter und Chancen gerät die soziale und gesellschaftliche Position vieler Menschen unter Druck. Der Verweis auf 'die kriminellen Ausländer', die man schnellstmöglich loswerden müsste, dient zur Entlastung in der innergesellschaftlichen Auseinandersetzung. Sowohl die Politik als auch die Menschen unter sozialem Druck geben damit das Problem an eine scheinbar einfach zu definierende Gruppe weiter, um Einverständnis zu erzeugen. (Sündenbockfunktion)

Mit markigen Worten ist übrigens noch nie jemand abgeschoben oder verurteilt worden. Es fühlen sich dadurch nur die angefeuert, die immer schon mal ihren Hass ausbreiten wollten. Es wird klar, dass die Politik durch die Kölner Silvesternacht schlagartig das Zuwanderungsproblem in ein Problem der Kriminalitätsbekämpfung verkehrt hat. Sie bekommt Beifall von der falschen Seite dafür.

Zum Kommunikationsproblem der Polizei kommt das Kommunikationsproblem der gesamten Politik. Straffällige Ausländer auszuweisen ist mit Einschränkungen schon lange Gesetz. Sie abzuschieben ist oft ungleich schwieriger.[97] Eine wirksamere und schnellere Lösung wird es bei allen Bemühungen nicht geben. Dem stehen politische und andere Interessen im Weg, die kaum in Deutschland zu beeinflussen sind. Das geht auch nicht durch einen scheinbaren

---

[97] S. Martin Hagenmaier, Immer noch: Der Kalif von Köln - Neue Kriminalpolitik, Heft 3/2004, 82f., www.nk.no-mos.de/fileadmin/nk/doc/AUFSATZ_nk_04_03.pdf.

Volkstribun. Wenn aber doch, dann nur durch geduldige und zugleich entschiedene Politik der Menschenrechte. Warum das schwierig ist, zeigen Auseinandersetzungen zwischen Europa und der Türkei im Jahre 2017. Ich erinnere daran, dass die Türkei bei den Asylanträgen noch vor zwanzig Jahren eine große Rolle spielte, ebenso nach dem Putsch von 2016.

Die Auseinandersetzungen zwischen Europa und der Türkei um Wahlkampfauftritte für das Referendum im April 2017 demonstrieren verschiedene Gesprächs- und Gesellschafts- und damit Kommunikationskulturen.[98] Die Reaktionen der Bundesregierung liegen im Rahmen der verbalen Missbilligung und setzen einen Gesprächspartner auf der gleichen Ebene voraus. Die türkischen Antworten liegen aber ganz anders. Die Anwürfe des Präsidenten und seiner Regierung waren Machtdemonstrationen. Sie beleidigten, drohten und erpressten verbal ganz Europa, nur um bei ihren Anhängern als starke Männer und Frauen dazustehen. Ihre Äußerungen und Handlungen sind Deklarationen, keine Diskussionsbeiträge. Ein wenig passt das in das Bild vom Underdog, der sich durch verbale Angriffe gegen Europa wehrt, das meint, ihn belehren und begrenzen zu können. Der Underdog hat stets das einfache Recht des Widerstandes. Klar ist aber, dass es sich nicht um Widerstand handelt. Klar ist aber auch, dass sich auch mächtige Menschen, welche die ganze Macht anstreben, mit einem Teil ihrer Anhänger so fühlen können.

So gerne viele in Europa mit gleicher Münze zurückzahlen möchten, so wenig kann das nutzen. Demokratische Dauerkommunikation zahlt nicht zurück, sondern versucht zu verstehen und antwortet mit einem Beitrag zur Sache in Abgrenzung zur verbalen Aufrüstung. Das ist kein Zeichen der Schwäche, sondern die Art, wie die demokratischen Gesellschaften auf Machtanmaßung reagieren können und ihrerseits Macht verteilen. Es bleibt dem Gesprächspartner dann überlassen, wann er auf Gespräch statt Machtdemonstration umstellt. Die Anmaßung der Macht wird jedenfalls nicht anerkannt. Weder steht Europa auf der Ebene eines Befehlsempfängers der türkischen Regierung, sondern ist ihr Gesprächspartner, noch umgekehrt. Diese Kultur allerdings verstehen auch nicht alle Europäer, wie man an den Reaktionen der polnischen Regierung auf dem und auf den Gipfel in Brüssel am 9.3. 2017 ablesen konnte.[99] Sie reagierte mit Unterstellungen und verwegenen Behauptungen, weil die anderen 27 die polnischen Versuche, sich durchzusetzen, nicht akzeptierten. ‚Europa unterdrückt Polen und ist antidemokratisch', lautete die Antwort der polnischen Regierung. Begründet das ein Recht auf Widerstand? Aus der Autokratensicht

[98]73 Beispielhaft am 11.3.2017: http://www.spiegel.de/politik/ausland/niederlande-vs-tuer-kei-fatma-betuel-sayan-kaya-nach-deutschland-geschickt-a-1138374.html.
[99] http://www.spiegel.de/politik/ausland/polen-prangert-diktat-aus-berlin-an-a-1138104. html, 9.3.2107.

kann das durchaus so sein, auch wenn die Autokraten durch Wahlen an die Macht gekommen sind. Das demokratische Verständnis der Kommunikation begründet jedoch fast nie ein Recht zum Widerstand, sondern es besteht in dem Recht, seine Meinung zu sagen und damit einen Beitrag zur politischen Debatte zu leisten. Dieser Beitrag muss sich anderen Beiträgen stellen. Die Entscheidung, wer sich mit seinem Beitrag durchsetzt, wird sodann mit Mehrheit getroffen. Die Minderheit fühlt sich unterdrückt, hat aber die Möglichkeit, selbst später die Mehrheit zu gewinnen. Lediglich die Freiheit des anderen setzt per Gesetz in diesem Vorgang Grenzen. Die europäische Demokratieform gründet auf einem Verfahren und dessen Regeln sowie der Grundanerkenntnis des Anderen als gleichwertig.

Position und Macht

Kommunikation ist also nicht so harmlos, wie das Wort klingt. Sie ist als solche der Kampf um Wahrnehmungs- und Definitionshoheit, also Positionen und Macht in unseren Gesellschaften. Sowohl die Medien wie auch die Politik und die einzelnen Individuen sind daran beteiligt. Unter dem Stichwort Berichterstattung verteilen die Medien Positionen und stellen die Machtfrage an diejenigen, welche die Macht zu haben glauben. Die Politik unternimmt mit ihrer Form der Kommunikation Vorstöße zur Sicherung von Macht und Mehrheit oder auch zur Veränderung von Wahrnehmung und Definitionshoheit. In der Migrationsfrage wähnte ein bekannter Autor einen Putsch gegen die Kanzlerin, wenn einer ihrer Minister Absichten äußert. „Das ist ein schmutziges Machtspiel auf dem Rücken zehntausender Frauen und Kinder", lautet das moralische Urteil des Autors.[100] Auch das ist der Versuch, Definitionshoheit mit Rückgriff auf Ethikpositionen - Familie ist heilig bzw. Artikel 6 Grundgesetz - zu gewinnen. Die Opposition kommuniziert über die Ministeraktion wie über eine kriegerische Handlung gegen das eigene Volk und die Menschlichkeit. Dabei könnte die Kanzlerin den Minister vorgeschickt haben, um ihre Umgebung auszutesten und dadurch eine Ahnung zu bekommen, wie die Begrenzung der Migration eingeleitet werden könnte, nachdem die Vereinbarung zu den Einreisezentren lediglich eine kleine Zahl der MigrantInnen betraf. Ein Zeichen der Kommunikation in unserer Gesellschaft ist das, dass die Kämpfe mit Worten und nicht mit Waffen ausgetragen werden. So tragen sie das Merkmal der dauernden Revidierbarkeit.

Hier spiegelt sich die protestantische Glaubensidee, dass der Sünder jederzeit neu anfangen - also sich korrigieren – kann und in diesem Leben keine endgültigen Definitionen mit Macht aufgeladen werden sollen, weil die endgültige

---

[100] Jakob Augstein, Minister gegen Merkel: Der Putsch, http://www.spiegel.de/politik/ deutschland/schaeuble-und-de-maizieres-eigene-fluechtlingspolitik-kolumne-a-106182 0.html, 9. November 2015, 13:27 Uhr.

Macht nicht in den Händen der Menschen liegen kann. Also muss auch niemand für Gedanken verdammt werden. Man kann ihnen sachlich entgegentreten. Die letzten Dinge entscheidet ein anderer. Seine Definitionen sind nicht die unseren. Gerade darin unterscheidet sich die Welt, aus der die MigrantInnen derzeit kommen, von der unseren. Dort maßen sich unterschiedliche Menschen die Entscheidung über letzte Dinge an und opfern andere Menschen dafür. Das tun manche nun auch in Deutschland ….

Terroristische Gesinnung

Kommunikation ist da nicht notwendig. Während die Welt in westlichen Staaten dauerkommuniziert und so Macht verdeckt und verteilt, machen andere das ganz anders. Sie tun das, was manche wünschen, die die Welt nicht (mehr) verstehen und denen Dauerkommunikation („das System") als Dauergequatsche erscheint. Sie hauen dazwischen, wo es ihnen gerade passt, um den anderen ihre Macht zu zeigen. Man könnte auch von der „Methode Trump, Erdogan oder Putin" sprechen, wenn das Ganze aus Regierungssicht betrachtet wird.

Ein junger Mann reist in Deutschland und Europa herum. Überall gerät er in Schwierigkeiten oder macht sich welche. Er ist frech bis in die Haarwurzeln, nimmt sich heraus, was sich niemand sonst herausnimmt. Die Behörden zahlen immer, auch wenn er schon als multiple Identität bekannt ist. Für alle Fälle kann er immer mehrere Pässe vorweisen. Das aber schien niemand zu stören, auch ihn selbst nicht. Wahrscheinlich war das das Leben, das er sich zu Hause in Tunesien vorgestellt hat, als er an Europa dachte.

Zu Hause war er wegen des Diebstahls eines Lastwagens im Gefängnis. Wegen eines anderen Delikts sollte er wieder hin. So wenig Freiheit muss man hinter sich lassen. Das läuft in Europa sicher besser! Kaum hatte er Italien erreicht, ging es mit dem herrischen Dasein weiter. Weil er bei seinen ersten Gastgebern ein Feuer legte und alles Mögliche andere anstellte, Gewalt gegen Menschen inbegriffen, hieß die erste längerfristige Station Gefängnis. Nun als gewalttätig bekannt, versuchte Italien ihn dahin zu bringen, woher er kam. Aber sein Herkunftsland Tunesien wollte ihn nicht haben. Das kann man dem Land nicht verdenken. Die haben auch ohne ihn Probleme genug.

Bald kam er nach Deutschland und war hier sehr schnell im Visier als „Gefährder", als möglicher Attentäter. Es gelang aber nicht, ihn unter Kontrolle zu halten. Die Interpretation seiner Gefährlichkeit war unter den beteiligten Bewachern zu unterschiedlich. So konnte er offenbar in aller Ruhe seinen Lastwagen kapern, 13 Menschen töten und fünfzig verletzen. Danach machte er sich auf den Weg, der eher keine Flucht, sondern eine Reise war. Zuvor hatte er sich noch am Bahnhof Zoo vor eine Kamera gestellt, seinen Zeigefinger in die Höhe gereckt und damit die „Allah - siegt – Pose" gezeigt: „Ich bin der Größte!" Er „versteckte sich" dort, wo es am besten geht: in der Öffentlichkeit.

Schließlich sollte er doch noch kontrolliert werden - nach vier Tagen in einem aufgeschreckten Europa. Das war dann sein Ende. Vielleicht wollte er das als islamistischer Attentäter so haben. Lebend wäre er lediglich ein Schwerverbrecher geblieben. Das ist für einen, der sich für den Größten hält, nicht zumutbar.

Er zeigte das Gesicht des islamistischen Terrors als kriminelles Gemisch aus Gewalttätigkeit, Schlitzohrigkeit und Kompensation von eigener Schwäche und Belanglosigkeit in eine ganz große Nummer, die über Leben und Tod entscheidet.

Unsere Gesellschaft ist solchen Vermischungen gegenüber wehrlos. Sie übersteigen auch noch nach Jahrzehnten Erfahrung selbst die Vorstellungskraft der Sicherheitsbehörden und ihrer Form der Überwachung durch Zusammensitzen und Besprechen und – vor allem - nur ja keine Fehler begehen. Niemand setzt gerne seine eigene Kompetenz aufs Spiel. Alle bleiben lieber unter Deck.

Das mit der Migrationsfrage zu vermischen ist genau das, was durch unsere Gesellschaft eigentlich vermieden werden sollte. Wir haben eben Bevölkerungsteile, die sich selbst als so schwach definieren, dass sie den Anblick und die Anwesenheit noch Schwächerer nicht akzeptieren, weil sie Konkurrenzdruck empfinden. Das scheint bei den anderen eine Art Selbstschutzfunktion zu generieren. Niemand möchte sich dem widerwärtigen Geschimpfe auf MigrantInnen und „Gutmenschen" einschließlich Verleumdung und Schuldzuweisung durch offene Auseinandersetzung aussetzen. Eine deutsche Kanzlerin kann genau so wenig wie jeder andere etwas dafür, dass das Leben in vielen Ländern dieser Erde nicht wunschgemäß funktioniert. Dagegen eine Mauer zu bauen, macht es nur noch schlimmer.

Wenn man aber hinschaut, sieht man immer noch die Gründe der Migration in Staaten, die einerseits ihren Bevölkerungen keine Lebensmöglichkeiten bieten können.[101] Es fehlt an Arbeit und Beschäftigung. Massen von jungen Männern haben keine Möglichkeit, sich den Traditionen ihrer Gesellschaften entsprechend „aufzustellen". Dagegen rebellieren sie mit wenig sachgemäßen Mitteln, die auch uns treffen. Andererseits können diese Gesellschaften eben deshalb auch nicht mit ihren Kriminellen umgehen. Es gäbe Gründe zuhauf, darüber zu reden. Aber: Siehe oben ….

In Europa müssen besonders wir Deutsche lernen, nicht nur sorgfältig, sondern auch wachsam zu sein. Wir glauben kollektiv immer noch nicht, dass es Anschläge wirklich gibt. Wir halten sie lediglich für ein Risiko. Auch das amtliche Denken im Sicherheitsbereich wirkt hier wie eine Auseinandersetzung im Bereich einer herkömmlichen alt-westdeutschen Weltbetrachtung.

---

[101] Vgl. die Schilderung von „tunesischen Verhältnissen" im Spiegel 52/2016, 80 ff.

Hier muss sich niemand aus Gründen der Rechtsstaatlichkeit und der Menschenrechte genau von denen vorführen lassen, die auf jedes Recht jedes anderen pfeifen. Seien sie Migranten oder Einheimische. Würde und Rechte der Mitmenschen achtet niemand dadurch, dass er nicht eingreift, wenn es notwendig erscheint. Auch ein Eingriff kann in Würde stattfinden, wenn er sich gut begründen lässt.[102]

„Dazwischenhauen" ist in der Demokratie keine Methode, weder für Einwohner noch für Zugewanderte. Das Mittelalter sollte doch eigentlich hinter uns liegen. Das ‚Dazwischenhauen', den Rückfall in die alte Welt, demonstrieren die Terroristen dieser Welt. Manche Teile der Weltbevölkerung – darunter auch eine ganze Menge Europäer - sehnen sich danach, dass angeblich starke, in Wirklichkeit aber nur unkontrollierte, Anführer einfach mal dazwischen hauen. Es bleibt die Hoffnung, dass ihre Sehnsucht unerfüllt bleibt. Denn beim Dazwischenhauen trifft man immer alles Mögliche, aber oft nicht das eigentlich anvisierte Ziel.

Integration als Religionsproblem
Integration oder Parallelgesellschaft

Integration wurde zum Zauberwort der so genannten Flüchtlingskrise. Deutschland bescherte sich ein Integrationsgesetz, das manche Integrationsverhinderungsgesetz nennen. Das Rezept schien denkbar einfach: Abschiebung der nicht rechtmäßig Eingereisten, möglichst schnelle und gute Integration derer, die zu Recht einen Asyl- oder Flüchlingsstatus erhalten haben. Integration bedeutet das Akzeptieren der Regeln des deutschen auf dem Grundgesetz basierenden Zusammenlebens und Identifikation mit Deutschland als Staat.

Stattdessen erleben wir zum einen die Identifikation von türkischstämmigen Mitbürgern mit einer islamistisch ausgerichteten Politikwende in ihrem Herkunftsland und deren Initiator. In Deutschland geborene und aufgewachsene und gut ausgebildete Menschen türkischer Herkunft fühlen sich durch osmanische Träume mehr angezogen als durch die ihnen in Deutschland gebotenen Freiheiten. Sich groß zu wähnen, scheint manchen besser zu gefallen als die Anstrengungen von Freiheit und Offenheit für andere auf sich zu nehmen.

Zum anderen macht sich eine zumindest konservative, wenn nicht reaktionäre Form der religiösen Zugehörigkeit zum Islam mit all ihren Begleiterscheinun-

---

[102] Daher halte ich es für unsachgemäß, wenn sich die Polizei in Köln nach dem Silvester 2016 rechtfertigen muss, dass sie ein „innerbetriebliches Kürzel" („Nafri") im Facebook verwendet hat. Die Handlung, um die es ging, war jedenfalls nicht zu kritisieren. Siehe http://www.spiegel.de/panorama/justiz/silvester-in-koeln-polizeipraesident-verteidigt-einsatz-a-1128291.html. http://www.spiegel.de/politik/deutschland/koeln-kritik-an-polizei-silvesterkontrollen-und-nafri-begriff-kommentar-a-1128266.html.

gen bis hin zur Bildung von Parallelgesellschaften breit, die deutsches Leben als Abfall vom Glauben versteht. In Moscheen wird dem Hörensagen nach vor den Deutschen und ihrem Leben gewarnt, statt Integration gefördert. Manche ziehen sich sogar in kriminelle Clanmilieus mit eigenen Gesetzen und eigener Gerichtsbarkeit zurück. Einige hängen schließlich ganz offen dem politischen Salafismus an, der im Jihadismus sein Sehnsuchtsziel erreicht.

Hamed Abdel-Samad beschreibt die Situation als Scheitern von Integration.[103] Den Antrieb dahinter sieht er im gezielten Wirken des politischen Islam, der den Menschen ihrem Gefühl nach die Heimat bietet, die sie ansonsten in unserem Land vermissen. Politik und Gesellschaft (einschließlich Kirchen) erkennen das bisher nicht. Sie fördern im Gegenteil die ultrakonservativen Moscheen und Verbände durch finanzielle Zuwendungen und eine falsch verstandene Toleranz, die die andere Seite als Nachgiebigkeit erlebt. Dabei wäre es notwendig, dass Deutschland von seinen Zuwanderern Integration fordert, aber dafür auch erhebliche Mühen aufwendet. Stattdessen überlässt es die Menschen sich selbst und ihren jeweiligen Communities. In denen wird durch so genannte Sittenwächter ein gewaltiger Druck ausgeübt. Wer sich dem nicht beugt, verliert seine Ehre und wird mit der Hölle bedroht. Wer „deutsch klingt", ist in diesen Gemeinden verloren. Er wird ‚Haus-Moslem' oder Onkel-Tom-Moslem genannt. „Deutsch" oder „westlich" ist von minderer Moral und eben ungläubig. Die echte Moral gibt es nur im Islam.

Daher fühlt sich der konservative Moslem dem Europäer moralisch weit überlegen. Aus seiner Sicht wäre Integration konsequenter Weise eine Selbsterniedrigung.

Der Autor gewinnt seine Erkenntnisse nicht aus der herkömmlichen Sozialforschung. Denn die scheint ihm ihrerseits interessengeleitet. Sie soll die Bevölkerung beruhigen mit dem Motto: ‚Ist ja gar nicht so schlimm!' Oder sie begibt sich auf den Pfad: ‚Ist alles viel schlimmer!' - je nach politischer Vorgabe. Zudem kritisiert er die Methode der Fragebogen- oder Telefonbefragung. Die Befragten würden in solchen Settings erwartungsgemäß antworten, weil sie zu wissen glauben, was man z.B. in Deutschland von ihnen erwartet. Das entspreche aber nicht dem, was sie wirklich denken. Diese Kritik ist sicher berechtigt, betrifft aber alle Sozialforschung. Er verlegt sich daher auf persönliche Gespräche, ohne diese aber z.B. als Leitfadeninterview methodisch abzusichern, wie es bei der qualitativen Sozialforschung erforderlich wäre. Diese Gespräche führte er mit anderen Experten, Flüchtlingen und schon länger Ansässigen. Das besondere an seiner Methode wäre dann, es nicht bei einem Gespräch bewenden zu lassen. Das führt zu Vertrautheit und offeneren Aussagen.

[103] Hamed Abdel-Samad, Integration. Protokoll eine Scheiterns, Droemer Knaur München 2018.

Dann bekommt er z.B. auch Selbstkritisches zu hören: „Wir machen den Fehler, uns bei der Kindererziehung auf die Sexualität zu konzentrieren. Unsere Länder haben viele Probleme und sind voller Korruption und Heuchelei, aber Hauptsache ist für uns, dass das Mädchen eine Jungfrau bleibt. … Hier gibt es Gesetze und die Menschen halten sich daran. Es gibt auch eine Moral, aber diese bedeutet mehr als sittliches Verhalten. Sie bedeutet Arbeitsethos, Achtung der Rechtsstaatlichkeit, Wahrung der Menschenrechte, Umweltschutz. Bei uns gibt es all das nicht. Jeder macht schlimme Sachen, Hauptsache, man wirkt nach außen hin moralisch."[104]

Oder auch: „Ich will keine Kinder in die Welt setzen. Nicht in Deutschland. Ich kann hier mein eigenes Kind nicht disziplinieren, ich darf ihm keine Ohrfeige geben, um ihn vor dem schlechten Weg zu schützen… In Deutschland gibt es eine Hierarchie: Ganz oben ist das Kind, dann kommen die Tiere, dann kommt die Frau, und ganz unten ist der Mann." Erfolgreich integriert, so denken auch viele herkömmliche Deutsche über unseren gesellschaftlichen Zustand! Dieser Gesprächspartner hatte Arbeit und Wohnung, während viele andere unter den unsäglichen Verhältnissen in Sammelunterkünften und Arbeitslosigkeit litten.

Hamed Abdel-Samad besuchte auf seinen Erkundungsreisen zur Integration einige „no-go-areas" z. B. in Kopenhagen, Malmö, Duisburg oder Bonn. Dort machte er genau die Erfahrungen, die man erwartet: Er war nicht erwünscht, Gesprächpartner hatten Schwierigkeiten mit den Clans und wurden sogar während Gesprächen gegängelt oder telefonisch ,abgestellt'.

Seine Partner im Fachgespräch waren Menschen, die es in Deutschland geschafft haben und seiner Meinung sind. Er „sucht sich solche Betroffene und Experten aus, die das dem Autor Passende sagen".[105] Das ist eine ziemlich deutliche Kritik an der Art, Erkenntnisse zu gewinnen. Dennoch wird man kaum umhinkommen, Hamed Abdel-Samad darin recht zu geben, dass das Leben in einer anderen Kultur, eine Menge Mut und Unabhängigkeit erfordert. Wer eine mutige Mutter hat, eine nette zugewandte Nachbarin oder eine couragierte Lehrerin, die ihm dem Weg freihalten, schafft es in der Regel auch unter schlechten Bedingungen. Dass diese in Deutschland immer noch schlecht sind, wenn auch auf hohem Niveau, kann nicht bestritten werden. Es fehlt nach wie vor ein Konzept, aber es gibt eine Menge freundlicher Menschen, die helfen. Die integrierten Mitmenschen mit dem so genannten Migrationshintergrund beweisen das. Sie haben es auch ohne staatliches oder öffentliches Konzept geschafft.

Der Versuch des politischen Islam, Menschen aus der islamischen community zu instrumentalisieren, kann von jedermann betrachtet werden. Man muss nur

---

[104] A.a.O., 220f.
[105] Bernd Kastner, Überall liegt etwas im Argen, Süddeutsche Zeitung vom 16. April 2018.

die Debatte um das Kopftuch verfolgen. Dort versuchen Islamisten, ein Symbol der Frauenfeindschaft zum Symbol der Selbstbestimmung umzudefinieren und damit auch kleine Mädchen zu ködern. Das tun sie in geschickter Art und Weise mit den modernen Mitteln der sozialen Medien im weltweiten Netz. Angeblich verteidigt man mit massenweisem Anlegen von Twitteraccounts den (reaktionären) Islam![106]

Das Fazit des Buches bilden Ratschläge an alle Seiten. „Wir werden weder mit Ignoranz, Überheblichkeit, Selbstzufriedenheit und Gleichgültigkeit weiterkommen, noch mit Panikmache und Schuldzuweisungen!"[107] Das trifft für alle Aufgaben des individuellen und öffentlichen Lebens zu. Daher appelliert Abdel-Samad an den Staat, die Justiz, die Polizei, die Schulen, die Zivilgesellschaft, die Linken, die Rechten, die Medien, die Islamverbände, die Kirchen, die Migrationsforschung und die Flüchtlinge. Besonders intensiv fordert er, dass der Staat sich das Gewaltmonopol entschlossen zurückholen und die Justiz hart und sichtbar bestrafen müsse. Das klingt in manchen Ohren etwas „rechts". Gemeint ist jedoch eher, der Staat solle sich das Heft des Handelns deutlicher aneignen und sich nicht von einer konservativen bis reaktionären Religionsinterpretation unter dem Mäntelchen Religionsfreiheit vorführen lassen.

In der Utopie Abdel-Samads werden die Menschen nicht als Kollektiv, sondern als Individuen betrachtet. Religion wird spirituell, man spricht miteinander, die Mitte der Gesellschaft wehrt sich gegen Extremisten, statt zu schweigen, Freiheit wird nicht nur hochgehalten, sondern verteidigt.

Die Dystopie zeichnet ein überranntes Europa mit der Folge der Ausweitung von Ghettos und Interessengruppen. Die Islamisten brauchen kein demokratisches Mäntelchen mehr. Sie sind besser vernetzt und begeistern junge frustrierte Menschen in Allianz mit Clans und Banden. Neonationalisten werden stärker. Der Staat zerfällt. Niemand ist bereit, die Demokratie zu verteidigen.

Da Hamed Abdel-Samad den Islam auswendig kennt, kann man seinen Appell ernst nehmen. Dass auch höchstintegrierte Mitmenschen mitmachen, den Islamismus in die Institutionen zu tragen, um eines Tages doch dem Ziel nach Weltherrschaft näher zu kommen, mag nur eine Befürchtung sein. Der Autor kann sie an Beobachtungen belegen. Sein bestes Beispiel scheint derzeit die Türkei zu sein. Dort machte sich einst ein Islamist namens Erdogan auf den Weg und islamisierte ein säkulares Land. Freiheit und Selbstbestimmung der Menschen sind da nicht mehr gegeben.

---

[106] Z.B. Protestaktion als Köder für Muslime: So nutzen Islamisten Debatte um Kopftuch aus, t-online, 17.4.2018.
[107] Integration, 233.

Die drohende Übermacht des reaktionären Islam erscheint mir manchmal wie eine Verschwörungstheorie. Sowohl der Islam ist einer Wandlung fähig, wir selbst auch. Das bleibt jedoch ein zähes Unterfangen.

Ein anderer Autor verschärfte jedoch diese Integrationsdebatte durch die Prognose, Europa werde bald durch den Islam feindlich übernommen.

Angeblich droht eine „feindliche Übernahme"

Integration in Europa ist gar nicht das Ziel der Zuwanderung von Menschen aus dem Bereich des Islam, sondern vielmehr die Übernahme Europas. Diese Prognose trifft offenbar im Sinne seiner LeserInnen Thilo Sarrazin in seinem Buch „Feindliche Übernahme".[108] Das klingt wie eine Bedrohung für Europa und soll wohl Angst verbreiten.

Nach der Lektüre frage ich mich: Warum sammelt jemand so viele Statistiken an, in denen nachgewiesen wird, dass Moslems eine Gefahr für die Kultur und die demokratische Lebensweise aller anderen Menschen darstellen? Warum reagieren Rezensentinnen und andere Leserinnen so heftig auf dieses Buch, als gehe es um die Wahrheit und noch einiges mehr? Sollte da etwa ein Punkt erreicht sein, an dem das Bekenntnis zu dieser Wahrheit oder gegen sie lebens- oder richtungsentscheidend werden könnte? Jedenfalls glauben der Autor Thilo Sarrazin und viele seiner begeisterten LeserInnen nicht an eine friedliche Integration.

Am ersten Tag nach Erscheinen haben alle Presseorgane vorwiegend negative Rezensionen veröffentlicht. Zwanzig Tage später teilt sich die Leserschaft auf der Amazonseite in 80% überschwänglich positive und 13% abfällig negative Reaktionen, alles mit Verve geschrieben. Was mich am meisten überraschte, ist das wohl inzwischen neue Weltbild der LeserInnen. ‚Daran werden sich die Regierenden, die die Wahrheit nicht hören wollen, und die Medien, die gegen die Wahrheit anschreiben, die Zähne ausbeißen.' Mutig mit glasklarer Beweisführung gegen die Lügen der Politik anschreiben – das ist hier angeblich geschehen. „Wer die Wahrheit sagt, braucht ein schnelles Pferd" – der Bote unter Beschuss. Und ‚er hat recht!' Mehrere der ca. 400 Kommentatoren bezweifeln, dass das 500 Seiten Buch von den Presseleuten gelesen wurde.

Gegen die Begeisterung von vier Fünfteln der Leserschaft wird gegen Sarrrazin eine riesige Fehlerquote ins Feld geführt. Er habe acht entscheidende Fehler gemacht, die die Seriosität seiner Argumentation untergraben. Darunter sei eine falsche Jahreszahl der Eroberung Bagdads im Jahre 1258, die falsche Zahl der Suren im Koran, die Verwechslung von Aleviten (Türkei) und Alawiten (Syrien), die Verwechslung der Begriffe Säkularismus und Laizismus. Schließlich

---

[108] Thilo Sarrazin, Feindliche Übernahme. Wie der Islam den Fortschritt behindert und die Gesellschaft bedroht, Finanzbuch Verlag München 2018.

liege die Subsahararegion nicht im Magreb. Es ist richtig, dass diese „Fehler" bei Sarrazin vorkommen.

Schwerer wiegen aber andere ‚Fehler'. „Das Schlimmste sind ja nicht die sachlichen Fehler auf fast jeder Seite, zu deren geringsten gehört, dass Sarrazin Blasphemie und Apostasie verwechselt und die ungläubigen Schutzbefohlenen der Muslime "Djimmis" nennt - sie heißen "dhimmis". Es stimmt nicht, dass allen Muslimen die Heirat mit Ungläubigen verboten ist und muslimische Frauen sich nicht scheiden lassen können, die Genitalverstümmelung von Mädchen oder die Sklaverei sind keine exklusiv muslimischen Verbrechen, und, nein, das Christentum hat sich im Römischen Reich nicht völlig "gewaltfrei" entwickelt, was auch niemand behaupten würde, der je den Namen Hypatia von Alexandria gehört hat."[109]

Zudem sei die verwendete Statistik falsch. Auch Moslems ändern nach der Migration ihre Einstellungen, die Geburtenrate gehe auch bei ihnen zurück und man dürfe den Koran nicht interpretieren wie die Terroristen. Hier handelt es sich aber nicht um Fehler, sondern um Interpretationen des Autors, die man wie alle Interpretationen in Frage stellen kann. Bei so viel intensiver Kritik aber interessiert das Buch – „das verlegerische Unglück des Jahres"[110] - erst recht.

Die Hauptthese lautet: Die demographische Ausdehnung, d.h. wachsende Zahl, der moslemischen Bevölkerungen zielt auf eine stille Unterwanderung Europas. Die Menschen, die als Moslems den Bereich des Islam verlassen, fliehen nicht vor Krieg, Terror, oder Armut und suchen ein friedvolleres und besseres Leben. Sie sind die Vorboten einer Landnahme für den Islam in der Welt. Wenn sie dann wegen ungebremster Zeugungstätigkeit in der Mehrheit sein werden, wird die Kultur der westlichen demokratischen Gesellschaften abgewickelt. An ihre Stelle treten islamistische Gottesstaaten. Wer sich nicht zum Islam bekennt, lebt dann als Mensch zweiter Klasse oder wird beseitigt. Kultur, Bildung, Musik, Wissenschaft, Gleichberechtigung, religiöse Vielfalt – all das fällt dann weg. Ich würde sagen: siehe Taliban oder IS - jedoch ohne Terror.

Interessant, dass Sarrazin dem Islam eine planvolle und langanhaltende Strategie zutraut, die im Gegensatz zu den islamistischen Glaubensszenarien und terroristischen Tätigkeiten keinerlei Gewalt braucht. Hat er in seinem ersten Buch noch den Nachweis minderer genetischer Anlagen für Moslems zu beweisen versucht, so ist nun die Ursache die Religion, die sich auf den Koran beruft.

---

[109] Sonja Zekri, Süddeutsche Zeitung vom 30.08.2018, https://www.sueddeutsche.de/kultur/neues-sarrazin-buch-deutschland-braucht-dieses-buch-so-dringend-wie-einen-ebola-ausbruch-1.4109017.
[110] Sonja Zekri, a.a.O.

In seinem Buch Clash of Civilisations hat Huntington[111] darauf hingewiesen, dass ein großes Bevölkerungswachstum Konflikte hervorruft und ein Modernisierungsschub die islamischen Gesellschaften in eine Dissoziation von Wissen und Macht geraten ließ, der ihre Schwierigkeiten erklären kann. Diese wirken sich dann auch in den Zielländern der Migration aus. Das Geschlechterverhältnis wird auch von Musliminnen kritisch gesehen. Auch Muslime klagen über die Zunahme konservativer Überzeugungen in ihrer Religion. Es wäre doch sinnvoller, sich mit ihnen zu verbünden als alle Muslime zur Gefahr für das Abendland zu destillieren.

Dann folgt eine Reihe unsinniger Statistiken über mindere Schulleistungen der islamischen Kinder im Gegenüber zu anderen Zugewanderten und zu „Urdeutschen" und zu „Ureuropäern", wer immer die sein sollen. Die Schwierigkeiten mit der Schuldbildung für eine Vielzahl des islamischen Nachwuchses könnte doch auch Ansporn sein, unsere pädagogischen Haltungen und schulischen Verfahren zu überprüfen.

So lange jedoch ein Teil der Gesellschaft aus Angst vor dem Islam immer Zeter und Mordio schreit, kann der andere Teil aufgrund mangelnder Akzeptanz nicht mit Vernunft an die Arbeit gehen.

Thilo Sarrazin hat sich viel Mühe gemacht, Angst vor dem Islam zu schüren, ihn als rückständig und Furcht erregend darzustellen und dabei vergessen, dass die Probleme mit der Zuwanderung allenthalben konkret beschrieben und angegangen werden. Diese Form der Aufklärung war überflüssig. Vor allem war überflüssig, sie auf den einen Grund der Lektüre des Koran zu stellen. Der Islam hat ein Problem mit der Gewalt. Er hat noch keinen Weg gefunden, damit umzugehen. Wir aber auch nicht. Können wir da nicht alle anfangen, uns gemeinsam Gedanken zu machen statt über islamische Fruchtbarkeit und Bildungsferne zu lamentieren? Die Gesellschaft bilden alle Menschen gemeinsam, die hier leben. Man kann nicht Demokratie sagen und dann einen Teil ausschließen, weil er andere Glaubensüberzeugungen hat. Dass nicht alles hilfreich ist, gehört leider zur Lebenswirklichkeit.

Wenn allerdings die in den Leserreaktionen geschilderten Weltbilder zu Grunde gelegt werden, kann unsere Gesellschaft kein einziges ernsthaftes Problem diskutieren geschweige denn lösen. Da bekomme ich nicht Angst vor Zuwanderern, sondern vor meinen eigenen Landsleuten (siehe Chemnitz 2018).

Nicht völlig anders sieht das mit der „Problematik Islam" aus, wenn man es aus der Sicht eines Psychotherapeuten betrachtet. Aber da bleibt es den LeserInnen überlassen, sich ein Urteil zu bilden.

---

[111] Huntington, Samuel P., Kampf der Kulturen, Siedler Taschenbücher, 4. Aufl. 1998. Das Buch erschien als The Clash of Civilizations bei Simon & Schuster, New York, 1996.

Das Verleugnen des Trennenden hilft nicht bei der Wirklichkeitsbewältigung

Man kann eine schwierige Debatte versachlichen, indem man das beschreibt, was andere als Gefahr erleben. Einen solchen Versuch macht der Psychotherapeut Burkhard Hofmann.[112] Er wurde in Hamburg auch von Muslimen aufgesucht. Durch eine Patientin ergab sich eine Einladung nach Bahrain, wo er seit zehn Jahren eine (weitere) psychotherapeutische Praxis mit Patienten aus der Mittel- und Oberschicht aufgebaut hat. Der Einblick in die arabische Seele wirkt dadurch sehr unmittelbar und authentisch.

Nun kann man aber durchaus Einwände gegen den Schluss von psychisch kranken Einzelpersonen auf eine ganze Kultur vorbringen. Da aber psychische Krankheiten oftmals als Leiden an gesellschaftlichen und familiären Zwängen oder Umständen entstehen oder sich - vorsichtig gesagt – auf sie beziehen oder mit ihnen interagieren, lässt sich hier vielleicht sogar wie im Brennglas die gesellschaftliche und familiäre Kommunikationslage ablesen. Man darf dabei auch nicht vergessen, dass Siegmund Freud von den Erkenntnissen aus der Behandlung von einzelnen psychisch kranken Menschen bis zur Gesellschaftsanalyse kam. Die wurde wenig bestritten, sondern (etwas später) eifrig übernommen.

Auch wenn viele Begriffe in die Alltagssprache übergegangen sind, ist die Psychotherapie so etwas wie eine eigene Welt. Hofmann vergleicht sie mit der Situation einer Kammermusik, in der die jeweiligen Menschen mit dem Instrument ihren eigenen Part spielen aber durch gegenseitiges Abstimmen zu einem Mehr zusammenwachsen. Diese Erfahrung war bereits die erste Klippe. „Nicht nur haben Geigen im Leben der meisten Patienten dort stumm zu bleiben, weil sie weltliche Gefühle aufrühren könnten, auch der Kontakt, das schwingungsvolle Miteinander, das über alternierende Monologe hinausgeht, wird oft gar nicht angestrebt. So war der Ausgangspunkt der Sitzungen für mich häufig ein Gefühl von Isolation, moi tout seul, eben mutterseelenallein.“

Das Anderssein, das andere Denken, das andere Fühlen in der Umgebung einer überbordenden Gastfreundschaft, einem anderen Zeitverhältnis und in magischen warmen Nächten waren offenbar faszinierende und erzählenswerte Erfahrungen. In der Psychotherapie beginnt ja alles am Wahrnehmen, Fühlen und Denken des Therapeuten. Nur durch klare Sortierung seiner selbst kann er das Anderssein des Gegenübers aushalten und damit arbeiten. Ein wenig war er auf die arabische Welt durch sein streng katholisches Elternhaus vorbereitet.

---

[112] Burkhard Hofmann, Und Gott schuf die Angst. Ein Psychogramm der arabischen Seele, Droemer Verlag, München 2018.

Er trifft in eine zerrissene Welt voller sozialer und religiöser Spannungen, in der Kulturmuslime mit westlichem Lebensstil und mit der Religion fundmental Verbundene leben. In Arabien hat letztere Seite prägende Kraft gewonnen. Dass es in dieser Welt der unerschütterlich gläubigen Muslime psychische Probleme gibt, erstaunt auch diese selbst. Doch wenn man das Außen dieser Gesellschaften anschaut, muss es viele davon geben. Das Hauptproblem ist, dass man darüber eigentlich nicht reden darf, weil in der vollkommenen Religion eigentlich alles von der Ethik bis hin zum Paradies geregelt ist. In einer Welt des gut ausgestatteten Wohllebens haust eine Unmenge an Einsamkeit, Langeweile, an Alkohol- und Drogenproblemen, zusätzlich zu den reichlich verabreichten Psychopharmaka und Beruhigungsmitteln. Zuwendende und echte Eltern- Kind- Beziehungen sind selten, da in den wohlhabenden Häusern alles – auch die Kindererziehung - von dienstbaren Geistern erledigt wird. Nicht selten schlafen die Nannys aus Südostasien neben den Kinderbetten, damit Eltern ihre Nachtruhe finden. Die Nannys erledigen alles, was per se einen Kontakt mit der Mutter schafft. Für einen Patienten war es eine Offenbarung ganz anderer Art, zu sehen, wie in England die Mütter mit ihren Kindern sprechen und sie wie eine Person behandeln.

Für viele Jungen ist der Moment, in dem sie mit dem Vater zum ersten Mal in die Moschee gehen, ein Höhepunkt von Intimität und Bedeutung, obwohl Vater und Sohn sich dort nicht in die Augen schauen, sondern beide sich auf etwas Drittes, Allah, konzentrieren. So wird auch dieser Höhepunkt nicht zur Begegnung.

Die Väter leisten sich häufig, wenn es zu Hause etwas schwierig wird, eine Zweitfrau. Das ist niemand recht und erhöht für alle den Stresspegel. Dann muss der Vater noch mehr Geld haben oder beschaffen, um für alle das gute Leben zu ermöglichen. Denn nach außen hat alles perfekt auszusehen. Kritisieren darf auch die erste Frau das nicht, selbst wenn sie darunter psychisch zugrunde geht, da Mohamed als Vorbild für alles vielfach geheiratet hat. Für die Kinder ist es noch schwieriger als die im Westen übliche Scheidung. Die hinzukommende überbordende materielle Verwöhnung der Kinder drängt Hofmann zu dem Vergleich mit der Hamburger Elbchaussee.

Dieses Leben wird dadurch zusammengehalten, dass man hier nicht eine Religion hat, sondern dass Menschen die Religion sind. Diese Religion wirkt wie ein Exoskelett, das alles zusammenhält und ihm Gestalt gibt. Daher berichtet der Autor, musste er die bei uns übliche Funktion z.B. von zwanghaften Verhalten als Angstabwehr anders fassen. Zwangsverhalten „verengt die inneren Räume des Erlebens so weit, dass in dieser Kompression nur Angst und Panik gedeihen können." So ist die Angst ein Leitsymptom im Leben der Patienten und wohl darüber hinaus auch der arabischen Gesellschaften. Dazu kommt die strenge soziale Kontrolle. Es fühle sich an wie ein Großstadtleben in einem

Dorf, wo über alles Persönliche getrascht wird, obwohl ‚niemand etwas weiß‘. Wer sich nicht einpasst, wird sozial aus der Gemeinde der Umma, ausgeschieden. Damit das nicht passiert, gilt es vor allem, die Fassade zu bewahren. Ausgleich schaffen allenfalls Shopping- und Alkoholexzesse bei Auslandsreisen. ‚Das weiß ja keiner.‘ Auch Behandlungen werden gerne bei Ärzten im Westen durchgeführt, so wenig trauen sie den eigenen Ärzten. Da reist die ganze Familie auf Staatskosten zum Behandlungsort. Auch hier Verwöhnung durch Ölreichtum.

Schließlich passt dazu auch das Suchen nach dem Risiko. Z.B. führen junge Männer oft bis eher um die dreißig ein ‚Leben als Söhne‘, bitten ihre Eltern um Kontaktaufnahmen zum anderen Geschlecht oder gleich um das Arrangieren einer Ehe, erfahren bis dahin Sexualität als offiziell verbotene Zone. Sie fahren protzige Autos viel zu schnell, was zu vielen tödlichen Unfällen führt. Eine latente Suizidtendenz spielt mit, wie auch bei den meisten PatientInnen. Frauen erleiden trotz bester Hochschulabschlüsse im Westen oft das Schicksal, im Haus zu verschwinden, wo alles von den Dienstboten erledigt wird. Ihre einzige aufregende und fordernde Situation im Leben ist die Geburt von Kindern. Ansonsten drohen sie, wenn sie sich nicht aufmachen, ein Geschäft zu eröffnen, oder ein Projekt zu verfolgen, in Wohlstandslangeweile zu ersticken.

Das Anderssein sieht Hofmann jedoch nicht in der psychischen Ausstattung der Menschen. Auch hier geht es um frühkindliche Erfahrungen, die eine psychische Reifung fördern oder verhindern. Da treten in allen Kapiteln des Buches mit seinen dominierenden Fallvignetten Geschichten von elterlicher Abwesenheit, fehlender Bindung, verbotener Loslösung und verbotener Zweifel auf. Für LeserInnen aus unseren Breiten, die mit Religion nicht mehr viel anfangen können, besonders interessant: „Es ist keine neue Erkenntnis, dass all die gewalttätig vorgetragene Glaubensgewissheit in Wirklichkeit Ausdruck eines Glaubensverlustes ist, der nicht eingestanden werden darf oder wieder unbewusst gemacht werden muss. Der Kämpfer oder Märtyrer will sich selbst in den Glauben zurückbomben. Sein Akt der Zerstörung soll vor allem seine Zweifel treffen." Das ist für seine Opfer sicher nicht besonders tröstlich, aber eine – vielleicht zu einfache - Erklärung.

Das Buch führt in eine fremde - heftig religiöse - Welt ein. Man muss weit zurückgehen, um Ähnliches im Christentum zu finden. Reste aber glaube ich in meiner Kindheit in den fünfziger Jahren erlebt zu haben. Es ist nicht nur für Psychotherapeuten lesenswert, sondern für jeden, der sich ohne Eifer und Zorn in die heute heftig diskutierte Lebenswelt der Muslime einlesen möchte. Seine Schlüsse über das Zusammenleben kann dann jeder selber ziehen. Oder er kann sich dem Schlusskapitel anschließen, das für Muslime drei große Kränkungen erwartet, die wir alle bereits durchgemacht haben: die kopernikanische Wende, die Evolutionstheorie und die Entdeckung des Unbewussten.

Derzeit aber scheint die Säkularisierung des Denkens für Muslime unmöglich. „Wir müssen uns das Ich als noch nicht vom großen Ganzen emanzipiert vorstellen. Eine Distanz vom Göttlichen ist also eine Unmöglichkeit. So ist die Vorstellung eines Euro-Islam für meine arabischen Patienten lächerlich oder bestenfalls abwegig. Ein bisschen Unterwerfung geht genauso wenig wie ein bisschen schwanger."[113]

„Das Verleugnen des Trennenden hilft nicht bei der Wirklichkeitsbewältigung. … Nicht alles ist überbrückbar, nicht jede Eigenart ist mit der des anderen so kompatibel, dass ein gedeihliches Zusammenleben eine Chance hat. Und manchmal ist das Getrenntleben nicht nur für Paare die bessere Lösung."[114] So hat jeder Leser im Gegensatz zu Sarrazins Schrift, die das Anderssein statistisch beweisen will, die Nuss selber zu knacken. Man kann das Anderssein akzeptieren oder es lassen. Die Erfahrungen im reichen Bahrain gelten wohl nur bedingt für Nordafrika oder Syrien. Diese zu untersuchen, wäre lohnend für die Integrationsaufgabe in Deutschland. Der Blick in die Mittel- und Oberschichtenseele hinterlässt dennoch eine Spur von Verständnis der religionsgeprägten Lebensweise, die in Europa erst durch den Islam wieder auftauchte.

Andauernde Fremdheit, Angst vor feindlicher Attitüde bis hin zur Unterwerfung oder vorsichtige Näherung durch den psychotherapeutischen Blick – das sind in der Debatte um die irreguläre Migration sozusagen veröffentlichte Positionen. Es wäre aber auch sinnvoll, mit denen zu reden, die gewissermaßen als Objekte von Fremdheit, Angst oder Psychotherapie auftreten. Wie schätzen sie ihre Lage ein? Es handelt sich bei irregulären MigrantInnen nicht nur um solche, die ihre Identität aus dem Islam beziehen. Christliche oder atheistische unter ihnen haben wohl ähnliche Erfahrungen. Daher folgt hier ein Versuch zu verstehen, welche Vorstellungen Menschen bei ihrer irregulären Wanderung leiten.

[113] A.a.O., 267.
[114] A.a.O., 283f.

Kapitel 2

Begriffe und Abgrenzung

A) Migration oder Flucht
Einführung in die Subjekt - Perspektive

Die Migrationsfrage wird stets unter Diagnosegesichtspunkten verhandelt. Man spricht über die Migrantinnen und Migranten so, als sei ihre Sicht der Dinge völlig unerheblich. Sie werden als Flüchtlinge bezeichnet, obwohl kein Mensch gefragt hat, ob sie das auch sein wollen. Dass Gesetze und Ordnungen, die ohne Kenntnis von Motiven und Denkweisen derer, die Inhalt von Gesetzen sind oder deren Verhalten geregelt werden soll, wirkungslos sein müssen, ist bekannt. Sie regeln dann nicht das, was sie zu regeln vorgeben, sondern etwas anderes. So mag ein Ausländergesetz vorgeben, den Zugang in ein Land zu ordnen. In Wirklichkeit aber schafft es ein gutes Gewissen, mit Menschen, die nicht Staatsbürger sind oder eine andere Berechtigung aufweisen können, abweisend umzugehen. Die Idee, eine Berechtigung für Asyl objektiv oder „wahr" nachweisen zu können, geht der Fiktion nach, es gäbe eine Wahrheit, die man nur herausfinden müsse.

Gerade auch die Interessenvertreter der „Flüchtlinge" betreiben mit ihrer Sichtweise der „Wahrheit" eine Klientelisierungspolitik, die ihnen vielleicht gar nicht bewusst ist. Flüchtlingsdenkweisen und Migrationsmotive sind den Interessenvertretern besser bekannt als den Migrantinnen und Migranten selbst. Wer jedoch die Betroffenen sprechen lässt, hört ihre subjektive Wahrnehmung, ihre jeweilige eigene „Wahrheit". Diese ist im je eigenen Referenzsystem verankert und erhält ihre innere Ordnung durch Abgleich mit den Metaerzählungen oder übergeordneten Konstruktionen der Wirklichkeit.[115] Nur die konsequente Hinwendung zu Migrantinnen und Migranten als Subjekt ihrer Handlungsvollzüge ermöglicht eine wissenschaftlich saubere Sicht der Problematik der Migration.

Das drängende Problem der Migration unterliegt noch oft der standardisierten Beschreibung, wie sie in den Sozialwissenschaften sinnvoll schien. Entweder herrschen Diagnosen vor, die sozusagen „objektiv" darlegen, was an Handlungen für Migrantinnen und Migranten nötig ist, um bestimmten ideologischen, politischen oder humanitären Zielen nahe zu kommen. Die Suche nach objektiven Fluchtbedingungen verdeckt alle anderen Optionen. Oder es herrscht die

---

[115] Dazu Foerster, Heinz von, Glasersfeld, Ernst von, Wie wir uns erfinden, Eine Autobiographie des radikalen Konstruktivismus, Carl-Auer-Systeme Verlag Heidelberg 1999. Berger, Peter L. Luckmann, Thomas, Die gesellschaftliche Konstruktion der Wirklichkeit, Fischer Verlag Frankfurt a.M. 20. Aufl. 1980, erstmals veröffentlicht 1969. (Berger/Luckmann)

extern zuschreibende Betroffenenperspektive vor, die Fluchtursachen nahezu unterstellt. Danach können Migrantinnen und Migranten als die Leidenden der Welt nicht für sich selbst sprechen. Dies gilt sowohl im sozialen als auch im rechtlichen Denkbereich. Der dabei vorausgesetzte Begriff von Wahrheit und Wirklichkeit entspricht dem des so genannten Alltagsbewusstseins, dem alles als sinnhaft und objektiv erscheint, was seinem „Wissen" entspricht. Aber „wenn wir über jedermanns Wirklichkeit sprechen wollen, müssen wir uns mit jedermanns Interpretationen seiner Wirklichkeit auseinandersetzen und dem Charakter der ‚Gewissheit' von jedermanns Wirklichkeit Rechnung tragen...."[116] Eines der Probleme im Bereich der Migrationsvorgänge besteht darin, dass Migrantinnen und Migranten in den Zuwanderungsgesellschaften mit der hier gepflegten Interpretation der Wirklichkeit gemessen werden, die möglicherweise auf ihre Wirklichkeit gar nicht zutrifft. Dadurch kommt es zu Verzerrungen in der Wahrnehmung, die dem jeweiligen eigenen Interesse entspringen.

Um diesen Faktor zu minimieren, ist es naheliegend, eine Vorstellung zu übernehmen, die Keupp für Sozial- und Beratungsarbeit beschrieben hat: „Die Perspektive der Subjekte mit psychosozialen Problemen kommt systematisch zu kurz. Entweder werden Forschungsstrategien verwendet, die mit der ausschließlichen Orientierung an objektivierbaren Daten der Rekonstruktion subjektiver Perspektiven keinen wichtigen Stellenwert einräumt. Oder es wird ausschließlich die Sicht der Experten bei der Definition psychischen Leids eingeholt. Dabei gehen Vertreter der Psy-Professionen in der Regel von einer Pathologieunterstellung aus, während die psychiatrische Soziologie eher einer Opferunterstellung zuneigt. Beide Positionen lassen sich durch ihre Ausblendung der Betroffensicht charakterisieren, als sei diese entweder pathologisch verzerrt oder als müsse man advokatorisch für die stummen Opfer sprechen ....

Diese systematische Verstellung der Subjektperspektive aus methodischen und/oder professionsideologischen Gründen wird zunehmend porös. Vor allem VertreterInnen eines interpretativen sozialwissenschaftlichen Ansatzes sind hier initiativ geworden und bemühen sich in ethnographischen Studien oder in qualitativen Interviewstudien darum, die Perspektive der Betroffenen und ihre alltägliche Lebenswelt in und außerhalb psychosozialer Institutionen zu rekonstruieren."[117]

Subjektperspektive nimmt ernst, dass Menschen nicht aufgrund objektiver und für alle gleichermaßen geltender Umstände den Entschluss fassen, ihr Land auf eine Weise zu verlassen, die ein hohes persönliches Risiko wirtschaftlicher, physischer und psychischer Art mit sich bringt. Der Entschluss zur Migration

[116] Berger/Luckmann,
[117] *Keupp, Heiner* Psychologisches Handeln in der Risikogesellschaft, Quintessenz Verlag München 1994, 60

hängt mit der Wahrnehmung und der Einschätzung der eigenen Situation zusammen und findet zwar subjektiv, aber im Bezug auf andere, statt. Er beruht auf Austausch und Einschätzung in Familien, unter Gleichgesinnten, aber auch nach dem Hörensagen und den Nachrichten bzw. Berichten aus der „besseren Welt". Er richtet sich nach den „Meta - Erzählungen", Wünschen und Vorstellungen von sicheren und besseren Verhältnissen oder doch Verhältnissen, die sicherer und besser sind als das, was man zu Hause erreichen kann. Eine solche Meta-Erzählung muss auch sein, dass die Region, in der man selbst aufwächst oder aufgewachsen ist, keinem Wandel zugänglich ist, der den Einsatz der Mittel lohnt, die als Kosten für eine ungewisse Reise zu veranschlagen sind. Da die Risiken für eine Reise in das „gelobte Land" eminent erscheinen, wäre zumindest nicht von der Hand zu weisen, dass über Medien verschiedener Art transportierte Träume aus Filmen, Fernsehberichten oder Smartphone – Verbindungen die Handlungen der MigrantInnen lenken. Die Vermischung von allem zeigt eine Beschreibung handlungslenkender Träume einer somalischen Migrantin: „Das Meer war ruhig, sie saßen am Heck. Die ältere Fatima fragte, und die jüngere erzählte: von Filmen mit Julia Roberts - nicht viel schlechter stellte sie sich Europa vor. Schauspielerin möchte sie gerne werden. Wenn das als Muslimin nicht geht, bei Mcdonald's arbeiten. Fatima Abdirahman möchte einfach nur Geld verdienen, ihr erstes eigenes, und nach Hause schicken für zwei Flugtickets."[118]

Bewusste Entscheidung zur Migration

Um in die Subjekt - Fragestellung der Migration einzutreten, wird jetzt ein Gesprächsbericht aus der in dieser Untersuchung befragten „Kontrollgruppe" als hinführendes Praxis - Element zitiert. Dieses soll Hinweise liefern, was Migration aus Sicht der Personen sein könnte, die sie ausüben. Eine nähere Auswertung dieser Kontrollgruppe erfolgt dann im Gegenüber zu den Interviews mit gescheiterten Migranten.

„Ich wollte unbedingt nach Deutschland. Nachdem das Touristenvisum abgelaufen war, ging ich deshalb in Begleitung einer Dolmetscherin zum Ausländeramt und erzählte dort das, wovon ich glaubte, dass es mir helfen würde, hier zu bleiben. Ich tat so, als ob ich Deutsch nicht sprechen und verstehen könne. Ich behauptete, mein Vater habe mich geschlagen und vergewaltigt. Ich könne nicht mehr nach Hause gehen. Die Geschichte leuchtete sofort ein und ich bekam zunächst Asyl. Es war sehr schwierig, später meinen Eltern zu erklären, warum das nötig war. Sie sind nämlich zu Hause angesehene Bürger. Mit dem Asylstatus konnte ich Deutschland nicht verlassen. Daher wäre eine Heirat das

[118] *Dimitri Ladischensky, Francesco Zizola (Fotos),* Das Dilemma des Commandante, SPIEGEL ONLINE - 12. Mai 2005.

Beste für den Aufenthaltsstatus gewesen. Doch mein Freund wollte nicht heiraten. Da suchte ich mir jemand, der mit mir die Ehe schließen wollte und fand ihn. Über den Preis waren wir uns schnell einig. Als er wenige Monate nach der Hochzeit ins Gefängnis kam, habe ich gemerkt, dass ich ihn sogar lieben könnte. Nach seiner Entlassung dauert es noch ein halbes Jahr, bis ich nach dreijähriger Ehe ein eigenständiges Aufenthaltsrecht bekomme. Ich denke aber, dass wir zusammen bleiben. Ich kann auch meine Familie zu Hause besuchen. Da gibt es gar keine Schwierigkeiten. Jetzt kommt nur noch die Frage nach meinem Beruf. Ich will nicht dauernd für wenig Geld als Hilfskraft arbeiten. Schließlich habe ich die Schule besucht und einen Beruf gelernt. Die Ausbildung kann anerkannt werden, wenn ich in Deutschland noch ein Jahr in die Ausbildung gehe. ... Es gibt in einer deutschen Stadt eine Frau, die ihr Geld damit verdient, dass sie Ehen mit Mädchen und Frauen aus meiner Heimat vermittelt. Sie lebt gut davon. Der Wunsch, das Land zu verlassen ist groß, auch wenn es jetzt dort etwas besser wird. Es gibt noch zu viele Verbrecher und man hat zu wenig Einkommen. Bis man in meinem Herkunftsland so leben kann wie in Deutschland dauert es für mein Leben zu lange. " (K3)

Dieses erste Beispiel zeigt einen „gelungenen" Versuch, Aufenthalt in Deutschland zu erlangen, obwohl er im rechtlichen Graubereich siedelt. Eindeutig ist dabei das Motiv der Suche nach einem besseren, sicheren und freundlicheren Leben. An dieser Geschichte können mehrere Hinweise sowohl zur Begriffsdefinition als auch zum Wanderungsmotiv abgelesen werden.

Hier schlittert nicht ein zum Objekt degradierter Flüchtling irgendwie in der Welt herum, sondern es werden bewusst Lösungen für subjektive Einschätzungen und Wünsche bzw. Träume umgesetzt.

Das läuft nicht ohne Beziehungen irgendwelcher Art zum „Wunschland" oder zur „Wunschregion" ab.

Die Vorgehensweise enthält risikoreiches Verhalten im rechtlichen und persönlichen Sinne, um „passende" Problemlösungen zu erreichen.

Die Vorstellung, die gesetzten Ziele auf schlicht legalem Wege zu erreichen, ist offenbar nicht möglich.

Menschen konstruieren Situationen passend und realisieren so aus gegebenen Möglichkeiten ihre Vorstellungen.

Individuelle Erzählungen richten sich nach Plausibilitäten (Vorstellungen, die dem für richtig gehaltenen Weltbild entsprechen und nicht „objektiv" sein können).

Wenn es sich bei diesem ersten Beispiel um eine Frau handelt, ist das eher zufällig. Es sagt noch nichts über die Verteilung der Geschlechter im Problembereich der Migration aus. Vielleicht aber sind damit bereits Hinweise vorhanden, dass es Frauen leichter fallen könnte, sich in die Legalität „einzuarbeiten" als Männern. Das Milieu der Einschleusung von Frauen im Bereich des Frauenhandels und der Prostitution ist mir zur Erforschung der Materie nicht zugänglich, da in meinem Erfahrungsbereich bisher keine derartigen Fälle aufgetreten sind. Dabei scheint es nach den Berichten der Medien jedoch auch nicht um „gestohlene" Mädchen und Frauen zu gehen, sondern um Unkenntnis, raffinierte Verschleierung und die Ausbeutung von Lebensträumen.[119] Damit wäre kein anderer Inhalt, sondern lediglich eine andere Form gegeben. In diesen Fällen werden in der Regel nicht die Geldquellen der Verwandten angezapft, sondern die Erwartungen von den Einkommensmöglichkeiten in der Prostitution im Zielland.[120] Bisweilen kommt auch beides zusammmen. Dabei geht es ganz offenbar um Erpressungsmöglichkeiten, die mit dem Status der Prostitution zusammenhängen.

Die Fragestellung betrifft die Probleme primärer Migrationsentschlüsse, nicht sekundäre Anpassungsprobleme.

Da es in dieser Arbeit um gescheiterte und unerwünschte Migration geht, kommen Fälle nicht vor, die der schlichten Legalität gefolgt sind. Das von Ausländerämtern als konform eingestufte Verhalten im Aufenthaltsbereich schafft andere gesellschaftliche und politische Probleme. Diese wurden vielfach untersucht und behandelt. Kulturelle und religiöse Fragestellungen stehen dabei im Vordergrund, wie es sich an den Problemen der dritten Generation türkischstämmiger männlicher Jugendlicher und an der Auseinandersetzung mit dem

---

[119] Dazu liefert die sogenannte „Visa-Affäre" authentisches Anschauungsmaterial. Die große Zahl von Reiseinteressierten fand auch entsprechende Mittel, um eine erleichterte Einreise in den Schengenraum zu nutzen. Allerdings wurde aus den Berichten deutlich, in welcher Weise sogenannte Agenturen die Wünsche vor allem junger Menschen nutzen, um sie dann im Traumland auszubeuten oder zu Tätigkeiten zu pressen, die sie nicht wollen. Dazu s. auch Frommel, Monika, Die Reform der Strafbarkeit von Menschen- und Frauenhandel aus kriminologischer Sicht, Neue Kriminalpolitik, 17. Jg., 2/2005, 57-61 sowie Frommel, Monika, Schar, Martin, Einwände gegen den am 19.02.2005 neu gefassten Straftatbestand des Menschenhandels in § 232 Abs. 1 StGB, ebd., 61-63. In der illustrierten Politpresse wird ein „Deutschlandreiseführer für Frauen" vorgestellt, der sich auf russisch an Opfer von Menschhändlern richtet. Die Autoren kommen aus der Gesellschaft für technische Zusammenarbeit. Zielgruppe sind ukrainische Jugendliche. (Der Spiegel, Nr. 32, 8.8.2005, 22.)
Im Vorfeld der Fußballweltmeisterschaft in Deutschland 2006 wurde das Thema der Zwangsprostitution aus verschiedener Sicht in die Öffentlichkeit gebracht und kontrovers diskutiert. So wurde die Zahl von 40000 zu erwartenden Zwangsprostituierten in die Welt gesetzt und in allen Presseorganen zitiert. Aus 40000 erwarteten Osteuropäerinnen werden schnell mal 40000 Zwangsprostituierte gemacht, obwohl die meisten der Prostitution freiwillig nachgehen, so die Tendenz in Schrupp, Antje, WM: Fair auch im Bordell, Evangelisches Frankfurt, 30. Jg., Nr 1, 3. Hier wird die Aufklärung von Freiern über Zwangsprostitution dennoch unterstützt. Ganz unkritisch übernimmt dagegen die eher flüchtlingsbewegte Seite die Zahl, um auf die Probleme der Behandlung von Zwangsprostituierten nach dem deutschen Ausländerrecht hinzuweisen, so etwa Immenroth, Anke, Kondomautomaten, Alarmklingeln und Fluchttüren, Der Schlepper Nr. 34, 24f..
[120] Über den Verkauf von Töchtern gegen 60.000 Euro „Kredit" in Nigeria berichtet der Spiegel Nr. 26 vom 26.6.2006, 78.

Islamismus abhandeln lässt. Das betrifft weniger die Fragen des Aufenthalts als die der Entwicklung von Parallelgesellschaften[121] und der Auseinandersetzung mit radikalen, religiös fundierten politischen Mustern[122]. Allerdings kann auch hier die Frage des Aufenthalts bzw. der Aufenthaltsbeendigung auftreten. Diese betrifft dann nicht Migrantinnen oder Migranten im eigentlichen Sinne, sondern Folgeprobleme von Migration bei eigentlich geregelten Verhältnissen, in denen die Anpassungsleistung einzelner Familienmitglieder aufgrund verschiedenster Umstände nicht ausreichte, um den Staatsbürgerstatus zu erreichen. Die Abschiebungen von ‚inländischen Ausländern' werfen diverse Probleme auf, werden aber nur in Fachkreisen thematisiert.

Diese Studie beschäftigt sich nicht mit misslingenden Migrationen in den Folgegenerationen. Hier kann der Entschluss zur Migration nur bedingt im Verhalten des oder der Betroffenen aufgespürt werden. Die Zusammenhänge erscheinen komplexer und in der Situation der aufnehmenden Gesellschaft verwurzelt als bei den hier untersuchten Personen der sozusagen „akuten Migration". Sekundäre oder tertiäre Probleme von Migration sollen also nicht Untersuchungszweck sein. Dazu ist auf die Ergebnisse der Untersuchung vor allem der Abschiebung von verurteilten Straftätern aus der zweiten und dritten Zuwanderergeneration zu verweisen. Die aufnehmende Gesellschaft versucht, sich der misslingenden Sozialisation männlicher Jugendlicher und junger Erwachsener durch Abschiebung in das Herkunftsland von Eltern oder Großeltern zu entledigen.[123]

Misslingende Migration manifestiert sich in Deutschland und Europa vor allem dort, wo aufenthaltsbeendende Maßnahmen in ihrer äußersten Konsequenz ergriffen werden. Dies ist in der Abschiebungshaft der Fall. Die subjektive Wahrnehmung von Abschiebungsgefangenen beleuchtet am genauesten Denkweise und Risikosteuerung der beteiligten Personen. Dabei geht es nicht um die subjektive Wahrnehmung der Situation in der Abschiebungshaft selbst. Berichte darüber gibt es seit Jahren in verschiedenster Form.[124] Je nach Interesse und

---

[121] Kelek, Necla, Islam im deutschen Alltag, Religiosität im Leben türkischstämmiger Jugendlicher. Referat auf der Tagung „Wird Gewalt normal?" am 29. 11. 2003 in Bad Segeberg, gedruckt in: MB 70, 2005.

[122] Siehe die Auseinandersetzungen um den „Kalifen von Köln", kulminierend in den Abschiebungsproblemen. Der Spiegel – Titel: Der Fall Kaplan, Der Spiegel 24 vom 7.6.2004, 24-41, sowie meine eigenen Einschätzungen dazu: Immer noch: der Kalif von Köln in NK 16, 2004, 82f. und Der Fall des Kalifen von Köln, NK 15, 2003, 122.

[123] Veränderter Umgang mit straffällig gewordenen Ausländern, in: Neue Wege in der Kriminalpolitik, TBT Verlag 2001, 51 ff.; Hagenmaier, Martin, Straftäter, Die Zehn Gebote in unserer Gesellschaft, TBT Verlag 2000, 44-48.

[124] Heinhold, Hubert, Abschiebungshaft in Deutschland, Die rechtlichen Voraussetzungen und der Vollzug, von Loeper Literaturverlag Karlsruhe 2004; Hagenmaier, Martin, Abschiebung, Text-Bild-Ton Verlag Sierksdorf 1994; ders., Abschiebung und (k)ein Ende?, ebd. 2. Aufl., 1997, Son-

politischer Absicht orientieren sich die Berichte an verschiedenen Inhalten. Damit werden nicht die Abschiebungshäftlinge in ihrer Subjektivität wahrgenommen - was auch gar nicht beabsichtigt ist -, sondern sie unterliegen verschiedenen Zuschreibungen des innerdeutschen Diskurses. An der Frage des Suizids, der geschlechtsspezifischen Gewalt und der Rassismusthese möchte ich die Wertungen erläutern, die dabei einfließen. Dies ist nötig, um die Fragerichtung dieser Arbeit zu verdeutlichen.

Diskursbeispiel Suizid in der Abschiebungshaft

Wer vor allem die Inhumanität der Abschiebungshaft und der deutschen Behandlung der Gesamtproblematik darstellen möchte, zählt die Suizide und Selbstverletzungen in und außerhalb der Haft. Heinhold hebt im Hinblick auf die Abschiebungshaft dabei auf die moralische Mitverantwortung derer, „die diese Verhältnisse schaffen"[125], ab. Wenn keine ausreichende Betreuung vorhanden ist, „kann sich die vorhandene Struktur, die mitgebrachten Probleme und das Erlebnis der Hoffnungslosigkeit in der Abschiebungshaft zu einem unentwirrbaren Knäuel verknüpfen, aus dem der alleingelassene Einzelne nur noch den Weg in den Freitod findet."[126] Jeder Suizid ist einer zuviel. Ob sich die Suizidproblematik aber für die Kennzeichnung der „tödlichen Folgen"[127] von Flüchtlingspolitik eignet, muss zumindest gefragt werden. Die bestürzende Tatsache, dass Menschen sich das Leben nehmen, in eine Haftungsfrage für Inhumanität einer bestimmten Politik umzuwandeln, dient leider oft nur den Interessen der Durchsetzung eigener Weltsicht.

Die meisten Autoren unterlassen es, einen Vergleich der Suizidrate in der Bevölkerung unseres Landes mit der in der Abschiebungshaft zu ziehen. Das aber wäre nötig, um mit Suiziden argumentieren zu können. In Deutschland entfallen auf 100.000 Einwohner rund 13,5 vollendete Suizide. Die Zahl der Versuche liegt um das bis zu Zehnfache höher. Also kommen auf 100.000 Einwohner rund 135 Suizidversuche. Die Geschlechterverteilung: 20 vollendete Suizide (auf 100.000 Einwohnern) gehen auf das Konto von Männern, 7 auf das von Frauen.[128] Bei den Versuchen gleichen sich die Geschlechter an. Das Verhältnis von Versuch zu Vollendung allerdings beträgt bei Frauen 7 zu 147 (21), bei

---

derausgabe 2002. Bündnis gegen Abschiebehaft Tübingen: Dokumentation über die Abschiebehaft in Rottenburg, 66 Seiten, c/o Asylzentrum, Neckarhalde 32, 72070 Tübingen.

[125] A.a.O., 51.

[126] A.a.O., 50.

[127] Bundesdeutsche Flüchtlingspolitik und ihre tödlichen Folgen, Dokumentation der Antirassistischen Initiative Berlin, jährlich fortgeführt, zuletzt für einen Zeitraum von 1993 bis 2004. Für 2004 nennt die Studie einen Suizid in Abschiebungshaft.

[128] Fiedler, Georg, Suizide, Suizidversuche und Suizidalität in Deutschland, Daten und Fakten, 2003 Forschungsgruppe Suizidalität und Psychotherapie Therapie-Zentrum für Suizidgefährdete (TZS) am Universitätsklinikum Hamburg-Eppendorf Version 5.0, April 2005.

Männern 20 zu 122 (6,1). In der Psychiatrie liegt der Suizidfaktor bis zu zehnmal über dem Durchschnitt. Die Orientierungsmarke für eine Besonderheit im Suizid- und Selbstbeschädigungsverhalten mit Suizidabsicht liegt demnach bei 20 männlichen Suiziden auf 100.000 Einwohner jährlich.

Die Zahl der Abschiebungsgefangenen in Deutschland betrug seit 1993 pro Jahr zwischen rund 20.000 und 35.000. Rein theoretisch wäre es also kein vom Durchschnitt abweichendes Ergebnis, wenn es in der Abschiebungshaft, die überwiegend Männer betrifft, jährlich zu 4 bis 7 Suiziden, sowie zu 24 bis 42 Suizidversuchen käme. Um noch genauer zu argumentieren, müssten nun noch die statistischen Werte der Länder, aus denen die Migranten kommen, herangezogen werden. Hier reicht der Hinweis, dass Deutschland zu den Ländern mit mehr Suiziden als dem Weltmittelwert gehört.[129] Bei einem solchen Mittelwert wäre jedoch die Ungenauigkeit der statistischen Angaben in vielen Ländern in die Überlegungen einzubeziehen. So bleibt es bei der vorsichtigen Anwendung des deutschen Wertes.

Wenn die Abschiebungshaft mit dem Hinweis auf die Suizidrate als besonders auffällig und daher inhuman gekennzeichnet werden soll, muss nach dem Rechercheergebnis entgegengehalten werden: Die Rate von vollendetem Suizid liegt eher unter dem Durchschnitt und ist erheblich niedriger als beispielsweise in psychiatrischen Einrichtungen. Das Vorkommen von Suizidversuchen entspricht in etwa dem Mittelwert. Insofern scheidet die Argumentation mit der Suizidrate vom wissenschaftlichen Standpunkt aus. Allerdings geht aus diesem Gedankengang auch hervor, dass Abschiebungsgefangene offensichtlich über ein hohes Maß an psychischen Abwehrfähigkeiten verfügen, um ihr objektiv schwieriges Erleben zu überstehen, und wenig zum Suizid neigen. Aus menschlicher und therapeutischer oder seelsorgerlicher Sicht weist jeder Suizid und jeder Versuch auf massive Probleme hin. Einrichtungen wie die der Abschiebungshaft übernehmen mit der Inhaftierung auch die Verantwortung für die psychische Situation der Inhaftierten. Dennoch erweist sich die Argumentation mit Suiziden als irreführend. Niemand würde beispielsweise den Arztberuf als besonders inhuman kennzeichnen, obwohl die Suizidgefährdung von Ärzten höher ist als der Durchschnitt.[130] Für die Problematik der Abschiebungshaft existieren andere Argumente grundsätzlicher und rechtlicher Art.

[129] Bei Fiedler findet sich eine Tabelle über die europäischen Suizidraten.
[130] König, Frank, Suizidalität bei Ärzten: Kein Tabuthema mehr? Deutsches Ärzteblatt 98, Ausgabe 47 vom 23.11.2001, Seite A-3110 / B-2641 / C-2447. „Die Prävalenzrate psychiatrischer Erkrankungen sowie die Suizidrate von Ärzten liegt über der der Allgemeinbevölkerung. Ärztinnen sind besonders gefährdet."

Diskursbeispiel geschlechtsspezifische Gewalt

Das Kriterium geschlechtsspezifische Gewalt unterliegt als weiches Kriterium weitgehender Interpretation. So wird eine Frau, die in Deutschland unter der nicht nur in marginalisierten Gruppen verbreiteten geschlechtsspezifischen Gewalt leidet, kaum auf die Idee kommen, sich als Flüchtling in eine andere Weltregion zu begeben. Die – um bei der Begrifflichkeit zu bleiben – innerstaatliche Fluchtalternative ist das ‚Frauenhaus'. Eine Familie aus dem Norden Nigerias könnte dagegen durchaus auf die Flucht - Idee kommen, um beispielsweise der blutigen kulturellen Tradition der Klitorisbeschneidung zu entkommen, gegen die sie sich anders nicht wehren zu können meint. Der Unterschied liegt in den gesellschaftlichen Möglichkeiten, sich gegen Übergriffe - und seien sie so üblich - zu wehren und in der Gewaltbereitschaft der Bevölkerung im Gegenüber zu rechtlicher und sozialer Sicherheit. Auch in Deutschland zweifeln die meisten Menschen daran, Übergriffen bestimmter Gruppen oder Gewalten wirklich entkommen oder persönlicher Diskriminierung die Stirn bieten zu können. Das wird aber in der Regel als psychisches Phänomen beurteilt. Die kulturelle oder von manchen behauptete religiöse Tradition der Klitorisbeschneidung in Regionen Afrikas dagegen scheint aus unserer Perspektive eher ein politisch - strukturelles Problem zu sein, dem der (die) einzelne kaum entrinnen kann.[131] Da Menschen in Nigeria durch diverse Informationsmöglichkeiten gelernt haben, dass es Regionen der Welt gibt, in denen Mädchen dieses Schicksal nicht widerfährt[132], ändert sich der kulturelle Wert der Klitorisbeschneidung. Wenn Menschen weltweit ähnliche Informationen über soziale Sicherheit, Wohlstand, Frieden, Vorsorge für Krankheiten und Alter, Möglichkeiten zum Geldverdienen etc. bekommen, ändern sich auch dadurch kulturelle Werte und Zielsetzungen sowie die Ideen über den Weg, die gleichen Ziele wie beispielsweise Menschen in Wohlstandsregionen zu erreichen. Vorstellungen von der Änderung der eigenen Lebensbedingungen durch Migration entstehen in Beziehung zu Teilen der Erde, in denen andere kulturelle Werte gelten als die traditionell jeweils vorhandenen. Solche Beziehungen entstehen durch Information verschiedenster Art. Dazu gehören sowohl die Medien als auch Be-

---

[131] http://www.spiegel.de/panorama/gesellschaft/sexuelle-belaestigung-in-aegypten-fast-jede-frau-betroffen-a-1183910.html

[132] In Europa sind Migrantenfamilien vor der Tradition nicht sicher, wie sich an mehreren Beispielen zeigen lässt. Die europäischen Staaten tun sich schwer damit, bekannt gewordene Klitorisbeschneidungen nach dem Strafgesetzbuch als schwere Körperverletzung o.ä. zu ahnden. Kulturelle Traditionen genießen besonderen Schutz. Zum Thema Frauen im Islam hat bezieht die niederländische sogenannte Islam - Kritikerin Ayaan Hirsi Ali politisch und gesellschaftlich Stellung. Bericht: Perger, Werner A., Hassbriefe und Telefonterror. Im niederländischen Wahlkampf tobt ein erbitterter Streit um die Rolle des Islam, DIE ZEIT 04/2003. Diese Auseinandersetzung glich nach der Ermordung eines Filmemachers auf offener Straße einem Kulturschock nicht nur in den Niederlanden.

richte von Verwandten und Bekannten aus der „anderen Welt". So bilden sich „Erzählungen" über das Leben anderswo, die handlungsleitende Qualität bekommen.

Eine andere Form geschlechtsspezifischer Gewalt sind die mit kriegerischen Auseinandersetzungen oder ethnischen Säuberungen einsetzenden systematischen Vergewaltigungen, wie es sie auch im Bereich der sogenannten „ethnischen Säuberungen" im ehemaligen Jugoslawien gegeben hat. Wenn betroffene Frauen und Mädchen überhaupt in der Lage waren, zu fliehen, wurden sie selbstverständlich anderswo in Europa aufgenommen. Es gab in diesen Fällen keinerlei Probleme mit dem Flüchtlingsstatus und den Begleitfolgen der Traumatisierung. Dieser ist aber für die meisten betroffenen illusorisch. Die jüngsten Beispiele kommen aus dem Sudan, wo „arabische Reiterhorden" (Dschandschawit) und Regierungstruppen zusammen die afrikanischen Bewohner der Provinz Darfur töten, vertreiben und die Frauen vergewaltigen. Schutz finden diese Flüchtlinge kaum, vor allem nicht in Europa, obwohl hier ein geschlechtsspezifischer Anteil unabweisbar besteht.[133]

Diskursbeispiel Rassismus

Eine weitere gern in Anspruch genommene These ist die des Rassismus, die offenbar die gesamte Abwehrbewegung gegen Migration, aber vor allem die Abschiebungshaft als besonders schwerwiegende Menschenrechtsverletzung darstellen soll. Dafür sei beispielhaft die Dokumentation des Tübinger „Bündnisses gegen Abschiebungshaft" genannt. Jeweils eine 'Leitgeschichte' dient hier als Konkretion für die Themen Haftbedingungen, Suizid(gefahr), Betreuer-Innenarbeit, Verfahrenspraxis, Abschiebepraxis und Entlassung aus der Haft. Originaltexte von Betroffenen runden die Kapitel ab. Im Anhang findet sich eine Chronik und eine Auswahlbibliographie.

Nach diesem Muster werden immer wieder Abschiebungshaftdokumentationen verfasst. Die Forderung nach Abschaffung der Abschiebungshaft begründen die Autoren vor allem mit den hässlichen Seiten des Verfahrens. Unser Staat zeige bei der Behandlung von Menschen, die das Land trotz rechtlich abgesicherter Ausreiseverfügung nicht freiwillig verlassen, ein Gesicht, das ihn als rassistisch bloßstellt. Die Aufgabe der Aufenthaltsbeendigung provoziere zudem ein organisatorisches Chaos verschiedenster Behörden. Damit ist gemeint, dass für den Vollzug der Haft die Justizbehörde oder die Polizei, für den Haftantrag eine Ausländerbehörde (bisweilen in Amtshilfe für eine andere) oder die Bundespolizei, für die Anordnung der Haft das Amtsgericht, für die Abschiebung wieder

---

[133] In den ARD – Tagesthemen vom 21.3.2006 wurde u.a. über zwei vergewaltigte Frauen berichtet, denen in dieser Situation niemand beistehen kann.

die Bundespolizei und für das Asylverfahren die Verwaltungsgerichte zuständig sind.

Das ganze Verfahren der Abschiebung sehen die Autoren vor allem als Ergebnis von "Rassismus". Selbst bei ungenauer Definition von Rassismus meine ich, trifft dieses Muster die Situation nicht, es sei denn, man betrachtet den Umgang mit nicht aufenthaltsberechtigten Menschen grundsätzlich als eine Rassenfrage. Das Schlagwort Rassismus kann nicht überzeugen. Die Abschiebungshaft trifft Menschen aus allen Regionen der Welt.

Die Autoren geben der Hoffnung Ausdruck, dass sich einzelne "Abschiebetäter vom Unrecht ihrer Arbeit (...) überzeugen" (44) und ihren Beruf wechseln oder diesen Teil ihrer Arbeit verweigern.

Viele Dokumentationen wurden wie diese aus Betroffenheit und weltanschaulich geprägt verfasst. Sie dienen als Meinungsäußerung im politischen Prozess oder als „Veröffentlichung schlimmer Zustände" und haben darin auch ihren Sinn. Durch ihr „Design" erreichen sie jedoch keine große Verbreitung. Anders war dies bei einer Attacke von Günter Grass. Er fand für die Umstände von Abschiebung und Abschiebungshaft die Formel von der „demokratisch legitimierten Barbarei" und erreichte damit wenigstens eine kurze öffentliche Debatte über das Thema.[134] Diese führte jedoch nicht zu Änderungen in der Rückführungspolitik. Diese Untersuchung dient nicht dazu, bestimmte Thesen der Flüchtlings- oder Migrationspolitik weiterzuführen oder zu untermauern. Daher ist es notwendig, die in der Debatte befindlichen Begrifflichkeiten noch genauer anzuschauen.

B) Der Flüchtlingsbegriff

Der Flüchtlingsbegriff wird am häufigsten in der politischen Diskussion verwendet, um Zulassungsbeschränkungen oder –verbesserungen in die Zielländer von Flucht und /oder Migration zu diskutieren. Dabei spielt der moralische Faktor eine erhebliche Rolle. Einem Flüchtling die Aufnahme zu verweigern, gilt als eindeutig inhuman. Daher versuchen die jeweiligen Akteure, über die Definition von „Flüchtling" oder „Nicht – Flüchtling", d.h. über die Zuerkennung der Flüchtlingseigenschaft, ihren Standpunkt und die folgende Handlungsweise als in Einklang mit moralischen Vorgaben der Humanität darzustellen. Somit geht es bei der Begriffsbildung im Wesentlichen um politische Entscheidungsvorbereitungen und die Absicherung einmal getroffener Entscheidungen im Flüchtlingsschutz. Die Praxis hat gezeigt, dass damit die Frage der Fluchtmigration parteipolitischen bzw. machtpolitischen Faktoren unterworfen wird. Zudem hat sie zur Folge, dass auch Menschen, die ihre Länder verlassen, sich auf dieses Machtspiel einstellen. Weil jedoch die Zuerkennung oder Nicht-

---

[134] Günter Grass bei der Verleihung des Friedenspreises des Deutschen Buchhandels im Juni 1998.

Zuerkennung der Eigenschaft „Flüchtling" über die Wege von Menschen entscheidet und sowohl die aufnehmende wie die abgebende Gesellschaft betrifft,
gibt es keine Möglichkeit, um eine Begriffsbildung mit ihren moralischen und
politischen Implikationen herumzukommen. Daher muss in einer Arbeit über
irreguläre Migration die Diskussion erneut geführt werden.

Die Genfer Konvention: Definition des Flüchtlingsbegriffs

Flüchtling ist eine Person, die „aus der begründeten Furcht vor Verfolgung
wegen ihrer Rasse, Religion, Nationalität, politischen Überzeugung oder Zugehörigkeit zu einer bestimmten sozialen Gruppe sich außerhalb des Landes befindet, dessen Staatsangehörigkeit sie besitzt, und den Schutz dieses Landes
nicht in Anspruch nehmen kann oder wegen dieser Furcht nicht in Anspruch
nehmen will."[135]

Hier ist zunächst ausdrücklich auf das Wort „begründet" abzuheben. Die
Flüchtlingskonvention benutzt diesen Begriff als quasirechtliche Vereinbarung
zwischen den Staaten der Welt nicht unbegründet. Sie öffnet dadurch die Möglichkeit der Überprüfung der zur Flucht führenden Situationen oder der Personen, die sich als Flüchtling in ein anderes Land begeben. Mit „begründet" ergeben sich Anforderungen an die Nachvollziehbarkeit und Konsistenz der Angaben von Flüchtlingen, allerdings auch an die Fähigkeit der aufnehmenden Staaten, dieses beurteilen zu können. Das wird aus einem weiteren Begriff, dem des
„Schutzes", weiter verdeutlicht.

Die vertragschließenden Staaten setzen voraus, dass eine Staatsangehörigkeit
mit einer Schutzfunktion des jeweiligen Staates verbunden ist. Das wäre beispielsweise in insuffizienten Staaten oder diktatorischen Regimen zumindest
anzuzweifeln. Dieser selbstverständlich erscheinende Hinweis zeigt seine Auswirkung erst im Anwendungsfall. Könnte man im Falle des Staates Somalia
von einer Schutzfunktion sprechen oder müsste von einer Bedrohungsfunktion
der staatlichen Ersatzmächte die Rede sein? Wie ist die Lage in Togo, Sierra
Leone, Ruanda, Syrien, Afghanistan? Mit der Gewährung des Flüchtlingsstatus
wird nicht nur die persönliche Glaubwürdigkeit beurteilt. Es geht damit der
Versuch einher, die allgemeine Lage in dem betroffenen Staat gleichzeitig
einem Urteil zu unterziehen.

Von Interesse sind für die Definition auch Ausschlusskriterien. Sie werden in
der GFK wie folgt formuliert:

„Die Bestimmungen dieses Abkommens finden keine Anwendung auf Personen, in bezug auf die aus schwerwiegenden Gründen die Annahme gerechtfertigt ist,

---

[135] Abkommen über die Rechtsstellung der Flüchtlinge vom 28. Juli 1951 (In Kraft getreten am 22.
April 1954), Artikel 1, A, Ziff.2. in der Form der Richtlinie 2011/95/EU.

a) dass sie ein Verbrechen gegen den Frieden, ein Kriegsverbrechen oder ein Verbrechen gegen die Menschlichkeit im Sinne der internationalen Vertragswerke begangen haben, die ausgearbeitet worden sind, um Bestimmungen bezüglich dieser Verbrechen zu treffen;

b) dass sie ein schweres nichtpolitisches Verbrechen außerhalb des Aufnahmelandes begangen haben, bevor sie dort als Flüchtling aufgenommen wurden;

c) dass sie sich Handlungen zu Schulden kommen ließen, die den Zielen und Grundsätzen der Vereinten Nationen zuwiderlaufen."[136]

Zudem gehören zu den Vereinbarungen auch Bestimmungen über Regeleinhaltung im Aufnahmeland. Die EU hat das in ihrer Richtlinie 2011/95/EU übernommen.[137]

„Jeder Flüchtling hat gegenüber dem Land, in dem er sich befindet, Pflichten, zu denen insbesondere der Verpflichtung gehört, die Gesetze und sonstigen Rechtsvorschriften sowie die zur Aufrechterhaltung der öffentlichen Ordnung getroffenen Maßnahmen zu beachten."[138] Dieser lapidare Artikel betrifft eines der Hauptprobleme der ungeplanten Migration. Migranten reisen häufig ohne Papiere, zumindest in Europa. Das ist auch einer der häufigsten Gründe für die Verhängung von Abschiebungshaft, sowie gleichzeitig das Hauptproblem der Verwaltungen in der Zuordnung von Personen zu Herkunftsländern. Das gilt aktiv und passiv. Das Zufluchtsland kann nicht nachweisen, woher die Person ohne Papiere kommt. Ein mögliches Herkunftsland kann ohne Nachweis die Ausstellung von Reisedokumenten verweigern.

In Frage steht auch, welche Instanz als verfolgende angesehen werden kann. Das war im Streit um die deutsche Asylpolitik von erheblicher Bedeutung. Das Asylrecht wurde im offiziellen Gebrauch bei uns stets nur auf staatliche Verfolgung bezogen. Die EU definiert in ihrer Richtlinie die möglichen Verfolger genauer:

„Die Verfolgung bzw. der ernsthafte Schaden kann ausgehen von

a) dem Staat;

b) Parteien oder Organisationen, die den Staat oder einen wesentlichen Teil des Staatsgebiets beherrschen;

c) nichtstaatlichen Akteuren, sofern die unter den Buchstaben a und b genannten Akteure einschließlich internationaler Organisationen erwiesenermaßen

---

[136] A.a.O., F.
[137] Richtlinie, Artikel 12, Abs. (2), b), ähnlich, aber noch weiter gefaßt Artikel 17. Zur Interpretation vgl. Marx, Reinhard, Die Bedeutung der EU-Qualifikationsrichtlinie für die deutsche Asylpraxis, in: Asylmagazin 9/2004, gefunden unter www.google.de.
[138] GFK, Artikel 2, Allgemeine Verpflichtungen.

nicht in der Lage oder nicht willens sind, Schutz vor Verfolgung bzw. ernsthaftem Schaden im Sinne des Artikels 7 zu bieten."[139]

Der Begriff Schutz wird im Artikel 7 definiert: „(2) Generell ist Schutz gewährleistet, wenn die (...) Akteure geeignete Schritte einleiten, um die Verfolgung oder den ernsthaften Schaden zu verhindern, beispielsweise durch wirksame Rechtsvorschriften zur Ermittlung, Strafverfolgung und Ahndung von Handlungen, die eine Verfolgung oder einen ernsthaften Schaden darstellen, und wenn der Antragsteller Zugang zu diesem Schutz hat.

(3) Bei der Beurteilung der Frage, ob eine internationale Organisation einen Staat oder einen wesentlichen Teil seines Staatsgebiets beherrscht und den in Absatz 2 genannten Schutz gewährleistet, ziehen die Mitgliedstaaten etwaige in einschlägigen Rechtsakten des Rates aufgestellte Leitlinien heran."[140]

Von Interesse ist hier besonders die Bestimmung des „Zuganges" etwa zum Rechtsschutz. Zugang zum Rechtsschutz ist in vielen Ländern dieser Welt – zunehmend auch in den westlichen Staaten – nicht selbstverständlich. In den meisten Fällen hängt er von Geld ab, das Angehörige marginalisierter Schichten nicht vorweisen und bezahlen können. Damit fällt für sie auch der Rechtsschutz zu einem gewissen Grad aus.

Schließlich die zentrale Frage: Was ist ein ernsthafter Schaden?

„Als ernsthafter Schaden gilt:

a) die Verhängung oder Vollstreckung der Todesstrafe oder

b) Folter oder unmenschliche oder erniedrigende Behandlung oder Bestrafung eines Antragstellers im Herkunftsland oder

c) eine ernsthafte individuelle Bedrohung des Lebens oder der Unversehrtheit einer Zivilperson infolge willkürlicher Gewalt im Rahmen eines internationalen oder innerstaatlichen bewaffneten Konflikts."[141]

Die weitgehende Bestimmung der ‚erniedrigenden Bestrafung' könnte beispielsweise Strafen wie Auspeitschen, mangelnder Schutz nach der Haftentlassung bei Sexualstraftätern, oder fortwährende Diskriminierung von Personen, die von Gerichten rechtsstaatlich einwandfrei verurteilt wurden, enthalten. Damit ist auch weicheren Definitionen von Diskriminierung der Weg gebahnt.

---

[139] RAT DER EUROPÄISCHEN UNION Brüssel, den 27. April 2004 Interinstitutionelles Dossier: 2001/0270 (CNS) 8043/04 ASILE 23 Richtlinie des Rates über Mindestnormen für die Anerkennung und den Status von Drittstaatsangehörigen oder Staatenlosen als Flüchtlinge oder als Personen, die anderweitig internationalen Schutz benötigen und über den Inhalt des zu gewährenden Schutzes, Artikel 6. Die Richtline 2011/95/EU vom 13. Dezember 2011 wiederholt die Definitionen.
[140] Ebd., Artikel 7.
[141] Ebd. Artikel 15.

Wie aber würden Staaten reagieren, wenn ein deutscher Staatsbürger nach einer Verurteilung durch ein Gericht zu mehr als zwei Jahren Haft das darauf folgende Berufsverbot (Entlassung aus dem öffentlichen Dienst) als ernsthaften Schaden interpretiert und in ein Nachbarland flüchtet, um dort Schutz zu finden?

Andere oder neuere Definitionsversuche des Flüchtlingsbegriffs von der Seite der Flüchtlingslobby interpretieren die Begriffsbestimmung der GFK und damit dann auch der Richtlinien moralisch im Sinne einer Aufnahmepflicht.

Der Begriff aus der Sicht der Flüchtlingslobby

Proasyl definiert den Flüchtlingsbegriff mit dem Rückgriff auf die Menschenrechte. Ein Flüchtling ist „Opfer von Menschenrechtsverletzungen"[142], also jemand, der Menschenrechtsverletzungen durch die Einwanderung nach Europa zu entkommen sucht. Proasyl versteht sich als Lobby für Flüchtlinge und hat daher wenig Interesse, die genannten Einschränkungen bzw. Anforderungen der GFK mit zu verarbeiten. Das geschieht auch nicht bei einer weiteren Definition.

Der Flüchtlingsrat Schleswig – Holstein schlägt folgende Definition vor, wobei er den Begriff des Migranten als Oberbegriff für Flüchtling benutzt:

„Flüchtlinge" im Sinne des Flüchtlingsrates sind alle Migrantinnen und Migranten, die oder deren Angehörige ihr Herkunfts- oder ein Drittland wegen sie dort bedrohender prekärer Situationen verlassen mussten oder dorthin ausreisepflichtig sind - Fluchtgründe oder Rückkehrgefährdungen in diesem Sinne können sein:

staatliche oder nichtstaatliche politische Verfolgung,

Krieg oder andere militärische Gewalt und ihre Folgen,

ethnische oder gruppenspezifische Diskriminierung, Pogrome,

---

[142] „Mit Entsetzen reagiert die Arbeitsgemeinschaft PRO ASYL in einer ersten Stellungnahme auf die Beschlussfassung der EU-Innenminister, Asyllager in Ländern wie Libyen, Algerien u.a. einzurichten. Nachdem Bundesinnenminister Schily im Innenausschuss des Deutschen Bundestages auf Kritik von vielen Seiten stieß, setze er nun im Alleingang – ungeachtet der Bedenken aus Bundestag, Koalition und auch aus Reihen der Opposition – sein Vorhaben durch, Europa zur „flüchtlingsfreien Zone" zu machen. Es sei absurd und nicht mehr nachvollziehbar, dass ausgerechnet in den Staaten, in denen schwerste Menschenrechtsverletzungen vorkommen, Opfer von Menschenrechtsverletzungen Schutz finden sollen. Der Beschluss der europäischen Innenminister sei ein „Schlag ins Gesicht der Opfer von Menschenrechtsverletzungen", sagte Günter Burkhardt, Geschäftsführer von PRO ASYL. Das Vorhaben sei, ungeachtet aller Versuche, es humanitär zu begründen, völkerrechtsfeindlich und ein schwerer Rückschlag für den Flüchtlingsschutz. Darüber könne auch nicht hinwegtäuschen, dass immerhin als Bedingung formuliert wurde, dass ein faires Anerkennungsverfahren unter internationaler Aufsicht durchgeführt werden müsse. Genau dies sei in den „Pilotstaaten" nicht möglich." (Europa macht dicht! PRO ASYL entsetzt über Vorstoß der EU-Innenminister, 1. Oktober 2004.) Das Vorhaben besteht weiterhin, wie die Diskussionen nach der Flüchtlingskrise 2015ff. zeigen.

geschlechtsspezifische Gewalt, Versklavung,

Gefährdungen von Leib und Leben als ökologische bzw. wirtschaftliche Globalisierungsfolgen,

medizinische Unterversorgung."[143]

Hier liegt unbestreitbar ein sehr weiter Flüchtlingsbegriff vor, der einen großen Teil der Weltbevölkerung einschließen könnte. Zumindest die beiden letzten Spiegelstriche können m.E. nicht als Fluchtgründe angenommen werden. Es handelt sich außer bei Katastrophen um langsam fortschreitende Prozesse bzw. Einschätzungen von Betroffenen. Wegen medizinischer Unterversorgung flieht niemand in ein anderes Land.[144] Es könnte sein, dass ein Wohnortwechsel oder die Ansiedlung medizinischer Versorgung die richtige Antwort darauf ist. Gefährdungen von Leib und Leben treten als ökologische oder wirtschaftliche Globalisierungsfolgen überall auf, wo die wirtschaftliche Situation schlecht ist, wo Eltern gezwungen sind, ihre Kinder als Arbeitssklaven zu verkaufen oder bei der Produktion nicht auf die Umwelt geachtet wird. Auch geschlechtsspezifische Gewalt ist nur dort ein Fluchtgrund, wo sie systemimmanent geschieht und unvermeidbar scheint. Ethnische und gruppenspezifische Diskriminierung kann als Migrationshintergrund gelten. Es gibt keinen Staat auf dieser Welt, in dem nicht einzelne Gruppen diskriminiert werden, wobei sich die Folgen und die Grade der Diskriminierung erheblich unterscheiden. Dennoch handelt es sich hier um ein sehr dehnbares und weiches Kriterium. Ein Progrom dagegen gehört zu den klassischen Fluchtkriterien, ebenso wie Versklavung und die beiden ersten Spiegelstriche.

Eine weitere Form der Flüchtlingsproblematik ist die Aberkennung des Begriffs Flüchtling und der damit verbundenen Schonung und Aufenthaltsgewährung vor allem bei Männern, die in Kriegs- oder sonstige Verbrechen verwickelt sind. Ihnen wird der Missbrauch der Flüchtlingsrolle zur Last gelegt. In den Konflikten im Kongo nach dem Sturz des Diktators Mobutu wurde häufiger berichtet, dass sich Milizen als Flüchtlinge getarnt im Ausland zum neuen Angriff reorganisierten oder in Flüchtlingslagern Blutbäder anrichteten. Weitere Beispiele dafür sind der Syrienkonflikt oder die Diskussion um die Asylgewährung für Terroristen.

---

[143] Das Selbstverständnis des Flüchtlingsrat Schleswig-Holstein e.V. Überarbeiteter ENTWURF Stand 27.08. 2004.
[144] Allerdings gab es in der Abschiebungshaft einen über sechzigjährigen Mann, der als Grund für seine Einreise nach Deutschland angab, er müsse sich einer Herzoperation unterziehen. Das sei in Armenien nicht möglich. Es war ihm nicht sehr verständlich, dass man in Deutschland neben einem Visum für die Einreise eine Versicherung braucht und nicht einfach in ein Krankenhaus gehen kann. Zudem konnte er nicht deutsch sprechen, was die Situation erheblich erschwerte. Dass er nun abgeschoben werden sollte, konnte er überhaupt nicht verstehen.

Resümee

Flüchtling ist ein Mensch, der aufgrund äußerer Umstände seinen Ort ‚verliert‘ oder sich gezwungen sieht, diesen Ort um seines oder des Lebens seiner Angehörigen willen zu verlassen. Klassische Fälle sind dafür die Fluchtbewegungen nach dem II. Weltkrieg, Fluchtbewegungen auf dem Balkan in Ex-Jugoslawien, Flucht aus der Provinz Darfur im Sudan oder vor bürgerkriegsähnlichen Zuständen in der Elfenbeinküste, vor Mörderhorden in Ruanda sowie natürlich Syrien oder der Irak ab 2011. Die Mehrheit der Fluchtbewegungen reichen natur- bzw. ressourcengemäß nur über die Grenzen ins Nachbarland. Ein Flüchtling entscheidet jedoch in der Regel anhand der äußeren Umstände selbst, seinen bisherigen Lebensraum zu verlassen. Die Vorbereitungszeit für eine Flucht entscheidet darüber, ob sie mit oder ohne Vorbereitung des „Aufnahmeraums“ geschieht. Die Vorstellung, diese Flucht gehe gewissermaßen automatisch vor sich, kann nicht aufrechterhalten werden. Auch hier spielen die Ressourcen der Betroffenen und ihr Status in der Gesellschaft eine erhebliche Rolle.[145]

Flucht ist allerdings auch die Flucht vor der Polizei, die rechtlich berechtigt nach jemand sucht. Auch in diesem letzten Fall kommt es auf eine weitere Grundfrage an, nämlich die, ob das Gesetz, nach dem die Polizei berechtigt verfolgt, den Anforderungen der Menschenrechte entspricht. Tut es das nicht, dann handelt es sich um staatliche Verfolgung. Somit zählt aus deutscher Sicht auch die Türkei nach dem Putsch im Jahre 2016 zu den Verfolgerstaaten.

Vertreibung

Vertreibung: Menschen werden aus ihren Häusern geholt und in Fahrzeuge gesetzt oder regelrecht verjagt, um irgendwo, wohin sie nicht selbst wollten, ab- oder ausgesetzt zu werden – ohne Möglichkeit der Rückkehr und mit wenig Vorbereitungszeit. Eine der großen Vertreibungen fand nach dem Zweiten Weltkrieg mit deutschen Bevölkerungsteilen aus Osteuropa statt. Ein weiteres Beispiel: Aus Jugoslawien wurde von Kindern berichtet: „Es kamen Soldaten und sagten: „Bis morgen seid ihr hier verschwunden.“ Am nächsten Morgen gingen wir auf der Straße mit unseren Koffern. Hinter uns und vor uns gingen andere Familien und wir verstanden nichts. Auch unsere Eltern konnten uns nicht sagen, warum wir weggehen müssen.“

Oft geschieht Vertreibung unliebsamer Personen in Diktaturen auch durch nicht nachweisbare Ausbürgerung. Der Schutz des Staates wird entzogen. Er kann vor Gericht nicht eingeklagt werden und erschwert im Ausland die Anerkennung als Flüchtling erheblich.

---

[145] Vgl. UNHCR, Zur Lage der Flüchtlinge in der Welt, Report 1997-1998. Erzwungene Migration, eine Herausforderung, 1997, 119.

„Er ist von Beruf Lehrer. Er war als junger Mann Mitglied eines literarischen Zirkels in Tunesien. Eines Tages kam die Polizei zu ihm und sagte: „Entweder Ausreise in achtundvierzig Stunden oder Gefängnis." Eine Ausreise ohne Rückkehrrecht – Ausbürgerung ohne Nachweisbarkeit. Das ist dreißig Jahre her. Er ist inzwischen deutscher Staatsbürger, hat Frau und Kinder. Aber seine Papiere sind unrekonstruierbar zerstört. Er kann auch heute noch nichts nachweisen, obwohl er inzwischen nach einer Amnestie durch den Regierungswechsel von 1987 (von Burgiba zu Ben Ali) wieder nach Tunesien reisen kann und es auch tut . ..."

(aus Interview K2)[146]

„Im Gegensatz zu Flüchtlingen gibt es für Vertriebene bislang keine völkerrechtlich verbindliche Definition. Weder in der Forschung noch in der politischen Praxis gibt es Einigkeit darüber, welche Betroffenen unter diese Kategorie fallen sollen."[147] Agenendt tritt für die Definition von Vertriebenen als Binnenflüchtlinge ein, was allerdings zumindest mit Rückblick auf die Vertreibungen nach dem Zweiten Weltkrieg nicht zutreffen würde und auch die so genannten ethnischen Säuberungen seit 1989 in Jugoslawien nicht trifft. Vertriebene sind in dem Sinne keine Flüchtlinge, dass sie nicht von sich aus entscheiden, ihre Gegend zu verlassen, sondern mit Gewalt „weggeschickt" werden. Der Flüchtling dagegen könnte so definiert werden, dass er die Entscheidung selbst trifft. Allerdings gebe ich zu, dass das keine besonders scharfe definitorische Trennung ist, da die eigene Entscheidung des Flüchtlings nicht freiwillig im eigentlichen Sinne zustande kommt. In der Migrationsforschung wird zunehmend die Unterscheidung von freiwillig und unfreiwillig in Frage gestellt.[148] Weder Migranten noch Flüchtlinge gehen wirklich freiwillig. Alle Migranten sehen sich gezwungen, diese Entscheidung zu treffen. Daher wird in der Forschung der Begriff Fluchtmigration gebraucht.

Die Praxis kennt „berechtigte" und „nicht berechtigte" Flucht

Wie die Praxis unterscheidet, zeigt folgendes Beispiel: Eine Flüchtlingsbewegung ergoss sich in den 90iger Jahren aus Südosteuropa in die angrenzenden Länder des ehemaligen Jugoslawien und von dort über ganz Westeuropa. In

---

[146] S. dazu auch den folgenden Bericht stellvertretend: SAID, Auf der Haut einen Geruch von Angst, Autoren im Gefängnis, http://www.dradio.de/dlf/ sendungen/politischeliteratur/131525/, 03.06.2002, 19:15 Uhr. Prominente Betroffene werden weltweit in den Medien bekannt und genießen daher einen gewissen (meist eingeschränkten) Schutz vor Übergriffen oder haben wenigstens die Chance, dass ihr Fall bekannt wird. Dazu reicht es aber bei Menschen wie den im Interview K2 vorgestellten Lehrer nicht.

[147] Angenendt, Steffen, Flucht und Vertreibung, Begriffsbestimmung auf der homepage http://berlin-institut.org/pages/fs/fs_migration.html.

[148] Zusammengefasst dargestellt bei Treibel, Annette, Migration, 166f., basierend auf Richmond, Anthony H..

derselben Zeit kamen massiv Menschen aus dem Nicht - Bürgerkriegsgebiet Rumänien und beantragten Asyl, während die Vertriebenen bzw. Flüchtlinge aus den Bürgerkriegsgebieten zwar nicht den Flüchtlingsstatus nach der Genfer Konvention erhielten, aber als Bürgerkriegsflüchtlinge unbürokratisch aufgenommen wurden. Rumänische Asylbewerber wurden einmütig als nicht asylbedürftig eingestuft und mehrheitlich schnell zurückgeschickt.

Die Folgen von Fluchtmigrationen sind einerseits jeweils Versuche, anderswo sesshaft zu werden, was in der Regel durch verschiedenste Ordnungsgesetze aller Staaten auf der Welt sehr erschwert wird. Nirgendwo gibt es eine Region oder einen Staat, der nicht bestimmte Bedingungen an die Niederlassung knüpft und ein Regelwerk dafür aufgebaut hat. Besonders bei jungen Menschen und jungen Familien entwickeln sich durch die Sozialisation im Zufluchtsland Beziehungen (Schule, Berufsausbildung, Partnerschaft, Freundschaft), die eine Rückkehr ins Fluchtland erheblich erschweren, weil der „Flüchtling" inzwischen einer anderen sozialen Gruppe angehört als vor der Flucht. Die Folgen der Jugoslawien – Flucht wurden auch noch nach zehn bis fünfzehn Jahren ausländerrechtlich bearbeitet. Wer möchte in ein Land oder ein Dorf zurück, aus dem ihn seine Nachbarn oder die Polizei oder Soldaten seiner eigenen Nation vertrieben haben? Kann er sich dort unter den Schutz des Staates stellen? Der Schutz des Staates wird nicht jedem und nicht jeder in gleicher Form geboten.[149] Andererseits gehen viele Fluchtmigranten bald in ihre Heimat zurück – auch das mehr oder weniger freiwillig, wie sich an den Beispielen Nicaragua oder Mocambique zeigen lässt.[150] Der folgend geschilderte Fall war weniger freiwillig und hatte nach der Rückkehr einen erneuten Migrationsversuch zur Folge.

Im Alter von 15 Jahren war er mit seinen Brüdern nach Deutschland gekommen, um dem Krieg zu entfliehen. Zu Hause hatte er acht Jahre Schulbesuch hinter sich, also die Grundausbildung. In Deutschland verbot ihm das Ausländeramt weiteren Schulbesuch. Er arbeitete fünf Jahre bei einer kleineren Firma als Elektriker. 2001 wurde er im Rahmen der Rückführung der Kosovo - Flüchtlinge abgeschoben. Im Kosovo konnte er einen Imbiss aufmachen, der auch so gut lief, dass er noch einen Mitarbeiter beschäftigen konnte. Eines Tages kam ein Mann, der nur da saß, aber nichts bestellte. Als dieser mehrmals kam, fragte er ihn, was er will. Der erkundigte sich nach seinem Namen, bzw. ob das und das sein Name sei. Als er bejaht hatte, wurde ihm eröffnet, es sei noch für mehrere Jahre UCK - Steuer fällig. Der „Freundeskreis" UCK wolle

[149] Siehe als Beispiel den zusammenfassenden Bericht Der Kieler Erlass „Widerruf des Asyls", Beispiels Kosovo, in Der Schlepper Nr. 33, Hg. Vom Flüchtlingsrat Schleswig-Holstein e.V., 38; Bericht über die Probleme der Abschiebung in den Kosovo in der Arbeit der Uno - Verwaltung UNMIK, Der Spiegel Nr 51 / 2005, 38.
[150] Siehe die Darstellung bei Treibel, Annette, Migration, 171f..

*das jetzt kassieren: 14.000 Euro. Zunächst glaubte er an einen Witz. Doch jetzt
kamen verschiedene Männer, damit man es nicht an einem festmachen kann. Er
erkundigte sich bei Menschen, denen er vertraute, was da zu machen sei. Es
hieß auch von der Polizei, da helfe nur bezahlen. So wollte er über Ratenzahlung verhandeln. Da wurde ihm ein Ultimatum gestellt, das Mitte September
ablief. Weil er nicht plötzlich tot sein wollte, entschloss er sich zur „geschleusten Reise" nach Skandinavien.*

Zuerkennung der Flüchtlingseigenschaft unterliegt der Defini-
tion der aufnehmenden Gesellschaft

Die Zuerkennung der Flüchtlingseigenschaft hängt offenbar von mehreren
Faktoren ab. Darunter fällt

> der Grad der Wehrlosigkeit derjenigen, die dieses Attribut begehren,

> die Einschätzung des Anteils der Selbstverschuldung der eigenen Not,

> die Frage, ob jemand nicht eher auf die Täter- als auf die Opferseite ge-
> hört[151],

> der Eindruck, jemand nutze im Zufluchtsland die sozialen Systeme über
> Gebühr.

> Dazu kommt die Frage der Einschätzung der Informationen, die über Prob-
> lemgebiete durch die Medien jeweils eintreffen.

Wem unterstellt wird, dass er sein Leiden durch eigenes Verschulden auf sich
gezogen oder gar herbeigeführt hat, kann nur wenig Zuwendung von Unbetei-
ligten, noch weniger von Beteiligten erwarten. Das gilt in noch größerem Maße
für Menschen, die anderen Leiden zugefügt haben oder wie die Attentäter vom
11. September 2001 und viele danach den Raum der Gewährung von Zuflucht
oder gar Unterstützung für die Vorbereitung terroristischer oder andere Schädigungen von Mitmenschen benutzen. Da die Unterscheidung zwischen denen,
die zurecht auf Zuflucht und Hilfe hoffen dürfen und denen, die dieses missbrauchen könnten, vieler komplexer Informationen und Bewertungen bedarf,
bleibt die Gewährung des Flüchtlingsstatus oder des Asyls stets umstritten.
Wird eine Not durch den Einsatz für eine „gerechte Sache" oder ein akzeptier-
tes politisches Ziel hervorgerufen, dann erhält auch jemand ohne die Eigenschaft Wehrlosigkeit oder mit Selbstverschuldung die Flüchtlingseigenschaft.
Das verstärkt die Problematik der Zuerkennung. Die westliche Sicht erfordert
geradezu den Einsatz für Humanität und Menschenrechte auch in bedrohlichen
Situationen, was sich in der dann folgenden Asylgewährung auch niederschlägt.

---

[151] Das Problem besteht bei jeder Form von organisierter und nicht organisierter Zuwendung. Dazu
Hagenmaier, Martin, Prophetische Seelsorge, Mitteilungsblatt der Evangelischen Konferenz für
Gefängnisseelsorge in Deutschland Nr. 68.

Es handelt sich um gesellschaftliche Konstruktionen von Wirklichkeit, nicht um objektive, allzeit gleiche, Kriterien für die „Flüchtlingseigenschaft".

Die Zuerkennung der Flüchtlingseigenschaft unterliegt der Definitionsmacht und -bereitschaft der aufnehmenden Gesellschaft. Diese klärt unter sich und in postmodernen Gesellschaften jeweils neu in Auseinandersetzung mit der Macht der Bilder, wer berechtigt Hilfe begehrt und wer nicht. So kam es in den neunziger Jahren in Deutschland zu einer heftigen gesellschaftlichen Auseinandersetzung über die Frage, ob jemand, der angeblich aus rein wirtschaftlichen Gründen aufbricht, um Asyl zu suchen, asylwürdig ist. Eine übergroße Mehrheit der Politik hat diese Frage eindeutig mit dem Asylkompromiss von 1992[152] entschieden. Nach 2015 war es weniger eindeutig, was die politische Reaktion betraf. Wirtschaftliche Probleme gehören auch danach nicht zu den Asylgründen, auch wenn sie politisch einer Diskriminierung gleichkommen. Die Presse und die öffentliche Diskussion fand dafür den widersinnigen und abschätzigen Ausdruck „Wirtschaftsflüchtling" und sprach vom Missbrauch des Asylrechts. Asyl bekommen politisch und religiös verfolgte Menschen, die eine Verfolgung nachweisen oder glaubhaft machen können. Die Anerkennungsquote für Asylbewerber betrug 1,6 Prozent im Jahre 2004 und änderte sich auch in den Folgejahren wenig. Dagegen wuchs die Zahl der Einstufungen als Kriegsflüchtlinge erheblich an (2013 13,6%, 2015 48,5%, 2016 36,8%).[153] Das Asylrecht ist kein Instrument für Migration, sondern eins für definierte Einzelfälle. In vielen Fällen reicht die Genfer Flüchtlingskonvention.

Am schwersten ist die Einschätzung und Zuweisung der Begrifflichkeit bei Menschen, die in ihrer Kindheit oder frühen Jugend in Situationen kommen, aus denen sie durch Familienmitglieder oder andere Menschen ihres Herkunftslandes auf dem Migrations- oder Fluchtwege herausgebracht werden. Dieses Problem wird durch eine Flucht- / Migrationsgeschichte aus Angola angezeigt. Dabei verschwimmen die Grenzen zwischen Flucht, Migration, Rettung und selbstbestimmtem Handeln.

Er kam 1984 mit seinem Onkel nach Paris. Sein Onkel hat ihn mitgenommen, nachdem der Rest der Familie in Angola Opfer der Unita - Rebellen geworden war. Er hatte zwei Schwestern und einen Bruder. Seine Eltern stammten aus Guinea Bisao.

„Die Rebellen der UNITA kamen alle paar Tage aus ihrem Unterschlupf und machten irgendwelche Aktionen. Als ich zurückkam (unklar woher...) war alles niedergemetzelt. Es war nichts mehr. Mein Onkel hat mich dann mitgenommen.

---

[152] Die Asylrechtsänderung trat am 1.7.1993 in Kraft.
[153] http://www.bamf.de/SharedDocs/Anlagen/DE/Downloads/Infothek/Statistik/Asyl/aktuelle-zahlen-zu-asyl-mai-2017.pdf?__blob=publicationFile. Bundesamt für Migration und Flüchtlinge, Aktuelle Zahlen zum Asyl, Ausgabe Mai 2017.

Er hat gesagt, wir gehen nach Amerika. Da ist kein Krieg. Aber dann sind wir nach Paris gegangen. Dort kam ich zu einer Familie. Mit den Kindern bin ich zur Schule gegangen und habe alles mit ihnen geteilt. Das war schön. Es war eine Familie aus Kamerun. Wenn die Leute schon drei Kinder haben, die angemeldet sind, dann macht es auch nichts, wenn sie noch ein oder zwei Kinder mehr haben. Die Franzosen sind da nicht so.

In Angola bin ich auch schon zur Schule gegangen. Mal gab es Schule, mal nicht. Aus der Schulzeit weiß ich auch meinen Geburtstag. Ich habe keine Papiere, keine Geburtsurkunde, keinen Ausweis, keinen Pass. "

„Ich war in Frankreich ein „sans papier". Nach der Schule habe ich die Familie verlassen – ich war ja nun doch nicht Kind der Familie – und habe hier und da ein wenig Musik gemacht, mal gearbeitet und von Tag zu Tag gelebt. 1991 sollte ich dann zurück nach Angola. Aber die Botschaft hat mir keine Papiere gegeben. Da hat mir jemand nach Deutschland geholfen – mit gefälschten Papieren. In Deutschland habe ich Asyl beantragt. Das Verfahren dauerte sieben Jahre. In Deutschland ist das ganz anders als in Frankreich. Hier lebt man als Asylbewerber vom Sozialamt. Man darf gar nicht arbeiten. Ich war dann meistens in Paris. Dort habe ich Musik gemacht. Auch in Deutschland habe ich mal ein Konzert organisiert. Da kamen 1500 Leute. "

„Als ich gesehen habe, dass ich in Deutschland nicht als Asylbewerber akzeptiert werde, bin ich wieder nach Frankreich gegangen. Dort habe ich ohne Papiere gelebt. Die französische Polizei hat immer wieder versucht, mich abzuschieben. Ich kam mehrmals in Abschiebungshaft. Aber nach dem Besuch der Botschaften habe ich keine Papiere bekommen. Dann ließ mich die Polizei wieder laufen – bis zur nächsten Verhaftung. Das war zu oft. Daher bin ich wieder nach Deutschland gegangen. Das Asylverfahren hier ist bisher ja nicht endgültig abgeschlossen. Nun bin ich schon sechs Monate in Abschiebungshaft. Frankreich nimmt mich nicht zurück. Wahrscheinlich werde ich jetzt bald in ein „camp" in Deutschland entlassen. "

„Meine Freundin in Frankreich hat im siebten Monat eine Totgeburt gehabt. Ich kann mich jetzt nicht um sie kümmern. Sie hat Schwierigkeiten mit ihren Eltern. Diese sind Moslems – ursprünglich aus dem Senegal. Für sie ist es eine Schande, dass ihre Tochter unverheiratet schwanger ist/war. Außerdem bin ich der falsche Mann. Die verheiraten sich immer innerhalb der Verwandtschaft. Weil ich keine Papiere habe, kann ich sowieso nie heiraten. "

„In jedem Land gibt es alle Ausweise aus der ganzen Welt zu kaufen. Gefälschte und nicht gefälschte, mit und ohne Visum. Die Preise richten sich nach dem Land, in das man gehen will. Man bekommt Papiere von Händlern oder Schleusern ebenso wie von Polizisten oder Bediensteten der Botschaften. Es ist ein großes Geschäft. Geld für falsche Papiere bekommt man durch die Hilfe

untereinander. Die „communautes" der verschiedenen Völker gibt es auch überall. Die Leute sammeln Geld. Jeder gibt, was er kann, wenn einer Probleme hat. Da wird nicht viel gefragt. Es reicht, wenn es sich um einen Landsmann handelt. Das gibt es überall auf der Welt. Allerdings haben alle Leute in Afrika auch eine andere Verhaltensweise. Sie suchen nur ihren Vorteil. Wenn einer kommt und ein paar Millionen unter die Leute wirft, dann sind sie auch für ihn. Das hat nichts mit politischer Meinung zu tun. Daher geht es in Afrika so schlecht."

„Mein Onkel kann mir jetzt auch nicht mehr helfen. Er ist in Amerika und ich weiß seine Adresse nicht. Das einzige, was jetzt noch möglich wäre, wäre ein Ausweis als Staatenloser."

(Angola, 1971; 35 Jahre, Interview auf deutsch, Wanderungsdauer: 22 Jahre, Wanderungsbeginn mit 13 Jahren)

Diese Geschichte zeigt ein Gesicht von Flucht und Migration, bei der es sich um einen Rettungsversuch handelt, der zwar das Leben des damals 13jährigen Jungen rettet, gleichzeitig aber Jahrzehnte „sans papier" hervorbringt. Der beschützende Onkel kann den Jungen bei einer Familie unterbringen, die in Frankreich eingewandert war. Die Rettung war durch diese Beziehungen ins Zielland leichter. Allerdings führte sie nicht in die Legalität. Der Grund dafür bleibt im Dunkeln. Es gelingt dem Betroffenen weder in Frankreich noch in Deutschland die Anerkennung als Flüchtling zu erlangen. Er wird als irregulärer Einwanderer betrachtet.

Der rettende Onkel war offenbar der Überzeugung, dass dem Jungen (und vielleicht auch ihm selbst) nur die Flucht nach Europa oder Amerika helfen kann. Die Entscheidung, den Bürgerkriegsstaat mit dem Ziel Amerika zu verlassen, konnte der Junge nicht selbst treffen. Insofern war er am Beginn seiner Reise ein „Objekt" der Entscheidungen seines Verwandten und geriet ohne eigenes Zutun in die irreguläre Lage in Frankreich. Warum Frankreich ihn sieben Jahre später zurückschicken wollte, erklärt die Geschichte nicht.

Ausgewiesen, aber nicht ,abschiebbar', kam die zweite „Rettung" in Form der irregulären Weiterwanderung nach Deutschland. Hier waren Leute aus der Migrationsszene behilflich, die Ausweise fälschen konnten bzw. Zugang zu solchen hatten. Der Betroffene unterstreicht im Interview, dass das keine ,große Aktion' gewesen ist, weil es ja überall Pässe jeder Art zu kaufen gibt und die „communautes" sich gegenseitig behilflich sind. Von diesem Punkt an spätestens führt der Betroffene selbst Regie und ist kein Objekt mehr. Er nutzt die Möglichkeiten des deutschen Asylrechts so gut es eben geht und begibt sich mit der Erkenntnis der Aussichtslosigkeit wieder nach Frankreich. Dort unterzieht ihn die Polizei mehreren Abschiebungsversuchen ohne Erfolg. Als ihm das zuviel wird, kehrt er nach Deutschland zurück. Seine schwangere Freundin ist Französin.

22 Jahre vergehen bei diesem „nicht geduldeten" Leben. Der Gedanke an Heirat, vielleicht noch die einzige Möglichkeit zur Legalisierung, scheitert schon als Gedanke an den fehlenden Dokumenten, welche in Angola zu besorgen aussichtslos sein dürfte.

Somit kann resümiert werden: Der Flüchtlingsbegriff und seine Zuerkennung an Einzelpersonen oder Gruppen unterliegt den politischen und gesellschaftlichen Diskursen und Entscheidungen vor allem der beteiligten Zufluchtländer, die wiederum von Informationen über die Medien und den jeweiligen Konstrukten der Wirklichkeit abhängen. Der Flüchtling ist jedoch gleichzeitig Migrant. Migrant ist ein Oberbegriff für alle, die sich für das Verlassen ihrer Herkunftsregion entschieden, auch für die, die aus unbestimmt schwierigen oder schlechten sozialen und politischen Umfeldern abwandern, um ein besseres Umfeld zu suchen. „In der Praxis wird die Unterscheidung aber immer schwieriger: Migranten verlassen nicht immer freiwillig ihre Heimat, sondern sehen sich oft aus wirtschaftlicher Not dazu gezwungen; Flüchtlinge sind häufig nicht politisch verfolgt, sondern fliehen vor allgemeiner Gewalt oder wegen der Zerstörung ihrer wirtschaftlichen Lebensgrundlagen. Zudem bedienen sie sich ähnlicher Netzwerke und nehmen vermehrt die Hilfe von Fluchthelfern in Anspruch, um restriktive Einwanderungsregelungen der Aufnahmeländer zu umgehen."[154] Auch diese Zusammenhänge bedürfen noch der näheren Erläuterung.

C) Migration als „Kulturerbe" oder „Normalverhalten"

Bevor Migrationshypothesen kurz dargestellt werden, soll noch die Wertigkeit von Wanderung betrachtet werden. „Wandern" oder Migrieren erhält im Zuge der heutigen Situation einer globalisierten Welt eine negative Konnotation, die diesem Begriff nicht per se eigen ist. Es wird angenommen, dass Menschen zunächst oder jedenfalls vor ihrer Sesshaftwerdung durch Ackerbau und Viehzucht als „Jäger und Sammler" auf dem Planeten lebten. Irgendwann begann mit dem Ackerbau die Sesshaftigkeit, es entwickelte sich mit der Viehzucht eine nomadische Lebensweise. Auch wenn es nicht im eigentlichen Sinne nachweisbar ist, dass alle Menschen so gelebt haben, so ist doch überliefert, dass es zwischen den nomadisch lebenden und denen mit Sesshaftigkeit Konflikte gab. Ein Spiegel dafür ist wohl die Geschichte des Mordes von Kain an Abel.[155]

---

[154] Angenendt, Steffen, Flucht und Verteibung, http://berlin-institut.org/pages/fs/fs_migration.html
[155] 1.Mose 4, 1-16.

Die Urgeschichte des Alten Testaments besteht aus Wanderungen. Sie beginnen aufgrund göttlicher Weisung bzw. Verheißung wie bei Abraham: „Geh' aus deinem Vaterland, und von deiner Verwandtschaft und aus deinem Vaterhaus in ein Land, das ich dir zeigen will."[156] Diese Verheißung wirkt sich bis heute politisch aus. Sie bringt aber schon eine besonders radikale Form der Migration mit sich, falls man sich der heute weit verbreiteten Interpretation im Sinne der Entwicklungspsychologie nicht anschließt. Diese Form der Migration ist die, seine Herkunft vollkommen hinter sich zu lassen und ohne äußeren Anlass nach einer Region zum Niederlassen zu suchen: Leben als Migration aufgrund göttlicher Verheißung. In ihrer Wirkungsgeschichte sorgte dies für die Anschauung, dass der Mensch auf Erden keine wahre Heimat findet, sondern immer bereit sein muss, aufzubrechen, oder aber seine wahre Heimat nur in Gott findet.

In der Folge dieser Lebensform Migration, die auf ein noch nicht bekanntes Ziel zusteuert, kommen weitere Wanderungen zustande. Die Familie Jakobs wandert aufgrund einer Hungersnot in Ägypten ein, wohin die ersten zehn Söhne Jakobs ihren Bruder Josef schon verkauft haben. Die Einwanderung gelingt wegen dieses Schurkenstücks, da ihnen der inzwischen in der Hierarchie des Pharaonenreiches aufgestiegene Bruder in der Tat einen sicheren Platz anbieten kann.[157]

Da die politischen Verhältnisse sich ändern, steuern die Verhältnisse auf die Flucht eines ganzen Volkes aus der Unterdrückung in Ägypten zu.[158] Der Exodus diente als Leitbild für den Ausgang der Sklaven aus der Sklaverei und andere Freiheitsgeschichten bis hin zur Empörung gegen jede Form von Unterdrückung. Die Migrationsgeschichten des Alten Testament zeigen über das Christentum Wirkungen nicht nur in der Theologie, sondern auch im Verhalten und der Kultur der gesamten Welt.

Die Geschichte ist voll von Wanderungsbewegungen, über deren Entstehungsfaktoren keine Einigkeit herrscht, wo aber immer wieder Erklärungsmodelle wahrscheinlich erscheinen, die mit Hunger und Katastrophen anderer Art zu tun haben. Auch die Flucht vor übermächtigen und bedrohlichen Feinden wird vielfach beschrieben. Eine der berühmtesten „klassischen" Fluchtgeschichten ist die des Äneas nach dem Fall von Troja. Er soll mit seiner Familie und seinen Getreuen über das heutige Albanien nach Rom gekommen sein, wo eine neue „weltbewegende" Geschichte entstand.[159]

---

[156] 1. Mose 12, 3.
[157] 1. Mose 48ff..
[158] 2. Mose 12ff..
[159] P. Vergilius Maro, Aeneis, Ernst Heimeran Verlag München 1964.

Zur weiteren Erläuterung noch ein Auszug lexikalischer Art, der die heutigen Erkenntnisse kurz zusammenfasst:

Migration gab es zu allen Zeiten. Zur Ausnahme wurde sie erst mit der Sesshaft-Werdung von Menschen in der neolithischen Revolution. Beispiele für historisch folgenreiche Migrationsbewegungen sind die Germanische Völkerwanderung aus dem Ostsee-Raum in das Gebiet des römischen Reichs (4.-7. Jhdt.), die Ausbreitung der Araber in Nordafrika und Mesopotamien, die Einwanderung der Ungarn nach Europa (10. Jhdt.) oder der osmanischen Türken nach Kleinasien (13. Jhdt.). In allen diesen Fällen handelte es sich um eine Eroberungs- und Siedlungsmigration. Trotzdem waren daran in der Regel nur einige 10.000 Personen beteiligt.

Zu einem Massenphänomen wurde Migration erst während der industriellen Revolution. Eine Voraussetzung war die Entstehung industrieller Arbeitsplätze. Eine zweite Voraussetzung waren die erst seit damals existierenden Massenverkehrsmittel: Eisenbahn und Dampfschiff, später auch Autobus und Flugzeug. Denn dadurch konnten Menschen in größerer Zahl kostengünstig transportiert werden. Innerhalb Europas führte dieses zu einer erheblichen Binnenmigration, später auch zur Rekrutierung ausländischer Arbeitsmigranten. Arbeitskräfte wanderten zu Hunderttausenden aus den agrarischen Peripherien Europas in die Metropolen und Industrieregionen Frankreichs, Deutschlands und Großbritanniens. Frankreich begann als erstes europäisches Land bereits in den 1840er Jahren Ausländer ins Land zu holen, andere westeuropäische Länder folgten diesem Beispiel erst Mitte des 20. Jahrhunderts.

Daneben gab es Hunderttausende, die als Angehörige ethnischer oder religiöser Minderheiten verfolgt wurden und schließlich ins Ausland flohen: zum Beispiel im 16. Jhdt. Juden aus Spanien und Portugal in die Niederlande und in die Türkei, im 17. Jhdt. Hugenotten aus Frankreich nach Preußen, im 18. Jhdt. Protestanten aus Salzburg und den Habsburgischen Ländern, im 19. Jhdt. vor allem osteuropäische Juden aus Russland, der Ukraine, dem heutigen Polen und dem Baltikum.

Schon seit dem Zeitalter der Entdeckungen und Eroberungen wurde Europa zu einem Auswanderungskontinent. Insgesamt migrierten zwischen 1600 und 1950 rund 70 Mio. Personen aus Europa nach Übersee, insbesondere nach Nord- und Südamerika, Algerien, ins südliche Afrika, Palästina, Australien und Neuseeland. Zu den Auswanderern gehörten politische und religiöse Dissidenten, Abenteurer, aber vor allem Arme und Besitzlose.

Zum Teil handelte es sich bei den europäischen Überseewanderungen um eine Siedlungsmigration in den Kolonien, die mehrere europäische Staaten zwischen dem 16. und frühen 19. Jhdt. erobert hatten. Erst durch diese Siedler stellten Menschen europäischer Herkunft in etlichen dieser Kolonien ab dem 19. Jhdt.

die Mehrheit, während die Einheimischen auch quantitativ zur Minderheit wurden.

Zum Teil handelte es sich bei den Überseewanderungen bereits um eine moderne Form der Arbeitsmigration. Diese erfolgte allerdings nicht nur aus Europa nach Nord- und Südamerika. Innerhalb des britischen Empire wurden Inder seit dem 19. Jhdt. als Arbeitskräfte nach Ost- und Südafrika, in die Karibik, Guyana und nach Fiji gebracht. In Südostasien rekrutierten Briten und Niederländer in größerer Zahl chinesische Arbeitskräfte für die wachsende Plantagenwirtschaft. Aber auch im westlichen Teil der USA und Kanadas wurden im späten 19. und frühen 20. Jhdt. chinesische Arbeitsmigranten für den Eisenbahnbau und als Holzarbeiter rekrutiert. Unmittelbarer Vorläufer dieser internationalen Migration von Arbeitskräften, war der internationale Sklavenhandel. Zwischen dem 17. und dem 19. Jhdt. wurden rund 12 Mio. Menschen – vor allem Bewohner des subsaharischen Afrikas – als Sklaven nach Nord- und Südamerika verkauft. Rund 2 Millionen Afrikaner kamen als Sklaven in arabische Länder.[160]

Die Migration von einzelnen Personen, vor allem Männern, in eine unsichere Aufnahmesituation ist also eigentlich ein europäisches Phänomen seit dem Zeitalter der Entdeckungen und Eroberungen gewesen. Ihre Beschreibung ähnelt dem, was sich heute als irregulärer Migration in Richtung Europa bewegt. Allerdings sind die Bedingungen anders: Die beschriebenen Wanderungen erfolgten in Regionen, in denen entweder Arbeitskräfte gebraucht und rekrutiert wurden, teilweise als Ersatz für den Sklavenhandel. Oder sie erfolgten in kolonialisierte Gebiete, die gegen die eingeborenen Bevölkerungen erobert worden waren.

D) Migrationshypothesen

In der Migrationsforschung werden allgemeinere Überlegungen zu Ursachen und Entscheidungen für Migration angestellt. (Ob sich dabei wirklich ein inhaltlicher Fortschritt gegenüber den alten Geschichten ergeben hat oder ob nur die Form sich veränderte, muss hier nicht diskutiert werden.)

---

[160] Münz, Rainer, Internationale Migration, http://berlin-institut.org/pages/fs/fs_migration.html.

Migrationstheorien müssten genau so erklären können, warum Europäer nach Asien oder Amerika auswandern wie warum Afrikaner oder Araber nach Europa wandern. Dabei steht nicht der prononcierte Fluchtgedanke im Vordergrund. Migration zum Wechsel des Lebensraums, zur Verbesserung des Einkommens oder als Mutierung zum „Weltbürger" geht unspektakulär vonstatten und wird in den Schichten mit hervorragender beruflicher, finanzieller oder Statuskompetenz gezielt und gut organisiert erledigt. Ganze Branchen im Fußball Europas leben von migrationswilligen Ausnahmespielern aus verschiedensten Regionen. Spitzensportler werden problemlos von einem Tag auf den anderen eingebürgert. Experten in der Informationstechnologie sind in vielen Ländern sehr begehrte Einwanderer. Die Liste könnte fortgesetzt werden. Die Internationalisierung und Globalisierung der Wirtschaft bringt den Austausch im Management mit sich, der Menschen oft zu mehreren Stufen der Migration veranlasst oder sie auch hin- und zurückwandern lässt. Eine erhebliche Arbeitsmigration findet auch ohne größere Aufmerksamkeit der hiesigen Forscher im arabischen Raum statt. Die Ölförderländer der OPEC ernähren über Arbeitsplätze für Menschen aus den anderen arabischen Ländern viele Familien in Ägypten oder im Sudan und anderen Staaten. Die größten Ströme von Fluchtmigration lasten auf den ärmsten oder ärmeren Ländern dieser Erde, wo Lager der UNESCO die Flüchtlinge „verwalten".[161] Hier scheint die Realität und die politisch – humanitäre Aufgabenverteilung Theorien überflüssig zu machen. Im allgemeinen gilt die äußere (Gewalt-) Situation als dominant und braucht nicht mehr erklärt zu werden.

Theorien werden dagegen notwendig, wenn Bewegungen nicht auf Anhieb zu verstehen sind und sich mit den „normalen" rechtlichen und bürokratischen Mitteln nicht lösen lassen. Dabei handelt es sich in der Regel um unerwünschte (innerstaatliche und internationale) Migration. Dennoch treffen gute Theorien auf alle Migrationsvorgänge zu.[162]

Mobilität und gesellschaftliche Entwicklung

Zelinsky hat den Versuch unternommen, ein Modell der Mobilität von Gesellschaften aufzustellen, bei dem der individuelle Faktor außer Betracht bleibt, das Modell der „demographischen Transition".[163] Verschiedene Gesellschaftsfor-

---

[161] In diesem Zusammenhang wird von einem Flüchtlingssystem gesprochen, so Treibel, Annette, Migration in modernen Gesellschaften. Soziale Folgen von Einwanderung, Gastarbeit und Flucht. Beltz Verlag Weinheim und München, 3. Aufl. 2003, 173.
[162] Wer sich einen schnellen Überblick verschaffen will, kann dies auf der homepage des Berliner Instituts für Migration tun. Hier finden sich lexikalisch angelegte Texte über die Begriffe und Theorien in der Migrationsdebatte: http://berlin-institut.org/pages/fs/fs_migration.html, u.a.: Kroehnert, Steffen, Migration, eine Einführung; ders., Theorien der Migration.
[163] Zelinsky, Wilbur. (1971): The Hypothesis of the Mobility Transition. Geographic Review (61), 219-249.

men entwickeln verschiedene Wanderungsarten. Zelinski unterscheidet Auswanderung, Stadtflucht, Stadt-Stadt-Wanderung und sonstige räumliche Bewegung. In vormodernen traditionalen Gesellschaften sind alle Wanderungsarten gering ausgeprägt. In der frühen Übergangsgesellschaft steigen Auswanderung und Landflucht stark an. In der späten Übergangsgesellschaft beginnt die Auswanderung wieder abzuebben, während die Landflucht noch weiter zunimmt. In dieser Phase nimmt auch die Wanderung von Stadt zu Stadt zu, während die sonstige räumliche Bewegung (Mobilität)zunächst nur zaghaft ansteigt. In der Zeit der entwickelten Gesellschaften beginnt auch die Landflucht wieder abzuebben, während die Mobilität weiter zunimmt – sowohl in der Stadt -Stadt – Wanderung als auch als weitere räumliche Bewegung. In der hochmodernen Gesellschaftsform spielen Auswanderung und Landflucht keine Rolle mehr, dagegen steigen die Stadt-Stadt-Wanderung und der sonstige Verkehr weiter an.

Dieses Modell könnte zumindest die Probleme der Wanderung aus Afrika oder Asien nach Europa in der Ungleichzeitigkeit der Gesellschaften erklären. Die Zuwanderer treffen auf Zielgebiete, die selbst nicht dem Druck zur Wanderung unterliegen, sondern in der Lage sind die Welt zu „bereisen". Ansonsten erscheint die Theorie sehr überblicksartig besonders in der Bestimmung der Gesellschaftsformen.

Wanderungstypologie

William Petersen hat einen Theorieansatz entwickelt, der Ursachen und Formen von Wanderung in ein Verhältnis zu setzen versucht. Dabei spielen beim Ergebnis der Wanderung Aktivitätspotentiale eine Rolle. Der konservative Wanderungstyp siedelt wie der Nomade um, um sein bisheriges Leben weiterzuführen. Der innovative Wanderer geht dagegen in eine andere Umgebung und stellt sein Leben auf eine andere Erwerbsquelle o.ä. um. Dabei unterscheidet Petersen fünf Wanderungsursachen, die ubiquitär zu finden sind. In seinem Schema erscheinen sowohl freiwillige als auch unfreiwillige Wanderungen, sowohl umweltbedingte als auch gesellschaftliche Ursachen.[164]

---

[164] Petersen, William, Eine allgemeine Typologie der Wanderung. In: Széll, G. (Hg.), Regionale Mobilität. Nymphenburger Texte zur Wissenschaft (10), München 1972, 95 – 114. („Typologie")

Schema der Wanderung nach Petersen

Wanderungsursachen	Typ nach Wanderungsursache	Typ nach Wanderungsziel	
		a) konservativ	b) innovativ
ökologischer Druck	Ursprüngliche Wanderung	Nomadenwanderung	Landflucht
physische Gewalt	Gewaltsame Wanderung	Umsiedlung	Sklavenhandel
Nötigung	Zwangsweise Wanderung	Flucht	Kuli-Handel
höhere Ansprüche	Freiwillige Wanderung	Gruppenwanderung	Pionierwanderung
soziale Verhältnisse	Massenhafte Wanderung	Besiedlung	Land-Stadt-Wanderung

Push-Pull-Ansatz, Sog- Schub-Modell

Diese bisher genannten Theorieansätze stammen aus einer Zeit, in der jedenfalls in Europa die Migrationsfrage nicht aus der Perspektive der Unübersichtlichkeit der Wanderungsbewegung der 1980iger und 1990iger oder gar 2000ender Jahre betrachtet werden konnte. Kroehnert berichtet über den Versuch, seit dem Ende des 19. Jahrhunderts Wanderungsbewegungen makrotheoretisch mit nahezu mathematischen Modellen zu erklären. Darin spielte die individuelle Entscheidung keine Rolle bzw. wurde nicht thematisiert. Gebiete mit höherem Lohn üben einen Sog auf Menschen in Gebieten mit niedrigem Lohnniveau aus.[165] „In den letzten Jahrzehnten (aber) wurde verstärkt der Versuch unternommen, Erklärungen von Wanderungsbewegungen nicht mehr auf der kollektiven, sondern auf der individuellen Ebene zu suchen. Der Push-Pull-Ansatz der Makrotheorien wurde sozusagen auf Entscheidungen individueller Akteure angewendet."[166] Damit fließen dann auch vielfältige Faktoren in die Theoriebildung ein, die nicht nur auf das Lohnniveau schauen, sondern komplexere Entscheidungsvorgänge nachzuzeichnen versuchen. Dabei ist der ‚kalkulatorische' Ansatz von Interesse, den De Jong und Fawcett entwickelt haben, indem sie die makro- und die mikrotheoretischen Ansätze zusammendachten.[167] Ihr Ansatz heißt bei ihnen: „Subjective Expected Utility" (SEU). Dieser Ansatz

---

[165] Die Theorie konnte nicht voraussehen, dass im Zeitalter der Globalisierung sowohl Individuen als auch ganze Industrien wandern. Die Individuen wandern dem höheren Einkommen nach, die Industrien den niedrigen Löhnen.

[166] Kroehnert, Steffen, Theorien der Migration, a.a.O..

[167] De Jong, G.F., Fawcett, J.T., Motivations for Migration: An Assessment and a Value-Expactancy Research Model. In: De Jong, G.F., Gardner, R.W. (Hg.), Migration Decision Making. New York, 1981, 13-58.

gleicht dem der „rationalen Wahl" in der Kriminologie[168]. Hier werden kalkulierende Individuen vorausgesetzt, die in der Lage sind, den für sie größtmöglichen Nutzen einer Entscheidung einzuschätzen. Dabei sind aber individuelle Faktoren zu berücksichtigen, die diesen Ansatz sehr unübersichtlich machen. Man müsste beispielsweise Faktoren wie einen riskanten Lebensstil, die Marginalisierungssituation der Individuen und weitere Faktoren wie die familiäre Zugehörigkeit und den Zugang zu Informationen und Geschichten über die Zielgebiete einschätzen können, um brauchbare Ergebnisse zu erhalten. Die Theorie klingt dennoch verlockend für die Anwendung auf gescheiterte Migration, in der offenbar eine Kalkulation nicht aufgegangen ist.

Annette Treibel hat die neueren Entwicklungen in der Migrationsforschung so interpretiert, dass Flucht nicht neben, sondern unterhalb der Kategorie Migration anzusiedeln sei. Sie spricht von Fluchtmigration, auf die die Theorien der Migrationsforschung auch zutreffen können. Da jedoch das „Fluchtthema" „aufgeteilt ist zwischen internationaler Politik, Menschenrechtsgruppen, Hilfsorganisationen und politikwissenschaftlicher Analyse", fehlen die soziologischen Analysen.[169] „Für die Migrationssoziologie, ..., erscheint in besonderem Maße die Zusammenschau von Flüchtlingstypen und Migrationssystemen fruchtbar. ... Der Verlauf von Fluchtbewegungen hängt einerseits von den nationalen politischen Systemen und dem internationalen Flüchtlingssystem und andererseits von den Ressourcen, Handlungschancen und den Netzwerken ab, auf die Flüchtlinge zurückgreifen können."[170] Fluchtbewegungen sind Migrationsbewegungen, wo Menschen als Akteure verschiedener Art und Intensität bewusst ihren jeweiligen Ort verlassen, um einen anderen aus ihrer Sicht besseren aufzusuchen.

Zusammenfassung

Die Ergebnisse der Migrationsforschung erbringen eine ähnliche Erkenntnis, wie sie bereits aus unserem ersten Beispiel gefolgert werden konnte. Migration ist kein Bereich, der aus anderen gesellschaftlichen Zusammenhängen herausfällt. Ihre Entstehungsbedingungen sind ein Teil der jeweiligen gesellschaftlichen Strukturen, die wiederum mit einem Makrostrukturgeflecht globaler Art verknüpft sind. Sie bedürfen der Anbindung an die allgemeinen Theorien der Soziologie über die Verknüpfung gesellschaftlicher Struktur mit individuellem Verhalten. Sie zielen mit ihren Theorien auf die Notwendigkeit einer makrosoziologischen Analyse und ihrer Verknüpfung mit mikrosozioloigschen und psychologischen Ansätzen.

[168] Becker, Gary, Ökonomische Erklärung menschlichen Verhaltens, 2. Aufl. Tübingen 1993; zuerst: The economic approach to human behavior, Chikago 1976.
[169] Treibel, Annette, Migration, 158.
[170] A.a.O., 173.

Irreguläre Migration ist ein devianter Teil von Migration und teilt damit auch deren Grundbedingungen. Im Gegensatz zur geregelten trägt die irreguläre Migration eher die Kennzeichen einer undifferenzierten und risikoreichen Reaktion auf sozialstrukturellen Druck, also von Anomie, und eine diesem Druck Rechnung tragende individuelle Entscheidung. Die Migrationstheorien enthalten mit der Schub-Sog-Hypothese den Gedanken, dass ohne „Informationen" (Mythen) über das „bessere Leben" die Wanderungsdynamik nicht vorstellbar ist.[171] Diese Informationen unterliegen denselben Mechanismen wie jede Wahrnehmung und gehören zum Mythengeflecht über die Welt, die man nicht kennt.

Um diese erste Annäherung zu differenzieren und zu konkretisieren, erfolgt nun die Darstellung der rechtlichen und realen Situationen, aus denen meine eigenen Erkenntnisse über irreguläre Migration gewonnen sind.

Die Anomietheorie von Robert K. Merton hat sich mit den gesellschaftlich - strukturellen Dynamiken des Verhaltens beschäftigt und ein Instrumentarium bereitgestellt, das Strukturmodelle für den hier bearbeiteten Sachverhalt anbietet.

Die Motivationstheorie von Abraham H. Maslow kann dazu beitragen, die innere Dynamik des Vorganges zu erklären, indem sie die Bedürfnisstruktur annimmt, die Verhalten motiviert.

Diese beiden Ansätze werden im Anschluss an die Auswertung der Interviews mit den Abschiebungsgefangenen zur Interpretation herangezogen.

---

[171] Vgl. Nuscheler, Franz, Internationale Migration, Flucht und Asyl, Opladen 1995, 40.

Kapitel 3

Gesellschaftliche Konstellationen und subjektive Entscheidungen: Interviews mit Menschen in irregulärer Migration

I. Forschungsmethode: Leitfaden - Interviews

In der sozialwissenschaftlichen Forschung liegen die qualitative und die quantitative Methodik miteinander in Konkurrenz.[172] In der quantitativen Forschung geht es um repräsentative Erhebungsmethoden für eine genau umschreibbare oder umschriebene Population, deren Einstellungen, Gewohnheiten, Sichtweisen oder Haltungen zu untersuchen und darüber valide, nachprüfbare und gesicherte Ergebnisse zu gewinnen, indem Stichprobenuntersuchungen mit standardisierten Fragebögen abgearbeitet werden. Der Grad der Standardisierung, der bis in vorgegebene Antwortmöglichkeiten führen kann, richtet sich ebenfalls nach dem Thema und der Art der Befragung. Die Befragung kann mündlich, schriftlich oder telefonisch erfolgen. Die Auswahl der Stichprobe nach einem jeweils festzulegenden Prozedere der Zufallsauswahl hängt von der Art der Befragung und der zu befragenden Population ab. Dabei gehen die Konzepte im Prinzip auf die Normalverteilung der Gaus'schen Kurve zurück. Stichprobenbildung wird notwendig, wenn eine Befragung der Gesamtpopulation aus technischen oder Gründen des Aufwandes nicht durchführbar ist. Die Fragestellungen entwickeln Auftraggeber und/oder Wissenschaftler aus ihren jeweiligen Frage- und/oder Forschungsinteressen heraus. Häufig geht es dabei um Gewichtung von Haltungen zu Organisationen, Medien, politischen Parteien, der Regierungstätigkeit, aber auch um die Wirksamkeit von Verfahren oder Markenimages. Die quantitative Methode erhebt differenzierte Mehrheitsver-

---

[172] Dazu Strauss, Anselm L., Grundlagen qualitativer Sozialforschung, Wilhelm Fink Verlag München 2. Aufl. 1998 (in der Reihe UTB für Wissenschaft: Uni Taschenbücher; 1776), 26ff.. Strauss führt seine Methode der qualitativen Forschung auf zwei Denkrichtungen zurück: 1) den amerikanischen Pragmatismus in den Arbeiten von John Devey, George H. Mead und Charles S. Peirce und 2) auf die Chikagoer Schule, die Wert auf Feldbeobachtungen und intensive Interviews legte (hier wird Everett C. Hughes genannt, 32). Hier taucht auch die Betonung der eigenen Wahrnehmung von Befragten auf. Strauss hat zusammmen mit Barney Glaser diese Methode an der Beobachtung des Umgangs mit dem Sterben in einer Klinik entwickelt. Dort wird aber nicht nur „irgendwie wild untersucht", sondern eine Mischung aus quanatitativer und qualitativer Methode vorgestellt. So messen beispielsweise die Forscher die Zeit, die vom Klingeln eines Patienten bis zum Betreten des Zimmers durch das Pflegepersonal vergeht und ziehen daraus interessante Schlussfolgerungen der Konstruktion des „Statusüberganges". Glaser, Barney G., Strauss, Anselm L., Awareness of Dying, Chikago 1965, deutsch: Interaktion mit Sterbenden, Vandenhoeck & Ruprecht Göttingen 1974.

hältnisse im Bezug auf das zu untersuchende Objekt oder die jeweilige Fragestellung. Statistische Mathematik ist ihre häufigste Auswertungsmethode.

Die qualitative Methode setzt dagegen im wesentlichen auf das persönliche Interview mit einzelnen oder Gruppen, in denen die Fragerichtung von Forschungsfragen vorgegeben wird, die auch dem Forschungsinteresse von möglichen Auftraggebern und/oder Forschenden kommen. Die Entfaltung der Fragestellung wird jedoch dem freien Einfall des Interviewten überlassen. Der Interviewer achtet darauf, durch ein Frageraster bestimmte Fragen anzusprechen, ist aber auch offen für neue Fragestellungen, die durch die Erzählung des Befragten aufkommen. Die Methode eignet sich für die Bearbeitung zunächst nicht einfach standardisierbarer Antwortmöglichkeiten mit Populationen, die schwer zu umschreiben oder schwer zu einem bestimmten Zeitpunkt zufällig ausgewählt werden können. Sie bietet auch die Möglichkeit, den Befragten als Subjekt zur Sprache kommen zu lassen, indem er seine Haltungen erzählend darbietet. Die qualitative Methode eignet sich auch für Personen, mit denen aufgrund von Sprachproblemen oder Ungeübtheit im Umgang mit Fragebögen und standardisierten Antworten die quantative Methode die Gefahr zu vieler Fehler oder Verweigerungen enthielte. Zudem eignet sie sich ebenso für Interviews mit Experten und Probanden der Bevölkerungsschichten, die aufgrund ihres hohen Bildungsniveaus Vorbehalte gegenüber der Standardisierung und Einordnung in den Durchschnitt entwickeln.

Bei der Auswertung stellt jedoch die qualitative Methode hohe Anforderungen an die Aufschlüsselung des Materials und ist selten für schlichte Vergleichbarkeit oder auch intensive datentechnische Auswertung mit Computerprogrammen geeignet. Während in der quantitativen Forschung der standardisierte Fragebogen oder feststehende Antwortmöglichkeiten bei zureichender Populationenbeschreibung und Stichprobenauswahl die Validität bereits in den Vorarbeiten zur Befragung auf solide Grundlagen gestellt werden kann, ist der Nachweis der Gültigkeit in der qualitativen Untersuchung erst in der Sorgfalt der interpretativen Schritte möglich. Dennoch ist auch hier die Gültigkeit von Ergebnissen von der Sorgfalt der Fragestellung und der Entwicklung eines Forschungsziels abhängig. Zudem muss einsichtig gemacht werden, wie die Auswahl der Probanden zustande kommt.

„Empirische Untersuchungen sollten nicht nach der Art der verwendeten Untersuchungsmethoden, sondern nach ihrer Funktion und ihrem Stellenwert für den Wissenschaftsprozeß klassifiziert werden."[173] Bortz bestreitet auch die Nützlichkeit einer Unterscheidung nach qualitativ und quantitativ. „Beschreibungen neuer, noch weitgehend unerforschter Bereiche können verbal (z.B. in Proto-

---

[173] Bortz, Jürgen, Lehrbuch der empirischen Forschung für Sozialwissenschaftler, Springer Verlag, Berlin, Heidelberg, New York, Tokyo 1984, unter Mitarbeit von D. Bongers, 222. (zitiert: Bortz)

kollen, Interviews oder Dokumenten), numerisch (mit eigenen Daten oder vorhandenen Statistiken) oder einfach gegenständlich sein(...)."[174] Für Erkundungsgespräche nennt Bortz die Formen „Exploration", „fokussiertes Interview" und „narratives Interview"[175] Dass die methodischen Grenzen mehr oder weniger streng gezogen werden, richtet sich nach der Praxisnähe des Untersuchungsgegenstands. Eher wissenschaftlich – methodologisch orientierte Arbeiten werden die Methoden – Unterschiede herausstreichen, während praxisorientierte Forschung eher pragmatisch mit den Unterschieden umgehen muss.[176] Sinnvoll erscheint auch der Hinweis, dass standardisierte Forschung eher technokratischen, qualitative Forschungsansätze eher emanzipatorischen Impulsen und Grundentscheidungen entspringen.[177]

Ein weitere methodische Grundentscheidung kommt hinzu. Die qualitative Forschung nach Strauss beruht auf der Annahme von der Komplexität der sozialen Phänomene. Er spricht von strukturellen Bedingungen, „die gegen eine strikte Systematisierung von methodologischen Regeln sprechen. Zu diesen Bedingungen gehört die Vielfalt von sozialweltlichen Gegebenheiten und die damit verbundenen Zufälligkeiten."[178] Die Interaktion der Forschenden mit den zu beobachtenden Menschen oder Phänomenen spielt bei der Forschung eine erhebliche Rolle. Schließlich ergibt diese Methode ein offenes Ende der Forschungsergebnisse.[179] Der von Strauss so genannten „Grounded Theory" liegt die Theorie des „symbolischen Interaktionismus" von Herbert Blumer[180] zugrunde, ohne dass Strauss sich als wissenschaftliches Mitglied einer Schule dieser Theorie sieht.[181] Menschen handeln nach dieser Theorie auf der Grundlage von Bedeutungen, die in der sozialen Interaktion entstehen. Wirklichkeit ist immer interpretierte und konstruierte Wirklichkeit, die im gegenseitigen und mehrseitigen Interpretationsprozess verhandelt wird. „Soziale Sinnstrukturen sind damit Produkte menschlichen Handelns und kontinuierlichem Wandel unterworfen."[182] Forschung ist Teil dieses wechselseitigen Interpretationspro-

---

[174] Ebd..

[175] A.a.O., 231ff..

[176] So auch zusammenfassend Scholl, Armin, Die Befragung, Sozialwissenschaftliche Methode und kommunikationswissenschaftliche Anwendung, UVK Verlagsgesellschaft Konstanz 2003, 30, unter Nennung grundsatzorientierter methodologischer Literatur.

[177] Scholl, ebd..

[178] Strauss, a.a.O., 32.

[179] Der Vollständigkeit halber sei hier auf den Methodenstreit in der deutschen Soziologie in den 1960iger Jahren hingewiesen, bei dem es um die Frage ging, ob es eine interessenfreie Forschung gibt, m.a.W. welche Rolle das Interesse der Forschenden bei ihren Ergebnissen spielt. Literatur:

[180] Blumer, Herbert, Der methodologische Standort des Symbolischen Interaktionismus, in: Arbeitsgruppe Bielefelder Soziologen (Hg.), 1973, Band 1.

[181] S. Hildebrand, Bruno, Einleitung zu Strauss, Grundlagen, 16.

[182] Ebd..

zesses und nimmt nicht etwa einen Standort außerhalb ein, der so etwas wie Objektivität garantieren kann.

Für die Befragung von in Abschiebungshaft befindlichen Personen eignet sich eine Mischform der Methoden. Die Population ist einerseits relativ eindeutig zu beschreiben. Es handelt sich um die Personen, die sich aufgrund eines gerichtlichen Beschlusses nach vorliegenden Gesetzestexten auf Zeit in Abschiebungshaft befinden. Das wären an jedem Stichtag in Deutschland rund 3000. Ihre Fluktuation ist mit um die fünf Wochen Aufenthalt relativ stark. Wollte man daher eine zufällige Stichprobe bilden, müssten in allen Bundesländern zeitgleich Interviews stattfinden. Das würde einen erheblichen logistischen Aufwand erfordern und bedürfte einer Forschungsgruppe, in der mindestens alle Standorte von Abschiebungshaft in den Bundesländern vertreten sind. Zudem bedürfte eine zeitgleiche Befragung einer Stichprobe der Hilfe zahlreicher Dolmetscher und der Genehmigung zahlreicher Behörden. Die Population an einem Stichtag bildet wieder selbst eine Auswahl, deren zustande kommen nur schwer beschreibbar ist. Die Zusammensetzung hängt von der Arbeitsweise der Ausländerbehörden, der Hafttätigkeit von Polizei und Bundespolizei sowie den Arbeitsweisen der jeweiligen Gerichte in der Region ab. Eine Tagesstichprobe könnte so auch nur eine jeweils aktuelle Auswahl an Abschiebungshäftlingen erreichen und enthielte somit die Gefahr, durch eine Stichprobe aus einer Tagespopulation verzerrte Ergebnisse zu bringen.

Eine geeignetere Population würde daher die Gesamtzahl aller Abschiebungshäftlinge eines Jahres bilden. Hier handelt es sich um bis zu dreißigtausend Personen. Von diesen dreihundert auszuwählen und zu befragen, bringt jedoch ähnliche Schwierigkeiten mit sich wie die Stichtagspopulation. Die Auswahl müsste nach Größe der Anstalten gewichtet werden. Auch hier stellen sich nur über das Jahr verteilt, die gleichen Probleme mit Standorten, Dolmetschern und Genehmigungen. Die Befragung der ganzen Haftpopulation eines Jahres, die allein einen gesicherten Eindruck über die Menschen hinterlassen würde, die in diesem einen Jahr in Abschiebungshaft gewesen sind, erscheint angesichts personeller und finanzieller Ressourcen unrealistisch.

Ich habe daher eine Auswahl getroffen, die einerseits praktikabel war und andererseits die Möglichkeit eröffnet, an anderen Standorten ähnliche Studien durchzuführen. Die Interviews beschränkten sich auf zwei Standorte, die Abschiebungshafteinrichtung in Rendsburg und die Justizvollzugsanstalt in Kiel. Hier war nur eine Genehmigung des Ministeriums für Justiz in Kiel erforderlich. Die Leitung der JVA Kiel und der Abschiebungshaft in Rendsburg ist die selbe. Bisweilen findet auch ein Austausch von Abschiebungsgefangenen statt. Die JVA Kiel war in den neunziger Jahren mit der Abschiebungshaft betraut. Die Höchstzahl der Abschiebungsgefangenen betrug dort bis zu 74 Personen an einem Stichtag.

Abgrenzung zur Tätigkeit in der Gefängnisseelsorge

Beide Einrichtungen sind mein Arbeitsbereich in der Gefängnisseelsorge, wodurch der jederzeitige Zugang und die Verfügbarkeit wesentlich erleichtert wurden. Der Einwand, durch die Gleichzeitigkeit von Forschung und täglicher Arbeit könnten Verzerrungen und Interessenkollisionen entstehen, die das Forschungsergebnis beeinträchtigen, ist zu bedenken. Ich denke eher daran, dass diese Konstellation Vorteile bei der Entwicklung von Fragestellung und Interviewtechnik mit sich brachte. Vor der Entwicklung der wissenschaftlichen Absicht hatte ich bereits hunderte von Gesprächen mit Abschiebungshäftlingen aus aller Welt, aus allen Situationen und Stationen der Abschiebung sowie mit vielfältigsten Familienkonstellationen.

Mein seelsorgerliches Interesse galt stets der Frage, wie sie ihre Situation beschreiben und welche Klärungsmöglichkeiten ich ihnen im Gespräch anbieten könnte. Ich lernte, ihre Äußerungen zu differenzieren und zu verstehen, was bestimmte Schlüsselwörter bedeuten oder auch nicht bedeuten. So sprechen Afrikaner von einem Bruder und meinen damit häufig einen anderen Mann aus Afrika, nicht etwa einen Familienangehörigen in unserem Sinne. Zur „Wahrheitsfindung" trägt es beispielsweise auch nicht in allen Situationen bei, wenn man hier ansässige Landsleute von Abschiebungshäftlingen zum Gespräch hinzuzieht. Häufig unterliegt die ‚Beurteilung' einer Wahrheit durch einen Bürger eines Abwanderungslandes dessen eigenen politischen und gesellschaftlichen Vorstellungen und ist keineswegs immer von Toleranz geprägt.

Zwei Beispiele: 1) Als ein Mann beteuerte, er sei aus Togo, die Behörden ihm aber nicht glaubten, gelang es, zwei „ordentliche Studierende" aus diesem Land zu einem Gespräch mit dem Abschiebungshäftling zu bewegen. Überraschender Weise wirkte das Gespräch zwischen diesen drei Personen sehr kalt, war kurz und endete damit, dass die Studenten mir gar nicht mitteilen wollten, was sie denn nun in dem Gespräch erfahren oder ausgetauscht hätten. Ihr Kommentar hieß: „Der Mann ist nicht aus Togo." Ein „schneller Rückzug" ohne Begründung, ohne Erklärung beendete diesen Versuch. Der Abschiebungshäftling war danach sehr eingeschüchtert und einsilbig.

2) Anrufe in Botschaften, in denen nur die Bitte auf schnellere Bearbeitung der Formalitäten geäußert wird, enden häufiger damit, dass der Anrufer aufgefordert wird, nun endlich die „Wahrheit zu sagen": Wer er wirklich sei und warum er im Gefängnis sitze in einem Land, in dem nicht einmal Diebe regelmäßig in Gefängnis kommen.

Zusätzlich erschwert das Gespräch der Anspruch, stets und immer eine Art nachprüfbarer objektiver Fakten erzählt zu bekommen. Ein solcher Anspruch wird an Migranten und Migrantinnen durch verschiedene „Zuhörer" gerichtet. Die Ämter verlangen Fakten, was nachvollziehbar ist. Auch Menschen, die sich in mitmenschlicher Absicht beispielsweise um Abschiebungshäftlinge zu kümmern bereit sind, fühlen sich bisweilen „belogen". In den Geschichten über die eigene Migration geht es oft nicht um die „Wahrheit", sondern um die je eigene Wahrheit.[183] Es steht die individuelle Wahrnehmung der eigenen Situation im Mittelpunkt und es wird sich in dieser Arbeit erweisen, dass diese eigene Wahrnehmung auch den Entschluss zur Migration reifen lässt. Nach dem Konzept der Statusübergänge oder des Konstruktivismus ist die Darstellungsweise dieser Entscheidungen der Versuch, die Situation dessen, der sie darstellt, „schlüssig" für sich selbst, aber auch für die, die ihm zuhören, zu machen. Die Art der Darstellung hängt also von dem ab, was man selbst, aber auch davon, was man bei den Zuhörern an Erwartungen an das eigene Konzept als schlüssig erachtet. Daher ist für eine Befragung zumindest die Kenntnis „nondirektiver" Methoden notwendig und die Fähigkeit, von eigenen Projektionen wenn nicht abzusehen, so sie doch zu erkennen. Ein Interview wird dann wertlos, wenn die eigene Wertung das Interview lenkt.[184] Um das zu vermeiden, ist die Kenntnis der Ergebnisse von Kommunikationsforschung ebenso notwendig wie eine möglichst weitgehende Selbsterfahrung.

Hinter meiner seelsorgerlichen Arbeit stand die Einstellung, Abschiebungshaft in einer Justizvollzugsanstalt und Abschiebungshaft in einer anderen Einrichtung sei bis auf ganz wenige Fälle ein zu weitgehender Eingriff in die Freiheitsrechte, die das Grundgesetz und die Konvention der Menschenrechte der Vereinten Nationen garantiert. Sie berühre auch die Würde des Menschen nach Artikel 1 Grundgesetz. Außerdem sei hier ein übertriebener und unnötiger Verwaltungs- und Haftaufwand im Einsatz.[185] Diese Fragestellungen bilden jedoch nicht den Focus dieses Teils der Untersuchung.

Die ausländerrechtlichen Hintergründe im Einzelfall sind zwar nicht die Themen der Abschiebungshaft selbst, treten jedoch immer auch ins Blickfeld, wenn

---

[183] Vgl. dazu die Diskussion um den Identitätsbegriff, wie Strauss ihn eingeführt hat. In seinem Konzept der Statusübergänge ist Identität jeweils ein Konstrukt, das den gegenwärtigen Status einer Person „stimmig" macht: „Biographische Identität ist also ein Konstrukt – nicht Lüge und nicht Wahrheit. Diese Konstruktionen erfolgen laufend und unbewusst. Besonders intensiv sind sie an den „Wendepunkten" der Biographie, an denen ein Status neu definiert werden muss. ... Beispiele sind der Verlust eines Partners oder die Einweisung in eine totale Institution." (Abels, Heinz, Einführung in die Soziologie, Band 2, Die Individuen in ihrer Gesellschaft, Westdeutscher Verlag Wiesbaden 2001, 267, (zitiert: Abels II)).

[184] So durchlief eine ehrenamtliche Mitarbeiterin die Vorbereitung für die Mitarbeit in der Abschiebungshaft und begann auch mit der Betreuung von Abschiebungsgefangenen. Nach mehreren Einsätzen gab sie die Tätigkeit auf, weil sie sich belogen fühlte, wenn die Leute ihre Geschichten erzählten. Das mag sogar objektiv richtig eingeschätzt gewesen sein. Der Abbruch dieser selbst übernommenen Betreuungsaufgabe kann allerdings nur dadurch erklärt werden, dass dieses „Verhalten" in der Kommunikation „bewertet" wurde.

[185] Dazu Hagenmaier, Martin, Seelsorgerliche Erfahrungen in der Abschiebungshaft. Anfragen an das Recht. Neue Kriminalpolitik 1/2001.

Abschiebungshaft vollzogen wird. Im Zusammenhang mit der Arbeit mit Abschiebungshäftlingen sammelte ich auch Erfahrungen und Kenntnisse über die Arbeitsweise von Ausländerämtern, Polizei, Gerichten und Menschenrechts- bzw. Flüchtlingsunterstützungsgruppen. Das ist eine erhebliche Hilfe bei der Einschätzung von Schicksalen oder Vorgängen, denen sich Menschen, die in Abschiebungshaft geraten, ausgesetzt sehen.

Der Begriff ‚irreguläre' Migration

Das hat mir geholfen, meine Fragestellung auf die Fragen zu konzentrieren, die meines Erachtens für ein vertieftes Verständnis der hier bearbeiteten Form der Migrationsproblematik entscheidend sind: Was lässt Menschen, vor allem Männer, in vielen Teilen der Welt eine Entscheidung zur Migration treffen, deren Ablauf und Ausgang alles andere als sicher ist? Nur wenn diese Frage einem Verständnis nähergebracht werden kann, lassen sich Methoden entwickeln, mit der weltweiten „wilden" Migration umzugehen. Hier ist auch zu klären, warum der Begriff „illegal" in diesem Zusammenhang unbrauchbar sein muss. Dieser Begriff zielt lediglich auf die rechtliche Wertung von Migration und eines Aufenthalts ohne die entsprechende und vorgeschriebene ausländerrechtliche Genehmigung. Migration in ihren verschiedenen Stadien und Versuchsformen als solche rechtlich zu bewerten, steht hier nicht zur Debatte. Zudem kann ich dem Schlagwort „Kein Mensch ist illegal", unter dem Flüchtlingsinitiativen Kampagnen und Lobbyarbeit gegen diese rechtliche Bewertung subsumieren, so zumindest zum Teil beipflichten. Sofern die rechtliche Bewertung als Eigenschaft des Individuums verstanden wird – und das ist allzu leicht der Fall – kommt das einer massiven Diskriminierung oder gar einem Ansatz zur Kriminalisierung gleich.[186] Beides erschwert den Versuch, die Migrationsvorgänge zu verstehen, ohne sie zugleich und zunächst zu bewerten. Das geschah und geschieht in der politischen Auseinandersetzung über Migration unter ideologischer Aufladung bis zur Unlösbarkeit der Problematik.

Für die „wilde" Migration hat sich in der Diskussion zunehmend der Begriff „irregulär" eingebürgert. Dieser Begriff ist in der Lage, die Betonung auf dem „Illegalen" zu vermeiden. Die Regelwidrigkeit von „wilder" Migration ohne rechtliche Wertung zu erfassen, eignet sich der Begriff irregulär am ehesten und vermeidet so auch die umgangssprachliche Qualität sowie die wertende Komponente des Wortes „wild". Daher wird in dieser Arbeit von irregulärer Migration gesprochen.

Politische Standorte in der Migrationsdebatte

Die politische Auseinandersetzung über Asyl und Zuwanderung war lange Jahre hindurch von der Frage bewegt, ob nicht die meisten Zuwanderer das

---

[186] Vgl. a.a.O..

Asylrecht zur bloßen Zuwanderung „missbrauchen" und wie dieses unterbunden werden könnte. Die flüchtlingsfreundliche Seite verstand schon diese Fragestellung als Diskriminierung, ja nahezu als Angriff auf alle Flüchtlinge. Die Politik in Deutschland und Europa hat viele rechtliche Schritte unternommen[187], um „Missbrauch" von Asylmöglichkeiten zur bloßen Zuwanderung zu unterbinden – ohne großen Erfolg. Unterstützungsgruppen von Flüchtlingen mahnen stets die Inhumanität aller Regelungsversuche an, allerdings ohne weitere Lösungsvorschläge anzubieten. Irreguläre Migration ist seit Jahren ein Medienthema, insbesondere die Flüchtlingsschiffe auf dem Mittelmeer.[188] Beide politischen Seiten interessierten sich bei ihren Debatten und Handlungsweisen kaum für die subjektive Wahrnehmung der betroffenen Individuen. Die Migranten selbst spielten eher die Rolle, für jeweilige politische oder weltanschauliche Ziele das Unterfutter zu bilden. Denk- oder Verhaltensweisen wurden ihnen

[187] Dazu die Asylrechtsänderung am 1.7. 1993, die unter dem Stichwort Asylkompromiss in die Debatte eingegangen ist.

[188] Jährliche ‚Sommerberichte', zuletzt im Jahre 2005: Stellvertretend seien genannt: SPIEGEL ONLINE - 12. Mai 2005, 19:11, Flüchtlingsdrama, Das Dilemma des Commandante *Von Dimitri Ladischensky, Francesco Zizola (Fotos)* URL: http://www.spiegel.de/panorama/0,1518,355505,00.html, ein Bericht über die Arbeit der Grenzpolizei auf der Insel Lampedusa, die gleichzeitig Grenzen gegen irreguläre Einwanderung schützen und Menschen, die diese Einwanderungsversuche unternehmen, aus Seenot retten soll. Dieser Bericht schildert Motive und Weg der Migrantinnen und Migranten. (zitiert mit „Comandante")
Eine Problemzone aus europäischer Sicht sind die spanischen Enklaven Melilla und Ceuta. Dazu: Reportage aus Marokko und Melilla von Edith Lange, SWR, Studio Madrid 17.10.04, 22.45 Uhr; Meldungen in allen Medien am 27. und 28. September 2005: Zweihundert Afrikaner stürmen den Grenzzaun zu der in Marokko gelegenen spanischen Enklave. Spanien will die Grenzsicherung durch mehr Truppen verstärken. Es ist wieder die Rede von Tausenden, die auf die Überwindung der Grenzzäune warten. Weiterer Bericht am 01.10.2005: Diesmal stürmen die Menschen beide Enklaven. Hier ist der Hauptinhalt der Berichte, dass die meisten Länder Afrikas sich weigern, Menschen, die in Marokko stranden, wieder zurückzunehmen. Über das Schicksal der von Spanien und Marokko abgeschobenen Migranten und Migrantinnen wurde in der Folge noch mehrfach berichtet.
Eine Begebenheit aus dem Jahre 1996, Insel Kos, als die italienische Adriaküste und die griechische Ost - Küste die Berichterstattung dominierten: *Bei einem Treffen an der katholischen Kirche konnten wir den üblichen Platz nicht einnehmen, weil dort ein frisches Grab war. „Dort liegen eine zweiunddreißigjährige iranische Frau und ihre vier und acht Jahre alten Kinder. Sie sind bei einem Landungsversuch mit türkischen Booten am Strand von Psalydi ums Leben gekommen. Der Familienvater überlebte mit einem älteren Sohn." Das erzählten die Leute. Dann folgte ein Bericht von Emili, die sechsundzwanzig Jahre in Nürnberg lebte: „Die Türken nehmen viel Geld von Menschen, die in Griechenland oder anderswo in Europa Arbeit suchen. Sie versprechen ihnen, sie sicher nach Griechenland zu bringen. Dieses Boot hat versucht, am Strand von Psalydi zu landen. Die griechische Küstenwache oder ein Marineschiff hat versucht, den Vorgang zu stoppen und das Boot aufzuhalten. Dann haben „die Türken" die Leute schnell abgesetzt. Die Frau und die Kinder haben sie einfach ins Wasser geworfen und sind geflüchtet. Die Frau und ihre beiden Kinder konnten nur noch tot geborgen werden." Auf dem katholischen Friedhof wurden die drei beigesetzt, als „Nicht-Orthodoxe konnten sie schließlich nicht auf den orthodoxen Friedhof! Die Gläubigen werden aufgefordert, Blumen oder Gebete ans Grab zu bringen.*

zugeschrieben, sie bekamen das Etikett aufgeklebt, das der jeweiligen Seite in die Argumentationslinie passte. Sozialwissenschaftlich gesehen unterlagen sie der „Rationalität" des bundesdeutschen politischen Diskurses, der sich weigerte, für das Problem politische Entscheidungen zu treffen.[189] Daher war Ausländerpolitik in Deutschland lange Zeit der Verwaltung überlassen, die das Problem nicht politisch, sondern verwaltungstechnisch bearbeitete. Eine Grundeinstellung der Verwaltung von Menschen ist die, sich nicht mit ihnen zu identifizieren, sondern sie alle nach demselben Regelwerk zu behandeln. Also spielen auch hier subjektive Standpunkte, Sichtweisen und Erfahrungen keine Rolle. Es werden keine politischen, sondern angeblich nur sachorientierte Entscheidungen getroffen.[190] Unter der Oberfläche gibt es jedoch bisweilen Verknüpfungen unerwünschter Art, wie etwa die Aufenthaltsgewährung gegen Bestechung.

Seit dem Inkrafttreten des Zuwanderungsgesetzes am 1. Januar 2005 hat sich die Diskussion im politischen Bereich beruhigt, zumal das Zuwanderungsgesetz (Gesetz zur Steuerung und Begrenzung der Zuwanderung) durch den Begriff der Zuwanderung endlich der Tatsache Rechnung zu tragen scheint, dass Deutschland ein Zuwanderungsland ist. Wie das in die Tat umgesetzt werden wird, wie erwünschte Zuwanderung gesteuert werden kann, muss die Zukunft zeigen.[191] Das Problem aber bleibt nach wie vor die Erfassung und Bewältigung

---

[189] So auch Treibel, Annette, Migration in modernen Gesellschaften, bei ihrem Resümee, 237.
[190] Die bürokratische Verwaltung hat Merton in einem kurzen Aufsatz von 1940 ziemlich umfassend beschrieben. Verwaltung erfordert Sozialdistanz, was durch eine „sekundäre, formale" Organisation erreicht wird. Konflikte entstehen daher, „dass eine unpersönliche Interaktion erfolgt, wenn individuell eine persönliche Behandlung verlangt wird". Merton, Robert K., Bürokratische Struktur und Persönlichkeit (1940), in: Soziologische Theorie und soziale Struktur, hg. Von Meja, Volker und Stehr, Nico, Walter de Gruyter, Berlin, New York 1995, 187 – 197.
[191] Bereits ein Jahr nach Inkrafttreten des Zuwanderungsgesetzes liegt bereits ein Änderungsgesetz vor, das die Flüchtlingsverbände wegen fehlender Bleiberechtsregelung heftig kritisieren. Siehe: Der Schlepper, Quartalsmagazin für Migration und Solidarität in Schleswig-Holstein, Nr. 34, Frühling 2006, 10-12.
Pro Asyl griff den Gesetzentwurf, der allerdings nur eine Anpassung an europäische Vorschriften vollzieht, am 31. Januar 2006 auf:
Mehr Abschottung, mehr Haft, weniger Integration, PRO ASYL zum Entwurf eines Gesetzes zur Umsetzung aufenthalts- und asylrechtlicher Richtlinien der Europäischen Union
„Das Bundesinnenministerium hat einen Gesetzentwurf vorgelegt, mit dem das Zuwanderungsgesetz ein Jahr nach In-Kraft-Treten zum zweiten Mal geändert werden soll. Notwendig ist eine Gesetzesänderung, um den gemeinschaftsrechtlichen Verpflichtungen aus elf EU-Richtlinien nachzukommen. Insgesamt drängt sich der Eindruck auf, dass die Bundesregierung die Richtlinienumsetzung zum Anlass nimmt, das Asyl- und Aufenthaltsrecht weiter zu verschärfen.
- Verschärfte Abschottung: Flüchtlingen droht künftig regelmäßig die grenznahe Inhaftierung. Zurückweisungen an der Grenze sollen auf Verdacht erfolgen können.
- Lückenhafte Richtlinienumsetzung: Der Gesetzentwurf setzt die EU-Richtlinien zum Flüchtlingsschutz und Abschiebungsschutz lückenhaft um.
- Familienfeindliche Regelungen: Der Ehegattennachzug soll weiter erschwert werden. Damit wird das verfassungsrechtlich garantierte Recht auf Achtung des Familienlebens verletzt.

einer irregulären Migration. Um diese besser bewältigen zu können, müssten Vorstellungen vorliegen, wie sie zustande kommt und welche Menschen sie unternehmen. Mit dem Zuwanderungsgesetz wurde allerdings schon in der Vorbereitung die Absicht verbunden, man könne bei einer Regelung der Zuwanderung auch zu einer eindeutigeren und schnelleren Umsetzung bei den Rückführungsbemühungen kommen.[192]

Immer wieder schätzten Hilfsorganisationen oder kirchliche Stellen die Zahl der illegal aufhältigen Personen in Deutschland auf eine Million.[193] Sie alle sind potentielle Abschiebungshaftkandidaten. Ließen sich Motive und Denkweisen dieser Gruppe erhellen, könnten möglicherweise politische Schritte unternommen werden, die das Problem nicht lösen, aber besser steuern. Um dieses Problem, die Entscheidung, als Migrant in die Welt zu gehen, geht es in dieser Studie.

Erzählungen hier und Erzählungen dort

In den Medien ist gemeinhin davon die Rede, die MigrantInnen und Migranten träten die Reise nach Europa deshalb unter Lebensgefahr und mit ungeeigneten Mitteln an, weil sie in ihren Ländern keinerlei Aussicht auf irgendeine menschwürdige Existenzweise sähen. Das betrifft sowohl alle persönlichen Lebensumstände wie auch die politischen und anderen gesellschaftlichen Bedingungen. Etwas genauer liest man das in Reportagen. So erzählt ein Spiegel – Artikel von einer Frau namens Fatima aus Somalia. Die lange mühevolle Reise wurde mit den Hochzeitsgeschenken bezahlt. Die letzten Ketten und Ohrringe gab sie für die Überfahrt nach Lampedusa. Ihre Kinder hat sie bei ihrer Schwester gelassen. Sie ging, ohne sich zu verabschieden. Ihr Ausweis wurde von Grenzbeamten in Äthiopien zerrissen. Auf einem Boot mit 84 Menschen entging sie schließlich durch die italienische Küstenwache knapp dem Tod und konnte so ihre Geschichte und die Geschichte der anderen jungen Frau erzählen: *„Fatima Ali aus Mogadischu, 18 Jahre alt. Ihr Bruder und ihr Vater sind von Rebellen erschossen worden. Ihre Mutter brachte sie zu einer Freundin nach Kairo. Dort ging sie drei Jahre auf eine Koranschule. 2003 verkaufte die Freundin ihre Wohnung, um für beide die 1000 Dollar für die Überfahrt nach*

- Mängel im Zuwanderungsgesetz nicht behoben: Nach einem Jahr Praxiserfahrung hat sich das neue Gesetz als untauglich erwiesen, den Missstand der Kettenduldungen zu beseitigen. Die Ausländerbehörden wenden das Gesetz so restriktiv an, dass nur wenige Dauergeduldete eine Chance haben ein Aufenthaltsrecht zu bekommen. Hier besteht Nachbesserungsbedarf: die humanitären Regelungen müssen verbessert werden, um künftig Kettenduldungen zu vermeiden. Eine Bleiberechtsregelung ist nötig, um die vielen Altfälle unbürokratisch zu lösen."

[192] Bericht der Zuwanderungskommission

[193] Dazu Alt, Jörg, Illegal in Deutschland, von Loeper Verlag Freiburg i.Br. 1999; zu der aus der Luft gegriffenen Zahl siehe auch die Ausführungen im Migrationsbericht der Ausländerbeauftragten der Bundesregierung von 2001, 68-74.

Europa zu zahlen. Was Fatima wollte, hatte bisher keiner gefragt.“ Diese Fatima hatte ihrer Mitfahrerin von ihren Träumen erzählt. Sie wollte Schauspielerin werden wie Julia Roberts (bekannt aus Filmen, die man nicht nur in Kairo sehen kann) oder bei McDonalds arbeiten.[194]

Eine andere Geschichte erzählt eine Reportage aus Südspanien[195]. „ *'Man hat sie betrogen', sagt Paqui Gil. Mit vielen hat sie gesprochen,... Die Erzählungen derer die glaubten, Europa sei wie eine dieser Seifenopern im marokkanischen Fernsehen. Die Träume jener Jungs, deren Onkel einmal im Jahr mit dickem Auto samt spanischer Frau und vielen Geschenken in den Bergdörfern vorfährt.“*[196] Die Reportage berichtet über die spanische Südgrenze und die dortigen Einwanderungsversuche per Boot und die Hilfe, die die Bewohner der Küstenregion den Migranten zukommen zu lassen versuchen. Die Reportage berichtet auch über den Zuwanderer, der einmal zurückgeschickt, ein anderes Mal vom Kapitän des Flüchtlingsschiffes mit allen anderen Passagieren um sein Geld betrogen wurde, es aber wieder versuchen wird, sobald er Geld genug mit seiner Arbeit als Kellner in Marokko verdient hat. Die Reise übers Meer ist nach dieser Reportage durchaus vorbereitet. Europa erscheint als Region, in der alles leicht ist. Und es geht die Geschichte um, dass die Spanier Leute zum Arbeiten brauchen.[197]

Weitere Erzählungen kommen im Gespräch mit der zweiten oder dritten Generation von Einwanderern auf. „In der Türkei und in anderen Ländern“, so sagte einer, „da gibt es Radiosendungen, in denen werden die Leute geradezu aufgefordert, nach Europa zu gehen.“

„Ich dachte, in Italien gibt es Papiere“, berichtete ein Abschiebungshäftling. „Da bin ich natürlich sofort hingefahren. Aber die wollten eine Geburtsurkunde und noch andere Papiere. Die konnte ich natürlich nicht vorweisen. Daher musste ich nach ein paar Jahren mit einem gefälschten Pass wieder nach Deutschland.“ (Interview 49) Eine ähnliche Aktion wie in Italien gab es auch in Spanien. Am 7.5.2005 endete in Spanien eine dreimonatige Frist zur Legalisierung illegaler Einwanderung. Voraussetzungen für die Legalisierung waren folgende:

Führungszeugnis aus dem Herkunftsland,
Arbeitsvertrag in Spanien,
mindestens zwei Jahre (auch illegaler) Aufenthalt.[198]

---

[194] Aus „Comandante“

[195] Lukas Grasberger, „Ich werde es wieder tun“, Chrismon 8/2004, 36-44.

[196] A.a.O. 43.

[197] Dazu auch Müller-Monning, Tobias, Mano negra illegal, Mitteilungsblatt der Ev. Konferenz für Gefängnisseelsorge in Deutschland Nr. 72 Dez. 2005, 32ff..

[198] So Berichte in den Nachrichten des 7.5.2005 und davor. Genauer und zusammenfassend: Arzoz, José Antonio, Legalisierungsprozess in Spanien, Der Schlepper, Nr. 34, 45-46.

Es ist zu vermuten, dass die Einbürgerungsaktion in Spanien in den Abwanderungsländern als Erzählung vom Glück ankommt und die genannten Bedingungen dazu völlig außer Bewusstsein geraten.

Die Vorstellungen von West - Europa werden ganz offenbar in den Abwanderungsländern auch durch die Erfahrung der Zehntausenden von Abschiebungen
jedes Jahr nicht realistischer.[199] Das deutet auf die immensen Schwierigkeiten
des Lebens in den Abwanderungsländern hin. Nicht einmal die Geschichten
vom Tod im Mittelmeer oder bei den Versuchen, die Zäune in Ceuta oder Melilla zu überwinden, lösen eine andere Betrachtungsweise aus. Hier kann in den
Erzählungen bereits „Schub" und „Sog"[200] beobachtet werden. Es sind nicht nur
die Verhältnisse zu Hause, sondern auch die „besseren" anderswo, von denen
die Geschichten erzählen. Es scheinen diese Erzählungen zu sein, welche die
Menschen leiten: „Wer einen in der westlichen Welt etabliert hat, dessen Familie kommt auch zu Hause gut durch."[201]

Geschichten leiten auch umgekehrt die Betrachtung und Reaktion. In den Zugangsländern lauten die Erzählungen so: Ihre ‚Wünsche nach einem besseren
Leben' heißt hier „Migration aus wirtschaftlichen Gründen". Wirtschaftliche
Gründe sind schlechte Gründe und nicht geeignet, das Tor zu unseren Gesellschaften aufzustoßen. „Sie haben gehört, dass man hier auch Geld bekommt,
wenn man keine Arbeit hat." Als der „Eiserne Vorhang" aufging (1989), fürch-
teten viele, es werde nun eine Springflut von Zuwanderern aus Osteuropa den
Westen überschwemmen. Hier wird von illegalen Arbeitern erzählt, die durch
(illegale) Niedrigstlöhne die Bauwirtschaft zerstören. Die Erzählungen bilden
die Folie, vor der sich die Migration und die einzelne Entscheidung dazu abspielt, aber auch die Reaktionsweise auf irreguläre und reguläre Einwanderung
in den Zugangsländern.

Zielsetzung der Befragung

Eine qualitative Studie mit Einzelinterviews kann das beschriebene Feld auf-
schließen. Die Beschränkung der Befragung auf die genannten Anstalten bringt
es mit sich, dass sie nicht repräsentativ für alle Abschiebungshäftlinge, ebenso
wenig für alle irregulären Migrantinnen und Migranten sein kann. Sie bildet
einen Anfang des Verständnisses für irreguläre Migration, wie es so bisher
nicht erforscht wurde, und macht Vorschläge für weitere Forschungstätigkeiten.

---

[199] Allein Spanien hat im Jahre 2005 „92766 Personen abgeschoben, 28000 weniger als im Vor-
jahr". Kerstin Böffgen, in Der Schlepper Nr. 34, 45.

[200] S. oben Kap. 1, D) Migrationshypothesen

[201] Der Spiegel Nr 26 vom 26.6.2006 erklärt diesen Vorgang mit der Geschichte eines Mannes, den
sie „Hamburger" nannten: „So wurde Hamburger der, der sie alle infizierte mit seinen Geschichten
von Europa, und John sagt, dass jedes afrikanische Dorf seinen Hamburger hat, der stärker und
prägender ist als diese Gerüchte von sinkenden Schlauchbooten, von denen es keine Bilder gibt."
(74)

Um die Validität der Studie zu stärken, wurden in Kapitel 2 dieser Untersuchung mehrere Abschiebungseinrichtungen einer vergleichenden Sicht unterzogen. Das soll zeigen, inwiefern Abschiebungshaft mit Abschiebungshaft vergleichbar und daher auch die Betroffenen wahrscheinlich ähnliche Erfahrungen, Hintergründe und Einstellungen haben. Dabei geht es um die Dauer der Haft, die Verteilung der Herkunftsländer, die Zahl der Entlassungen aus der Haft (im Sinne der ausweisenden Behörden „erfolglose" Haft).

Die qualitative Forschung zielt nicht auf schlichte Vergleichbarkeit, sondern auf die Möglichkeiten, ein Themengebiet aufzuschlüsseln und verschiedenste Aspekte auch disparater Art zu eruieren und zu bewerten. Daher muss das Interview Offenheit auch für Aspekte bewahren, die der fragenden oder forschenden Seite vorher nicht bekannt oder zugänglich waren. Das wird am besten durch eine offene Fragestellung erreicht. Um jedoch auch bestimmte Auskünfte zu erhalten, die für europäische Vorstellungen für die Auswertung der subjektiven Seite einer Handlung notwendig sind – etwa das Alter, die Herkunftsfamilie, gesellschaftliche Schicht, Schul- und Ausbildungssituation - sind auch geschlossene Fragen mit schlichten Antwortmöglichkeiten wie ja, nein, Anzahl etc. notwendig. Der Leitfaden, der für die angesprochene Fragestellung entwickelt wurde, sollte beides enthalten. Was jeweils zuerst beantwortet wird, soll von der Gesprächssituation und –entwicklung abhängig gemacht werden.

„Das nichtstandardisierte Interview (...) hat sich vor allem in explorativen Studien bewährt, in denen man sich – evtl. zur Vorbereitung standardisierter Interviews – zunächst einen allgemeinen Überblick über Informationen und Meinungen zu einem Thema verschaffen will, in denen die Bedeutung einzelner Antworten gezielt erfragt wird und in denen komplexe Einstellungsmuster und Motivationsstrukturen interessieren."[202] Die hier verwendete Form ist eine aus der Praxis gewonnene Mischung mit quantitativen Anteilen.

Die Stichprobenauswahl

Die Abschiebungshafteinrichtung in Rendsburg umfasste 56 Abschiebungshaftplätze. Sie hatte im Befragungszeitraum eine Höchstbelegung von 42 Männern und eine Niedrigstbelegung von 16 Männern. Insgesamt durchliefen die Einrichtung zwischen dreihundert und vierhundert Gefangene in den Jahren nach 2003. Um den Kriterien des Zufalls einigermaßen zu entsprechen, wollte ich in etwa jeden fünften Häftling, der mir im Haus begegnete, befragen. Das erwies sich als schwieriger als geplant. Die Gefangenen sind häufig in Gruppen zusammen, um zu spielen oder zu reden. Eine der Tätigkeiten der Seelsorge in der Abschiebungshaft ist die Organisation eines Besuchsnachmittags mit ehrenamtlichen Bürgern und Bürgerinnen aus Kirchengemeinden und Kommune.

---

[202] Bortz, a.a.O., 166.

Dort finden sich nahezu alle Abschiebungshäftlinge ein. Der Zufall kann somit in der Stichprobe der Interviews gestört sein. Das war auszugleichen durch eine relativ große Zahl an Interviews, wie es die geplanten zwanzig Prozent ergeben. In eineinhalb Jahren sollten so ungefähr 90 Interviews zustande kommen. Falls die Befragten in den Interviews Materialien oder anderes zur Erklärung anbieten würden, sollte die Möglichkeit gegeben sein, dieses mit zur Auswertung zu benutzen. Die Auswahl zum Interview an einem bestimmten Tag hing auch davon ab, ob jeweils für diesen Gefangenen eine Übersetzungsmöglichkeit zur Verfügung stand. Falls das aktuell nicht der Fall war, konnte in den meisten Fällen ein Termin vereinbart werden, um auch Übersetzungsmöglichkeiten zu haben.

Weitere Probleme bei Vorbereitung und Befragung.

Datenschutz wurde dadurch gewährleistet werden, dass die befragten Abschiebungshäftlinge erklärt bekommen, dass ihre Namen in der Studie nicht genannt werden und dass auch keine Bilder Verwendung finden. Aus der langjährigen Erfahrung mit Abschiebungshäftlingen ist bekannt, dass ungefähr die Hälfte große Ängste in Richtung einer Identifizierung ihrer Person durch wie auch immer geartete Dienste ihres Herkunftslandes entwickelt hat. Der andere Teil findet nichts dabei, sich mit vollem Namen und sogar im Bild zu präsentieren. Um die Freiwilligkeit des Interviews zu gewährleisten, sollte jeder Befragte seinen Namen selbst auf ein Blatt schreiben, das nach Ende der Studie vernichtet wird. Dazu waren alle bereit.

Ein weiteres Problem der Befragung stellt sich damit, dass alle Abschiebungshäftlinge bereits ein- oder meistens mehrere Male von ihnen selbst so genannten Interviews durch die Asylbehörden in verschiedenen Ländern unterzogen wurden. Es kam also darauf an, sie auf die Unterschiede zwischen den verschiedenen Formen des Interviews aufmerksam zu machen. Das geschah dadurch, ihnen den Zweck der Untersuchung vorzustellen und zu betonen, dass dieses Interview keinerlei Auswirkungen auf Entscheidungen oder Verlauf in ihrem ausländerrechtlichen Fall hat, dass davon weder eine Befreiung aus der Abschiebungshaft noch irgendeine Form von Bleiberecht erwartet werden kann. Es gehe vielmehr darum, ein Bild darüber zu gewinnen, warum Menschen ihre Heimat verlassen, auch wenn sie anderswo möglicherweise gar nicht willkommen sind. Zudem sei es für uns notwendig, ein Bild darüber zu gewinnen, wie die Migration vor sich geht, um mehr Verständnis und Hilfe auf der einen, aber auch klarere politische Entscheidungen auf der anderen Seite zu fördern.

Aufnahmetechnik wie Tonband oder Videokamera zu verwenden, erschien mir angesichts der Situation der Abschiebungshäftlinge nicht angeraten. Häufiger war in Gesprächen der letzten Jahre zu hören: „Ich möchte nicht, dass Bilder und Tonaufzeichnungen gemacht werden, die könnten in die falschen Hände geraten. Der Geheimdienst ist überall." Vielmehr mussten handschriftliche Notizen während des Gesprächs ausreichen, um den Inhalt wiederzugeben. Auf diese Weise entstehende Verzerrungen gleichen sich bei der Zahl der Interviews so aus, dass das Ergebnis insgesamt nicht grob verfälscht wird.

Auswertungsproblem der Plausibilität

Bei der Auswertung von subjektiven Einschätzungen und Vorstellungen über das je eigene Leben muss mit mehreren Faktoren der Verzerrung gerechnet werden. Der gravierendste davon ist die Plausibilitätsstruktur des Interviewers. Diese ist zunächst eingebettet in die Plausibilitätsstruktur der westeuropäischen und hier wieder der westdeutschen Gesellschaft. Dann hat sie mit dem beruflichen Arbeitsfeld zu tun und umfasst schließlich persönliche Erfahrungen verschiedenster Art. Zudem ist damit zu rechnen, dass die Plausibilitätsstruktur einer Rationalitätsunterstellung folgt, die der Interviewte nicht teilt.[203] „In der natürlichen Einstellung tritt mir der mangelnde Einklang meines Wissensvorrats nur dann ins Bewusstsein, wenn eine neuartige Erfahrung nicht in das bishin als fraglos geltende Bezugsschema hineinpasst."[204] In der reflektierten Einstellung hingegen tritt die Welt als interpretierte und konstruierte soziale Ordnung und Struktur[205] auf, deren jeweiliger Interpretationsstandort verschiedenste Rationalitäten[206] hervorbringt. Eine Befragung in der Abschiebungshaft hat die Verschiedenheit der Rationalitäten zumindest als Interpertationshorizont zu achten und insofern die wissenssoziologischen und handlungstheoretischen Hintergründe einzubeziehen. MigrantInnen gehen bei dem, was sie sagen, um ihr Handeln zu erklären, ebenso wie andere Menschen von der Unterstellung aus, ihre Handlungen seien mitteilbar und „rational". Dazu kommt der Versuch, die eigenen Handlungen als rationale Folgen von Situationen zu verstehen, wobei das „Unpassende" der Tendenz unterliegt, passend gemacht zu werden.

---

[203] Dazu die Forschungen über Interaktion, z.B. zusammengefasst bei Abels, Heinz, Interaktion, Identität, Präsentation, Kleine Einführung in interpretative Theorien der Soziologie, Westdeutscher Verlag, 2., überarbeitete Auflage 2001, bes. 107-141.

[204] Luckmann, Thomas, Schütz Alfred, Strukturen der Lebenswelt, UVK Verlagsgesellschaft Konstanz 2003 (zuerst 1975), 35; ähnlich Berger, Peter, L., Luckmann, Thomas, Die gesellschaftliche Konstruktion der Wirklichkeit, S. Fischer Verlag Frankfurt, 20. Aufl. 2004 (erschienen 1969), 27 u.a.. Die Schrift folgt im Wesentlichen dem Ansatz von Alfred Schütz, fragt aber nach dem Grund dafür, dass in der menschlichen Lebenswelt leicht vergessen wird, dass die Alltagswelt eine Schöpfung des Menschen ist.

[205] „Ich erfahre die Wirklichkeit der Alltagswelt als Wirklichkeitsordnung.", Berger, Luckmann, 24.

[206] Die Annahme von verschiedenen Rationalitäten stammt aus der Ethnomethodologie, s. die Darstellung bei Abels, Heinz, Interaktion, Identität, Präsentation, Kleine Einführung in interpretative Theorien der Soziologie, Westdeutscher Verlag Wiesbaden, 2., überarb. Aufl. 2001, 107-141. Garfinkel, Harold, Studies on ethnomethodologiy, Englewood Cliffs: Prentice Hall 1967.

Sie unterliegen wie alle dem „Drang, die Dinge des Alltags in eine Ordnung zu bringen".[207]

Die Interviews wurden in der Zeit vom Januar 2004 bis zum September 2005 durchgeführt. Nur einer der angefragten Abschiebungshäftlinge hat seine Teilnahme verweigert. Alle anderen waren im geringeren oder größeren Maße zur Auskunft bereit und erzählten das, was sich angesichts der Sprachprobleme ausdrücken ließ. Die Gespräche haben trotz des Leitfadens sehr unterschiedliche Ergebnisse hinsichtlich Ergiebigkeit und Inhalt gebracht. Der Interviewleitfaden wird im Anhang abgedruckt.

II. Dem Leben eine Chance geben...
Das Alter der Abschiebungshäftlinge

An der Befragung nahmen 100 Abschiebungshäftlinge aus 39 Ländern (1 nicht zuzuordnen) teil. Vier von ihnen waren unter 20, 47 zwischen 20 und 29, 36 zwischen 30 und 39, 8 zwischen 40 und 49 Jahren alt. Fünf waren altersmäßig nicht zuzuordnen, gaben ihr Alter nicht preis oder die Frage wurde vergessen. Der Altersschwerpunkt liegt auf der Altersgruppe (20-29), in der die Eingliederung von Männern in ihre jeweilige Gesellschaft vorläufig abgeschlossen wird. Nicht sehr viel schwächer ist die Gruppe vertreten, bei der sozusagen die Konsolidierung der gesellschaftlichen Eingliederung erfolgt. 83% der Abschiebungshäftlinge waren zwischen 20 und 39 Jahre alt. Das entspricht in etwa der Alterverteilung der Zuwanderer allgemein.[208] Daraus lässt sich schließen, dass jedenfalls das Wanderungsalter kein entscheidendes Kriterium für die Unterscheidung zwischen regulärer und irregulärer Wanderung ist. Zuzugeben wäre allerdings, dass das aktuelle Alter der Abschiebungshäftlinge und das Alter im Moment der Zuwanderung teilweise erheblich differieren.

In 28 Fällen war der Migrationsvorgang aktuell bzw. seine Dauer unklar oder nicht von Bedeutung für die Erhebung. Bei den anderen zeigte sich, dass ein erheblicher Teil der Abschiebungsgefangenen bereits lange Jahre im Zielgebiet der Migration zugebracht hat. 63 Personen befanden sich länger als ein Jahr in Europa, 52 länger als drei Jahre, 36 länger als fünf Jahre und 19 länger als elf Jahre. Dabei unterscheidet sich die Gruppe derer, die beim Beginn der Migration jünger als 16 Jahre alt waren, erheblich von den anderen Altersgruppen. 14 von ihnen hielten sich länger als sieben, elf länger als 11 Jahre in Deutschland oder Europa auf. Das deutet darauf hin, dass in sehr jungem Alter allein irregu-

---

[207] Abels, a.a.O, 120.

[208] Bundesministerium des Inneren, Hg., Bericht des Sachverständigenrates für Zuwanderung und Integration im Auftrag der Bundesregierung in Zusammenarbeit mit dem europäischen forum für migrationsstudien (efms) an der Universität Bamberg, 1. Aufl. 2004, (Migrationsbericht 2004), 19. Hier wird die Zahl der unter vierzigjährigen Zuwanderer mit 76,8 Prozent angegeben.

lär wandernde männliche Personen ein besonders hohes Risiko des Scheiterns der Migration tragen.

Tabelle Alter bei Migrationsbeginn

Alter	gesamt	bis zu 1 Jahr	3 J.	5 J.	7 J.	9 J.	11 J.	Länger
bis zu 16	17	0	1	2	0	1	2	11
18	9	0	3	3	1	1	0	1
20	8	1	1	2	0	1	1	2
22	9	2	1	1	2	1	0	2
25	12	4	2	2	1	2	1	0
30	10	3	2	2	0	1	1	2
40	7	1	0	4	0	0	1	1
n.e.	1	0	1	0	0	0	0	0
unklar/ unnötig	28	0	0	0	0	0	0	0
Summe	101	11	11	16	4	7	6	19

In den Fällen, in denen die Befragten schon lange in Deutschland gewohnt haben, hat weder hier noch im Herkunftsland eine erfolgreiche Eingliederungsphase stattgefunden. Im Gegenteil deutet der Entschluss zur Migration darauf hin, dass sie sich einen Platz im Leben nicht in ihrem Herkunftsland erarbeiten oder erkämpfen wollen oder können oder mit dem dort zu Erreichenden nicht zufrieden sind. Verschiedene Bedingungen zeigen ihnen, dass das nicht möglich oder nicht so möglich ist, wie sie es möchten. Je länger die Migrationsvorgänge dauern, desto geringer werden die Chancen der Gestaltung des Lebens im Herkunftsland. Eine Gestaltung des eigenen Lebens im Zuwanderungsland bzw. den Zuwanderungsländern wird den Betroffenen ebenfalls verwehrt. Daher lässt sich ihre Lebenssituation in vielen Fällen als desolat beschreiben. Sie gehören mit zunehmender Wanderungsdauer zu den marginalisierten Gruppen verschiedener Gesellschaften.

Tabelle Alter, Familienstand

Land	-20	20-29	Vh[209]	30-39	Vh	40-49	Vh	50+	Vh	n.e.	Vh
Afghan		4	0x1	1							
Ägypten				1							
Algerien		2	1x1	2	1x1						
Angola		1									
Bosnien-H						1					
Chile						1	0x1				
Eritrea				1	1x1						
Georgien		1	0x1	4	0x3	1	0x1				
Ghana				2	0x1					1	
Guinea		2									
Indien				1	1x1					1	
Indonesien				1							
Irak	1	1	1x1							1	
Iran		1		3	1x1						
Jemen	1										
Jugosl.		2	0x1, 1x1			1	1x1			1	0x1
Kosovo		7	1x2, 0x1	3	1x3						
Libanon		1									
Liberia				1	0x1						
Libyen		1								1	
Maked.		1	0x1								
Marokko		1									
Mauret.		1									
Nepal		1									
Nigeria		1	1x1	2	1x1, 0x1						

[209] Vh hier: 1 = eigene Familie (Kinder), Freundin oder Ehefrau im Zielland, 0 = eigene Familie (Kinder), Freundin oder Ehefrau im Herkunftsland.

Pakistan		2		1						
Palästina		2		1	0x1					
Rumänien		2	1x1							
Russland		1	1x1	1						
Serbien-M		1				2	1x1,0x2			
Sierra L				1						
Somalia	1	4	0x1			1				
Sri Lanka				1						
Togo		2		3	0x1					
Tschetsch		1		1						
Tunesien				1						
Türkei	1	2	1x2	3	1x1	1	1x1, 0x1			
Usbekistan				1						
Vietnam		1								
Unklar		1								
Summe	4	47	0x6, 1x10	36	0x8, 1x9	8	0x5, 1x3		5	0x1
%	4	47		36		8			5	

Eine besonders schwierige Situation ergibt sich bei den Männern, die als Kinder oder Jugendliche bereits mit Verwandten oder auch alleine in ein anderes Land gegangen sind, dann hier ihre weitere Sozialisation, Schul- oder Ausbildung erfahren und / oder familiäre Beziehungen angeknüpft haben (39, 49, 62, 79, 88).

Knapp ein Drittel der 20-29 Jährigen haben Frau / Freundin und Kinder, 6 im Herkunftsland, 10 im Zielland. Von der nächsten Altersgruppe haben fast die Hälfte eigene Familien, wobei Familien im Herkunfts- und Zielland nahezu gleich oft vertreten sind. Bei den über 40 Jährigen gibt es keinen ohne Familie, wobei die Mehrheit im Herkunftsland lebt und die anderen schon vor der Migration bzw. Flucht bestanden haben, aber mitgegangen sind.

Eine Einschätzung nach politisch / wirtschaftlich:

Die in Deutschland immer noch gängige Einteilung von MigrantInnen in „politisch" / „wirtschaftlich" wird in der Migrationsforschung als unangemessen angesehen, da es sich auch bei „Fluchtmigration" immer um ein Bündel von

Motiven handelt.[210] Dennoch wäre eine solche grobe Einschätzung nicht nur interessant. Sie entwickelt auch einen Erkenntniswert über die „Behandlung" irregulären Migrationsvorgänge in Deutschland.

Von 100 Interviews könnten die Migrationssituationen in

8 Fällen als politisch bedingt, in weiteren 3 als möglicher Weise politisch bedingt,

2 Fällen als religiöse Verfolgung,

4 Fällen als Kriegswirren im Kosovo, 1 als möglicherweise Kriegswirren im Kosovo,

2 Fällen als „typisch" Afghanistan,

6 Fällen als „typisch" Somalia und in

1 Fall als problematisch, weil Eritrea

eingestuft werden.

Damit träfe auf bis zu 13 Fälle der in Abschiebungshaft befragten Personen die Asylvermutung zu. Sieben Fälle müssten als Probleme eingestuft werden, in denen Personen ihr Land verlassen, weil es nach unserer Informationslage in Somalia und Eritrea „objektiv" lebensfeindliche Verhältnisse gibt. Afghanistan bleibt unklar. Die Probleme des Kosovo sind als kriegswirtschaftliche Gesellschaft mit heftiger Diskriminierung von Minderheiten und Korruption bekannt. Die hier genannten fünf Fälle erscheinen aus dieser Hinsicht besonders problematisch, weil undurchschaubar.

Alle anderen Befragten (76%) versuchten, ihrem Leben eine neue Perspektive zu eröffnen und nach besseren Lebensmöglichkeiten zu suchen. Ihre Herkunftsländer geben ihnen ihrer Meinung nach keine wirkliche Lebenschance oder gefährden ihr Leben. Die meisten sind auch nachvollziehbar und wirken nicht als Geschichten, die irgendwie auf Europa hin erfunden oder nur so dahererzählt sind. Der Inhalt aber trifft auch auf viele ihrer Landsleute zu, die dennoch keine Migrationsversuche unternehmen.

Hier zeigt sich, wie die Definition der politischen Verfolgungssituation von den Umständen abhängt, in denen die Definition erstellt wird. Keiner der „politischen" Fälle ist eindeutig als staatliche oder quasistaatliche Verfolgung zu beurteilen, jedenfalls nicht nach den Schilderungen der Betroffenen. Dennoch ist der Schaden, der ihnen entsteht, beträchtlich. Sie haben nicht das Gefühl, sich unter den Schutz von Gerichten oder Institutionen stellen zu können, obwohl es Gerichte und Institutionen gibt. Diese empfinden sie eher als feindlich oder für ihre Situation verantwortlich. Dazu ein erstes Beispiel aus Ghana:

---

[210] Treibel, Annette, Migration, 157-173.

III. Das Aufeinandertreffen der Welten

Verschiedene Sprach- und Denksysteme im Asylverfahren

A) Politisch motivierte Flucht (Interview 87)

1) Interview

Ghana, genannt Mandela, um die vierzig Jahre. Sieben Monate Abschiebungshaft, danach Abschiebung nach Ghana

Drei Jahre Schulbesuch, dann Arbeiter, wenn es Arbeit gab.

Seine Asylantragsablehnung erklärt, was das Problem ist. Er kann aus amtlicher Sicht nicht schlüssig erklären, warum ein Mann, der in Ghana als Landbewohner Schwierigkeiten hat, die etwas mit einer politischen Partei zu tun haben (könnten), nichts anderes tun kann als das Land zu verlassen. Es wird ihm nicht geglaubt, dass er durch einen wohlmeinenden Mann aus dem Gefängnis „geschmuggelt" wurde.

Sein erster Abschiebungsversuch, der über Paris und Tunis nach Accra führen sollte, scheiterte in Paris. Auch hier sind die Interpretationen verschieden.

Seine Version: Der Flugkapitän hat bei der Prüfung seiner Papiere festgestellt: „Ich kann diesen Mann nicht mitnehmen. Diese Papiere sind nicht für Tunis gültig."

Amtliche Version: Er leistete auf dem Pariser Flughafen durch Sitzen bleiben in der Maschine passiven Widerstand. Daher konnte er nicht in die andere Maschine nach Tunis gebracht werden.

Die amtliche Version brachte die erneute Verlängerung der Abschiebungshaft mit sich. Denn der passive Widerstand geht auf sein Konto und nicht auf das des abschiebenden Staates. Dieser Argumentation schloss sich auch das Landgericht an – mit dem Hinweis, die Ausstellung des nächsten traveller certificates dauere lediglich zwei bis vier Wochen.

Mandela wurde nach der gescheiterten Abschiebung zum dritten Mal nach Berlin zur ghanaischen Botschaft gefahren. Der traveller certificate (TC) war nach der Rückkehr aus Paris abgelaufen. Die Botschaftsbediensteten erklärten seinem Eindruck nach den Beamten, sie könnten kein TC ausstellen, da doch offenbar ein gerichtliches Verfahren in Deutschland anhängig sei. Dieses Verfahren hat der Anwalt von Mandela gegen die Abschiebung angestrengt. Das Oberverwaltungsgericht hat sich „einschneidende Maßnahmen" verbeten. Daran hielt sich jedoch das Ausländeramt beim ersten Abschiebungsversuch nicht.

Mandela erklärt seine Erfahrung als Bürger von Ghana:

Die Leute in Europa wissen durch Internet und Fernsehen schneller und mehr über die Lage in Ghana oder einem anderen Land Afrikas Bescheid als die Landbevölkerung. Die Landbevölkerung (rurals) haben eine völlig andere Lebensweise als die Menschen in den Großstädten. Die Regierung hat auf dem Land keinerlei Autorität. Dort herrschen Provinzfürsten, gegen die niemand etwas machen kann. (Untereinander gilt etwas, was sich wie eine Subkultur anhört.) Es herrscht das Faustrecht bzw. wer sich stärker machen kann – etwa durch Freunde, die dann beim Zeugnis gegen einen zusammenhalten, kann dem anderen alles wegnehmen. Selbst wenn man im Recht ist, fragt einen vor Gericht der Richter, wo die Erlaubnis ist, etwas zu verleihen etc.. Auch Gewalttätigkeiten würden durch (gute) Zeugen vertuscht. (Er zeigt seine „Spuren" von Schlägen an den Oberarmen.)

Vor Gericht gäbe es kein schriftliches Urteil, sondern eine Entscheidung, die dann sofort vollzogen wird. Danach kümmert sich niemand mehr darum.

Auch seine politischen Aktivitäten hatten nur auf dem Land diese Auswirkungen. Wenn die Regierung wechselt, dann ist jeder, der für die vorherige Regierung gearbeitet hat, ein Feind. Dann treten wieder die Mechanismen ein, wie sie für das Landleben in Ghana von ihm beschrieben sind.

Er ist in Ghana jeden Sonntag zur Kirche gegangen. Die Kirchenleute könnten schon helfen, aber besonders dadurch, dass sie einem beistehen, die Gegend oder das Land zu verlassen. So sei es auch im Gefängnis. Wenn Bedienstete zu der Auffassung kommen, man gehöre da nicht hin, wie es bei ihm gewesen ist, verhülfen sie zur Flucht. Dann aber müsse man sehen, dass man wegkomme.

Als er aus dem Gefängnis freigekommen war, schlug er sich nach Lomé durch. Dort half er einem Fischer und bekam dafür Essen. Der Fischer schmuggelte ihn auf einen Frachter. Dort saß er zwischen den Gütern im Laderaum. Zu essen und zu trinken gab es nichts. Wie lange die Fahrt nach Polen gedauert hat, weiß er unter diesen Umständen natürlich nicht. In Polen hat ihn dann der Kapitän oder irgend jemand anders in einem Moment vom Schiff bugsiert, in dem die Kontrollen offenbar abgeschlossen waren.

Zusätzliche Bemerkungen:

Die Geschichte wirkt merkwürdig und doch nachvollziehbar. Asyl dafür zu erhalten, erscheint auch bei näherem Hinsehen aussichtslos. Das sind, wenn man den Standpunkt des Betroffenen einnimmt, subjektive Problem- und Krisenerfahrungen, die kein Asyl begründen können. Der Staat Ghana kann zwar seinem Eindruck nach keinen Rechtsschutz bieten. Dies ist jedoch nicht politisch im eigentlichen Sinne, sondern sozial begründet: Ohne Land kein Geld und auch keine Leute, die Zeugnis ablegen und vertuschen helfen.

Ein weiterer Abschiebungshäftling aus Ghana, der jedoch aus der Hauptstadt kommt und Mandela nicht kennt, bestätigt die Darstellung von Mandela. In manchen Gebieten gäbe es eine Art Krieg um Land. Die Männer schießen sich gegenseitig tot. Oft ist Flucht die einzige Rettung. Zudem erklärt er, viele seiner Landsleute lebten in großer Armut. Da es kein soziales System gebe, könnte man z.B. anwaltliche oder ärztliche Hilfe nur gegen Bargeld bekommen. Bargeld aber haben die wenigsten.[211] Daher wollten Millionen Menschen „weg, wenn sie nur könnten".

Ein anderer Abschiebungshäftling aus Ghana legt den Akzent anders: Die Familien schicken einen der ihren in eins der reichen Länder. Das nötige Geld wird durch Verkauf oder anderswie beschafft. Die Reise ist schließlich teuer. Wenn der nun ohne Geld als Gefangener zurückkommt, denken sie, er sei in der Ferne kriminell geworden. Dann werde man aus der Familie ausgestoßen. Er sagt, viele Menschen in seinem Land handeln so.

2) Zitate aus dem Ablehnungsbescheid seines Antrages

Der Sachverhalt

„Der Antragsteller trägt vor, dass er zu einer Gruppe seiner Partei angehören würde, die für Sicherheit und Ordnung zuständig gewesen sei. Nach einem Machtwechsel in Ghana habe es Verfolgungsmaßnahmen gegen Angehörige seiner Partei gegeben. Bei einer Versammlung mit verschiedenen Parteimitgliedern sei er dann auch verhaftet worden. Er sei dann zu einem Gericht gebracht worden und dann mehrere Monate eingesperrt gewesen. Eines Tages seien zwei Wächter gekommen und hätten ihm die Tür geöffnet. Er habe dann einfach so das Gefängnis verlassen können und er sei dann zu Fuß nach Lomé gegangen. In Lomé habe er sich eine Zeit lang aufgehalten. Von dort aus sei er dann mit einem Schiff nach Europa, nach Polen gebracht worden."

Die Bewertung

„Es muss festgestellt werden, dass der Sachvortrag des Antragstellers oberflächlich und detailarm ist. Hinweise darauf, dass der Antragsteller real Erlebtes geschildert haben könnte, sind nicht ansatzweise ersichtlich. Die Ausführungen des Antragstellers zu seiner angeblichen Inhaftierung erwecken hier besondre Zweifel am Sachvortrag des Antragstellers. Wenn es tatsächlich zu der von ihm beschriebenen Verhaftung mehrerer Personen gekommen wäre, dann hätte sich bei einer solchen Verhaftung wesentlich mehr ereignen müssen, als es vom Antragsteller vorgetragen worden ist. Auch seine Ausführungen, er

---

[211] Diese Realität in vielen Ländern der Erde wird von einer Schülerin in einem Bericht über ihre Abschiebung nach Armenien drastischer formuliert: „In Armenien ist es so, entweder hat man Geld, dann ist man eine Person, ein Mensch. Oder man hat kein Geld, dann ist man auch kein Mensch." Shirvanyan, Sona, "Dienstag fliegst du nach Armenien. Ich wünsche dir alles Gute", Gegenwind 204, September 2005.

sei im Gefängnis gewesen und zwei Wärter seien dann gekommen und hätten ihn einfach so gehen lassen, konnten hier in keiner Weise überzeugen. Die Frage ist, welches Motiv vorhanden gewesen sein sollte, den Antragsteller einfach so aus dem Gefängnis herauszulassen. Sollte hier die Partei des Antragstellers dahinter gesteckt haben, ist davon auszugehen, dass der Antragsteller nach seiner Freilassung aus dem Gefängnis von Parteimitgliedern in Empfang genommen wäre und man ihn in Sicherheit gebracht hätte. Hiervon kann aber im vorliegenden Fall nicht gesprochen werden, es muss daher von einem frei erfundenen Sachvortrag des Antragstellers ausgegangen werden."[212]

3) Auswertung

a) Verschiedene Sprachcodes

Es wird überdeutlich, wie hier ein Kommunikationsvorgang auf verschiedenen Ebenen stattfindet. Der Betroffene stellt sich als Landbewohner vor, der als Tagelöhner arbeitete und sich in einer politischen Partei betätigte. Seine Schilderungen der Vorgänge um seine Verhaftung und Freilassung berichten aus einer Region, in der das Leben „mündlich" oder „oral" abläuft. Es gibt eine Verhaftung, ein mündliches Urteil, keine Berufungs- oder Einspruchsmöglichkeit, keine Zeitung, die etwas über solche Vorgänge berichtet. Er schildert unsichere Verhältnisse, die auch durch die Anwesenheit von Polizei und Justiz nicht gebessert werden, weil das „Land" einer völlig anderen politischen und rechtlichen Struktur unterliegt als „die Stadt". Wenn mehrere Männer sich gegen einen anderen verbünden, kann sich dieser praktisch nicht wehren. Man kommt ins Gefängnis und weiß nicht wie lange und wird dann irgendwann einmal von Bediensteten entlassen oder weggeschickt.

Das Bundesamt für Migration bzw. der Mitarbeiter, der den Fall bearbeitet, wohnt in einem Land, in dem solche Erfahrungen der weiteren Vergangenheit angehören. Hier wird alles penibel schriftlich geregelt, man hat für jeden Akt ein Einspruchsrecht mit mehreren gerichtlichen Instanzen. Mündliches gilt hier jedenfalls offiziell als nicht vereinbart. Eine Aufnahme und Entlassung in und aus einem Gefängnis ist ein hochoffizieller Akt mit genauer Strafzeitberechnung. Wenn jemand in einer Partei mitwirkt, kann er ein paar Zeitungsartikel nennen, in denen über diese Partei berichtet wurde, selbst auf dem tiefsten Land. Die Rechte sind festgeschrieben, außer in marginalisierten Subkulturen und bei der Mafia. Also handelt es sich um frei erfundene Geschichten, wenn ein Mann aus einem anerkannt verfassten Staat wie Ghana erzählt, er sei einfach so mal verurteilt und einfach so mal aus dem Gefängnis entlassen worden. Nach der Vorstellung der Behörde hätte er genau sagen können müssen, welches Gericht ihn zu welcher Strafe verurteilt hat und in welchem Gefängnis er

---

[212] Bescheid des Bundesamtes für Migration und Flüchtlinge vom 26.05.2005, 4f..

unter welchen Bedingungen eingesessen hat, ja, wer sich für ihn eingesetzt hat, dass er schließlich freigelassen wurde. Und wenn er unter Einsatz von Mitmenschen freigelassen wurde, wäre seine Sicherheit ob dieses Vorganges eingetreten. Wenn nämlich jemand sich für eine solche Freilassung einsetzen kann, zeigt gerade dieser Vorgang die Schutzmöglichkeiten in Ghana auf.

Was ein Mann der ghanaischen Landbevölkerung als seine Geschichte erzählt – er erzählte im übrigen diese Geschichte nahezu ohne Abweichung sowohl bei der Anhörung als auch mehreren Gesprächspartnern – kommt dem Amtsverständnis von substantiiert kaum nahe. Die Erzählung schildert die subjektiven Erfahrungen eines Menschen ohne Macht und Geld. Es handelt sich weder um einen „elaborierten Code"[213] noch um irgendeine standardisierte Amtssprache. So gibt die Erzählung genauestens die schlimmste Erfahrung für diesen Menschen wieder: der Macht anderer ausgeliefert zu sein, ohne sich wehren zu können. Diese Erfahrung bildet auch den Inhalt seiner Schilderung der politischen und gesellschaftlichen Verhältnisse der Landbevölkerung im Nordwesten des Landes.

In einem weiteren Absatz schildert er die Hilfe, die Menschen wie ihm zukommen kann. Wenn z.B. die Kirche helfen kann, dann kann sie behilflich sein bei der Flucht. Ebenso handeln auch die Bediensteten in Gefängnissen. Beide aber stehen nur jemand bei, von dem sie denken, er sei schuldlos oder zumindest sehr schlecht behandelt worden. Wir stellen uns vor, dass Hilfe eine Hilfe zur Sicherheit am Ort sein muss, da jeder Mensch das Recht auf Wohnung und Sicherheit dort besitzen sollte, wo er sich aufhalten möchte. Das ist eine Vorstellung aus den Gesellschaften der westlichen Welt, die auch hier nicht überall durchsetzbar ist. Auch hier kennt man Diskriminierung und Mobbing in nahezu allen gesellschaftlichen Bereichen.

Dass Beamten ihn aus dem Gefängnis entlassen, kann auch eine ganz reguläre Entlassung gewesen sein, die der Betroffene nur als Maßnahme der heimlichen Zuwendung interpretiert, weil er sich ungerecht behandelt und bedroht fühlt. Dass ein Fischer, bei dem er unterschlüpfen konnte und dem er geholfen hat, ihn auf ein Schiff schmuggelt, das nach Polen fährt, ist auch ein wenig ausgeschmückter Teil der Geschichte. Warum sollte das so nicht gewesen sein?

---

[213] Dazu in Auswahl: Bernstein, Basil, Soziokulturelle Determinanten des Lernens, in: Weinert, Franz, Pädagogische Psychologie, Köln, Berlin: Kiepenheuer & Witsch, 5. Aufl. 1970, 346-371. Der Beitrag wurde aus dem Englischen übersetzt und bereits 1959 an anderer Stelle veröffentlicht. Der Aufsatz enthält eine siebenseitige Bibliographie. Die Unterscheidung von formaler und öffentlicher Sprache bezieht sich hier auf die (schulischen) Bildungsmöglichkeiten bei unterschiedlichen Schichtzugehörigkeiten. Oevermann, Ulrich, Schichtenspezifische Formen des Sprachverhaltens und ihr Einfluß auf kognitive Prozesse, in: Roth, Heinrich, Hg., Begabung und Lernen, Stuttgart 1969.

Inhaltlich auffällig ist in dieser Erzählung allein das Fehlen einer Schilderung, was er als Teil einer „für Sicherheit zuständigen Gruppe" zu tun hatte und ob vielleicht daraus ein Grund für die Verhaftung durch die Polizei erwachsen war. Wenn man das Wort „Sicherheit" in einem solchen Umfeld benutzt, könnte einiges an körperlicher Gewaltanwendung dahinterstecken.

Die Erzählung kommt von einem Menschen, der mündlich „oral" lebt und in einem restringierten Code kommuniziert. Deutlich wird dies schon an den Einlassungen der beiden anderen Männer aus Ghana. Der eine spricht über die Sozialstruktur in Ghana in einer Form, die dem elaborierten Code unserer Provenienz genügt. Er schildert für unsere Ohren angemessen die sozialen und politischen Probleme in einem Satz. Der andere erläutert, welch riesige Bewegung zur Migration in begüterte Regionen der Welt herrscht. Damit erklärt er, warum und wie viele seiner Landsleute mit allen Mitteln emigrieren wollen und welche Schande und Not den abgeschobenen Rückkehrern droht. Gleichzeitig liefert er noch eine Sichtweise Europas mit: Wenn man dort ins Gefängnis kommt, muss man wohl ein Verbrecher sein – das heißt soviel wie: Dort herrscht Gerechtigkeit. Man kommt nicht ohne eigene Schuld unter die Räder. Unausgesprochen steht dahinter: Bei uns herrscht sie nicht und man kommt schon mal ohne eigene Schuld ins Gefängnis.

Der elaborierte Amtscode in einem westlichen Land braucht völlig andere Angaben, um sie für einen Nachweis der politischen Verfolgung zu halten: ‚Ich habe am ... gegen folgende Punkte in der Regierungspolitik demonstriert.... Dabei ging die Polizei gegen uns mit grober Gewalt vor. Der Bericht aus der Tageszeitung und aus den Fernsehnachrichten kann unter *www.daily.telegraph-accra.com* heruntergeladen werden. Wir selbst haben gewaltlos demonstriert. Meine Partei ist die soziale Gerechtigkeitspartei. Der Vorsitzende heißt ... und wurde vom Staatsgerichtshof zu zwanzig Jahren Gefängnis verurteilt – wegen Beleidigung des Präsidenten. Mir selbst hat der Wachtmeister X von der Staatspolizei mit längerer Haft gedroht, wenn ich mich noch mal auf der Straße blicken lasse. Ich werde von der Polizei bedroht, sobald ich irgendwo auftauche. Meinen Ausweis haben sie mir abgenommen.'

Der Einwand des Beurteilers, wenn jemand sich für seine Freilassung eingesetzt hätte, hätte man ihn auch in Sicherheit gebracht, richtet sich gegen sich selbst. Er wurde in Sicherheit gebracht durch diese Entlassung, indem ihm die Möglichkeit geboten wurde, auf eigene Faust das Land zu verlassen, das ihm keine Sicherheit bieten kann.

Im diesem Asylverfahren treffen zwei verschiedene Kommunikationssysteme aufeinander, ein restringierter oral ausgerichteter Code aus einer ländlich strukturierten Gesellschaft, einfach und ohne schmückendes Beiwerk, und ein elaborierter Amtscode einer postmodernen und demokratischen Dienstleistungsgesellschaft, der zusätzlich noch der juristischen und / oder verwaltungstechnischen Fachsprache entstammt. Das Verständnis zwischen beiden ist sehr schwierig, wenn nicht unmöglich. Sender und Empfänger liegen auf verschiedenen Frequenzen. Auf der einen Seite liegt die Entscheidungsbefugnis, die Macht. Diese Seite empfindet die Schilderung der anderen als wenig substantiiert, nicht detailliert und daher aus der Luft gegriffen. Anders als in der oralen Gesellschaft wird diese Entscheidung auch schriftlich mit vielen Begründungen aus den ausgefeilten Interpretationstexten zum Asylrecht niedergelegt.

Diese Formen der Veränderung von Sachverhalten in verschiedenen Fachsprachen sind aus Justiz und Verwaltung durchaus nicht unbekannt. So weist Eva-Holle Löhr darauf hin, dass im Wege eines Justizverfahrens aus einer Schlägerei nahezu ein anderer Sachverhalt wird. Denn die Schlägerei war ein Akt von fünf Minuten. Zunächst berichtet die Presse darüber unter der Überschrift, dass die Gewaltkriminalität stetig zunimmt. Dann ergeht über den Tatverdächtigen ein Verhör durch Polizei und Staatsanwaltschaft, bis der Vorgang mehreren Paragrafen des Strafgesetzbuches ähnelt, die daraufhin in der Anklageschrift auftauchen. Vor Gericht zählt kaum noch, was der Tatverdächtige gedacht hat oder nicht, sondern nur noch die Tatsache, dass eine Schlägerei Körperverletzung ist. Warum dann die Urteile im einen und anderen Fall erheblich differieren, leuchtet den Verurteilten nicht mehr ein.

b) Definitionsmacht

Beim ersten Abschiebungsversuch entsteht ein weiterer Wahrnehmungsgegensatz. War es passiver Widerstand oder ein Fehler in den Papieren, den der Pilot der Maschine nach Tunis feststellte? Dieser aber beruht nicht auf verschiedenen Codes. Hier könnte die „objektive" Richtigkeit der Angaben leicht nachrecherchiert werden. Die Verschiedenheit der Wahrnehmungen beruht nicht auf verschiedenen Sachverhalten. Es gibt lediglich verschiedene Interpretationen der Tatsache, dass Mandela nicht in das Flugzeug nach Tunis stieg oder steigen konnte. Allerdings hängt von diesen verschiedenen Interpretationen ab, ob der Mann in Haft bleibt oder nicht. Wenn in der Tat die fehlende Durchreisegenehmigung für Tunis das Problem gewesen sein sollte, wäre nicht Mandela, sondern die Behörde für den Fehler verantwortlich. Dann hätte die Haftentscheidung der Gerichte vielleicht anders ausgesehen.

Die verschiedene Interpretation des Sachverhalts könnte auch auf verschiedene Informationsstände zurückgehen. Möglicher Weise hat der Pilot nur Mandela den Grund genannt, worauf dieser nicht in das Flugzeug stieg. Für die begleitenden Beamten hätte es dann seine Weigerung sein müssen. Warum er das nicht aufklären konnte, kann in der heiklen Situation begründet liegen, in der sich die Begleiter und der Abzuschiebende befinden. Hier entscheidet die Definitionsmacht der Staatsdiener.

c) *Wahrheit und Altenativen*

Inhaltlich von Interesse ist all das, was der Betroffene nicht erzählt. Es kommt nichts über die Kosten einer geschleusten Reise einschließlich Papiere und Visa. Er spricht nicht davon, dass er eine Familie zu Hause ernähren muss. Er sagt nichts über seine Vorstellungen eines demokratischen Landes. Er berichtet nicht davon, dass er über Europa gehört hat, man bekommt hier Geld, ohne zu arbeiten. Er sagt nicht, er habe dieses oder jenes Zielland vorher ausgewählt wegen irgendeiner besonderen Nähe oder Eigenschaft, oder weil er da jemand kennt. Er breitet keine Zukunftsvorstellung aus, die da heißt, er wolle hier arbeiten und leben. Sein einziges Ziel schien zu sein, aus seiner Umgebung, wo er sich bedroht fühlt, wegzukommen. Irgendwelche Mittel, sich schleusen zu lassen, hätte er als Tagelöhner nicht gehabt. Beziehungen zu Europa, wo eventuell „Kredite" herkommen könnten oder eine Familie, die für die Finanzierung der Reise Güter verkaufen könnte, hat er nicht. Außerdem ist er bereits 38 Jahre alt und zum ersten Mal in Europa unterwegs. Dass die Partei so jemand aus einem Dorf im Nordwesten ins Exil schickt, erscheint eher unwahrscheinlich. Er sucht Schutz, den er zu Hause nicht bekommt. So unwahrscheinlich klingt die Geschichte nicht, wenn man sie auf ihren dürren Inhalt konzentriert.

Weitere Aussagen, etwa, dass die Zentralregierung in bestimmten Gegenden keine Macht besitzt und dadurch im Bezug auf die nationale Gesetzgebung nahezu gesetzlose Zustände oder die selbstgemachten Gesetze von Cliquen herrschen, erscheinen durchaus realistisch. Zudem werden Männer oder Menschen ohne Landbesitz in solcher Gegend wenig Möglichkeiten haben, sich politisch zu betätigen, ohne mit den Strukturen ins Gehege zu kommen. Es spricht einiges dafür, dass die Geschichte gerade so gelaufen ist, wie sie erzählt wurde: Aus verhältnismäßig nichtigem Anlass, oder weil einer der Landarbeiter auf einmal meint, sich politisch betätigen zu müssen, ist plötzlich seine Existenz vernichtet. Unter diesen Umständen kann man nicht nach Hause zurückkehren. Niemand kann dort für Sicherheit garantieren, so lange die Zentralmacht keine Rechtssicherheit zu schaffen in der Lage ist, insbesondere auch für ihre kleineren Gegner.

Für den Weg, den Mandela schildert, gibt es keine andere Bezeichnung als Flucht. Die Aktionen unterliegen keiner Planung, sie folgen zufällig aufeinander und führen zu einem zufälligen Ziel. Die einzige Frage ist, ob es sich um eine „politisch korrekte" Flucht handelt oder um eine aus persönlicher Existenz - Angst und mangelnden Fähigkeiten, damit umzugehen. Die Begründung für die Ablehnung des Asylantrages spricht der Geschichte die konkrete Wahrheit ab. Daher muss sie auch nicht entscheiden, die Flucht als politisch oder persönlich grundiert anzusehen. In der Kommunikationsform, die Mandela geliefert hat, spricht vieles dafür, dass es seine Wahrheit ist, zu der er aus seiner Beobachtung seiner Welt gekommen ist. Solche Wahrheiten sind nicht an unser westliches Kommunikationssystem angeschlossen oder anschließbar. Hier muss es möglich sein, die subjektive und die objektive Seite einer Sache zu unterscheiden. Im Falle der subjektiven Zuordnung läge es nahe, eine psychische Schwäche zu konstruieren, die eine derartige psychische Reaktion auf einen Gefängnisaufenthalt hervorruft. Die objektive Seite wäre eine Verurteilung wegen irgendeiner gesetzeswidrigen Handlung, die aber nichts mit politischer oder anderer Verfolgung zu tun hat. Für die Flucht, die dann keine mehr wäre, gäbe es damit keine Begründung außer dem Willen, bessere Arbeit oder was anderes zu finden.

Wenn die Geschichte Mandelas für unglaubwürdig gehalten wird, welche Alternativen zur Erklärung seiner „Flucht" gibt es dann? Man müsste dann voraussetzen, Mandela sei mit allen Wassern gewaschen. Er wisse, dass man in Deutschland einen politischen Grund braucht, um Asyl zu bekommen. Er stellt sich mit Absicht als einen etwas einfältigen Landarbeiter dar, der unschuldig ohne Grund verfolgt und ins Gefängnis gesteckt wird. In Wirklichkeit ist er entweder ein politischer Aktivist, der mit Gegnern bösartig oder gewalttätig umspringt, und daher zu Recht verfolgt wird. Oder er wurde wegen irgendwelcher Delikte verurteilt und kann sich daher in seinem Dorf nicht mehr sehen lassen. Die Entlassung aus dem Gefängnis war Ergebnis einer Bestechung. Beim ersten Abschiebungsversuch weiß er ganz genau, dass Leute, die sich in Paris durch passiven Widerstand wehren, von den Piloten nicht nach Afrika mitgenommen werden. Ein Hinweis auf die Möglichkeit, Mandela so zu interpretieren, könnte aus der einmaligen Benutzung eines Aliasnamens erwachsen. (Er selbst protestierte energisch gegen die Behauptung, er habe einen falschen Namen benutzt. Es handle sich lediglich um verschiedene Schreibweisen.) Wäre Mandela in der Lage, sich eine solche Geschichte auszudenken, dann wäre er auch in der Lage gewesen, diese mit mehr scheinbar genauen Fakten und tatsächlichen Namen zu garnieren.

Allerdings bleibt eine Unsicherheit dieser Einschätzung bestehen. Mandela kann in erstaunlich klarer Weise die Gegensätze der politischen Verhältnisse zwischen Stadt und Land beschreiben. Diese werden von anderen bestätigt, es handelt sich also um eine allgemeine Sichtweise in Ghana. Diese wäre dann auch der eher oral ausgerichteten Landkultur zugänglich.

Die Einordnung seiner Erzählung in die Metaerzählung vom großen Exodus nach Europa mag nicht so recht gelingen. Dazu fehlt in seiner Geschichte die Zukunftsvorstellung vom Leben mit Arbeit und in Sicherheit in der Zielregion. Für die bloße illegale Einreise hätte auch eine Geschichte ohne Gefängnishintergrund ausgereicht.

Zur weiteren Erhellung der Interpretationsmöglichkeiten soll jetzt ein weiterer Fall dienen, bei dem es auch um eine Flucht auf dem Hintergrund einer gerichtlichen Verurteilung geht.

B) *Flucht aus Angst vor Lynchjusitz (Interview 51)*

1) Interview

Palästinenser, 30 Jahre

1993 – 1999 Studium der Informatik in der Ukraine. Danach hat er noch bis 2003 dort gelebt. Er war in der Ukraine verheiratet und hat eine Tochter. Die Ehe ist jedoch geschieden worden. Nach der Scheidung ist er nach Palästina zurückgekehrt.

Kurze Zeit später reiste er nach Holland und stellte dort einen Asylantrag, der aber abgelehnt wurde. Er war dort in Abschiebungshaft, aus der er mit der Auflage entlassen wurde, Holland zu verlassen. Er reiste nach Deutschland, von wo er nach Holland zurückgeschoben wurde. Der Vorgang wiederholte sich. Danach reiste er erneut nach Deutschland ein und stellte einen Asylantrag, der jedoch die Abschiebungshaft nicht verhinderte.

Seine Familie in Gaza setzt alle Hoffnung auf ihn. Sein Vater hat das Studium in der Ukraine finanziert, damit er später die Familie zu Hause unterstützen kann. Daher fühlt er sich unter schwerem psychischem Druck, die Familie jetzt auch wirkungsvoll zu unterstützen.

Der Grund, warum er sich so hartnäckig um Asyl in Europa bemüht: Er wurde in Palästina einer Vergewaltigung verdächtigt (oder angeklagt). Das führt in seiner Heimat dazu, dass er eines Tages von Landsmänner umgebracht wird – so seine Aussage -, egal, ob er von einem Gericht schuldig oder frei gesprochen wird. Daher ist er untergetaucht und geflohen. (Gespräch auf englisch)

2) Auswertung

Im Gegensatz zu der Geschichte von Mandela bedarf es hier keines Nachdenkens über das Aufeinandertreffen verschiedener Sprach- und Denkkulturen. Der Informatiker benutzt den gleichen Sprachcode wie andere Leute, die ein Studium hinter sich haben. Zudem muss über Palästina (angeblich oder tatsächlich) nichts mehr erzählt werden. Diese Region ist via Nachrichten in den Medien weltbekannt. Alles was dort geschieht, wird besonders in Europa und insbesondere in Deutschland mit großer Aufmerksamkeit verfolgt. Die Erzählung über seinen Werdegang bedarf keiner Nachfragen. Man kann sich vorstellen, was es bedeutet, dass sein Vater das Studium in der Ukraine finanziert, mit der Absicht, die gesamte Familie in eine bessere Zukunft zu führen. Das familienbezogene Denken wäre wahrscheinlich in Europa nicht in gleichem Maße ein Motiv für die Aufwendungen zum Studium. Dass eine Ehe geschieden wird und dann der ausländische Teil in sein Herkunftsland zurückkehrt, scheint auch nicht besonderer Interpretation zu bedürfen, obwohl eine Rückkehr nach Gaza angesichts der dort gegebenen Möglichkeiten der Arbeit und der politischen Probleme durchaus keine übliche Rückkehr sein kann. Die weitere Entwicklung muss dann als dramatisch bezeichnet werden. Ein hoffnungsvoller Sohn, der die Familie in eine bessere Zukunft führen soll, gerät in extreme Schwierigkeiten.

Die Vergewaltigungsgeschichte dient als Fluchtgrund. Dabei geht es nicht um die Verfolgung durch die Justiz, sondern um die Verfolgung durch „Landsleute", genauer gesagt um die Angst vor Lynchjustiz. Das Problem dieser Schilderung der Fluchtgründe liegt darin, dass es bei der nichtstaatlichen Verfolgung und Bedrohung dieser Art um nicht genau definierbare Urheber der Verfolgung geht. Hätte er Asyl beantragt mit dem Grund, dass ihm in Palästina die Todesstrafe durch ein ordentliches Gericht droht, ergäbe dieses zumindest ein Abschiebungshindernis. Die unbestimmte Angst um sein Leben aufgrund einer noch gar nicht zur Verurteilung fortgeführten Anklage oder Anzeige wegen Vergewaltigung mag durchaus aufgrund kultureller oder traditionaler Verhaltensweisen berechtigt sein. Der Flüchtling hat sich nicht geäußert, ob der Vorwurf zurecht besteht oder nicht. Kann sie aber dazu dienen, in Europa Asyl zu erhalten?

Dass die Geschichte erzählt wurde, wie sie erzählt wurde, dass sie auch keinem kulturellen oder schichtspezifischen Sprachgebrauch zugeordnet werden muss, führt dazu, sie als so gegeben und empfunden anzunehmen. Warum sollte jemand eine solche Geschichte erfinden, um in einem anderen Land Schutz zu finden? Eine Vergewaltigung als Fluchthintergrund stimmt kein Aufnahmeland gnädig. Die Angst vor der Lynchjustiz könnte als Element in die Erzählung eingefügt sein, um Palästina als Land zu kennzeichnen, in dem man sich nicht unter den Schutz des Staates stellen kann, jedenfalls nicht in dieser Situation. Daher müsste der Betroffene hoffen, solche Rechtsunsicherheit könnte ihm die Türen in Europa öffnen, weil in Palästina sein Leben in unrechtmäßiger Weise in Gefahr ist. Darauf ließe sich die Europäische Flüchtlingskonvention jedoch in Wirklichkeit aufgrund des Art 1 F b)nicht anwenden, da ein schweres Verbrechen außerhalb des Aufnahmelandes vorliegt.

So kann man auch hier davon ausgehen, dass die Geschichte nicht erfunden ist, weil sie dem Betroffenen keine Verbesserung seines Status in Europa eröffnet.

Zusammenfassung von A) und B)

Die beiden geschilderten Fälle von Abschiebungshäftlingen zeigen verschiedene Merkmale der Migrationsproblematik. Beide aber können mit dem Begriff Flucht gekennzeichnet werden. Beide male bleiben die Verfolger diffus, jedenfalls ist es nicht eindeutig die Staatsmacht oder eine Partei des Staates. Beide sind der Meinung, sie könnten sich in ihrem Land nicht gegen Übergriffe schützen. Interview 51 macht den Eindruck einer sehr überlegten Handlung, während Interview 87 den Bloß-Weg-Aspekt ausbreitet. Die Kommunikation mit dem Aufnahmeland läuft bei Interview 87 auf völlig verschiedenen Kanälen, bei Interview 51 synchron.

Die Frage bei der Entscheidung für Aufnahme und Schutz lautet, ob beide anders hätten handeln können. Im ersten Fall wäre ein Leben in anderen Regionen Ghanas (aus europäischer Sicht) durchaus vorstellbar, im zweiten erscheint das Ausweichen z.B. auf die „westbank" schwieriger. Im ersten Fall muss die Verfolgung, so sie denn eine ist, als ungerechtfertigt bezeichnet werden, im zweiten ist sie die Folge einer verbrecherischen Handlung, wobei Lynchjustiz keinesfalls als gerechtfertigt angesehen wird. Beide Männer versuchen ein Problem, in das sie durch sehr unterschiedliche eigene Handlungen gekommen sind, durch Flucht zu lösen. Dieses wird sich in den folgenden Auswertungen als häufiges Motiv für Migration herausstellen.

C) Flucht vor der Justiz

Zwei Fluchtgeschichten entpuppen sich am Ende als Flucht vor der Justiz des Herkunftslandes. Auch bei diesen gibt es unterschiedliche Nuancen.

1) Interview 96

Türkei, 1967. Er spricht nicht deutsch. Ein anderer Türke übersetzt.

Er kommt aus dem Osten der Türkei. Er ist Kurde. Er hat seit 2001 eine abenteuerliche Irrfahrt hinter sich, die die Qualitäten der Flucht erfüllt. Sein Asylantrag in Deutschland wurde abgelehnt. Da fuhr er nach Frankreich, wo er „von der Kirche" einen Ausweis bekam, mit dem er sich ein Jahr dort aufhalten durfte. (?) Als dieses Jahr zu Ende war, reiste er nach Syrien, in das dortige Kurdengebiet. Dort sah er sehr schnell, dass das kein Leben war. Da machte er sich mit Autos wieder auf die Reise nach Europa. An den Grenzen legte er sich in den Kofferraum. So kam er, ohne entdeckt zu werden, nach Schweden. Sein dortiger Asylantrag wurde nicht entgegengenommen, nachdem er als Asylbewerber in Deutschland identifiziert war. Er bekam wie in Schweden üblich die Gelegenheit zur Ausreise. Diese nutzte er, um nach Dänemark zu kommen. Dänemark aber schickte ihn nach Deutschland. Hier kam er nach der Rücküberstellung in Abschiebungshaft.

Der Grund seiner Flucht ist die Angst vor einer zwölfjährigen Haftstrafe in der Türkei. „Es gab einen Vorfall, bei dem eine Frau umgekommen ist." Sein Kumpel sitzt deswegen schon sechs Jahre im Gefängnis und er ist abgehauen, weil er fürchtete, dass ihm dasselbe passiert.

Er möchte natürlich auf keinen Fall zurück, weil er dann ins Gefängnis muss, so glaubt er.

Zur Interpretation ist hier nicht viel zu sagen. Der „Vorfall" mit Todesfolge setzt eine etwas abenteuerliche Flucht in Gang, bei der das schon erwähnte „Bloß-Weg-Prinzip" die Wege lenkt. Die Idee aber, mit dieser Geschichte Asyl zu bekommen, ist ebenso abenteuerlich. Andererseits muss niemand behaupten, er könne nicht verstehen, dass jemand vor einer Haftstrafe wegläuft. Wahrscheinlich gibt es in einem Gefängnis in der Türkei noch weniger zu lachen als in einem in Westeuropa. Wenn bei dem „Vorfall" eine Frau umgekommen ist, entspricht leider die Erwartung von zwölf Jahren Haft der normalen Realität überall auf der Welt. Die Kommunikation bedarf keiner weiteren Nachhilfe.

2) Interview 91

Algerien, 1972. Nachdem er lange auf Algerien als Herkunftsland beharrt hatte, bekam der BGS auf seine Nachforschung eine positive Antwort aus Tunesien. „Alle Achtung, Deutschland!", war seine Reaktion. Dies ist zu verstehen auf dem Hintergrund seiner „Europageschichte": Acht Jahre Italien. Dort hat er – schwarz? – gearbeitet, zunächst mit seinem ganz normalen Ausweis aus Tunesien. Als dieser abgelaufen war, „versäumte" er, rechtzeitig einen neuen zu beantragen, oder wollte es nicht, wegen seiner Geschichte. Nach acht Jahren in ganz Italien wurde er verhaftet (warum?). Jedenfalls verfügte der Richter seine Ausweisung. Statt nach Tunesien ging er in die Schweiz. Dort saß er sechs Monate in Abschiebungshaft. Da aus Algerien keine Papiere zu bekommen waren, wurde er entlassen, lebte zwei Jahre in Belgien (bei einer Belgierin, die er aber nicht heiraten wollte), kam dann dort vier Monate in Abschiebungshaft, wurde aus demselben Grund wieder entlassen, ging nach Holland. Dort acht Monate in Abschiebungshaft. Dann Entlassung mit der Aufforderung, das Land zu verlassen. Auf der Reise nach Skandinavien wurde er in Puttgarden festgenommen. Vier Monate Abschiebungshaft in Deutschland.

Nach Aufdeckung seiner Identität, bat er um die Möglichkeit, seine Mutter anzurufen. Die Mutter erschrak sehr, so schien es, als er sich nach neun Jahren wieder meldete. Denn er legte auf und ließ übersetzen, dass die Mutter eine Art Zusammenbruch hatte. Als er nach zehn Minuten wieder anrief, war sie wieder in der Lage, mit ihm zu sprechen. Seine Angst vor einer dreijährigen Haftstrafe sei unbegründet, da der Präsident inzwischen eine Amnestie erlassen habe. Das bewegte ihn, zu sagen, er wolle jetzt schnellstmöglich nach Hause. Das ist offenbar auch möglich.

Er habe aus Italien einhunderttausend Euro nach Hause geschickt

Familie: fünf Brüder, drei Schwestern, alle sind verheiratet und haben Kinder. Er selbst hat vor 1992 in der „Schuhfabrik" seines Bruders gearbeitet. Sein Vater ist gestorben, als er vier Jahre alt war.

Wahnsinnsgeschichte. Die Haftstrafe in Tunesien soll die Ursache für diese ganze Fluchtgeschichte sein. Er behauptet, die dreijährige Haft sei aus einer

*‚unerlaubten Beziehung' zu einer gesellschaftlich höhergestellten Tochter ent-
standen. Der Vater des Mädchens habe ihn zwei Jahre nach Beginn der Beziehung wegen „Verführung" (=Vergewaltigung) gegen den Willen seiner Tochter
angezeigt.*

*Wenn man in Tunesien ohne Ausweis angetroffen wird, bekommt man beim
ersten Mal eine Geldstrafe, beim zweiten Mal Gefängnis. Dieses so lange, bis
ein Ausweis fertiggestellt ist. Die Geldstrafe wird dann auch erhöht.*

Zum Interview 91 folgt noch ein Ausschnitt aus dem gerichtlichen Protokoll:

„Die im Antrag des BGS genannten Personalien sind die richtigen. Wenn mir
gesagt wird, dass diese nicht mit den bei den niederländischen Behörden ange-
gebenen übereinstimmen, ist das richtig. Dort habe ich falsche angegeben, an
die ich mich jetzt aber nicht erinnern kann.... Die Angaben, die ich gegenüber
dem Bundesgrenzschutz gemacht habe, stimmen nur zum Teil. Ich bin schon
vor etwa 9 Jahren von Algerien kommend zunächst nach Tunesien, dann über
Italien, Frankreich und Belgien nach Holland gereist. Zwischen Belgien und
Holland bin ich dann ständig gependelt. Gestern bin ich aus Brüssel kommend
mit dem Zug nach Deutschland eingereist. Ich hatte zuletzt in Brüssel gelebt,
aber dort keinen festen Wohnsitz. Ich wollte zunächst über Kopenhagen nach
Schweden oder Norwegen gelangen, um dort zu leben. In Belgien, der Schweiz
und den Niederlanden habe ich jeweils bereits einen Asylantrag gestellt, der
aber in allen Fällen abgelehnt worden ist. Deshalb wollte ich jetzt nach Skandinavien, um es dort zu versuchen. Bereits in Tunesien habe ich für einen Schleuser bezahlt, ich weiß aber nicht mehr wieviel. Ich bin es leid, immer nur abgeschoben zu werden. Personaldokumente besitze ich nicht. Einen Asylantrag
möchte ich in Deutschland nicht stellen."[214]

3) Auswertung

Auch in diesem Fall ist die Auswertung relativ einfach, weil es sich nicht um
verschiedene Denk- oder Sprachsysteme handelt. Die jahrelange Flucht soll aus
der Angst vor einem Gefängnisaufenthalt entstanden sein. Um durchzuhalten
hat der Betroffene seinen Herkunftsstaat nach Algerien verlegt, wohl in dem
Wissen, dass die Abschiebung dorthin weniger leicht ist als nach Tunesien. Die
erste Verurteilung in Italien muss wohl mit einer Ausweisung geendet haben.
Warum sonst hätte er Italien verlassen, von wo er doch – seiner Aussage nach –
seine Familie unterstützen konnte. Er lebte in seinem Herkunftsland als Mitglied einer großen Familie offenbar nicht schlecht und hatte Arbeit. Niemand
sonst aus seiner Familie ging ins Ausland. Sie gehören wohl zur Mittelschicht.

Seine Fluchtgedanken entsprangen einer Situation, von der er glaubte, er könne
keine Gerechtigkeit in seinem Land erwarten. Er interpretiert die Anzeige we-

---

[214] Amtsgericht Oldenburg i.H., Gesch.Nr.: 20b XIV 147/04 B.

gen Vergewaltigung folgendermaßen: Der Vater seiner Freundin wollte nicht, dass seine Tochter mit jemand aus einem „niedrigeren Stand" zusammen war. Die Familie seiner Freundin gehörte zu den „Oberen" und „Einflussreichen". Daher dachte sich der Vater plötzlich diese Geschichte aus. Zur Interpretation konnte ich jemand befragen, der Tunesien in den siebziger Jahren verlassen musste, aber inzwischen deutscher Staatsbürger ist (Interview K 2). Solche Reaktionsweisen, um unliebsame Geliebte der Kinder loszuwerden, hielt er für durchaus denkbar. Damit wäre erklärt, wie der Betroffene zu der Einschätzung kommt, die ihn in die Flucht trieb. Der Vater seiner Freundin konnte mithilfe des Justizapparates seinen Willen durchsetzen und er konnte sich nicht wehren. Erlittene Ungerechtigkeit mit einem Urteil, welches das künftige Leben in einem Land, in dem solche Urteile möglich sind, sehr erschwert, ist zwar keine politische Verfolgung, aber doch ein erheblicher Schaden. Die weitere Frage würde dann aber lauten: Warum versucht jemand in dieser Situation nicht, „legal" auszuwandern. Warum nimmt er lange Jahre des Versteckens auf sich, Abschiebungshaft hier und dort und dauernde Unsicherheit gegenüber den Polizeien in allen Ländern? Gibt es die Möglichkeit des legalen Auswanderns überhaupt? Berichte aus Tunesien lassen Zweifel daran aufkommen, ob es die Chance auf Recht für alle geben kann. „Nur wenige Länder der Welt weisen so krasse Gegensätze zwischen Fassade und Innenleben auf wie Tunesien. Wer unter den zahlreichen Touristen, die über die Avenue Bourgiba schlendern, den Korso im Zentrum von Tunis, käme darauf, dass - statistisch gesehen - jeder Zehnte unter den tunesischen Flaneuren für die Polizei arbeitet?"[215] Unter solchen Auspizien liegt die Vorstellung nicht fern, dass man mit der Justiz auch unliebsame Menschen aus dem Weg schaffen kann. Sollte man von irrationalem Handeln sprechen, von einem Weg, der nicht mehr zurückführte, nachdem er einmal irrational und irregulär begonnen war? Oder wäre der Versuch der Auswanderung unter diesen Umständen nicht verständlich und logisch?

Im gerichtlichen Protokoll liest man schließlich noch von einem Schleuser aus Tunesien. Das würde den Weg ohne Rückkehr ein wenig erklären. Wenn man schon beginnt, mit gekaufter Identität zu reisen, ist es nicht so leicht, ohne zusätzlichen weiteren Schaden wieder in das Land zurückzukehren, das man illegal verlassen hat.

---

[215] Thörner, Marc, Der Zensor liest mit Meinungs- und Pressefreiheit in Tunesien, 15.11.200,5 18:40 Uhr, http://www.dradio.de/dlf/ sendungen/hintergrundpolitik/438482/. Hier wird auch von Folter in den Gefängissen des Landes berichtet.

D) Spezialfall Kosovo / Exjugoslawien

1) Interview 62, Kosovo, geboren 1978

„Im Alter von 15 Jahren ist er mit seinen Brüdern nach Deutschland gekommen, um dem Krieg zu entfliehen. Zu Hause hatte er acht Jahre Schulbesuch hinter sich, also die Grundausbildung. In Deutschland verbot ihm das Ausländeramt weiteren Schulbesuch. Er arbeitete fünf Jahre bei einer kleineren Firma als Elektriker. 2001 wurde er im Rahmen der Rückführung der Kosovo - Flüchtlinge abgeschoben. Im Kosovo konnte er einen Imbiß aufmachen, der auch so gut lief, dass er sogar noch einen Mitarbeiter beschäftigen konnte. Eines Tages kam ein Mann, der nur da saß, aber nichts bestellte. Als dieser mehrmals kam, fragte er ihn, was er will. Der erkundigte sich nach seinem Namen, bzw. ob das und das sein Name sei. Als er bejaht hatte, wurde ihm eröffnet, es sei noch für mehrere Jahre UCK - Steuer fällig. Der „Freundeskreis" UCK wolle das jetzt kassieren: 14.000 Euro. Zunächst glaubte er an einen Witz. Doch jetzt kamen verschiedene Männer, damit man sie nicht erkennt. Er erkundigte sich bei Menschen, denen er vertraute, was da zu machen sei. Es hieß auch von der Polizei, da helfe nur bezahlen. So wollte er über Ratenzahlung verhandeln. Da wurde ihm ein Ultimatum gestellt, das Mitte September ablief. Weil er nicht plötzlich tot sein wollte, entschloss er sich zur „geschleusten Reise" nach Skandinavien.

Mit zwei anderen fand er jemand, der 1.800 Euro für den Dienst der Fahrt nach Skandinavien verlangte. Der wollte Vorauszahlung, bekam sie aber nicht, obwohl er unter seinem Mantel zum Zeichen der Klarheit eine Kalaschnikow hervorholte und darauf hinwies, dass mit ihm ohnehin nicht zu spaßen sei. Der Schleuser nahm den Männern, die mit ihm fuhren, die Ausweise ab und fuhr mit ihnen in Richtung Skandinavien.

Vor der dänischen Grenze überkam den jetzigen Abschiebungshäftling die Angst. Er verhandelte mit dem Schleuser um die Herausgabe der Papiere und bekam sie schließlich gegen 700 Euro. Dann ging er dahin, wo er vorher gelebt hatte und wo auch seine Freundin wohnt. Der Antrag auf Asyl wurde ohne Umschweife abgelehnt, obwohl er darum bat, nur für 3 Monate Asyl zu bekommen. Dann hoffte er auf eine neue Regierung nach den Parlamentswahlen im Kosovo, die endlich die bereits vorhandenen Gesetze durchsetzt und die mafiosen Zustände beseitigt. Dann würde er sofort wieder zurückkehren.

Seine Freundin war schon einmal im Kosovo. „Aber dort hat sie vor lauter Angst die ganze Zeit nur gezittert."

2) Interview 29, Interview 30

Kosovo, 29 und 26 Jahre, Brüder. „Der Vater der beiden wohnt im Kosovo. Er hat dort ein Zimmer. Mehrere weitere Geschwister leben auch noch im Kosovo.

*Der ältere Bruder hat eine Familie mit drei Kindern, die bei der Verwandt-
schaft untergekommen sind. Er hat 1991 in Deutschland Asyl beantragt und
wurde 1992 abgeschoben. 1993 beantragte er Asyl in Holland und wurde von
dort 1997 abgeschoben.*

*2003 stellten beide Brüder einen Asylantrag in Luxemburg. Von dort aus waren
sie in Deutschland unterwegs. Bei der Verhaftung wurde ihnen je ca. 2000,--
Euro abgenommen. Dieses Geld war von der Familie im Kosovo als „Reisegeld" zusammengetragen worden.*

Beide haben keine Ausbildung.

*Der Grund für die Migrationsversuche: Wohnungen sind im Kosovo sehr teuer,
daher haben beide Wohnungsprobleme. Das eigene Haus der Familie liegt auf
der serbischen Seite. Man bekommt nur 57,-- Euro Sozialhilfe im Monat. Durch
Arbeit kann man höchstens 200 Euro im Monat verdienen, wenn man überhaupt welche bekommt."*

3) Auswertung

Die beiden Interviews zeigen verschiedene Aspekte der Situation im Kosovo.
Beide stehen stellvertretend für das, was den erneuten Versuch auslösen kann,
in Westeuropa unterzukommen. Im Fall a) vernichtet das mafiaähnliche Wirken
der Nachfolgeorganisation der UCK eine Existenz. Der Betroffene kann sich
nicht dem Schutz seines Staates unterstellen. Beweisbar ist die Erpressung und
Drohung nicht. Die Staatsorgane, die eigentlich Sicherheit bieten sollen, sind
hilflos. Die geschleuste Reise ist deshalb notwendig, weil eine Abschiebung die
Rückkehr nach Deutschland unmöglich macht. In Skandinavien – so ein Ge-
rücht, auf das man in der Not gerne zurückgreift – soll es bessere Möglichkeiten geben. Die Umstände dieser Schleusung erscheinen mehr als dubios. Der
Schleuser tut nichts weiter, als sein Fahrzeug zur Verfügung zu stellen und als
Chauffeur tätig zu werden – sowie mit Gewalt zu drohen. Damit trägt er dem
Umstand Rechnung, dass die Kontrolle von Privatfahrzeugen im Schengenraum
sehr viel seltener stattfindet als bei einer Reise mit öffentlichen Verkehrsmitteln. Der Betroffene bricht die Reise nach Skandinavien ab, weil er sich in
Deutschland gut auskennt und seine Freundin hier wohnt. Nach der Eheschließung wird er aus der Abschiebungshaft entlassen. Es ist eigentlich absurd, dass
man für diese Art von Verfolgung – besonders wenn man sechs Jahre in
Deutschland gelebt hat und fließend deutsch spricht – kein Asyl bekommt. Eine
ähnliche Verwicklung mit einer der ehemaligen Kriegsparteien kommt in Interview 88 zur Sprache.

Im Fall b) ist die Lage völlig anders. Hier findet ein (erneuter) Migrationsversuch aufgrund der Unzufriedenheit mit den wirtschaftlichen und sozialen Bedingungen im Kosovo statt. Das muss eigentlich nicht weiter interpretiert werden. Hellhörig mach nur das „Reisegeld", das die Familie unter den Bedingun-

gen, denen die beiden Brüder entfliehen wollen, zusammengetragen hat. Bei den geschilderten Verhältnissen könnten viertausend Euro – immerhin 20 Monatslöhne - das Auskommen für längere Zeit sichern, die angesprochene Wohnungsfrage lösen oder für Existenzgründung etc. verwendet werden. So aber wäre das Geld dann einfach verschwunden. Es passt auch nicht so recht in die Geschichte hinein, dass die beiden Brüder in Deutschland unterwegs sind, obwohl sie in Luxemburg Asyl beantragt haben und der ältere von beiden die europäischen Asylverhältnisse durch zwei bereits durchlaufene Asylverfahren genau kennt. Die beiden letzten Punkte deuten darauf hin, dass es hier wahrscheinlich eher um den Versuch geht, in Westeuropa das Geld auf welche Weise auch immer zu vermehren.

4) Fazit

Die Migrationsversuche aus unserer nächsten Nachbarschaft weisen alle Merkmale einer schwierigen wirtschaftlichen Situation einerseits und unsicherer politischer Verhältnisse mit mafiaähnlichen Verzerrungen und heftiger Diskriminierung von Volksgruppen andererseits auf. Einzelne versuchen, das Land zu verlassen, um sich in Sicherheit zu bringen, andere um ihre wirtschaftliche Lage zu bessern. Beiden erscheint offenbar die Regulierung der Probleme im Kosovo selbst aussichtslos. Ähnliche Probleme beschreiben auch andere aus dem Kosovo oder Exjugoslawien stammende Abschiebungshäftlinge (Interview 3, 4, 9, 19, 52, 56, 70, 77, 78, 88 anders Interview 18, 25, 50, 79). Europa ermöglicht den Betroffenen keinen normalen Reiseverkehr. Dies hätte zudem auf die beschriebenen Personen oder Familien keine Auswirkung. In diesen Fällen haben sich Abschiebungskosten angehäuft, die zu bezahlen mit dem im Kosovo oder in anderen Teilen Exjugoslawiens zu erzielenden Einkommen illusorisch sein dürfte. Die Einreiseerlaubnis nach einer Abschiebung zu erlangen, ist schwierig, es sei denn, man konnte familiäre Bande ins Zielland knüpfen (so Interview 62).

E) Erneute Migration

1) Interview

Abgeschoben 1999, wiedergekehrt 2002, dazwischen drei Jahre auf dem 55 Hektar Hof seines Vaters mit seinem jüngeren Bruder zusammen gearbeitet. Seine Reise mit einem falschen Ausweis mit Geschäftsvisum für ein Jahr kostete 10000 Euro. Fünftausend musste er an einen Mitarbeiter der Botschaft bezahlen, der aus seiner Botschaftszugehörigkeit Geld zu machen weiß. Weitere fünftausend waren nach Grenzübertritt fällig. Die Route ging über Moskau in die Schweiz und dann in den Schengenraum. Die zehntausend Euro hat er seiner Familie bereits zurückgezahlt.

Er hat in Deutschland einen Sohn, zu dem er wieder zurückkehren wollte. Offenbar hat jedoch die Mutter des Sohnes kein Interesse an einer Beziehung, möchte aber gerne Unterhalt bekommen.

Er ist mir bekannt aus einer dreimonatigen Abschiebungshaft im Jahre 1995. Er war auch schon in mehreren anderen Gefängnissen (Abschiebungs- und Untersuchungshaft). Vor seiner Abschiebung 1999 hatte er sich versteckt.

Sein erster Asylantrag war mit Auseinandersetzungen in Kaschmir begründet, wurde damals jedoch abgelehnt. Jetzt hat er keine Gründe, Asyl zu beantragen. Aufgrund der falschen Papiere gilt sein Aufenthalt als illegal. Er hätte den Zugang zu seinem Sohn in Indien beantragen müssen.

Er hat nur sehr wenig die Schule besucht. Das ging aus finanziellen Gründen nicht. Daher kann er nicht lesen und nicht schreiben. (Interview 89, Indien, Sikh)

Im Jahre 1995 lautete seine Geschichte so:

„Surender aus Indien wird in der JVA von Beamten bei mir angemeldet. Sie haben offenbar Probleme, ihn zu verstehen. Zu meiner Überraschung kann er ein paar Wörter Deutsch, genug um sich zu verständigen. Einer seiner Brüder habe mit einer automatischen Waffe 54 Polizisten umgebracht. Deshalb würde natürlich nach allen Personen gesucht, die mit seinem Bruder etwas zu tun gehabt hätten. Er sei besonders in Gefahr, nachdem zwei seiner Brüder bereits erschossen wurde.

Surender kann weder lesen noch schreiben. Seine Fluchtgeschichte hört sich abenteuerlich an: Von einem Onkel, der Leute aus der Provinzregierung kennt, sei er zum Flughafen gebracht und in ein Flugzeug nach Warschau gesetzt worden. In Warschau habe ihn jemand abgeholt. Nachdem dieser ihn in ein Zimmer gesteckt habe, hörte und sah er drei Tage lang nichts mehr. Es gab nichts zu essen und nichts zu trinken. Verständigen konnte er sich nicht. Schließlich habe ihn ein anderer Mann zur Grenze nach Deutschland gebracht. Als er vom Grenzschutz ‚aufgegriffen‘ worden war, stellte ein Grenzschutzbeamter für ihn einen Asylantrag. Dieser wurde nach längerer Zeit abgelehnt. Die Ablehnungsgründe konnte er mir nicht erklären. Er zog weiter nach Belgien. Zunächst konnte er dort bei einem ‚Freund‘ unterschlüpfen. Dann aber fehlte auch wieder das Geld zum Leben. Auf dem Rückweg nach Deutschland wurde er festgenommen, als er bei einer Überprüfung keine Aufenthaltserlaubnis und keinen Pass vorweisen konnte. „Im Gefängnis sitzen – kein Problem! Nach Indien zurück – niemals!“ Seine Freundin, die ihn besucht, beauftragt und bezahlt einen Rechtsanwalt. Die Strategie lautet zunächst: Asylfolgeantrag. Nach einigen Wochen ist die Freundin verschwunden. Der Asylfolgeantrag wurde binnen weniger Wochen abgelehnt.

Inzwischen hat sich aber eine andere Freundin gemeldet. Surender hatte verschwiegen, dass er Vater ist. Die Mutter seines Kindes, ein 17jähriges Mädchen, hat ihn gesucht. Die Mitarbeiterin des Jugendamtes zog den Fall spontan allen anderen Bearbeitungen vor. Sie sorgte dafür, dass die amtliche Anerkennung der Vaterschaft sofort bearbeitet wurde. Dann gab sie den Rat, Kontakt aufzunehmen und zu halten. Damit bestünde die Möglichkeit zu bleiben. In der Tat wird Surender beim Haftprüfungstermin nach drei Monaten aus der Abschiebungshaft entlassen."[216]

2) Interpretation

Die Gründe des zweiten Versuchs, in Deutschland unterzukommen, scheinen völlig andere als die beim ersten Mal. Vor allem der Grund für den Asylantrag wird bei der zweiten Einreise nicht mehr erwähnt. Obwohl Surender bei seiner (Herkunfts-)familie offenbar leben und arbeiten konnte, unternahm er die Rückkehr nach Europa und Deutschland mit einem erheblichen Geldbetrag als illegale Reise. Irgendeine Form von Bedrückung, Schädigung oder gar Verfolgung seitens indischer Behörden oder anderer kommt nicht zur Sprache. Der Wunsch, mit seinem Sohn Kontakt aufzunehmen, wird vermutlich nicht der alleinige Grund für diese Form von Rückkehr gewesen sein. Dafür hätte es auch andere Möglichkeiten wie etwa eine Einladung nach Indien gegeben. Daher bleibt alles etwas im Dunkeln und erhält die Züge tragischen Scheiterns.

V. Die Kosten einer irregulären Reise nach Europa

32 der Interviewten machten Angaben über die Kosten einer „irregulären" Reise in oder nach Europa. Die Spanne reicht von ehemals 300 Deutsche Mark für einen echten Reisepass in Italien[217] bis zu 15.000 Dollar für eine Reise aus Afghanistan. 6 Personen kannten allerdings nicht die genaue Summe. Über die gemischte Praxis mit Geld berichtet beispielsweise Der Spiegel am Fall Albanien. Ein Gewährsmann nennt Verfahrensweisen und Preise. So kostet der „gekaufte Ausweis mit Schengenvisum" 3.200 Euro, die Ehe mindestens 10.000 Euro. Mit „Schutz" für Flüchtlinge hat das nicht im Mindesten zu tun. Es handelt sich um Methoden der Ausbeutung von Lebensvorstellungen. Daran verdient eine ganze Branche bis hin zu den Mitarbeitern von Botschaften, die

---

[216] Abschiebung und (k)ein Ende, 14.

[217] In den amtlichen Unterlagen zu Interview 49 führt das Gericht aus: Im April 1996 reiste der Angeklagte nach Italien und hielt sich dort zwei Jahre lang auf. Für 300,00 DM erwarb er dort eine gefälschte italienische Identitätskarte. Diese wurde auf einem echten Vordruck angefertigt, der aus einem gestohlenen Bestand stammte. Von diesen gestohlenen Blanko-Vordrucken sind mehrere Hunderttausend in Umlauf. Amtsgericht Flensburg 107 Js 22/04.

auf diese Weise ihr schmales Salär aufbessern. Die Geldbeschaffung geht über Verwandte oder „Kredite" bis hin zum Falschgeldhandel.[218]

In Rendsburg berichteten die Befragten über bezahlte Reisen mit gefälschten oder ganz ohne Papiere aus folgenden Ländern und mit folgenden Preisen:

Land (Inter- view Nr.)	„Leistung"	Summe, bezahlt von...
Afghanistan (33)	Ausreise aus Afghanistan über Russland nach Norwegen	15.000 $, Vater
(42)	Illegale Reise nach Europa	Wert des Elternhauses
(69)	Papiere und Reise nach Holland	6.500 $, selbst
Algerien (92)	Illegale Einreise	Summe unklar, Eltern
Ghana (68)	Überfahrt nach Spanien	Kostenlos, da er ein Boot mit 9 zahlenden Pass. organisierte.
Guinea (43)	Überfahrt nach Italien	500$, selbst durch Arbeit in Libyen
Indien (89)	Papiere mit Schengenvisum für Geschäftsleute, Flug über Moskau – Schweiz, Papiere von Botschaftangehörigem	10.000 Euro, Familie
Irak (74)	Lastwagen Türkei, Überfahrt Italien, Weiterreise Frankreich	Zweimal Geld vom Onkel, kennt keine Summe
Iran (31)	Ausweis mit Visum durch Botschaftsangehörigen, sowie Organisation der Reise	4.000 Euro
(85)	Ausreise aus Iran, falsche Papiere	5.000 Euro, Vater
Jemen (28)	Schlepper, nicht näher definiert	Keine Summe, ?
Kosovo (19)	Falscher Pass und Visum	3.000 DM, Verwandtschaft im Land
(52)	Reise nach Schweden auf LKW	3.000 Euro, selbst durch Verkauf von Eigentum
(62)	Reise nach Deutschland	700 Euro, selbst
Libyen (40)	Flüchtlingsboot nach Italien	500 $, selbst
Nepal (86)	Papiere	Summe unbekannt, Vater
Pakistan (6)	Reise nach Deutschland als 14jähriger	10.000 $ (von Onkel und Tante in den USA)
(58)	Flug nach Frankfurt, Papiere, Reisepla-	Summe unbekannt, Vater

---

[218] Trotz Visa – Affäre floriert der Schwarzmarkt für Schengen – Papiere, Der Spiegel Nr. 39 vom 26. 9. 05, 196f.

	nung	
Palästina (73)	Schleusung via Ukraine nach Lübeck	4.000 Euro, Bruder
Somalia (17)	Bis Lybien 2.000 $, Überfahrt 2.000 $	5.000 $, vom Onkel aus USA,
(44)	Pass, Flug Äthiopien – Algerien – Frankreich	6000 $, aus den USA
(57)	Bus nach Addis Abeba, Flug nach Rom (beides durch Schlepper)	5.500 $, Geschwister USA
(93) drei Männer	Lange Reise von rund vier Jahren und Überfahrt über das Mittelmeer	4.000 $ aus Wohnungsverkauf
Vierter Mann	Wanderung zum Mittelmeer, Überfahrt	Mindestens 800 $, ?
Sri Lanka (55)	Falscher Ausweis und Reise nach Europa	6.000 DM, Kredit vom Onkel
Togo (54)	Gefälschter Pass, Flug nach Europa	1.800 Euro, selbst (?)
Tunesien (1)	Echter italienischer Ausweis mit falscher Identität	300 DM, selbst
Türkei (45)	Fremde Identität (Ausweis)	4.000 Euro, Familie durch Verkauf von Eigentum
(96)	Syrien – Schweden	Summe unbekannt, selbst
Vietnam (59)*	China, Russland, Polen, Deutschland	Summe unbekannt, Eltern

*Bei dem Fall aus Vietnam ist unklar geblieben, ob es sich vielleicht um eine ganz normale Reise gehandelt hat, bei der schließlich das Visum nicht mehr gültig war.

Hier wird deutlich, dass die irregulären Reisen nach Europa erhebliche Summen verschlingen. Vergleichbar werden die Kosten, wenn man sie in Werte umrechnet, wie beispielsweise bei Nr. 93. Hier entspricht das „Reisebudget" dem Wert einer Wohnung. Wenn man untere Werte für Wohnungen in Deutschland ansetzt, kommt man auf mindestens 70.000 Euro Gegenwert. Für Nr. 52 wären das nach Angaben im Interview 29 15 Monatsgehälter. Nr. 42 zahlt für die Reise den Verkaufserlös seines Elternhauses. In der Türkei verkauft die Familie Eigentum, um einen Sohn nach Deutschland zu bringen. Ein Ghanaer (68) macht sich in seiner Not die Not der anderen zunutze und bekommt die Reise umsonst, weil er ein Boot mit zahlenden „Passagieren" vollbekommen hat. Sein Schlepper brauchte selbst nichts zu tun und honoriert diese Leistung mit einer Gratis – Überfahrt. Im Übrigen hatte der Betroffene sich seinen Ausweis bei einem der Toten besorgt, die die Wanderung von Ghana nach Marokko nicht geschafft hatten. Despektierlich könnte man von Identitätsrecycling sprechen.[219] Die irreguläre Reise nach Europa verschlingt die Arbeit von Jahren oder gar ganze Lebensleistungen, wenn sie durch den Verkauf von Wohneigentum bezahlt werden. Da es sich um irreguläre Reisen handelt, setzen die Betroffenen, sofern sie nicht sogar ihr Leben im eigentlichen Sinne riskieren - ihre eigene jeweilige soziale und gesellschaftliche Existenz aufs Spiel und in vielen Fällen auch noch die ihrer Familien.

Damit verstärkt sich die Vorstellung, welches „Ergebnis" von der irregulären Migration erwartet werden muss, sofern sie nicht dazu dient, das nackte Leben zu retten. Das große Gefälle im wirtschaftlichen Bereich führt dazu, dass ein knapp überdurchschnittliches Monatsgehalt in West - Europa ungefähr dem Wert einer Wohnung in Somalia oder eines Hauses in Afghanistan entspricht. Entsprechend wäre ein Haus in Süddeutschland mit 400.000 Euro das gleiche wie hundert Wohnungen in Somalia. Wer diese Wertunterschiede für real annimmt, kann sich vorstellen, mit ein wenig Geschick im goldenen Europa die für die Reise eingesetzte Summe schnell wieder zu verdienen. Dass solche Gedanken und Rechnungen die Migration lenken, ist eher nicht unwahrscheinlich. Es bleibt die Erkenntnis, dass an irregulären Reisen nach Europa auf der einen Seite viel Geld verdient wird und auf der anderen vielleicht über eine ganze Generation gesammelte Werte vernichtet werden. Wenn der Betroffene dann abgeschoben wird, erreicht sein Schuldenstand in Europa häufig das Mehrfache des Wertes eines Hauses (in Somalia oder Afghanistan) oder zumindest einige Jahreseinkommen (etwa im Kosovo).

Die Kosten für eine reguläre Europareise mit eigenen Papieren wären wahrscheinlich günstiger.[220] Sie stehen aber für die Betroffenen nicht im Angebot. Wer keine Gewähr für Rückkehr bietet, bekommt kein Visum für Staaten in Europa oder Nordamerika. In vielen Staaten bekommen Staatsbürger zudem nur mit Schwierigkeiten oder hohem Aufwand einen Reisepass zur Ausreise. Aus den Berichten über die Einwanderung in die spanischen Exklaven Melilla und Ceuta[221] ist bekannt, dass viele Menschen sich auf den Weg machen, die

---

[219] Die Benutzung der Identität von Toten wird sonst häufiger aus Kriegssituationen berichtet, so im Zusammenhang mit dem Weltkrieg II, wo flüchtige Nazis sich so eine „weiße Weste" verschafften, aber auch Abschiebung und (k)ein Ende (?), 57f..

[220] Allerdings kostet z.B. laut Gegenwind Nr. 204 ein Visum für Deutschland in Armenien immerhin den Gegenwert eines Monatsgehalt einer Lehrerin: Sona Shirvanyan, "Dienstag fliegst du nach Armenien. Ich wünsche dir alles Gute." Protokoll einer Abschiebung, Gegenwind 204, Sept. 2005.

[221] Mehrere Berichte im Herbst 2005, darunter: Hilfsorganisation berichtet über 500 ausgesetzte Flüchtlinge, SPIEGEL ONLINE - 07. Oktober 2005, 15:32: „In den vergangenen Wochen hatten Tausende afrikanische Flüchtlinge versucht die Grenzzäune zu den spanischen Exklaven Ceuta und Melilla zu überwinden. Hunderte von ihnen gelangten auf spanisches Territorium. Bei den nächtlichen Aktionen wurden 14 Menschen getötet. Bisher konnten Flüchtlinge, die auf spanisches Gebiet gelangten, damit rechnen, dort bleiben zu können. Die Regierung in Madrid duldete die Flüchtlinge

eigentlich kein Geld einzusetzen haben – in der Hoffnung, durch körperliche Arbeit in Europa eine Existenz zu gründen, die ihnen in ihren Herkunftsländern über das bloße Existieren hinaus versagt bleibt.

VI. Die Motive zur irregulären Migration

Die Motive zur irregulären Migration werden je nach Standpunkt allgemein positiv als Flucht vor Verfolgung oder negativ als Versuch, ohne Vorleistung an den Segnungen der westlichen Welt teilzuhaben zugeschrieben. Diese Zuschreibungen mögen aus Erfahrungen gespeist sein, wirken aber sehr ungenau. Sie zeigen eher die Weltsicht derer, die sie vertreten als eine Wahrnehmung der Betroffenen. Die Sicht auf die in den Interviews erhaltenen Aussagen ergibt ein differenziertes Bild. Hier zeigen sich auf den ersten Blick zunächst Besonderheiten mehrerer Herkunftsländer, wie sie auch aus den Medien bekannt sind.

a) Pakistan:

Pakistan ist das einzige der Herkunftsländer, deren in Abschiebungshaft geratene Migranten eine innermoslemische religiöse Diskriminierung als Fluchtgrund angaben. Beide berichteten von einer Diskriminierung als Mitglied der „Ahamad,ja Jamat" (58) bzw. ein Emdia – Moslem (nach Auskunft der Befragten handelt es sich um dieselbe Gruppe) wurde aus der bereits begonnenen Ausbildung wegen Religionszugehörigkeit entfernt (75).

Ein weiterer Fall hat mit Problemen innerhalb der Handwerkerschaft eines Dorfes zu tun. Ein Vater will seinen 14jährigen Sohn aus einer Gefahrenzone (wie immer sie auch zu beschreiben ist) bringen. Nach einer ersten Rückkehr „gab es Probleme", daher ging er wieder nach Deutschland; hier hat er (inzwischen) auch eine Freundin. (6) Probleme zwischen benachbarten „Clans" werden brisant auch in der Geschichte einer pakistanischen Frau, die in einem Konflikt zwischen zwei „Clans" ‚geopfert' wurde, geschildert. Es könnte sich – abgesehen von der zusätzlichen Problematik des Geschlechterverhältnisses – um einen ähnlich gelagerten Streit gehandelt haben, bei dem der Vater seinen 14jährigen Sohn davor rettet, als ‚Opfer' eingesetzt zu werden.[222]

b)Irak

Die Armee wollte ihn als 16jährigen Jungen zum Dienst zwingen. Die Familie hat sich gewehrt, dabei sind Vater und Mutter umgekommen. Er selbst hat geschossen (74). Eltern und Geschwister sind bei einem Angriff des Saddamregimes umgekommen. Er und sein Bruder sind in den Iran gegangen. (65)

c) Iran

---

bisher, weil es mit den meist im Afrika südlich der Sahara gelegenen Herkunftsländern keine Rückführungsabkommen gibt."

[222] Mai, Mukhtar, Die Schuld, eine Frau zu sein, Droemer 2006.

In einem Fall ist der Übertritt zum Christentum ein Grund für die Flucht. Der Betroffene vertrat die Ansicht, dass man als vom Islam übergetretener Christ im Iran nicht leben könne. (65) Das entspricht offenbar den Gesetzen der Scharia, nach denen ein Abtrünniger getötet werden muss.[223]

Die anderen Migrationsgründe sind politischer Art, jedoch in Vermischung mit dem allgemeinen Gefühl der Chancenlosigkeit:

Mitarbeit in der Opposition im Iran, dramatische Familienverfolgungsgeschichte; aber auch ohne Vater und ohne Schule keine Chance auf dem Arbeitsmarkt (27),
Keine Freiheit, keine Zukunft, Aussichtslosigkeit und Regimefeindlichkeit (31)
Mitglied einer Gruppe, die für die Freiheit arbeitet (85)
d) Somalia

Aus Somalia werden Rechtsunsicherheit, Probleme traditionaler Stammesgesellschaften und die konkrete tägliche Bedrohung von Leib und Leben genannt.

Bedrohungssituation dadurch, dass der Bruder eine Frau aus einem anderen Stamm geheiratet hat. (17) Was sich für unsere Ohren zumindest merkwürdig anhört, entstammt einer anderen Gesellschaftsform und ist bereits in über zweieinhalbtausend Jahre alten Texten des Alten Testaments normiert: Die Heirat der Erbtöchter innerhalb des Stammes des Vaters, damit der Grundbesitz des Stammes zusammenbleibt. (4. Mose 36)
Vaterhaus wurde durch einen anderen Stamm beansprucht (44)
Die Geschwister haben Geld für die Reise nach Europa aus den USA geschickt. (57)
Überleben ist Glücksache, es gibt keine Regierung (93)
e) Togo

Aus Togo berichten die Migranten das, was als ein Merkmal von Diktaturen angesehen werden kann. Es gibt immer wieder mal unsichere Situationen, die mit der Politik des jeweiligen Regimes zu tun haben. Man fürchtet Übergriffe der Anhänger der Regierung, wenn man sich politisch gegen die Regierung betätigt oder zumindest in ein Licht kommt, das solches befürchten lässt. Eine Verhaftung ohne Gerichtsverfahren, möglicher Weise aus wirtschaftlichen Gründen, bringt jemand dazu, das Land ohne Familie zu verlassen. Gewaltstrukturen scheinen unbestimmt und ungreifbar, aber wirksam zu sein. So ist jedenfalls die Einschätzung der Betroffenen, die mir auch schon in früheren

---

[223] Die Gerichtsverhandlung gegen den Konvertiten Abdul Rahman in Afghanistan mit der staatsanwaltschaftlichen Forderung nach der Todesstrafe bestätigt dies. (März 2006) Wegen heftiger Proteste aus der ganzen Welt fanden das Gericht und die Staatsführung eine Lösung, die dem Betroffenen die unversehrte Ausreise ermöglichte. Berichte über aufgeheizte Stimmung und Todesdrohungen nicht nur durch die Taliban, sondern auch durch als gemäßigt geltende Geistliche, illustrieren die Situation. S. auch „Zusammenprall der Welten", Der Spiegel, 13/2006, 116ff..

Gesprächen mit Männern aus Togo auffiel.[224] Die Erklärungen für die eigene Migrations- oder Fluchtentscheidung fallen in einer Wahrnehmung diffuser aber wirksamer Gewaltstrukturen auch ein wenig konturlos aus, was in der Natur der Sache liegt.

„Als es in der Elfenbeinküste politische Unruhen gab, ist er schnell nach Deutschland abgehauen", weil er Deutschland aus einer Asylbewerberzeit von 1996 bis 1999 schon kannte. (2).
Flucht nach einer Demonstration (7)
Er fürchtete wegen eines „politischen Tanzes" am Tag der Ermordung des togoischen Präsidenten umgebracht zu werden. Im Nachbarland Ghana gibt es für Togoer keine Sicherheit: die schicken Leute in Zivil nach Ghana, um Abtrünnige zu ermorden. (54)
Im Gefängnis, wohin er ohne ersichtlichen Grund plötzlich kam, sagte ein Wächter zu ihm, er solle lieber verschwinden (wirtschaftliche Gründe?, 99)
f) Exjugoslawien

Hier spiegeln die Motive der Migration die gesamte Situation einer Nachkriegszeit mit noch nicht geordneten politischen Verhältnissen wider. Alte Feindschaften werden weiter gepflegt. Das reicht bis in die Verteilung der Chancen in den neu sich bildenden Gesellschaften. Die Konfliktlagen, welche die gewalttätigen und bestürzenden Ereignisse in den neunziger Jahren ausgelöst hatten, schwelen weiter und sorgen für neue Opfer. Dazu kommen wirtschaftliche Unsicherheiten und beengte armselige Verhältnisse des Wohnens und Arbeitens. So ist die Wahrnehmung der Menschen, die versuchen, diese Region zu verlassen oder alle verfügbaren Mittel ausschöpfen, nicht zurückkehren zu müssen. In diese Lage geraten sowohl Menschen, die im Krieg mitgekämpft haben als auch solche, die dies verweigerten. Die Verwirrung steigert sich, wenn man sich die Motive einzeln ansieht.

Keinerlei Chance, als Mann, der nicht im Krieg gekämpft hat, eine Arbeit in Sarajewo zu bekommen. (9)
Flucht vor der Einberufung in die serbische Armee, viele Freunde sind umgekommen. (18)
Albaner werfen ihm vor, auf der serbischen Seite gekämpft zu haben. (19)
Kriegsflüchtling (25)
Wohnungsprobleme im Kosovo, zu wenig Lohn, wenn man Arbeit bekommt, kaum Sozialhilfe (29,30)
Nach acht Monaten Krieg hat er 1991 im Alter von dreißig Jahren das Land verlassen, um am Krieg nicht mehr teilnehmen zu müssen (41)

---

[224] Hagenmaier, Martin, Abschiebung, Text-Bild-Ton Verlag 1994, 81ff., 98f.. Ders., Abschiebung und (k)ein Ende? Ebd. 1997, Sonderausgabe 2002, 69ff.

Der Wunsch, anderswo als im Kosovo zu leben, weil seine gesamte Familie umgekommen ist. (52)
Politische Probleme in Jugoslawien, wo er ganz alleine ist. Hier hat er ein Kind und seine Schwester (56)
Flucht vor Drohungen der UCK (62)
Wenig Lohn für Arbeit, daher schlechtes Leben, und politische Pressionen durch die Parteien (Parteiungen) (77)
Nach vierjährigem Studium hat Milosevic die Universität geschlossen, keine Zukunft in Serbien (78)
Im Kosovo war Unruhe, da sind wir alle abgehauen (79)
Der Vormund ging wegen politischer Probleme nach Deutschland und er mit (hier auch Schule und Ausbildung); dann aber ließ er sich von der UCK zum Kampf begeistern, kam in Gefangenschaft, aus der er konspirativ befreit wurde; nach der Abschiebung fühlte er sich im Kosovo bedroht und niemand half ihm (88)
g) Tschetschenien:

Männer aus Tschetschenien berichten von einer Situation, in der sie sich nicht aus den Feindseligkeiten beider Seiten heraushalten können. Beide Seiten zwingen sie in eine Loyalität hinein, die lebensfeindlich ist. Auch wenn man selbst nicht beteiligt sein möchte, wird man sogar als Familienmitglied von Beteiligten oder scheinbar Beteiligten verfolgt.

In Tschetschenienkrieg verwickelt durch Vater und Bruder. (8)
Die Verfolgung von beiden Seiten wird immer schlimmer. Man wird eingeklemmt zwischen den Russen und den Leuten von Maschadow. (53)

h) Konfliktlagen in näherer oder fernerer Nachbarschaft zu Tschetschenien werden aus Usbekistan berichtet:

Drei Mal zum Militär eingezogen; ohne eine Chance, dass es nicht wieder passiert (80)
Dazu kommt ein ehemaliger Konflikt an einer Grenze zwischen Ost und West:

Komplizierte Verwicklung aus der sowjetischen Militärzeit in der DDR (16)
Eine ähnliche Situation des „Eingeklemmtseins" schildert ein Migrant aus Sri Lanka.

Er wollte weder für die Tamil Tigers noch für die Regierung kämpfen (55)

h) Weitere Regionen mit Chancenlosigkeit als dominantem Grund

In anderen Regionen dominiert die Chancenlosigkeit in der jetzigen Gesellschaft. Dabei sind diese Chancenlosigkeiten verschiedenster Art.

Palästina:

Dem Leben eine Perspektive geben, zu Hause trotz Studium keine Chance (24)
Keine Chance auf irgendwas, keinerlei Lebensmöglichkeiten (73) Furcht, wegen einer Vergewaltigung gelyncht zu werden (51)

i) Afghanistan

Bürgerkrieg und verwandtschaftliche Probleme (32), sein Vater hat ihn außer Landes geschafft (33)

Unklare Verfolgungssituationen

Ins Visier des secret service von Nigeria geraten (34). Soldat aus Liberia fühlt sich verfolgt (26). Angst vor dem Militär (40)

k) Georgien

Ökonomische und politische Lage in Georgien, keine finanziellen Probleme (35, 36) Flucht beim Krieg in Georgien (46)

l) Arbeitsmigration

Hier gibt es bessere Arbeitsmöglichkeiten als in der Türkei (37) Seit 1987 überall in Europa problemlos legale Arbeit gefunden (50) Im Radio gehört, dass Europa Leute braucht (42) Mal woanders arbeiten (63) Seit dem Ende der Schulzeit keine Arbeit (66) Das Geld reicht nicht, Hoffnung in Deutschland Arbeit zu finden (82) Europa aus Abenteuerlust, Geld verdienen, Freiheit genießen (94, bei der ersten Einreise) Auto- und Schrotthandel (21), Autohandel (23) Suche nach Arbeit (14) Schlechte Existenz- und Arbeitsmöglichkeiten, Bruder in Spanien. (10) Schlechte Chancen in Nigeria (81) Als Mitglied einer Schiffscrew in Antwerpen an Land gegangen. (76)

m) Türkei

Flucht vor der Einberufung zum Militär (45, 90) Diskriminierung in der Osttürkei (kurdische Familie) (95) Flucht vor einer Verurteilung, bei der einer hohe Strafe zu erwarten ist (96)

n) Allgemeinere Wanderung

Etwas über die Welt lernen (59; Vietnam)

Weg aus Eritrea, Freundin lebt in den USA. (60)

„Abgehauen" aus Sierra Leone, Versuch, sich in anderen afrikanischen Staaten durchzuschlagen, mit Schiff nach Spanien (61)

o) Geschäftliche Probleme

Schulden bei Geschäftsfreunden, auf die er „hereingefallen" ist (67) Angst vor Leuten, die wegen Geld hinter ihm her sind, kein Vertrauen auf die Polizei und Gerichte (97)

p) Ghana

Probleme als Mitglied einer Partei (87)

q) Folgemigration nach Abschiebung

Sohn in Deutschland (89). Algerien ist nicht mehr meine Heimat. Alle Freunde sind ausgewandert oder tot (94). Rückkehr zur eigenen Familie im Zielland nach einer Abschiebung (5, 12, 68, 92)

Der Versuch, Motive für irreguläre Migration zu bündeln, um daraus Erkenntnisse über das innere Movens des Vorgangs zu gewinnen, erweist sich auch bei nur 100 Interviews als nicht ganz einfach. Das beruht zunächst vor allem auf den Faktoren und Vorurteilen, welche die Wahrnehmung in Europa schwächen. Die Bündelung passt nicht in die vorgefassten Raster von „politisch" oder „wirtschaftlich". Menschen verlassen ihr Land nicht einfach mal aus politischen oder wirtschaftlichen Gründen. Die Motive sind vielgestaltig, persönlich grundiert und eingeordnet und gehören zu Motivbündeln.

Drei Personen sind auf der **Flucht vor den Folgen einer kriminellen Handlung**. Im einen Fall ist die Folge der normale Gang der Justiz (96), im anderen die Furcht vor Lynchjustiz (51). Ein weiterer sieht seine Existenz von einer seiner Meinung nach falschen Verurteilung so betroffen, dass er es vorzieht, mit vielen Problemen von Land zu Land zu ziehen. Der Fall aus Tunesien wurde oben bereits besprochen (91). Es kann nicht mit Sicherheit eine Feststellung darüber getroffen werden, wie häufig solche Fälle unter den Migranten vorkommen. Es ist jedoch sicher nicht von der Hand zu weisen, dass es einige solche Fälle gibt. Die Erkennbarkeit dürfte im normalen behördlichen Umgang, der die Asylbefähigung prüft, kaum gegeben sein. Zudem hängt die Bewertung von der Einschätzung der Justiz im jeweiligen Herkunftsland ab: Wird sie als Herrschaftsinstrument missbraucht oder dient sie dem Gesetz, vor dem alle gleich sind? In der Realität werden Mischformen vorhanden sein, die mehr oder weniger zur einen oder zur anderen Seite neigen. Arabische Staaten gelten als solche, in denen in der Regel die Justiz politisch agiert oder zumindest gebraucht wird.[225] Zudem sehen sich viele an der freien Meinungsäußerung gehindert. „Journalisten, Menschenrechtler, Demokraten, wir alle leben in einem großen Gefängnis und werden daran gehindert, uns auszudrücken."[226] Andere Länder erwecken auch Zweifel am Vorhandensein einer unabhängigen Justiz.

Herumziehende in der zweiten Generation: Ein Migrant schätzt seine Migrationsversuche mit dem Satz ein, er habe „schon immer viel Mist gemacht" und berichtet darüber, dass seine Mutter mit ihm bereits im Kindesalter nach Spa-

---

[225] Wolff, Kyra, Mundtot gemacht: Zwei Jahre Gefängnis für Zouhair Yahyaoui, online-Dissident aus Tunesien, http://www.deutschlandfunk.de/ mundtot- gemacht-zwei-jahre-gefaengnis-fuer-zouhair-ahyaoui.707.de.html?dram:article_id =86039. Siehe auch: Sihem Bensedrine / Omar Mestiri: Despoten vor Europas Haustür - Warum der Sicherheitswahn den Extremismus schürt. Kunstmann Verlag München.
[226] Thörner, Marc, "Der Islam oder die Sintflut": Religiöser Fundamentalismus in Marokko und Tunesien, http://www.dradio.de/dlf/sendungen/hintergrundpolitik/197316/.

nien gezogen war, während der Vater als Alkoholiker keine Achtung genießt.(1) Ein weiterer ging als Junge nach Italien, um nach seinem leiblichen Vater zu suchen, der allerdings nichts von ihm wissen wollte. Daraufhin wurde er dort von der Caritas betreut. Warum er dann nach Deutschland weiter zog, bleibt unklar. (39)

Einer berichtet von Abenteuerlust als jugendlicher Mann, vom **Geruch der Freiheit** und davon, dass er in vielen Jahren der Abwesenheit aus seinem Land dieses als Heimat verloren hat: „Alle Freunde sind ausgewandert oder tot.“ (94)

Schlechte Chancen allgemein sind das Problem einiger Männer aus Nigeria (81) und Angola (84)[227], aber auch aus Palästina (24, 73). Sie können allgemeiner unter Arbeitsmigration gefasst werden.

In zwei Fällen ist im Herkunftsland „keine Familie“ mehr, also keine Zugehörigkeit zur Gesellschaft. Alle Familienmitglieder seiner Herkunftsfamilie sind gestorben. (43) Migration ist Lebensweise, da keine Familie mehr vorhanden ist (13).

In den anderen Fällen werden die Zustände und Umstände der jeweiligen Gesellschaft als Anlass für Migration genommen.

Wenn keine guten Beziehungen des Vaters bei der Verteilung der Ressourcen wie Arbeit oder kein Geld (zur Bestechung) vorhanden ist, kann man nicht in einen gefestigten gesellschaftlichen Status gelangen. So schildern mehrere Migranten die Möglichkeiten der gesellschaftlichen Chancenverteilung. (27, 58, 77)

Allgemein entsteht der Eindruck, dass es sich in den meisten Fällen um typische Konfliktlagen bei der Verteilung der Ressourcen und Zugehörigkeiten oder Diskriminierung von Minderheiten handelt, die (junge) Männer zur Migration veranlasst. Diese eigentlich normalen Vorgänge in jeder Gesellschaft entwickeln sich durch die Strukturprobleme und Gewaltsituationen der Abwanderungsgesellschaften in unlösbare Konfliktlagen. Alternativen wären der bewaffnete Kampf, Anschluss an Rebellenbewegungen oder Einordnung in die schlechten Verhältnisse, wie sie sind. Davon sind die beiden ersten Alternativen mindestens ebenso gefährlich und risikoreich wie die irregulären Reisen.

---

[227] Dazu beispielhaft: Westafrika – Jugendarbeitslosigkeit gefährdet die regionale Stabilität, ins Netz gestellt durch UN-integrierte Regionale Informationsnetzwerke, in: Der Schlepper Nr 34, 32. In dieser Region „lässt der Mangel an Arbeitsplätzen den westafrikanischen Jugendlichen zunehmend nur zwei Optionen – Gewalt oder Migration,...“ Es wird über ein Ansteigen der universitären Abschlüsse berichtet, die – wenn überhaupt – zu schlechten Jobs mit geringer Bezahlung führen. Für eine wachsende Zahl Jugendlicher werde die Aussicht darauf, jemals ihr Leben durch selbstverdientes Geld gestalten zu können, unwahrscheinlicher.

VII. Motive, nicht zurückkehren zu wollen

Warum jemand nicht in sein Herkunftsland zurückkehren möchte, scheint nicht der Frage wert zu sein. Setzt man voraus, dass es sich um fluchtähnliche Entschlüsse handelt oder zumindest um eine mehr oder weniger geplante Reise mit gekauften oder gestohlenen Papieren oder gar um eine von Schleppern organisierte Reise, müssten sich die Gründe für die Angst vor der Rückkehr von selbst ergeben. Dennoch erklären viele der Befragten von sich aus, was sie an der Rückkehr hindert.

a) Ein Bündel an Gründen ist die Furcht vor staatlichen Attacken aufgrund illegaler Ausreise. Aus verschiedenen Staaten wird berichtet, die Ausreise selbst sei ein Grund für Verfolgung. „Für Asylanfragen im Ausland kann man in Georgien acht oder zehn Jahre in Polizeihaft kommen." (22)

„Alle Leute, die heimlich ins Ausland gehen, werden zu Hause bei ihrer Rückkehr staatlich verfolgt. Es kommt jemand von der georgischen Interpol und nimmt die Bilder derer mit, die in der Botschaft vorgestellt werde, damit in Georgien die Fahndung erleichtert wird." (23)

„Lange Gefängniszeit nach einer Abschiebung zu befürchten." (28) „Bei einer Abschiebung würde er in Pakistan wegen illegaler Ausreise sofort verhaftet." (58) Verfolgung nach Rückkehr wird aus dem Iran (27), Verfolgungsbefürchtung durch die UCK aus dem Kosovo (88) berichtet. Die menschenrechtliche Arbeit in Europa ist ein Grund, vor der Rückkehr nach Togo Angst zu haben. (99) Ein anderer Migrant fürchtet bei Rückkehr die Verdächtigung, ein „Tamil Tiger" zu sein, somit einem Jahrzehnte alten Konflikt nicht ausweichen zu können. (55)

b) Ein Usbeke befürchtet, zum vierten Mal zur Armee eingezogen zu werden. (80) Die Angst vor dem Militärdienst wird gegen eine Rückkehr nach Portugal (84) und in die Türkei (90) ins Feld geführt. Diese Befürchtungen sind zugleich auch die Fluchtgründe, wobei Militärdienst in den drei genannten Ländern sicherlich von sehr unterschiedlicher Qualität sein dürfte. Nr. 80 wehrt sich mit der Flucht wahrscheinlich sehr berechtigt gegen einen Dauereinsatz in der Armee, in deren Dienst er vorher schon drei Mal treten musste. Der Militärdienst in Portugal ängstigt einen dort mehrere Jahre wohnenden Mann aus Angola. Der Militärdienst der Türkei wird oft von jungen Männern, die in Deutschland aufgewachsen sind, aber auch von kurdischen Männern als Grund genannt, nicht dorthin gebracht werden zu wollen. Im Falle Usbekistans sieht der Betroffene sich ungerecht behandelt, während in den beiden anderen Fällen der Staat lediglich eine für alle jungen Männer geltende Pflicht durchsetzt, der sich zu entziehen nirgendwo angenehm sein wird. Wer nicht die Möglichkeit besitzt, einen Ersatzdienst anstelle des Wehrdienstes zu leisten, wird sich dem gegebenen Gesetz wahrscheinlich beugen müssen.

c) Die Freundin mit Kind ist das Motiv für eine Gruppe von Männern. Dazu kommt im einen Fall die 15jährige Dauer des Aufenthalts (79), im anderen die Erfahrung unsicheren Leben in Russland (8). In diesen Fällen haben sich grundlegende Wandlungen in der sozialen Situation der Betroffenen durch Familiengründung in Deutschland ergeben, die eine Rückkehr geradezu widersinnig erscheinen lassen.

d) Keine Lebensmöglichkeiten in Palästina (73) oder „nur Probleme" in Nigeria (81) schließen in der persönlichen Lebensplanung nachvollziehbar eine Rückkehr aus. „Ich habe keine Familie, wo ich leben kann", sagt ein Mann aus Algerien (66). Allerdings hat er in Deutschland erst recht keine Familie, zu der er zugehörig wäre. „Lieber ein Leben lang in Abschiebungshaft in Deutschland als eine Abschiebung nach Albanien", steht ebenso auf der Liste (20) wie Probleme mit Schulden, die ein Inder bei Geschäftsfreunden seines Vaters hat. (67) Dazu kommen die (zurecht beklagten) fehlenden Behandlungsmöglichkeiten gegen AIDS in Afrika (2) und die Entwurzelung nach 10 Jahren Abwesenheit aus Exjugoslawien, besonders nach der Zerstörung der früher im Familienbesitz befindlicher Häuser (3). Einen Pakistaner warnen seine Eltern vor der Rückkehr nach Hause (6).

Die Gründe, nicht nach Hause zurückkehren zu wollen, betonen oft noch einmal die Situation, unter der die Entscheidung, das Herkunftsland auf nicht legalem Wege zu verlassen, zustande kam. Sie gestalten sich ebenso individuell und vielfältig wie die Menschen, die damit leben und oft Unmögliches möglich zu machen versuchen. Bei einigen schwingt Verzweiflung mit, andere sind nicht bereit, sich irgendwelchen Regelungen abzufinden, die aus ihrer Sicht mit ungerechtfertigten Nachteilen oder unnötigen Härten verbunden sind. Dass ganze Familien nicht in ungewisse Verhältnisse abgeschoben werden möchten, ist nur zu verständlich und leicht nachvollziehbar. Auch da gibt es große Unterschiede in der Bewältigung schwieriger Situationen.

VIII. Motive für die Reise im Schengengebiet

Was sind die Motive, eine Reise in Schengen - Dublin - Europa zu unternehmen? Es ist unwahrscheinlich, dass die Betroffenen weder Kenntnis von der Pflicht, einen Ausweis mit sich zu führen, noch Ahnung von den Einschränkungen der Reisefreiheit für Asylbewerber haben. Vielleicht können die Gründe, die sie für ihre Reisen angeben, zu einer näheren Erklärung verhelfen, warum sie ohne die erforderlichen Papiere Ländergrenzen überschreiten. Das Risiko, in Abschiebungshaft zu geraten, müsste ihnen eigentlich bekannt sein. Im Interview 91 wird berichtet, was geschieht, wenn man in Tunesien ohne Ausweis angetroffen wird. Die vier Männer aus Somalia (Interview 93) erzählen, es sei in Libyen sehr angeraten, sich nicht von der Polizei als Illegaler erwischen zu lassen. Man komme dann ins Gefängnis und das könne sehr lange dauern – und „es ist nicht wie hier". Im Interview 14 wird betont, der Aufenthalt in Italien sei „ganz legal" gewesen. Ein weiterer Somalier benutzte eine neue Identität für einen Asylantrag. (44) Ein Palästinenser machte schreckliche Erfahrungen ohne Ausweis in Kiew. (73) Es kann nicht davon die Rede sein, die Betroffen wüssten nicht, was sie ohne Papiere erwartet. Sie sahen offenbar keine Alternative zum Reisen ohne Papiere und machten sich daher absichtlich ohne die erforderlichen oder richtigen Papiere auf den Weg. Wer mit einem falschen Pass reist, führt ohnehin den Nachweis, dass er sich mit den Vorschriften in dieser Hinsicht gut genug auskennt. (49)

a) Über die Hälfte derer, die zu dieser Frage Angaben machten (22 von 40), gaben an, aufgrund der Ablehnung eines Asylantrages in ein anderes Land gehen zu wollen. Sie versuchten, der Abschiebung zu entgehen oder waren in dem Land, aus dem sie kommen, mit Frist zur Ausreise aufgefordert worden. In mehreren Interviews wird dieser Vorgang etwas genauer beschrieben.

Ein Afghane, der in Belgien lebte und die Ablehnung eines Asylantrages erhalten hatte, wollte nach Norwegen, weil „Norwegen Leute sucht" (es waren wohl Arbeitskräfte gemeint). Dann könnte dort die Zuwanderung leichter sein. (42)

Im Interview 91 findet eine Ausreiseaufforderung sogar viermal innerhalb Europas statt, wobei die Schweiz damals noch nicht zum Schengenraum gehörte. Nach der Abschiebungshaft wurde der Betroffene jeweils mit der Aufforderung zum Verlassen des Landes auf die Straße geschickt. Da er weder Papiere noch Geld besaß, war dieses Ende des Verwaltungsvorganges „Durchsetzung der Ausreisepflicht" in keinem Falle rechtlich korrekt. Es führte zu einer Kette von Abschiebungshaftaufenthalten. Der Betroffene wurde dadurch in der Illegalität gehalten oder wieder in sie entlassen. Ohne reelle Ausreisemöglichkeit hätten die beteiligten Länder ihm eine Duldung nach dem jeweiligen Ausländerrecht anbieten müssen. Nach deutschem Recht wäre eine Ausreise ohne Dokumente rechtlich gar nicht möglich. Es wurde somit jeweils nach der Erwartung gehandelt, die Betroffenen würden auf irgendwelchen Wegen nach Hause zurückkehren oder aber einfach ins nächste Land weiterreisen. Das zu verhindern, war die Absicht der Verträge in der EU.

b) 14 von 40 Äußerungen zur Frage der Reise ohne Papiere innerhalb Europas bezeichnen den Reisezweck als Besuch. Bei Interview 14 könnte man jedoch eher von einem Versuch sprechen, in Dänemark durch „Besuch" bei Verwandten einzuwandern. Die anderen geben reine Besuchszwecke bei Verlobten, Freundin oder Brüdern an. Mehrere Befragte berichten von mehrfachen Reisen, bei denen sie nicht kontrolliert wurden (10, 26). In einem Falle handelte es sich lediglich um den Kauf von Alkohol, der in Deutschland billiger ist als in Schweden (41). In einem weiteren Falle gab der Reisende als Grund an, er wolle sich in Paris operieren lassen (43). Das hört sich für unsere Ohren merkwürdig an. Wie soll ein Asylbewerber aus Norwegen zu der Möglichkeit gelangen, sich in Frankreich einer Operation zu unterziehen? Im Interview 26 ist der Grund für die Reisetätigkeit die mangelnde Erlaubnis für die Verlobten, zusammen in einem Land zu leben.

c) Weitere Gründe

Ein Rumäne, der bereits zwei Abschiebungen hinter sich hatte, reiste wieder in Deutschland ein, weil er meinte, die fünfjährige Sperrfrist sei abgelaufen. Entweder fehlte es ihm an der Information, dass das Ende der Sperrfrist nur bedeutet, er könne bei der deutschen Botschaft in Rumänien eine Einreise beantragen. Oder er nahm das Risiko der erneuten Abschiebung bewusst in Kauf in der Hoffnung, nicht entdeckt zu werden. Zudem war er aus Dänemark nach Deutschland eingereist. (98)

Ein Reisender aus Ghana wurde beim Ausreiseversuch per Flugzeug mit einem falschen Ausweis angehalten. (21) Er sagte, er wolle sich von seiner in England lebenden Frau Geld für den Handel mit Altwaren und Altautos besorgen.

In einem weiteren Fall ging die Reisetätigkeit aus Richtung Dänemark nach Deutschland. (90) Die Familie des Betroffenen lebt in Deutschland. Er selbst war jedoch ausreisepflichtig und versuchte daher, in Dänemark Asyl zu bekommen. Von dort reiste er häufig nach Deutschland, wo er schließlich auch eine Frau fand, die einer Heirat zugestimmt hat. Bei der Anmeldung der Heirat wurde auf dem Standesamt die Ausreisepflicht entdeckt. In zwei anderen Interviews ist die Reise nach Dänemark zur standesamtlichen Trauung der Reisegrund (49, 92).

Die Reisen innerhalb des Schengengebietes haben also nach den Angaben der Abschiebungshäftlinge jeweils mit ihrem Aufenthalt oder mit dem Aufenthaltsstatus zu tun. Die Männer versuchen, einer Abschiebung zu entgehen oder ihrer Ausreisepflicht nachzukommen. Sie behelfen sich dann mit dem Versuch, in einem anderen europäischen Land unterzukommen oder jedenfalls das Land, in dem sie offiziell nicht mehr sein dürfen, zu verlassen. Einige haben familiäre Beziehungen innerhalb des Schengengebietes und möchten diese leben, auch wenn es rechtlich eigentlich nicht oder schwer möglich ist. Besonders schwierig erscheint das, wenn sich Partner - Bindungen entwickelt haben, die dadurch getrennt werden, dass einer der Partner in ein anderes Land reist, um Asyl zu beantragen. Der Versuch der „legalen" Eheschließung dient der Verbesserung des ausländerrechtlichen Status, womit nichts über die inneren Absichten der jeweils Betroffenen gesagt ist.

Die Liste der Gründe für Reisen im Schengengebiet

Versuche, der Abschiebung in Deutschland zu entkommen (3)

Ablehnung in Schweden, daher Deutschland (4, 9)

Verwandte in Dänemark, wo es vielleicht Arbeit gibt (14)

Erneut in Deutschland einen Asylantrag stellen, nach Ablehnung in Deutschland und Schweden (15)

Verwandte in Dänemark besuchen (17)

Ausreiseaufforderung in Schweden (18)

Geld besorgen bei der Ehefrau in England (21)

Auf der Reise nach Paris (24)

Bruder in Berlin besuchen (25)

Bruder in Spanien besuchen (10)

Verlobte lebt in Italien, er in Norwegen (26)

Ausreiseaufforderung in Norwegen (38)

Bruder in Holland besuchen (40)

Einkauf von Alkohol in Lübeck (41)

„Norwegen sucht Leute" (42)

Operation in Paris (43)

Rückkehraufforderung der norwegischen Behörden (44)

Versuch, die eigene Existenz in Europa durch Heirat in Dänemark zu „legalisieren" (49)

Flucht vor der Hure Babylon, Frau und Kinder in Polen (50),

Nach Ablehnung des Asylantrages in Holland die Absicht, in Deutschland einen neuen zu stellen. (51)

Freund in Berlin besuchen, Hoffnung auf Asyl in Deutschland (64)

Eine Feier in Dänemark besuchen (70)

Die schwangere Freundin hat in England Asyl erhalten (72)

Freunde in Dänemark besuchen (74)

Freundin in Hamburg (76)

Wusste nicht, dass man ohne Ausweis nicht reisen darf... (77)

Ausreisepflicht aus Deutschland (78, 79)

Bruder in Belgien besuchen oder dort Wohnung nehmen (80)

Suche nach einer „neuen Frau" nach der Scheidung in Griechenland (81)

Versuch, in Schweden Asyl zu bekommen, auf der „Flucht" vor dem Militärdienst in Portugal (84)

Asylantrag in Frankreich nach Ablehnung in Schweden (85)

Asylantrag in Dänemark nach Ablehnung in Deutschland (90)

Ausreiseaufforderung in Holland (91)

Heiraten in Dänemark (92)

Auf der Suche nach Asyl im Schengenland, da Italien ihnen nicht gefiel (93)

Nach Ausreisepflicht seit 1999 in Deutschland unterwegs (95)

Ablehnung des Asylantrages in Schweden (97)

Nach zwei Abschiebungen dachte er, die fünf Jahre Sperre seien vorbei (98)

VIII. Warum illegal?

Eine illegale Einreise zu begründen, ist für manche der Befragten auch von sich aus notwendig. In manchen Fällen ist die illegale Einreise gar keine gewesen. In zwei Fällen war lediglich das Visum abgelaufen (70, 82). Ein weiterer Abschiebungshäftling hat nie einen Ausweis besessen, ja seine Identität ist aufgrund der Familiengeschichte nicht nachweisbar (13).[228] Bei zwei anderen scheint es so, als seien sie in der frühen Jugend oder Kindheit ohne Ausweis nach Europa gereist (1, 39).

Andere thematisieren Probleme, in ihren Ländern einen Ausweis zu bekommen: „Wenn man in Libyen ein Visum für Europa beantragt, wird man argwöhnisch betrachtet und als unzuverlässig eingestuft. Man muss den Antrag begründen." (40) „Echte Papiere sind sehr schwer zu bekommen", hieß es im Interview 86. „Man braucht Bestechungsgeld für Papiere", erläutert Interview 6 die Situation. Ein weiterer Pakistani, mit dem kein ausdrückliches Interview, sondern nur ein Gespräch geführt wurde, sagte hingegen, es dauere sehr lange, sei aber nicht mit Kosten verbunden.

Nach der Abschiebung gibt es keine Möglichkeit, legal zu Frau und Kind zurückzukehren, daher kamen 5, 12, 68, 92 auf anderen Wegen wieder. Ein Einreiseverbot in Deutschland kann man nur durch illegale Einreise umgehen (2, 90). Das Einreiseverbot wird als Verbot, ein normales Leben zu führen, betrachtet. Daher nehmen die Betroffenen das Risiko der Illegalität auf sich. Dies gilt besonders bei familiären Beziehungen in Deutschland. Theoretisch wäre eine Rückkehr durchaus möglich, wenn auch mit erheblicher Geduld bei den Einreiseanträgen und hohen Kosten für eine zurückliegende Abschiebung. Praktisch aber verlieren die Betroffenen irgendwann einmal die Geduld. Die Begründungen für die letztlich illegale Einreise lautet dann etwa so: ‚Meine Frau hat gesagt, das Kind braucht jetzt endlich seinen Vater!' (68)

---

[228] Der Bericht des Kinderhilfswerks der Vereinten Nationen (2005) berichtete über hunderttausende von Kindern, die ohne Papiere leben, also nirgendwo registriert sind, daher keinen Zugang zu Bildung, Gesundheitswesen etc. haben. Sie sind auch willkommene Kindersoldaten, Objekte der Prostitution, Helfer bei kriminellen Handlungen u.a., weil sie auftreten können, „ohne zu existieren", d.h. ihr Verschwinden durch Tod oder „Verkauf" nicht registriert wird.

Auch im Interview 89 spielt die Beziehung zum eigenen Sohn in Deutschland eine Rolle, wenn auch durchaus eine strittige. Bei der Ablehnung eines Aufenthaltstitels zitiert das Ausländeramt die Mutter des Jungen. Der leibliche Vater habe an seinem Sohn keinerlei Interesse, er benutze ihn lediglich, um wieder nach Deutschland zu kommen und missbrauche ihn geradezu für die Chance, hier aufenthaltsberechtigt zu werden. [229] Das ist neben der illegalen Einreise und den ausstehenden Abschiebungskosten Grund genug für das Amt, eine Aufenthaltserlaubnis abzulehnen. Der eingeschleuste Vater sieht keine andere Chance als die illegale Einreise, obwohl die 10.000 Euro einen großen Teil der Abschiebungskosten gedeckt hätten, womit er seinem Ziel einer legalen Einreise viel näher gekommen wäre. Die illegale Einreise hat ihn dagegen weiter vom

[229] Aus der amtlichen Begründung (30.09.05): „Art. 8 EMRK oder Art. 6 GG gewährleisten jedermann den Schutz seines Familienlebens. Dadurch ist jedoch die Abschiebung Ihres Mandanten nicht aus rechtlichen Gründen unmöglich, da nach der Erklärung der Kindesmutter ein Familienleben im Sinne dieser Vorschriften bislang nicht geführt worden ist und auch durch Frau .... zukünftig kein Wert auf eine Betreuungs- oder Begegnungsgemeinschaft zwischen Vater und Sohn gelegt wird.
Da die Kindesmutter ausgeführt hat, dass Herr ... seinen Sohn letztmalig im Sommer 2003 in Hamburg gesehen hätte und wenn er ein ernsthaftes Interesse an einer Betreuungs- und/oder Begegnungsgemeinschaft mit seinem Sohn gehabt hätte, dann hätte er sich spätestens in den vergangenen zwei Jahren um eine derartige Regelung bemühen können. Dieses hätte er auch schon mit einem entsprechenden Visumverfahrens bei der deutschen Auslandsvertretung in Indien einleiten können/müssen. Dieses hat er offensichtlich nicht getan, so dass ich erhebliche Zweifel an der Ernsthaftigkeit der Aufnahme einer Begegnungsgemeinschaft durch Ihren Mandanten habe.
Wie gering das Interesse von Herrn ... an seinem Recht auf ein Familienleben ist, lässt sich schon am Zeitpunkt und den Umständen seiner Vaterschaftsanerkennung vom 10.05.1995 erkennen, welche offensichtlich nur erfolgte, weil er sich zu diesem Zeitpunkt in Abschiebungshaft in der JVA Kiel befand und für ihn die Gefahr bestand nach Indien abgeschoben zu werden. Denn die Vaterschaftsanerkennung hätte Herr ... doch auch schon im Zeitraum von der Geburt seines Sohnes am 07.10.1994 bis zu seiner Festnahme am 21.02.1995 abgeben können.
Die Entlassung aus der Abschiebungshaft erfolgte am 19.05. 1995, weil die Rechtsbehelfsbelehrung des letzten Ablehnungsbescheides des Bundesamtes für Migration und Flüchtlinge falsch ausgefertigt war und somit Herrn ... nochmals die Möglichkeit einer freiwilligen Ausreise gegeben werden sollte. Jedoch ist aus der Ausländerakte nicht ersichtlich, dass Herr ... diese Möglichkeit genutzt hätte um die Aufnahme eines Familienlebens mit seinem Sohn zu realisieren. Er kam zwar seiner Verpflichtung zur Vorsprache bei der zuständigen Ausländerbehörde in ... am 24.05.1995 nach, jedoch tauchte er vom 01. 12.1995 bis 20.08.1996 und ab 11.09.1996 im Bundesgebiet unter.
Mit Beschluss des Amtsgerichtes ... vom 22.04.1998 wurde Herr ... bis längstens 01.06.1998 nochmals in Abschiebungshaft genommen. Da keine Zusage durch die Botschaft Indiens zur kurzfristigen Ausstellung eines Passersatzpapieres erfolgte, wurde Ihr Mandant am 28.05.1998 aus der Haft entlassen und er tauchte erneut im Bundesgebiet unter. Bis er am 06.11.1998 in Hamburg in Untersuchungshaft genommen wurde und anschließend am 06.04.1999 nach Indien abgeschoben wurde.
Wie zuvor geschildert, sind im Zeitraum von der Vaterschaftsanerkennung bis zur Abschiebung im Jahre 1999, keinerlei Bemühungen Ihres Mandanten zur Klärung des Aufenthaltsrechtes zum Zwecke der Aufnahme einer Begegnungs- oder Betreuungsgemeinschaft mit seinem Sohn erkennbar. Im Gegenteil, er entzog sich aufenthaltsbeendenden Maßnahmen durch sein Untertauchen.“

Ziel entfernt und tiefer in die Probleme hineingetrieben, da die Kosten nach der zweiten Abschiebung weitere Zehntausende von Euro betragen werden.

Gerade in Familiensachen wird offenbar von den Betroffenen vorausgesetzt, irgendwann ließen sich die Behörden vielleicht doch erweichen. Sie glauben, aus dem unmittelbar einleuchtenden Bedürfnis eines Mannes, mit seiner Familie zusammenleben zu wollen, gehe irgendwann von selbst das Recht auf dieses Zusammenleben hervor. Interview 87 zeigt die Situation, wenn jemand das Gefühl hat, er könne gar nicht anders, als einfach wegzugehen. Da kann man nicht versuchen, an die Beschaffung eines Ausweises und an den Antrag auf ein Visum auch nur zu denken.

IX. Soziale Situation der Migranten

a) Schule bzw. Ausbildung

Achtundsechzig der 100 Befragten gaben Auskunft über ihre Schul- bzw. Berufausbildung. Dabei fällt zunächst auf, dass nur 6 von ihnen keine Schule besucht haben. Ein Migrant wurde in seiner Kindheit von seiner Mutter unterrichtet. 2 besuchten eine Koranschule (einer davon „wenig"), 4 gingen 5 und weniger Jahre in die Schule. 25 besuchten die Schule die jeweils „übliche Zeit", was nach der Angabe der Jahre einem deutschen Hauptschulabschluss entsprechen dürfte. Andererseits berichteten 8 von einer Schulzeit von 11 oder 12 Jahren, 6 von einem Abschluss, der in etwa dem deutschen Fachhochschulabschluss entsprechen könnte (Ingineur o.ä.), 9 vom Abschluss eines Universitätsstudiums.

Schule/Ausbildung	Anzahl
Keine Schule	6
Privatunterricht	1
Koranschule	2
Bis 4 Jahre	3
5 Jahre	2
Schule ja, kein Abschluss	1
Hauptschulabschluss	26
11 oder 12 Jahre	8
Fachhochschule	6
Universität	9
Lehre begonnen	3
Lehre abgeschlossen	4
Gesamt	

Bei der Frage nach der Ausbildung für einen Beruf hieß die Antwort häufiger sinngemäß: „Ich habe keinen Beruf. Bei uns hat man nur einen Beruf, wenn man ein Studium abgeschlossen hat. Alle anderen müssen zur Arbeit gehen." „Man lernt durch die Arbeit, eine Ausbildung gibt es nicht." (6) Für einen „guten Job" braucht man einen Vater mit Geld. (58) In Serbien –Montenegro braucht man nach der Erfahrung von (77) einen Vater, der hohe Funktionäre kennt, um Arbeit ohne Universitätsausbildung zu bekommen. Ohne Ausbildung oder Schule hat man auch in Afghanistan keine Chance auf einen Beruf, sagt (32), während (33) meint, er hätte auch ohne Schul- oder Ausbildung ebendort Geld verdienen können. Ohne Vater (wegen kommunistischer Gesinnung erhängt) und ohne Schulabschluss hat man im Iran keine Chance auf dem Arbeitsmarkt (27). Ein anderer Iraner berichtete von guten Arbeitsmöglichkeiten bei internationalen Firmen. (65)

Ein Mann aus Pakistan berichtete, er habe das Glück gehabt, in einem von Deutschen eingerichteten Ausbildungszentrum unterzukommen, bis er aus religiösen Gründen dort entfernt worden sei. (75)

b) *Arbeit vor der Migration*

Mehrere Männer sagen, sie haben nach der Schulzeit einfach keine Arbeit bekommen (66), einer durfte als „Asylant im Libanon" nicht arbeiten (73), wohingegen ein anderer Palästinenser dort Arbeit hatte (76). Ein Tamile erzählt, er sei nach 10 Schuljahren mit seinem Vater zur Arbeit gegangen, dadurch komme man in die Arbeitswelt hinein. (55) Arbeit in der Landwirtschaft und im Bau wird oft angeführt, so aus Tschetschenien (53), Ghana (87), Rumänien (12), bisweilen auch die eigene Landwirtschaft (z.B. Türkei: (5, 95).

Tätigkeit	Anzahl
Tagelohn	10
Selbständig	4
Geordnete Berufsarbeit	15
Ausbildung, Schein	4
Soldat	2
Parteisekretär	1
Keine Arbeit gefunden	4
Summe	40

Arbeit während des Migrationsweges nach Europa in Form von Gelegenheitstätigkeiten, aber auch regelmäßiger Arbeit als Job führen einige Afrikaner an: (2), (10), (40), (43).

Vor allem die Abschiebungshäftlinge aus Exjugoslawien haben teilweise (aus deutscher Sicht) ‚ganz normale geordnete' berufliche Arbeitsverhältnisse hinter sich, vom Kranführer (3) oder Verkäufer (25) über Kraftfahrer (9) und Vermessungtechniker (18), Chemieingineur (41) bis zum studierten Sportler (78).

Auch in Georgien bietet sich eine Spanne „ordentlicher" Berufe wie Sportlehrer an der Universität (35), Radiomechaniker (36), studierter Musiker, der bei der Grenzpolizei arbeitete (22), aber auch Arbeit als Automechaniker ohne Ausbildung (47) oder früher Sowjetsoldat in Deutschland (16). Aus Togo berichten mehrere von „geregelter Arbeit" bei der Autoreparatur (15, 99).

Kinderzahl Herk.fam.	Anzahl
Ungenaue Angabe	9
Einzelkind	2
2 Kinder	7
3 Kinder	10
4 Kinder	8
5 Kinder	4
6 und mehr Kinder	14

Insgesamt konnten oder wollten 40 der Befragten zu ihren Arbeitsverhältnissen im Herkunftsland Angaben machen. Hinzu kommen noch einige, die von Schwierigkeiten mit der heimischen Arbeitswelt sprachen, z.B. wegen der Einkommensstruktur (29, 30) oder wegen erhoffter besserer Arbeit im Zielland eine Arbeit im Herkunftsland aufgegeben haben (37, aus der Türkei normale Arbeitsmigration).

c) Herkunftsfamilien

Über die Herkunftsfamilien der Migranten war vor allem die Zahl der Kinder von Interesse. Insgesamt 50 der Befragten gaben an, aus Familien mit zwei und mehr Kindern zu stammen, wobei die Gruppe mit sechs und mehr Kindern die größte bildet.

Die Herkunftsregion ist bei 21 das Land, bei 21 kleine und größere Städte, bei 8 die Großstadt, bei einem ein Flüchtlingslager, bei einem der Gazastreifen. Alle anderen lassen sich nicht zuordnen.

d) Zugehörigkeiten in der Gesellschaft (Schichten – Milieus)

Die Zuordnung der befragten Abschiebungshäftlinge zu einer gesellschaftlichen Schicht in ihrem Herkunftsland ist mit diversen Unwägbarkeiten behaftet. Das Modell gesellschaftlicher „Schichten", etwa Ober- Mittel- und Unterschicht, jeweils noch geteilt in obere, mittlere und untere, mag für gesellschaftliche Situationen von „gefestigten" sozial ausgleichenden europäischen Gesellschaften angemessen gewesen sein. Ein solches struktur-funktionalistisches Schichtenmodell der Gesellschaft wurde auf Deutschland beispielsweise von Scheuch und Daheim angewendet. Ihre Kriterien waren Einkommen, Schule und Beruf des Haupternährers.[230] Sie erhielten damit für die Unterschicht 46%, die Mittel-

Soziale Schichtung	%	%	Scheuch %
Straßenkind	2	2	
Unterschicht	14	14	46
Untere Mittelschicht	21	21	17
Mittlere Mittelschicht	17	17	12
Obere Mittelschicht	3	3	5
Oberschicht	0	0	2
Arme Landbevölkerung	7	7	
Nicht einzuordnen	36	36	18
Summe	100	100	100

schicht 34% und für die Oberschicht 2% der Bevölkerung, konnten jedoch 18 % nicht einordnen.[231] Die Studie wies darüber hinaus eine Tendenz zur „Mittelstandsgesellschaft"[232] nach, mit der sie die damals heftig diskutierte Klassentheorie des Sozialismus als widerlegt ansah.

---

[230] Scheuch, Erwin K., Daheim, Hans Jürgen, Sozialprestige und soziale Schichtung. In Kölner Zeitschrift für Soziologie und Sozialpsychologie, 13. Jahrgang 1961, 68.
[231] A.a.O., 103.
[232] A.a.O., 79.

Will man ähnliche Kriterien für die in Abschiebungshaft geratenen Zuwanderer anlegen, kommt man auf folgende ganz vorläufige Zuordnungen: Hier können knapp 36% nicht eingeordnet werden, 14,3% gehören zur Unterschicht, 20,4% zur unteren Mittelschicht, 17,4% zur mittleren Mittelschicht, 3 % zur oberen Mittelschicht, 7% zur armen Landbevölkerung und 2 % sind „Straßenkinder". Die letzten beiden könnten theoretisch der Unterschicht zugerechnet werden, obwohl das nicht ganz eindeutig   sein kann.   Die Unterschiede   zur Scheuch-Studie ergeben sich aus   dem nahezu doppelt so großen Anteil der Nicht – Zuordnung und evtl. auch aus Differenzen bei der Zuordnung zur Unterschicht.

Die Schichtentheorie wurde von mehreren Seiten in Frage gestellt. „Der Begriff der Schichtung war aus vielerlei Gründen problematisch geworden. Ein Grund war sicher das Ende der 60er Jahre aufgekommene Gespür für verborgene Machtprozesse und Theorien, die in ihnen unkritisch abgebildet schienen. Ein anderer Grund war, dass viele Erscheinungen sozialer Ungleichheit nicht mehr in einer einfachen Schichtungstheorie unterzubringen waren. Die Theorie von Bourdieu hat Beispiele geliefert, dass ganz alte Mechanismen hinter subjektiven Differenzierungen und objektiven Lagen wirken."[233] Das Schichtenmodell erklärt auch nicht so genannte Statusinkonsistenzen einschließlich einer Dynamik der oberen und unteren Gesellschaftsschichten. „Oben" kumulieren sich die Vorteile, „unten" die Nachteile, wodurch sich bei mehr Gleichheit (bevorzugt in der „Mitte") gleichzeitig mehr Ungleichheit einstellt.[234]

In den 1980er Jahren stellte Beck die Schichtentheorie und ihre Implikationen radikal in Frage. Er sah den Status des Individuums in der Gesellschaft von Tendenzen geprägt, die eine traditionelle Einordnung des Individuums in die Gesellschaft im Sinne vorgeprägter Abläufe hinter sich lassen. Das Individuum ist Agent seiner eigenen Wirklichkeitskonstruktion und muss seinen Platz jeweils individuell gestalten – mit dem damit zusammenhängenden Risiko.[235]

Auch gesamtgesellschaftlich erscheint das Bild von gesellschaftlichen Milieus für Europa angemessener als das von Schichten. Das Individuum entwickelt eine multiple Zugehörigkeit zu verschiedenen Milieus und daraus auch eine multiple Identität.[236] Inzwischen bilden einige Zuwanderer aus verschiedenen Nationen für sich und zusammen ein eigenes Milieu. Es wird gekennzeichnet durch eigene Sprachen, schlechten Zugang zu Bildungsmöglichkeiten und Erschwernisse auf dem Ausbildungssektor und auf dem Arbeitsmarkt. Aller-

---

[233] Abels, Heinz, Einführung in die Soziologie, Band 1, Der Blick auf die Gesellschaft, Westdeutscher Verlag Wiesbaden 2001, 319.
[234] Abels, a.a.O., 322ff., mit Berufung auf Bourdieu und Hradil.
[235] Beck, Ulrich, Risikogesellschaft Auf dem Weg in eine andere Moderne, Suhrkamp Verlag Frankfurt am Main, 1986
[236]

dings haben sich auch viele Zuwanderer aus verschiedensten Gründen in andere Milieus beruflich und gesellschaftlich integriert.

Gleich welche der Gesellschaftstheorien als Folie angelegt wird, die Zuwanderer kommen größtenteils nicht aus gesellschaftlichen Gruppen, die in ihren Herkunftsländern als solche marginalisiert sind. Sie bzw. ihre Familien sind in der Lage, das für eine irreguläre Reise Notwendige in Form von Geld, Materialien oder Beziehungen oder alles zu organisieren. Das gelingt Mitgliedern marginalisierter Gruppen weniger als allen anderen. Nur in wenigen Fällen gelingt die Reise / Flucht ohne organisatorische Mittel dieser Art, wie bei den Straßenkindern (13, 61) oder in sehr jungem Lebensalter und aus besonderen familiären Bedingungen heraus begonnener Migration (1, 39, 49, 79).

Die Frage der sozialen Schichtung

Die Soziologie beschreibt Gesellschaften als Gefüge, Struktur oder System, in dem es unterschiedliche Zugänge zu den Faktoren gibt, die das Leben des Einzelnen bestimmen. Die Faktoren Arbeit, Besitz, Einkommen, Bildung oder Freiheit, auch der Zugang zum Recht oder zur Durchsetzung eigener Interessen, also Macht, sind unterschiedlich verteilt. Dieses könnte die „horizontale" Diversifizierung betreffen. Zusätzlich wurden in jüngerer Zeit Differenzierungen eher „vertikaler" Art in die Betrachtung einbezogen, so die Frage der Geschlechter, die ihrerseits in allen anderen Differenzen gleichermaßen auftritt, und sich auch nach Gesichtspunkten der Religion und Geschichte - jetzt auch Kultur genannt - ausrichtet. Ein weiterer Aspekt steht quer zu allen. Die unterschiedlichen Faktoren ordnen sich auch nach Fragen der globalen Verteilung von Macht und Ressourcen einschließlich auch hier der kulturellen Aspekte an.

Beziehungen	Anzahl
Geschwister und Verwandte im Westlichen Ausland	27
Freunde ebd.	2
Eltern und Geschwister haben keine Probleme im Herkunftsland	14
Herkunftsfamilie auch Geflohen	6

Nach den Berichten aus den Abwanderungsländern erleben die Betroffenen ihre Gesellschaften in der Mehrheit als geteilt in die Gruppen der Herrschenden, die das Geld aus dem Volk herauspressen und ins Ausland schicken, und den Rest der Armen. Die Armen teilen sich aus dieser Perspektive in Fischer, Handwerker, Händler, Mini – Land – Besitzer, Tagelöhner und solche, die gar keine Chancen haben. Sie selbst stehen dazwischen in einer Situation, in der ihre individuellen Chancen aus ihrer Sicht über Gebühr geschmälert sind. Eine solche Sicht der Gesellschaft und der eigenen Situation in ihr kann nur dann entstehen, wenn andere gesellschaftliche Entwicklungen für die Betroffenen wahrnehmbar geworden sind. Um zu sehen, wie dieser Wahrnehmungsvorgang abläuft, lassen sich weitere Teile der Interviews heranziehen. Zunächst wären hier konkrete Beziehungen in andere Länder – und wieder besonders in die Zuwanderungsländer der westlichen Welt - zu betrachten.

27 der Befragten verweisen auf Geschwister und andere Verwandte im westlichen Ausland, 2 auf Freunde. Dadurch kommen Beziehungen zustande, die für eine Veränderung des Blickwinkels und der Wahrnehmung der eigenen Situation sorgen. 14 berichten ausdrücklich darüber, dass ihre Herkunftsfamilie im Herkunftsland „keine Probleme hat". Das deutet darauf hin, dass in diesen Fällen zumindest eine individuelle Entscheidung zur Migration getroffen wurde. In 5 Fällen sind die anderen Mitglieder der Herkunftsfamilie ebenfalls außer Landes gegangen oder geflohen. (99)

Insgesamt 41 der Abschiebungshäftlinge berichteten von eigenen Familien in Form einer Freundin (teils mit gemeinsame(m)n Kind(ern)), teils als „verheiratete Familie". Von diesen leben 25 im Zuwanderungsland. 2 Befragte haben (ehemalige) Familien im Herkunfts- und Zuwanderungsland. Die eigenen Familien sind entweder mit unterwegs (3, 14, 70, 78) oder müssen „zu Hause" bei Verwandten unterkommen (35, 36). Die eigenen Familien in den Zuwanderungsländern sind ein Zeichen weitgehender Integration. Sie werden in

Eigene Familien	Anzahl
Frau, Kinder	25
Freundin, teils Kinder	16
Summe	
Davon Gastland, Westeuropa	25
Fam. in Herkunfts- und Gastland	2

verschiedener Hinsicht ausländerrechtlich wirksam, sei es als Grund für die Hoffnung auf Aufenthalt (12, 19, 26, 41, 62, 68, 81), sei es bei Schwierigkeiten als Grund für die Beendigung des Aufenthalts. (5, 37, 41, 51, 68, 79, 81, 89, 92), in einigen Fällen auch beides zu verschiedenen Zeiten.

In den 29 Fällen, in denen bereits Verwandte oder Freunde im westlichen Ausland leben, bedarf es keiner großen Phantasie, um Wünsche nach Migration zu erklären. Entweder gab es häufigere Kontakte oder Geldsendungen. Wenn dieses nicht der Fall gewesen sein sollte, könnte alleine das Faktum, dass jemand aus dem eigenen Umkreis im Land der Hoffnung geblieben ist, vorhandene Unzufriedenheiten verstärken sowie die realistische Möglichkeit dieser Form der Lebenslagenveränderung konkret vorstellbar machen.

Unter den Befragten haben weitere 27 bereits eigene Familien im Zielgebiet der Migration, was nur durch längeren eigenen Aufenthalt möglich wird.

Weitere Wege, auf denen Bilder vom besseren Leben überall verbreitet werden, sind die elektronischen Medien. So erklärt (10), selbst in kleinsten Dörfern gäbe es schließlich Satellitenfernsehen. (87) sagt: „Die Leute in Europa wissen durch Internet und Fernsehen schneller und mehr über die Lage in Ghana oder in einem anderen afrikanischen Land Bescheid als die Landbevölkderung (sc. aus Ghana über ihr eigenes Land)". Das trifft auch auf die Stadtbevölkerung in

Ghana zu. Aus den Berichten über alle Regionen der Welt in unseren Fernsehnachrichten wissen wir, dass in diesem Bereich die Globalisierung tatsächlich
stattfindet.[237]

X. Aktive Vorstellungen und Wünsche an das eigenen Dasein

Wer eine gewagte und risikoreiche Reise unter hohem Aufwand von Geld und
anderen Ressourcen unternimmt, benutzt eine andere Risikoabwägung – oder
auch Rationalität - als sie bei einem durchschnittlichen Mitteleuropäer vorausgesetzt wird. Das war eine der Annahmen, die das Migrationsverhalten einer
Klärung näher bringen könnte. Wenn sich die Überzeugung bildet, die eigene
Lage sei so schlecht oder ungerecht oder aussichtslos, dass kein noch so großes
Risiko – bis hin zum Einsatz des eigenen Lebens - die Abwanderungsversuche
nach Europa hindern kann, sollte das dann nicht auch auf Vorstellungen basie-
ren, was die Wünsche oder Ziele des Lebens in dieser Region sein könnten?
Oder sollte im Gegenteil die Situation, aus der man sich durch Migration befreien möchte, so mächtig sein, dass eine persönliche Ziel - Vorstellung eigentlich gar nicht ausgebildet werden muss?

In 64 von 100 Interviews gab es trotz Nachfrage in der Tat keine konkrete und
persönliche Vorstellung von zu erreichenden Zielen, die das Risiko der irregulären Migration rechtfertigen. Hier dominierten die Gründe, die zum Abwande-
rungsversuch geführt haben. Etwas überspitzt könnte man das so verstehen,
dass hier das Verlassen einer ungerechten, feindlichen und wirtschaftlich unzu-
träglichen Umwelt auch Jahre später die Gedanken dominiert. Dabei wird dann
auch deutlich, wie erheblich die Unterschiede in den sozialen Situationen ausgeprägt sein müssen. Wer einen unsicheren, teilweise auch erniedrigenden und
wirklich kargen Duldungsstatus in Westeuropa der Rückkehr in die eigene
Herkunftsregion vorzieht, erklärt allein dadurch seine Sicht und Bewertung der
eigenen Situation vor dem Beginn der irregulären Migration. Dieses in aktive
Vorstellungen umzuwandeln, erfordert einen hohen Grad an Abstraktionsfähig-
keit und Distanz zu den eigenen Lebensvollzügen. Folgende 34 Aussagen sind
dokumentiert:

1. Ohne Angst leben (55)
2. In Ruhe leben (20/32/50)
3. Heiraten und arbeiten (25/26/39/40/44/49/52/68/72/73/76/ 79/81)
4. In Europa arbeiten und leben (28/32/33/42/59/84/85/89)
5. Mein Ziel ist Asyl in Schweden (77)
6. Mein Ziel ist Deutschland (78)
7. Deutsches Leben in Georgien: Freiheit, Sicherheit, ökonomischen Erfolg,
    eine Regierung ohne Mafia-Züge und das in einem noch schöneren Land

---

[237] Siehe dazu noch mal den Bericht „Commandante".

als Deutschland (35/36)
8. Deutschland hilft den Menschen (45)
9. Frieden, damit es den eigenen Kindern besser geht als uns (53)
10. Mehr über die Welt lernen (59)
11. Musik machen oder ins Showgeschäft einsteigen, egal wo (22)
12. Als Christ leben (65)

Die „Familiengründung"

Die Aussagen 1. bis 4. stellen nur auf den ersten Blick eher allgemeine statements dar. Ein männliches Leitbild ist die Arbeit und die Gründung einer Familie. Beides ist unter Bedingungen, aus denen die irregulären Migranten kommen, so einfach nicht durchführbar. Oft fehlt die Arbeit, die eine Familie ökonomisch erst ermöglicht. Oft sind es auch andere Bedingungen, die Familiengründung erschweren, wie fehlende Sicherheit und Angst vor Übergriffen verschiedener Art, aber auch Traditionen wie die erschwerte Heirat über Stammesgrenzen hinweg (Interview 17)

Dieser Vorstellung „Gründung einer Familie" kommt jedoch im Migrationsbereich eine weitere entscheidende Bedeutung zu. Eine Familie im Zielland zu gründen kommt dem Erwerb von Aufenthaltsrechten nahezu gleich. Wer diesen Schritt erfolgreich bewältigt, bedarf der mühsamen Asylverfahren nicht mehr. In unserer Vorstellungswelt kommt damit auf die Partnerschaft ein immenser Druck des Gelingens zu, der ihre Aufrechterhaltung nicht gerade erleichtert. Umgekehrt kann diese Situation auch benutzt werden, um einen ungeliebten Partner, den man sich anders vorgestellt hat, wieder loszuwerden. Sämtliche Schwierigkeiten von Partnerschaften und Familien geraten in das Umfeld der Aufenthaltsfrage und gewinnen dadurch Brisanz. Das gilt besonders bei Ehen, die nur zweckgerichtet geschlossen werden.[238]

Erschwerend kommt hinzu, dass Eheschließung und Zeugung von Nachwuchs auch ohne andere Beziehungswünsche benutzt werden kann, um einen Aufenthaltsstatus zu erreichen. Der Volksmund spricht von „Einzeugen" und „Bezahlehe" oder „Heirat gegen Geld".[239] Moralische und ethische Aspekte dieses Vorganges sollen hier nicht besprochen werden. Unsere Gesellschaft ist stolz auf die „freie Partnerwahl", bei der niemand aus der Herkunftsfamilie dazwischenreden sollte und frühere soziale Zusammenhänge und Zwangsverbände außer Betracht bleiben können. Sie untersucht nicht die Motive, die zu einer Partnerwahl führen, sondern beschränkt sich darauf, erfolgte Partnerwahl durch

---

[238] Diese Probleme werden in folgender Publikation angesprochen: D-A-S-H Dossier #13: Ehe und Migration, gefunden als Broschüre mit 26 Seiten auf der Homepage http://D-A-S-H.org.
[239] Zu den Kosten einer „Einreiseheirat" s. der bereits zitierte Spiegelbericht: Die Einheiratung wird als (kostenträchtige) Methode neben der Fälschungspraxis empfohlen und kostet eher das Doppelte im Vergleich zu der Organisation einer Reise einschließlich Visum und Ausweis. Trotz Visa – Affäre floriert der Schwarzmarkt für Schengen – Papiere, Der Spiegel Nr. 39 vom 26. 9. 05, 196f.

Eheschließung rechtlich einzuordnen. Das bei Paaren mit ausländischem Anteil anders zu handhaben, wäre zumindest missverständlich, wenn nicht diskriminierend.[240] Immerhin ist die Eheschließung oder das Umgangsrecht mit einem eigenen Kind eine Möglichkeit, ohne ein schwieriges Asylverfahren oder komplizierte Zuwanderungsformalitäten in Deutschland einzuwandern. Dazu muss bedacht werden, dass von Hilfsverbänden die Eheschließung mit Ausländern als „Schutzehe" ganz offen propagiert wird.[241] Sie vergleichen damit die Not einwanderungswilliger Menschen mit der Not von verfolgten und von der „Vernichtung" bedrohten Juden, Regimegegnern und psychisch kranken Menschen im Naziregime von 1933-45.[242]

Die Aussagen der Betroffenen zu diesem Bereich wirken jedoch als ernst gemeinte Absicht und Lebensentwurf. Daher werden von den Männern, die in der Abschiebungshaft befragt werden konnten, keine Schutzehen, sondern echte Familiengründungen intendiert. Die so genannte Schutzehe versucht, einem Menschen in einem Teil seiner Identität zur Hilfe zu kommen, gibt ihm aber damit nicht die Möglichkeit des „echten" Statusübergangs zum „verantwortlichen verheirateten Mann". So nutzt auch die Bewegung der Schutzehe, sofern sie nicht eindeutig ausschließlich auf den Aufenthaltszweck gerichtet ist, die Hilflosigkeit eines zuwanderungswilligen Menschen, der mit dem alleinigen Aufenthalt noch nichts gewonnen hat.

---

[240] Siehe auch Hagenmaier, Martin, Abschiebung und (k)ein Ende (?), 83-85.

[241] Die Website www.schutzehe.de ist für diesen Zweck eingerichtet worden. Hier ein Beispiel, wie diese Fragestellung durch Flüchtlinsginitiativen behandelt wird: „Durch eine Migrationspolitik, in der allenfalls noch der Zufall darüber entscheidet, ob ein Flüchtling ein Bleiberecht erlangt und eine Migrationspolitik, in der eine Migration fast nur noch aufgrund von Heirat möglich ist, stellt sich für immer mehr Menschen die Frage, ob sie heiraten sollen: Aus Liebe oder auch nicht, aber jedenfalls vor dem Hintergrund einer drohenden Aufenthaltsbeendigung. Die Motive sind hierfür vielfältig. Die eine mag sich eine Heirat überlegen, um den Geliebten in Deutschland behalten zu können, der andere mag dies tun, um einen Menschen vor drohender politischer Verfolgung im Falle einer Abschiebung zu schützen. Doch was ist dabei zu beachten?
Wir halten sowohl Liebes- als auch Schutzehen für legitim. Allerdings ist bei Beziehungsheiraten zu beachten, daß eine Liebesbeziehung durch eine aufenthaltsrechtlich begründete Heirat schweren Belastungsproben ausgesetzt sein kann. Die Ehe produziert Abhängigkeiten, die nicht unbedingt einseitig sein müssen – der deutsche Ehepartner sitzt jedoch grundsätzlich immer am längeren Hebel. Zudem können sehr unterschiedliche Vorstellungen mit der Heirat verknüpft sein. So ist möglicherweise für einen Ehepartner die Ehe eine reine Formalie, der oder die andere jedoch erwartet eine traditionelle Eheführung. Über diese Fragen sollte vorher Klarheit herrschen, damit die Ehe nicht die Liebe zerstört und alles mit Streit, Schuldgefühlen oder Aggressionen endet. Vielleicht können ja auch gute Freundinnen oder Freunde helfen, die vielleicht die gleichen Probleme haben (sogenannte Überkreuz-Heirat)." (aus: kein mensch ist illegal - ein Handbuch zu einer Kampagne, 1999) ((Auf welche Weise hier fahrlässig mit individuellen Lebensentwürfen umgegangen wird, ist in dieser Arbeit nicht das Thema, d.A.))

[242] Antje Dertinger, Schenk mir Deinen Namen. Scheinehen zwischen Menschlichkeit und Kriminalität, Bonn: Dietz 1999.

Die Aussagen 4. und 5. können eher als Bekräftigung des Migrationswunsches verstanden werden: ‚Ganz gleich, wie oft ich abgeschoben werde, ich lasse mich von diesem Ziel nicht abbringen.'

„Deutsches Leben in Georgien"

In den restlichen Sätzen (7.-12.) werden die Angaben konkreter und als Vorstellungen formuliert. Dabei fällt 7. sozusagen stellvertretend heraus. Hier wird eine Metaüberlegung angestellt, die das Migrationsgeschehen auf einen Punkt bringt. Sie erklärt zugleich die Perspektive, aus der Westeuropa gesehen wird und bindet sie konkret an das Herkunftsland zurück. Dieser kurze Satz entwickelt Leitbildqualitäten. Die westlichen Werte werden hier als kulturelle Ziele beschrieben, die eigentlich auf der ganzen Welt geteilt werden: „Freiheit, Sicherheit, ökonomischen Erfolg, eine Regierung ohne Mafia-Züge". Weithin fehlen jedoch die gesellschaftlich anerkannten Mittel, um diese Ziele zu erreichen. Im Gegenteil nutzen die schmalen herrschenden Schichten diese Ziele für sich unter Missachtung der Masse der Bevölkerung, wie auch die Wahrnehmung der Situation in anderen Ländern zeigt, nach der die Herrschenden sich als Klique oder Bande gebärden, die ihre Völker ausbluten und die ihnen gestellten politischen Aufgaben nicht wahrnehmen. Die Globalisierung hat in den Zielsetzungen verhaltensprägende Wirkung erreicht. Sie stellt aber für die Mehrheit der Menschheit keine Mittel bereit, diese Ziele auch zu realisieren. Zudem gibt es auch kulturelle und religiöse Einstellungen und Traditionen, die die kulturellen Zielsetzungen des Westens moralisch verurteilen.[243] Der Satz beschreibt mithin prägnant die sozialstrukturelle Anomietheorie gesellschaftlicher Vorgänge nach Robert K. Merton.[244]

Bevor ein Theorieansatz zur irregulären Migration vorgestellt wird, müssen die Ergebnisse der Befragung mit denen der Kontrollgruppe verglichen werden. Daraus ergibt sich eine Erhärtung der Ergebnisse.

---

[243] So etwa der Islamismus.

[244] *Robert K. Merton*s Anomietheorie ist ein echter Klassiker. Sein Werk " Social Theory and Social Structure, hat seit 1949 viele Auflagen erlebt und gehört zu den meist zitierten Werken in Soziologie und Kriminologie. Seit 1995 liegt eine deutsche Übersetzung des Gesamtwerks vor: Soziologische Theorie und soziale Struktur, Berlin: Walter de Gruyter 1995, hrsg. und eingel. von *Meja, Volker* und *Stehr, Nico*. Sozialstruktur und Anomie befindet sich hier auf den Seiten 127 - 154.

Kapitel 4

Die Kontrollgruppe

Wenn und insofern die Gruppe der Abschiebungsgefangenen als Population von Menschen definiert wird, deren Migration die Kennzeichen des Scheiterns und der Irregularität trägt, müsste als Kontrollgruppe eine Population irregulärer Migration gesucht werden, die das Ziel erreicht hat. Die konsequente Gegengruppe wäre also erfolgreiche irreguläre Migration. Eine solche Untergruppe existiert unter den befragten Abschiebungshäftlingen. Wer aus der Abschiebungshaft in die Freiheit entlassen wird, hat zunächst mit seinem Migrationsversuch Erfolg gehabt. Dem Sinne der Ziele von Migration nach muss als Kontrollgruppe aber eine andere Population ausgesucht werden. Das Gegenüber zur irregulären Migration bildet die erfolgreiche Einwanderung mit irregulären Elementen in ein Land der eigenen Wahl. Menschen, die dieser Gruppe zugehören, werden die Fragen des Interviews wahrscheinlich ohne Sprachschwierigkeiten beantworten können. Eine Stichprobe bei ihnen auszuwählen, unterliegt durch die einfachere Definition der Population nicht denselben Problemen wie bei der Gruppe der gescheiterten Migranten und Migrantinnen. Die Befragung erfordert auch nicht denselben Umfang, da sie sich von Anfang an auf sichererem Grund bewegt. Ich habe mich daher auf zehn Interviews beschränkt, jedes zehnte Gespräch eines Jahres.

Die Interviewmethodik war ähnlich wie bei der Hauptbefragung. Der Interviewleitfaden lag bei der Kontrollgruppe nicht vor, sondern wurde bei diesen Gesprächen entwickelt. Die Schwierigkeiten bei der Befragung dieser Gruppe waren erheblich geringer, besonders deshalb, weil die gelungene Einwanderung auch mit dem raschen Erwerb und guter Beherrschung der deutschen Sprach einhergeht, oder aber ein deutschsprachiges Umfeld bestand. Zudem war / ist die Situation der Befragten ungleich einfacher. Sie befanden sich zum Zeitpunkt der Gespräche nicht in Haft noch hatten sie Kontakte ins Herkunftsland abgebrochen oder waren mit falschen Ausweisen unterwegs. Der Aufenthaltsstatus erleichterte ebenso die taktische Seite des Gesprächs. Die Geschichte unterlag nicht dem taktischen Kalkül, etwas erreichen zu wollen. Sie wollte nur noch als zurückliegende Ordnung der Dinge erzählt werden. Darin könnte eine taktische Seite verborgen sein im Sinne von: „Sieh an, was ich geschafft habe...!" Das dürfte jedoch die Inhalte nicht grob verzerren.

Aufzeichnungen über die Gespräche

Mitte der siebziger Jahre hat er den Iran mit seiner Frau verlassen. Es war die Zeit beim Untergang des Schahregimes. Er war Mitglied der kommunistischen Partei und hatte daher eindeutig nachweisbar unter staatlicher Verfolgung zu leiden. Asyl wurde ihm sofort gewährt. Die Einbürgerung des Paares war spä-

ter aufgrund guter Integration auch in die Arbeitswelt kein Problem. Schon im Iran hatte er den Beruf des Maurers ausgeübt, was er hier weiterführen konnte. Er konnte die gesellschaftlichen Verhältnisse im Iran erklären. Besonders bestätigte er, dass man ohne Hochschulausbildung „keinen Beruf hat, sondern arbeiten geht". (K1)

Er ist von Beruf Lehrer. Er war als junger Mann Mitglied eines literarischen Zirkels in Tunesien. Eines Tages kam die Polizei zu ihm und sagte: „Entweder Ausreise in achtundvierzig Stunden oder Gefängnis." Eine Ausreise ohne Rückkehrrecht – Ausbürgerung ohne Nachweisbarkeit.

Das ist dreißig Jahre her. Er ist inzwischen deutscher Staatsbürger, hat Frau und Kinder. Aber seine Papiere sind unrekonstruierbar zerstört. Er kann auch heute noch nichts nachweisen, obwohl er inzwischen nach einer Amnestie durch den Regierungswechsel 1987 (von Burgiba zu Ben Ali) wieder nach Tunesien reisen kann und es auch tut. Sein früherer Schuldirektor gibt ihm auch heute noch keine Bestätigung für irgendetwas.

So war er gezwungen, sich auf irgendeine Art und Weise durchzuschlagen. Daraus resultieren Schulden, die ihn und seine Familie nahezu erdrücken. Dennoch sagt er, Deutschland sei für ihn die beste Demokratie der Welt. (Tunesien, 55 Jahre, K2)

„Ich wollte unbedingt nach Deutschland", erzählt eine junge Frau. „Nachdem das Touristenvisum abgelaufen war, ging ich deshalb in Begleitung einer Dolmetscherin zum Ausländeramt und erzählte dort das, wovon ich glaubte, dass es mir helfen würde, hier zu bleiben. Ich tat so, als ob ich Deutsch nicht sprechen und verstehen könne. Ich behauptete, mein Vater habe mich geschlagen und vergewaltigt. Ich könne nicht mehr nach Hause gehen. Die Geschichte leuchtete sofort ein und ich bekam zunächst Asyl. Es war sehr schwierig, später meinen Eltern zu erklären, warum das nötig war. Sie sind nämlich zu Hause angesehene Bürger. Mit dem Asylstatus konnte ich Deutschland nicht verlassen. Daher wäre eine Heirat das Beste für den Aufenthaltsstatus gewesen. Doch mein Freund wollte nicht heiraten. Da suchte ich mir jemand, der mit mir die Ehe schließen wollte und fand ihn. Über den Preis waren wir uns schnell einig. Als er wenige Monate nach der Hochzeit ins Gefängnis kam, habe ich gemerkt, dass ich ihn sogar lieben könnte. Nach seiner Entlassung dauert es noch ein halbes Jahr, bis ich nach dreijähriger Ehe ein eigenständiges Aufenthaltsrecht bekomme. Ich denke aber, dass wir zusammen bleiben. Ich kann auch meine Familie zu Hause besuchen. Da gibt es gar keine Schwierigkeiten. Jetzt kommt nur noch die Frage nach meinem Beruf. Ich will nicht dauernd für wenig Geld als Hilfskraft arbeiten. Schließlich habe ich die Schule besucht und einen Beruf

gelernt. Die Ausbildung kann anerkannt werden, wenn ich in Deutschland noch ein Jahr in die Ausbildung gehe. ...

Es gibt in einer deutschen Stadt eine Frau, die ihr Geld damit verdient, dass sie Ehen mit Mädchen und Frauen aus meiner Heimat vermittelt. Sie lebt gut davon. Der Wunsch, das Land zu verlassen ist groß, auch wenn es jetzt dort etwas besser wird. Es gibt noch zu viele Verbrecher und man hat zu wenig Einkommen. Bis man in meinem Herkunftsland so leben kann wie in Deutschland dauert es für mein Leben zu lange." *(Südosteuropa, 21 Jahre) (K3)*

„In einem Fall war es so, dass (Name) einen schwulen Gefängnisinsassen geheiratet hat. Weil die Behörden das rausbekommen haben, musste sie zurück, obwohl sie schon viele Jahre in Deutschland gelebt hatte. Sie haben sich aber nicht scheiden lassen. Daher musste das Ausländeramt irgendwann eine Aufenthaltsgenehmigung erteilen. Zuerst behaupteten sie, nach der Eheschließung sei gar kein eheliches Zusammenleben mit einem Gefängnisinsassen möglich. Nach seiner Entlassung aus dem Gefängnis galt das Argument aber nicht mehr. Als dann (Name) gestorben war, hat (Name) einen Mann gefunden, der sie aus Liebe geheiratet hat. Jetzt kann sie natürlich ohne Probleme hier bleiben. Von Beruf ist sie Köchin. Arbeit hat sie in Deutschland jederzeit gefunden." *(35 Jahre) (K4)*

„Meine Frau kommt aus Osteuropa. Sie schickt mir Geld in die Haft. Das ist ihr Teil der Abmachung. Sie kann das, denn sie hat eine gute Arbeit gefunden, die ihrer Ausbildung entspricht. Wir haben vereinbart, dass sie ihren Freund nicht mitbringt, wenn sie mich besucht. Ein bisschen Illusion ist für mich doch auch nötig. Sie will sich nicht nach drei Jahren Ehe, von denen ich bis jetzt zweieinhalb im Gefängnis verbracht habe, scheiden lassen. Dazu ist sie viel zu schlau und vorsichtig. Die Ehe kam so zustande, dass irgendein Bekannter von mir eines Tages ankam und zu mir sagte: „Du bist doch schon so lange geschieden. Ich kenne eine junge Frau, die ohne Heirat nicht hier bleiben kann. Über die Einzelheiten werdet Ihr Euch sicher schnell einigen können." Da sie alle Papiere in Ordnung hatte, war die Sache nach zwei Wochen erledigt - einschließlich Aufenthalt." *(26 Jahre) (K5)*

Ein ausländischer Gefangener erzählt von seinen eigenen misslungenen Versuchen, in Deutschland bleiben zu können. Als häufiger verurteilter Straftäter gibt es wenig Chancen für ihn. Er riskiert es mehrfach, nach Abschiebungen wieder zurückzukehren. Mal dauert es länger bis zur erneuten Inhaftierung, mal weniger lange. Jeweils sind alte Strafreste abzusitzen und neue, kleinere Strafen wegen Diebstahl dazu. Das trägt der Betroffene mit nach außen gekehr-

ter Gelassenheit. Er berichtet vom „Erfolg" seiner jeweiligen Aufenthalte: Seine Tochter kann studieren und hofft, nach dem Examen ebenfalls nach Deutschland zu kommen. Er besitzt ein Haus, in dem er nach der Abschiebung jeweils wohnen kann. Geld hat er genug, weil er ja „Geschäfte" macht. Bei der fünften illegalen Rückkehr erkennt ein Gericht auf acht Monate Gefängnis wegen illegaler Einreise und Urkundenfälschung, was ihn in seiner Ehre kränkt. Ein mehrfach verurteilter Einbrecher und Dieb schätzt solche „Deklassierung" nicht. Seine Aufenthaltsbemühungen hatte er bereits vorher „umgestellt". Er hatte seine langjährige Ehefrau bewogen, ihre Arbeit „zu Hause" aufzugeben, um einen Deutschen zu heiraten. Das konnte er sich „leisten" und war auch gar nicht so teuer. Auch die vorherige Scheidung sollte ja nur diesem Aufenthaltszweck in Deutschland dienen. Geplant war ursprünglich die Scheidung der neuen Ehe in Deutschland nach drei Jahren, wenn ein eigenständiges Aufenthaltsrecht eingetreten ist. Dann sollte die ehemalige Ehefrau ihrem ehemaligen Mann durch erneute Heirat die Tür zum legalen Aufenthalt in Deutschland verschaffen. Es zeigte sich aber nach zwei Jahren, dass seine ehemalige Frau nicht mehr zu ihm zurückkehren wollte, weil sie an ihrer neuen Ehe Gefallen gefunden hatte. Auch die Tochter, die inzwischen ihr Studium abgeschlossen hatte, konnte ihre Mutter problemlos besuchen und so Möglichkeiten des Aufenthalts sondieren und vorbereiten. Nur der eigentliche Motor des ganzen wurde mehrfach wieder abgeschoben und besitzt keine Möglichkeiten legaler Einreise. Er schrieb Postkarten aus vielen Ländern, wenn er wieder einmal in sein Herkunftsland abgeschoben war. Seine Frau hat wegen der Aktion eine leitende Arbeit in ihrem Herkunftsland aufgegeben. (Südosteuropa, 52 Jahre) (K6)

Eine Frau aus Südosteuropa fand in Norddeutschland eine Arbeit in der Altenpflege. Die Rundumbetreuung einer pflegebedürftigen Person dauerte acht Jahre. In dieser Zeit konnte die Pflegerin problemlos bleiben und bekam stets die notwendigen Genehmigungen. Als jedoch die zu Pflegende gestorben war, war das Ausländeramt zu keinem Zugeständnis bereit. Der Aufenthalt sollte sofort beendet werden. Nur mit Mühe und durch Empfehlung fand sich eine neue Dauerpflegesituation. In einer Familie im Süden des Landes wurde die Bereitschaft der „Ausländerin" zum Rund - um - die - Uhr - Einsatz gebraucht. Die Position konnte nicht durch deutsche Bewerber besetzt werden. Das Ziel, einen gefestigten Aufenthaltsstatus zu erreichen, konnte jedoch durch die neue Tätigkeit auch nicht erreicht werden. Ihre Schwester ist in Deutschland verheiratet. (Alter nicht erfragt) (K7)

Die entfernte Verwandte einer in Deutschland verheirateten Frau reist mit dem Touristenvisum ein. Während des Aufenthalts läuft der Ausweis ab. Die Ausländerbehörde fordert die Verwandte bereits zur Ausreise auf, obwohl sie den Staat kein Geld kostet, sondern von ihren Verwandten versorgt wird, wobei allerdings die Krankenversorgung fraglich ist. Das Problem wird so gelöst, dass die Verlängerung bzw. Erneuerung des Reisepasses zugleich mit der Beschaffung der Papiere für eine Heirat in Deutschland verbunden werden. Das Vorhaben gelingt. Durch die Eheschließung wird ein Aufenthalt kurzfristig möglich. (Südamerika, 19 Jahre) (K8)

Die Angehörige einer hier bereits länger ansässigen Frau sucht die Möglichkeit, mehr als Touristenvisa für jeweils einen Monat zu bekommen. Die bereits erwachsenen Kinder leben im Herkunftsland mit eigenen Familien. Die Betroffene jedoch möchte nach dem Tod ihres Ehemannes ein neues Leben beginnen. Die Angehörige im Ausland rät ihr zur Eheschließung mit einem deutschen Mann, der auch bald gefunden scheint. Allerdings entpuppt er sich nach einigen Wochen als Alkoholiker. Dieses subjektive Problem einer Eheschließung wird durch ein objektives ergänzt. Die Migrantin ist an einen Sozialhilfeempfänger geraten, der auch diverse Probleme mit der Polizei hat. Da sich in der kurzen und mehrfach verlängerten Touristenzeit keine weitere Möglichkeit findet, wobei auch das Lebensalter eine Rolle spielt, wird sie schließlich ausgewiesen und kehrt in ihr Land zurück. (Südosteuropa, 45 Jahre) (K9)

Ein Mittelamerikaner lebte nahezu ein Jahrzehnt in Deutschland. Der Aufenthalt wurde mit einem spanischen Pass unbegrenzt möglich. Die Verhältnisse waren geregelt einschließlich Arbeit mit Sozialversicherung und Krankenkasse. Als jedoch in Spanien ein Passfälscher festgenommen wurde, dessen Computer eine große Zahl von Daten über gefälschte Pässe enthielt, wurde auch die Falschidentität dieses Mitbürgers entdeckt. Nach sechs Wochen Abschiebungshaft wurde er schließlich abgeschoben. Nicht umsonst ist er mit einem spanischen Pass in Deutschland eingewandert. Die Spanier sind in dieser Beziehung sehr viel skeptischer als die Deutschen. Dort hätte er mit diesem Pass keine Chance gehabt. „Seit drei Jahren", so berichtet ein Verwandter, „ist er wieder hier. Diesmal hat er seine Freundin und den gemeinsamen Sohn mitgebracht. Sie ist inzwischen mit einem Deutschen verheiratet (gegen Geld), der irgendwo in Süddeutschland im Gefängnis sitzt. Wenn sie die gesetzlich geforderte Zeit um ist, kann sie sich scheiden lassen und ihren ‚richtigen' Mann heiraten."
(Südamerika, 33 Jahre) (K10)

Bis auf einen Fall handelt es sich ebenso wie bei den gescheiterten Migrationen teilweise um lange Migrationszeiten mit mehreren Versuchen, die jedoch zum positiven Ergebnis führten. Auch im Alter gibt es keine signifikanten Unterschiede. Der entscheidende Unterschied liegt darin, dass bis auf einen der zehn (K 10) aus dieser Gruppe keine falschen Identitäten angenommen wurden. Im Falle von K10 führte die falsche Identität nach der Aufdeckung denn auch zur Abschiebung. K 10 beweist dann aber Hartnäckigkeit und versucht es nach der Abschiebung aufs Neue. Der zweite Versuch erhält einen „doppelten Boden" durch die Verheiratung der Freundin in Deutschland, die dann eigentlich als weiterer Einreisefall zu gelten hätte.

Die zehn Interviewten aus der Kontrollgruppe setzen, wenn überhaupt Geld im Spiel ist, dieses allenfalls gezielt ein und verbauen sich nicht bereits bei einem Schlepper oder durch Zahlung für falsche Ausweise und Visa die Zukunft in der Herkunfts- und Zielregion.

Abgesehen von der Identität enthalten acht von zehn aus dieser Gruppe irreguläre bis illegale Elemente. Bei Scheinehen fließt Geld (K4, K5). Ehen werden bewusst zur Einwanderung eines – in diesen Fällen des weiblichen – Teils der Familie eingesetzt (K6, K10), wenn auch mit unterschiedlichem „Erfolg".

Verwandtschaftliche und andere Beziehungen im Zielland werden genutzt. Das führt zu einer unkomplizierten Eheschließung „ohne Geld und Schein". (K8)

Die Planungen der Legalisierung des Aufenthalts geschehen nicht nach dem Zufallsprinzip, sondern wirken listig oder klug gesteuert. Das Risiko wird minimiert durch eine klare Zieldefinition und offenbar eindeutige Absprachen. Die eindeutige Identität enthält das Risiko der Abschiebung, bewirkt aber auch Glaubwürdigkeit.

Zwei der Fälle (K 1 und K 2) sind eindeutige Asylfälle, denen nach langer Asylzeit die Einbürgerung relativ problemlos zugänglich waren. Diese Fluchthandlungen fanden zu einer Zeit statt, in der die Gewährung von Asyl in der Bundesrepublik aufgrund des Ost-West-Gegensatzes eindeutigeren Linien folgte. Die Verfolgungssituation durch die Herkunftsländer ließ sich übersichtlich schildern und wahrnehmen. Die Schilderungen folgten einer allgemeinen Plausibilität, in welcher Verfolgungstatbestände als feststellbar galten. Die Verfolgung als Mitglied der kommunistischen Partei im Persien der Schahzeit klang für sich selbst plausibel. Die Verfolgung von literarischen Zirkeln unter Bourgiba in Tunesien leuchtete von selbst ein.

Bei den sozialen Zugehörigkeiten fallen Unterschiede ins Auge. Die Oberschicht ist ebenfalls wie in der Hauptbefragung nicht vertreten. Auch die arme Bauernbevölkerung ist nicht vorhanden. Es scheint sich in der Kontrollgruppe vorwiegend um obere Unterschicht- oder (untere) Mittelschichtangehörige zu handeln. Sie können sich offenbar im Zielland arbeitsmäßig eingliedern und hier vorhandene spezielle Arbeitsmöglichkeiten wie Hotel, Gaststätte, Pflegeberufe nutzen, die allerdings Unsicherheitslemente enthalten (K 1, K 3, K 9) oder auch ihre Möglichkeiten beispielsweise im internationalen Handel zum Einsatz bringen (K 5). Der Übergang in den Lehrerberuf allerdings gelingt aufgrund fehlender Papiere nicht und wäre bei ihrem Vorliegen ebenso schwierig gewesen. (In Deutschland gestaltet sich sogar der Übergang einer Lehrkraft von einem in ein anderes Bundesland schon als nahezu unmöglich.)

Nach allem scheint der Weg über die Heirat vor allem für Frauen am besten zum Einwanderungserfolg zu führen. Bei dem bewussten Einsatz dieses Weges durch beteiligte (Ehe-) Männer kommt es auch zu unerwünschten Ergebnissen wie etwa bei K6.

Unter den Fällen, denen die Einwanderung auf den beschriebenen Wegen gelang, befindet sich niemand aus dem arabischen Raum oder aus Afrika. Möglicherweise spielen hier kulturelle Differenzierungen eine Rolle. Sowohl Ost- und Südosteuropa als auch Mittel- oder Südamerika lassen sich dem westlich – christlichen Kulturkreis zuordnen. Denkstrukturen oder Fragen des Geschlechterverhältnisses unterliegen – wenn auch differenziert - ähnlichen Leitlinien wie in Westeuropa oder Deutschland. Frauen und Mädchen wagen es, selbst in der Migration aktiv zu werden oder sind in der Lage, ihre Familien in den Herkunftsländern zu verlassen. Das Geschlechterverhältnis lässt diese Handlung mit mehr oder weniger Widerstand zu. Aus christlichen Regionen Südostasiens spielt die Heiratsmigration eine große Rolle.[245]

Aus moslemischen Regionen werden eher Frauen oder Mädchen von ihren eigenen Familien in das Zielland der Migration geholt, um hier im eigenen Kulturkreis verheiratet zu werden und das eigene geprägte Geschlechterverhältnis (Kurzform für den Islam: Mann ist die Öffentlichkeit, Frau die Privatheit[246]) fortsetzen zu können. Daher kommen Verheiratungen mit Partnern

---

[245] Nach der Statistik der Zuwanderung verteilen sich Frauen- und Männeranteile unterschiedlich nach Herkunftsländern. „Betrachtet man die Geschlechtsstruktur der Zugezogenen nach Herkunftsländern, so zeigt sich, dass einige Länder durch einen überproportional hohen Frauen- beziehungsweise Männeranteil gekennzeichnet sind. So beträgt der Frauenanteil der ausländischen Zugezogenen aus Thailand im Jahr 2003 etwa 74 Prozent, der der Fortgezogenen circa 62 Prozent. Grund für diesen hohen Anteil ist unter anderem die Heiratsmigration aus diesem Land. Weitere Herkunftsländer mit hohem Frauenanteil an den ausländischen Zugezogenen sind Litauen (68 Prozent), Peru (66 Prozent), die Philippinen (63 Prozent) sowie Weißrussland und die Ukraine mit jeweils 62 Prozent. Ein überproportional hoher Männeranteil an den ausländischen Zugezogenen ist für die Herkunftsländer Algerien (82 Prozent), Slowenien (81 Prozent), Ungarn (76 Prozent), Indien (73 Prozent), Irak (71 Prozent) und Tunesien (71 Prozent) zu konstatieren." Migrationsbericht 2004, 18f. Im Durchschnitt liegt der Frauenanteil bei knapp über 40 Prozent.
[246] Nach Kelek, Necla, Die gekaufte Braut, Kiepenheuer 2005.

aus dem Zielland eher nicht in Betracht, selbst wenn es gefühlsmäßig und bei eigener Entscheidungshoheit der Betroffenen möglich wäre. Frauen wird hier das Recht, die kulturelle Herkunft zu „verraten", nicht zugestanden. Wenn Eheschließungen stattfinden, sind es eher solche zwischen deutschen Frauen und Männern aus Afrika oder Arabien. Ein Mann „verrät" seine Kultur nicht, wenn er eine Frau aus einem anderen Kulturkreis „mitbringt". Das ist ein Kennzeichen des männerdominierten Geschlechterverhältnisses.

Eine andere Sichtweise könnte hier allerdings auch Auswirkungen eines kulturellen oder religiösen Rassismus in den Zielländern vermuten, nach denen Menschen aus moslemischen und afrikanischen Ländern generell weniger Chancen bekommen, als Mitmenschen akzeptiert zu werden. Hier wären nach der Rassismusthese kulturelle oder religiöse Diskriminierungen für die unterschiedlichen Zugangsmöglichkeiten handlungsleitend und nicht die geringere kulturelle Gesamtdifferenzierung.

Das Ergebnis legt auch einen Abgleich mit der These der Dominanz und des Wiedererstarkens der Kulturkreise in der von westlicher Seite als Globalisierung wahrgenommenen Bewegung nahe. Die Kulturkreise versteht Huntington im wesentlichen als die Einflusssphären der großen Weltreligionen: „Die zentralen Elemente jeder Kultur oder Zivilisation sind Sprache und Religion."[247] Davon wird später noch die Rede sein. Hier aber reicht der Hinweis, dass Kulturkreisdominanz anscheinend auch die irreguläre Einwanderung aus Gebieten desselben Kulturkreises erleichtert.

Kalkuliertes Risiko versus risikoreiches Verhalten

Die Population der Kontrollgruppe unterscheidet sich in dem Punkt der Identitätsnachweise und des Einsatzes der Mittel von den Abschiebungsgefangenen. Sie scheinen den anomischen Druck anders zu verarbeiten und können sich eine Zielvorstellung von ihrem Leben in der neuen Umgebung machen. So setzen sie vorhandene berufliche Möglichkeiten ein oder schließen sich an hier vorhandene Ressourcen an. Die alles oder nichts Methode kommt nicht zum Einsatz. Es scheint eine Art der vorausgehenden Planung oder zumindest Vorstellung einer Planung stattzufinden. Behördenkonformität wird angestrebt. Die Möglichkeiten des Zuwanderungslandes werden realistischer eingeschätzt. Es erfolgt die realistische Anbindung an deutsche Staatsbürger oder an eine schon weiter integrierte MigrantInnengruppe sowie an Erwerbsmöglichkeiten. Das Risiko der Marginalisierung im Herkunfts- und Zuwanderungsland wird minimiert, weil eine Rückkehr ohne Abschiebung möglich bleibt, wenn auch persönlich sicherlich schwierig. Dadurch erhalten sich die Befragten der Kontrollgruppe die Handlungshoheit über ihre eigene Person, die den Menschen ohne

---

[247] Huntington, Samuel P., Kampf der Kulturen, Siedler Taschenbücher, 4. Aufl. 1998, 81. Das Buch erschien als The Clash of Civilizations bei Simon & Schuster, New York 1996.

Papiere bei jedem offiziellen Kontakt abgeht. Sie erhalten sich durch die Rückkehrmöglichkeit auch die Chance einer besser vorbereiteten erneuten Migration. Und sie setzen die vorhandenen Mittel nicht so ein, dass beim Scheitern des einen oder des anderen Schrittes das Ende der Möglichkeiten unweigerlich erreicht wird. Offenbar stehen den Befragten der Kontrollgruppe tiefer gestaffelte Möglichkeiten zur Verfügung, um deren Erhalt sie sich gleichzeitig kümmern.

Nach einer Abschiebung dagegen kann nur in den Fällen, in denen eine wirklich zahlungskräftige Familie bereitsteht, mit neuen Möglichkeiten im Herkunftsland gerechnet werden. Wie die Befragung der Abschiebungshäftlinge ergeben hat, kommen diese mit (weiteren) Schulden im Herkunftsland an, das sie unter Einsatz erheblicher Mittel der Familie, anderer Personen oder mit fremdem Geld, das „abgearbeitet werden muss", verlassen haben.[248]

Die Kontrollgruppenmitglieder gehen ein kalkuliertes Risiko ein, die anderen Befragten riskieren alles. Sie verlassen nicht nur ihre Herkunftsregionen, sondern auch ihre kulturelle Zugehörigkeit. Das scheint einer der entscheidenden Unterschiede zu sein. Der persönlich und individuell empfundene Wanderungsdruck wird verschieden verarbeitet. Die Wahrnehmung in den Zuwanderungsländern steuert zudem eine unterschiedliche Chancenverteilung.

Geschlechterdifferenz

Hier kommt dann auch die Geschlechterdifferenz zum Zuge. Männer leben risikanter und gefährdeter als Frauen sowohl in der aktiven wie in der passiven Rolle. Sie stehen daher auch unter größerem Anomiedruck. Das zeigt sich in den unterschiedlichen Herangehensmustern. Hier findet sich eine Parallele zur Beteiligung der Geschlechter an der Kriminalität, die ubiquitär männlich dominiert ist, was sowohl für die Täter- wie für die Opferseite gilt.[249] Das ist auch daran zu erkennen, dass einer der männlichen Teilnehmer der Kontrollgruppe mit einer risikoreichen Kalkulation nicht nur scheiterte, sondern im Gegenteil auch noch seine Ehefrau los ist. (K6) Der andere scheiterte mit einer gekauften Identität am Ende doch und versucht nun auf ähnlichem Wege wie K6 zum Ziel zu gelangen. (K10)

Die beiden anderen männlichen Teilnehmer der Kontrollgruppe fanden in einer anderen Zeit der Asylgewährung und in eindeutig erscheinender politischer Verfolgung in der Zeit des alles überlagernden Ost-West-Gegensatzes mit ihrer

---

[248] Afrikaner berichten, sie könnten nicht zurückkehren, weil sie dann in ihren Dörfern ausgelacht und von ihren Familien abgelehnt würden. (Der Spiegel Nr. 26 vom 26.6.2006, 81.

[249] Tatverdächtigenziffern in Deutschland 23 (w.) zu 77 (m.) bis 1,2 (w.) zu 98,8 (m.) in Indien. Dazu *Franke, Kirsten*, Frauen und Kriminalität, Universitätsverlag Konstanz 2000. Dazu die Ergebnisse der Geschlechterforschung wie etwa *Connell, Robert W.,* Der gemachte Mann, Konstruktion und Krise von Männlichkeiten, Opladen: Budrich und Leske, 2. Aufl. 2000.

unverfälschten Identität - wenn auch im Falle K2 ohne Papiere - und Geschichte Zuflucht und konnten schließlich einwandern.(K1, K2) Sie kalkulierten nicht das Risiko der Migration, sondern das des Bleibens und vertrauten auf die Plausibilität ihrer Bedrohung für andere. Bei ihnen wird eher das Risiko der Gefährdung sicht- und plausibel erschließbar. Erwartungen und Deutungsmuster entsprachen sich.

Die männliche Dominanz bei den irregulären Wanderungen könnte jedoch auch durch Umkehrschluss interpretiert werden. Die größere Gefährdung der Männer in einer durch hegemoniale Männlichkeit geprägten Gesellschaft zwingt sie zu einer anderen Risikosteuerung als Frauen. Davon sind eindeutig männlich dominierte Gesellschaften – wie die arabisch-islamischen, zu Teilen auch die afrikanischen - mehr betroffen als solche, in denen das Geschlechterverhältnis sich zu mehr Gleichberechtigung zu wandeln begonnen hat.

Kapitel 5

Anomie und Motivation

Zum Fortgang der Interpretation der in den vorherigen Kapiteln gewonnen Ergebnisse dient dieses Kapitel A) zur Beschreibung der Anomietheorie von Merton und einiger Linien ihrer Rezeption. B) wird die durch die Anomietheorie aufgeworfene Frage der Umsetzung von gesellschaftlichem Druck in individuelles Handeln bearbeitet, bevor dann C) die Motivationstheorie von Maslow eingeführt wird. Die drei Schritte zusammen ergeben die Möglichkeit, irreguläre Migration als Verhalten zu beschreiben, das mit Theorien der Humanwissenschaften einer Erklärung nähergebracht werden kann. Die Vielgestaltigkeit des Phänomens hängt von der Art der Anomiesituationen und sowohl der grundsätzlichen Bedürfnisstruktur menschlicher Individuen als auch ihrer Position in den kulturellen und gesellschaftlichen Strukturen nationaler und globaler Art ab. Der Schritt D) prüft, ob auch die Kulturkreisthese von Huntington zum Verständnis beitragen kann.

A) *Die Anomietheorie nach* Robert K. Merton[250]

1. Die Anomietheorie

Die Anomietheorie von Robert K. Merton übernimmt den Begriff der Anomie als Regel- und Normlosigkeit von Émile Durkheim[251] und interpretiert ihn neu. Sie wurde so oft dargestellt, dass es sinnvoll ist, zu einer ersten Beschreibung auf ein Zitat zurückzugreifen. "Die Anomie als Regel- und Normlosigkeit entsteht durch überstarke Individualisierung der Gesellschaftsmitglieder einerseits und andererseits durch Diskrepanzen zwischen dem Anspruchsniveau der Gesellschaftsmitglieder und den nur begrenzt zu deren Befriedigung zur Verfügung stehenden Gütern. Anomie äußert sich im Fehlen von gemeinsamen Verbindlichkeiten, Erwartungen und normativen Regulierungen, die die Interaktionen leiten und steuern, was letztlich zum abweichenden Verhalten einzelner führt."[252] Bezogen auf die Anomietheorie im Sinne Mertons enthält diese Zusammenfassung bereits einige Missverständnisse. Die Theorie versteht die Spannung zwischen den Ansprüchen der Einzelnen und den begrenzten Ressourcen im Ganzen, die durch ein gesellschaftliches Regelsystem „geordnet" wird, als Grundmoment. Das Regelsystem besteht aus den beiden Ebenen „kul-

---

[250] Zitiert – wenn nicht anders vermerkt - nach Sozialstruktur und Anomie, in: *König, René; Sack, Fritz*, Kriminalsoziologie, Frankfurt 1968, S. 283-313. Die Theorie wurde 1938 als Aufsatz veröffentlicht und ging in das genannte Werk ein. Der Text ist eigens für die Kriminalsoziologie zusammengestellt.

[251] Zuerst bei Durkheim , Émile, Le Suicide, Paris 1895.

[252] *Lamnek, Siegfried*, Neue Theorien abweichenden Verhaltens, München 1994, 18.

turelle Ziele" und „definierte Wege" zum Erreichen dieser Ziele. Nicht die Individualisierung und das Fehlen von gemeinsamen Regulierungen etc. lässt den strukturellen Druck entstehen, sondern die ungleich verteilte Teilhabe an den Möglichkeiten zum Erreichen der Ziele. Anomie ist kein „regelloses" Verhalten von einzelnen Individuen im Gegensatz zu regelgerechtem Verhalten anderer einzelner Individuen oder gar ein „regelloser seelischer Zustand" eines einzelnen psychischen Systems.[253] Vielmehr führt gerade die Geltung der kulturellen Ziele einer Gesellschaft für alle Bevölkerungsschichten – also eine gemeinsam akzeptierte Zielsetzung – dazu, dass ungleiche soziale Chancen einen Druck aufbauen, auf den die Individuen verschieden reagieren, einige mit abweichendem Verhalten.

Die Hauptthese der Anomietheorie lautet: „Das Abweichen von institutionalisierten Erwartungen wird als Ergebnis des Auseinanderfallens von kulturell bedingten, grundlegenden Motivationen einerseits und der schichtbedingten beschränkten Verwirklichungschancen andererseits betrachtet. Die Kultur und die Sozialstruktur arbeiten hier gegeneinander." (284) Merton richtet sich damit gegen Sigmund Freud (und einigen seiner Schüler[254]), dessen Ansatz er in der Konstellation "biologischer Trieb gegen sozialen Zwang" ansiedelt. "So wird (sc. von Freud) angenommen, dass Nichtübereinstimmung mit den Anforderungen der Sozialstruktur in der ursprünglichen Natur begründet sei." (285) Das ist die These vom Triebverzicht, die Freud u.a. in der Schrift „Das Unbehagen in der Kultur" ausführt.[255] Merton hat eine andere Vorstellung vom Verhältnis des Individuums zur kulturellen Struktur, als dass jedes Individuum diese Anpassungsleistung in einem psychischen Reifungsvorgang durch Anpassung gegen die eigentliche (psychische) Natur durchsetzen müsste. Allerdings behandelt Merton auch eine andere Seite der Fragestellung als Freud. Freud untersuchte die Möglichkeit, wie das Individuum mit dem Aufschub der sofortigen Befriedigung der Triebstruktur (also innerem Druck) umgehen lernt und wo bzw. wie diese Anpassung an die Erfordernisse des sozialen Lebens scheitern kann. Merton untersucht die Frage, weshalb in der Sozialstruktur Situationen entstehen, die abweichendes Verhalten hervorrufen können. Es geht also hier um äußeren Druck und die individuelle Möglichkeit des Umgang damit. Was Merton nicht untersucht hat, das sind die individualpsychischen Bedingungen, unter denen abweichendes Verhalten stattfindet.

---

[253] Diese Interpretation wäre eher bei einem Verständnis von Anomie angebracht, wie es in der „Bielefelder Schule" als „anomy" verstanden wird. Merton setzt sich von diesem Verständnis ab.
[254] Merton nennt u.a. Karen Horney und Erich Fromm, wobei er letzterem eine, wenn auch nicht systematische soziologische Orientierung zugesteht. (Soziologische Theorie und soziale Struktur, 135f.)
[255] *Freud, Sigmund,* Das Unbehagen in der Kultur, in: Studienausgabe Band IX, Frankfurt am Main: S. Fischer Verlag 1974, 191-270.

Die soziale Struktur besteht nach Merton aus zwei Ebenen. Ebene eins bilden Ziele, Absichten, Interessen als Wertehierarchie. Ebene zwei besteht aus erlaubten Wegen zum Erreichen der Ziele.

"Immer ist die Wahl der Mittel bei der Verwirklichung kultureller Ziele durch institutionalisierte Normen eingeengt." (287) Die erlaubten Mittel sind abgestuft wie etwa: Vorschrift, Empfehlung, Duldung, Verbot. Dabei geht es nicht um die Entstehungsvorgänge der Struktur, sondern um ihr positives Vorhandensein und dessen Auswirkungen. Der Mechanismus der Einübung in die Strukturen taucht bei Merton aber dennoch auf. "Die Versagungen, die gelegentlich die Konformität mit institutionellen Normen mit sich bringt, müssen durch institutionelle Belohnungen kompensiert werden. Der Wettbewerbsmechanismus zur Verteilung von Positionen muß so organisiert sein, daß jede Position mit bestimmten Anreizen zur Übernahme entsprechender Verpflichtungen ausgestattet ist. Andernfalls ist abweichendes Verhalten,..., die notwendige Folge. Es ist nämlich meine zentrale Hypothese, dass abweichendes Verhalten als Symptom für das Auseinanderklaffen von kulturell vorgegebenen Zielen und von sozial strukturierten Wegen,

Anpassungsformen	Kulturelle Ziele	Institutionelle Mittel
Konformität	+	+
Innovation	+	-
Ritualismus	-	+
Rückzug	-	-
Rebellion	(+/-)	(+/-)

auf denen diese Ziele zu erreichen sind, betrachtet werden kann." (289) Merton unterstellt einen gesellschaftlichen Wettbewerb, der mit dem Belohnungsmechanismus - also positiver Konditionierung - arbeitet. Bei dem Verlängern dieser gedanklichen Linie wäre demnach abweichendes Verhalten ein Versuch, sich die Belohnung, die auf erlaubtem Wege nicht zu erreichen ist, auf abweichenden Wegen zu beschaffen. Merton geht jedoch in seiner Beschreibung der Reaktion auf das Auseinanderklaffen von Zielen und Mitteln erheblich weiter. Er nennt fünf Arten der Anpassung an die geschilderte Situation:

Konformität

Dieser Anpassungstypus ermöglicht die Erhaltung einer Sozialstruktur bzw. Gesellschaft. Ohne Konformität existiert keine Gesellschaft. „Das Netzwerk der Erwartungen, aus dem jede soziale Ordnung besteht, wird von jenem Modalverhalten ihrer Mitglieder getragen, das in der Konformität mit den etablierten, wenngleich vielleicht langfristig wandelbaren, kulturellen Mustern besteht."[256]

Innovation

„Diese Reaktion tritt ein, wenn das Individuum die kulturelle Betonung des Zieles akzeptiert hat, ohne aber die institutionellen Normen zu internalisieren, durch die Wege und Mittel für das Erreichen des Zieles bestimmt werden. Die Psychologie lehrt uns, daß starke emontionelle Fixierung auf ein Ziel die Bereitschaft mit sich bringt, Risiken einzugehen; diese Einstellung ist in allen Schichten möglich." Merton weist darauf hin, dass die Geschichte der großen Vermögen in Amerika mit zweifelhaften Methoden durchsetzt ist. Er spricht in diesem Zusammenhang vom Raubrittertum und weist auf die soziale Schieflage der Aufdeckung von Verstößen gegen die Normen hin. Er zitiert in diesem Zusammenhang eine Untersuchung zur selbstberichteten Delinquenz, die zu dem Schluß kommt, abweichendes Verhalten resultiere nicht aus psychischer und sozialer Abnormität, sondern sei weitverbreitet. (295ff.) Die Betonung liegt dennoch auf den unteren Schichten, an die die Kultur unvereinbare Anforderungen stellt: Sie erlegt das Ziel auf, nach Wohlstand zu streben, versperrt aber die geeigneten Wege. (297) Generell gilt bei ihm die Beobachtung, dass die Mittel zur Erreichung kulturell vorgeschriebener Ziele ungleich verteilt sind, dass etwa Angehörige der Unterschicht weniger Mittel zum Erreichen kulturell vorgegebener Ziele zur Verfügung haben. Beispiel: der american dream des gesellschaftlich erfolgreichen Menschen, der den sozialen Aufstieg schafft. (297) Die in seiner Zeit zu beobachtende Gleichheitsideologie verleugnet auch die Tatsache, dass es auch Kreise und Individuen gibt, die sich nicht am Wettbewerb um wirtschaftlichen Erfolg beteiligen. (298) Merton ordnet den Typus der Innovation den Unterschichten zu, die unteren Mittelschichten eher dem Ritualismus.

Ritualismus

„...obwohl der Erwartungshorizont schrumpft, werden die institutionellen Normen nahezu zwanghaft weiter befolgt".[257] Den Ritualismus rechnet Merton der „Statusangst" zu, die zu mildern das Niveau heruntergenommen wird. Die unteren Mittelschichten legen bei der Kindererziehung größten Wert auf „moralische Konformität", die sich dann in der genauesten Einhaltung der erlaubten Wege niederschlägt, mit der die Angst gemindert wird. Auch hier weist er darauf hin, dass er keine „Charaktertypen" beschreibt und die ritualistische Anpassung nicht psychodynamisch interpretiert.

[256] Soziologische Theorie, 136.
[257] A.a.O., 145.

Rückzug

„In diese Kategorie fallen manche der Anpassungsaktivitäten von Psychotikern, Autisten, Parias, Außenseitern, Vagabunden, Tramps, Alkoholikern und Drogensüchtigen. Sie haben die kulturell vorgeschriebenen Ziele aufgegeben, und ihr Verhalten steht nicht in Einklang mit den institutionellen Normen."[258] Menschen dieser Anpassungsform geben Ziele der Gesellschaft und erlaubte Mittel, sie zu erreichen, auf. „Diese vierte Form der Anpassung ist also die der sozial Enterbten, die zwar keine der Belohungen bekommen, mit denen die Gesellschaft winkt, aber eben auch nur wenige der Frustrationen erleiden, die mit dem fortgesetzten Streben nach diesen Belohnungen einhergehen."[259] In der Beschreibung dieser Anpassungsform verzichtet Merton auf die Verknüpfung mit einer bestimmten gesellschaftlichen Schicht und weist auf das weitere Forschungserfordernis hin.

Rebellion

„Diese Anpassung bringt Menschen außerhalb der allgemeinen Sozialstruktur dazu, eine neue, das heißt stark veränderte Sozialstruktur zu entwerfen und zu begründen." Die herrschenden Ziele und Normen werden als willkürlich angesehen und können daher in dieser Sicht keine Treue oder Geltung beanspruchen.[260] Merton hat eine politische Bewegung im Visier, in der ein engerer Zusammenhang von Leistung, Mühe und Lohn besteht (gemeint ist eine sozialistische oder sozialdemokratische Politik). Der für diese Anpassungsform notwendige „neue Mythos" „hat die doppelte Funktion, den Ursprung von Frustrationen in großem Maßstab in der Gesellschaftsstruktur zu lokalisieren und eine alternative Struktur auszumalen, in der Verdienst angeblich nicht mehr mit Frustration belohnt wird."[261] Die Rebellion wirkt nicht auf Menschen in den benachteiligten Schichten, sondern die „Angehörigen einer aufsteigenden Klasse".[262]

Bei der Beschreibung der Anpassungsformen ragt die „Innovation" allein durch ihren Umfang heraus. Man könnte sagen, dass das besondere Augenmerk der Anomietheorie auf dieser Form des abweichenden Verhaltens liegt und damit einen Anpassungsmodus der benachteiligten Schichten beschreibt. Hier baut sich ein besonderer Druck durch das Vorenthalten der erlaubten Mittel zum Erreichen der kulturellen Ziele auf.

Die Vermittlung der Sozialstruktur geschieht nach Merton besonders in der Familie, die ihren kulturellen Status an die Kinder in Form von Erziehung, aber

---

[258] Sozialstruktur, 148.
[259] A.a.O., 149f..
[260] A.a.O., 150.
[261] A.a.O., 151.
[262] A.a.O..

auch „absichtslos" durch Verhalten weitergibt. Dadurch bekommen Kinder in der Sozialisation den kulturellen Ausschnitt des Elternhauses als „Weltbild" eingeprägt. Dabei kommt auch ein Mechanismus zum Tragen, den er die „Projektion von Elternambitionen" auf die Kinder nennt. Das abweichende Verhalten würde danach besonders in Familien begründet, in denen die Ambitionen und die Chancen aufgrund des sozialen Status auseinanderklaffen.[263]

Merton nennt eine weitere Grundorientierungen: In einer **stabilen Gesellschaft** stimmt die Gleichung:

Tugend und Fleiß = Erfolg,
Untugend und Faulheit = Misserfolg.

Anomische Gesellschaften haben eine andere Gleichung:

Erfolg = Glück, Schicksal oder Zufall,
Misserfolg = Pech, Schicksal oder Zufall.

Warum die Individuen zu verschiedenen Reaktionstypen auf die jeweilige Ziel-Mittel-Konstellation greifen, kann vordergründig durch die Theorie nicht erklärt werden. Sie werden als Angehörige von Schichten betrachtet, auf die der anomische Druck sich jeweils verschieden auswirkt, weil sie verschiedene Zugänge zu den erlaubten Wegen zum Erreichen der kulturellen Ziele haben. Ihre Anpassungsweise ist keine individuelle ‚Charaktereigenschaft' und die Anomie kein „geistig-seelische(r) Zustand". „Aus dieser Sicht wirkt die Sozialstruktur als eine Art Filter für die kulturellen Werte und macht es Menschen mit einem bestimmten Status in der Gesellschaft leicht, in Übereinstimmung mit ihnen zu handeln, anderen dagegen schwer oder unmöglich. Die Sozialstruktur dient als Schranke oder als offenes Tor für das aktive Ausagieren der kulturellen Gebote."[264]
Die weitere Präzisierung der Theorie verneint die Annahme, „das tatsächliche abweichende Verhalten sei immer rational und utilitaristisch kalkuliert. Vielmehr beschäftigt sie sich mit dem akuten Druck, der durch die Diskrepanz zwischen kulturell gesteckten Zielen und sozial strukturierten Möglichkeiten geschaffen wird. Die Reaktion auf diesen Druck und auf die damit verbundenen Anforderungen an Personen, die diesem Druck ausgesetzt sind, können ein beträchtliches Ausmaß an Frustration und an nicht-rationalem oder irrationalem Verhalten auslösen." (304f.) Daher „...müssen wir das Entstehen und Zunehmen von Anomie als Ergebnis eines fortlaufenden sozialen Prozesses betrachten und nicht etwa als einen Zustand, der sich zufällig ergibt. ... durch ihre

---

[263] A.a.O., 152f..
[264] Merton, Robert A., Weiterentwicklung der Theorie der Sozialstruktur und der Anomie, in: Sozialstruktur, a.a.O., 155-185, Zitat 156.

objektiv benachteiligte Stellung in der Gruppe sowie aufgrund bestimmter Persönlichkeitsmerkmale sind einige Individuen dem Druck, den die Diskrepanz zwischen kulturellen Zielen und effektiven Verwirklichungschancen hervorruft, stärker ausgesetzt als andere. Sofern dieses Abweichen von institutionellen Normen innerhalb einer Gruppe geregelt ist, wird es als „Erfolg" im Hinblick auf die Gruppenziele anerkannt. Diese Vorgänge spielen sich aber in sozialen Systemen ab; deshalb wirkt sich das abweichende Verhalten nicht nur auf die unmittelbar beteiligten Personen aus, sondern mittelbar auch auf andere, die mit den Handelnden im System verbunden sind. ... So erweitert dieser Prozeß das Ausmaß an Anomie in dem System derart, dass auch diejenigen, die auf die anfänglich relativ schwache Anomie noch nicht mit abweichendem Verhalten reagiert haben, dazu übergehen, wenn sich die Anomie ausbreitet und verstärkt...." (307)

Diese Formulierungen dienen zur Präzisierung des Ansatzes angesichts der Kritik von Albert K. Cohen.[265] Merton weist auf Untersuchungen hin, die seine Theorie auf völlig verschiedene, auch nichtökonomische, gesellschaftliche Strukturen angewendet haben.

„Generell ließe sich sagen, dass jedes Ziel, das in der Kultur einer Gruppe übersteigert und nur wenig eingeschränkt wird, zu einer Vernachlässigung der institutionellen Mittel und damit zur Anomie führt." (308) Wenn also die Mitglieder einer Gesellschaft sich ausschließlich an Zielen orientieren und diese hoch bewerten, Wege und Mittel zur Erreichung aber in Sozialstruktur aber verschieden verteilt sind, kommt Anomiedruck auf. Eine solche Beschreibung lässt sich anhand der wirtschaftlichen Zielsetzungen in der neoliberalen Gesellschaft in den späten neunziger Jahren des 20. Jahrhunderts – und seinen Ergebnissen am Beginn des 21. verifizieren. Während das sozialstaatliche Prinzip in den siebziger Jahren wirtschaftlichen Erfolg an soziale Standards band, die als Rechte des Einzelnen definiert wurden (soziale Sicherheit auch für die Schwachen), kam in den achtziger und neunziger Jahren eben dieses Recht des Einzelnen als Behinderung der globalen Wettbewerbsfähigkeit unter Druck. Soziale Rechte waren nun plötzlich Kosten, die sich in anderen Produktionsregionen der Erde vermeiden ließen. Das Ziel der Gewinnoptimierung durch Kostensenkung erhielt Vorrang vor den Zielen der sozialen Sicherung und des gerechten Ausgleichs. Gewinner und Verlierer dieser "Modernisierung" und Globalisierung sind vielfach beschrieben.[266] Die Verlierer geraten unter den Druck, das Ziel des finanziellen Erfolgs, das mit dem Gewinnerimage verbunden ist, bei-

---

[265] Dies spiegelt die Auseinandersetzung mit *Cohen, Albert K.*, Delinquent Boys, Glencoe, Ill., 1955.
[266] Der Vorgang kann auch in den Kategorien "Moderne" und "Gegenmoderne" beschrieben werden, so etwa: *Ulrich Beck*, Die Erfindung des Politischen, Suhrkamp Verlag Frankfurt a.M. 1993, 99 ff..

spielsweise auf dem Wege des glückspielartigen Umgangs mit Börsenwerten zu erreichen. Damit wäre die Merton'sche Gleichung erreicht, die Erfolg und Misserfolg als Ergebnis von Zufall oder Glück/Pech und nicht mehr als Ergebnis von „Tugend und Fleiß" erlebt.

Der Umschwung der kulturellen Zielsetzung vom sozialen Ausgleich als Gerechtigkeit für den Einzelnen zur Gewinner - Verlierer - Konstellation setzte jeweils auch anderer Gruppen unter Anomiedruck. Es zeigt sich, „dass der unterschiedliche Druck zu abweichendem Verhalten nur so lange auf bestimmte Gruppen und Schichten einwirkt, wie die Sozialstruktur und die kulturellen Ziele unverändert bleiben. Man sollte daher, wenn grundlegender Wandel der Sozialstruktur oder der Ziele stattfindet, entsprechende Veränderungen in den Bevölkerungskreisen erwarten, die am schwersten von dem Druck betroffen sind." (312) Die verstärkte Wahrnehmung von Delikten wie Bestechung, Vorteilsnahme, Anlagebetrug, um nur einige zu nennen, trägt dem Rechnung. So ließe sich auch die Zunahme der Gesamtzahl der registrierten Kriminalität bis Mitte der neunziger Jahre durch Marginalisierungsdruck erklären. Im globalen Maßstab tritt das als Migrationsdruck auf. Ob vielleicht sogar der islamistische Terrorismus auf solche Anomiesituationen hinweist, sei hier zunächst nur als Frage angemerkt.[267]

Merton hat meinem Eindruck nach eine sehr differenzierte sozialstrukturelle Theorie entwickelt, die nicht – wie es häufig geschieht - von Anfang an als Kriminalitätstheorie verstanden werden darf. Sie erbringt vielfältige Möglichkeiten, Reaktionsformen auf die Diskrepanz zwischen den gesellschaftlich vermittelten Werten und Zielen und den zum Erreichen vorgeschriebenen Wegen (Normen etc.) variabel und wertneutral zu beschreiben. Er übersieht nicht, dass es zum abweichenden Verhalten der handelnden Personen bedarf, die nach Schichtzugehörigkeit und Persönlichkeitsmerkmalen unterschiedlich reagieren und jeweils wiederum verschiedene Reaktions- oder Anpassungsweisen bei anderen Teilnehmern der sozialen Struktur hervorrufen. Kunz nennt die entsprechenden Beispiele im Zusammenhang mit der Erweiterung und Ergänzung der Anomietheorie durch die Theorie der differentiellen Gelegenheiten – hier allerdings im Blick auf die Kriminalität. „Die Einsicht, dass die Inhalte kultureller Ziele infolge eines unterschiedlichen Anspruchsniveaus unterschiedlich definiert werden, kann das angesichts der objektiven Situation nicht erwartbare Auftreten oder Ausbleiben von Kriminalität plausibel machen. Wer seine kulturellen Ziele bereits mit einem Mallorca-Urlaub erfüllt sieht, wird seine vorhandene soziale Benachteiligung nicht als solche empfinden. Die erste Gastarbeitergeneration erlebt ihren im Vergleich zum Herkunftsland bescheidenen Wohlstand als deutlichen sozialen Aufstieg, und dürfte (...) wegen dieses Ge-

---

[267] Dazu ausführlicher: *Hagenmaier, Martin*, Selbsteinladung ins Paradies, TBT Verlag 2016.

fühls, 'das Ziel erreicht zu haben', gegen kriminelle Gefährdung weniger anfällig als Inländer vergleichbarer Lage sein. Bei Gastarbeiterkindern verhält es sich umgekehrt, weil diese sich am Anspruchsniveau des Gastlandes messen,...."[268] Diese differenzierte Wahrnehmung ist m.E. bereits in der Anomietheorie angelegt. Allerdings sagt sie nichts über den gesellschaftlichen Entstehungs- und Vermittlungsprozess der kulturellen Ziele und der zu ihrem Erreichen erlaubten und verbotenen Mittel. Die Ebenen dieses Prozesses sind von großem Interesse. Die bereits eingeführten soziologischen Theorien des Wissens und der Handlung beschreiben den Aufbau und die fortlaufende Konstruktion der Alltagswelt, ohne auch hier wieder das Individuum in den Blick zu nehmen.

2. Die Anomietheorie im Spiegel der Kritik

Die Rezeption als auch die Kritik des Anomieansatzes sind so valent, dass es sich lohnt, noch einen eigenen Blick auf die Kritik der Theorie in der Kriminologie zu werfen. „Insgesamt wird der Anomietheorie zwar ein hoher heuristischer Wert zugesprochen, jedoch mangelt es an empirischer Evidenz."[269]

Durch lexikalische Abbreviatur erscheint die Kritik von Fritz Sack besonders prägnant. "Das soziale System vermittelt seinen Rollenträgern universelle Handlungsziele, die Chancen zu ihrer normgerechten Erfüllung sind jedoch partikularistisch plaziert. Hieraus resultiert ein Anpassungsdruck, der abweichendes Verhalten hervorbringt. ... Außer einigen vagen Hinweisen auf Sozialisierungs- und Lernprozesse nennt Merton nicht die Entstehungsbedingungen der einzelnen Formen des A.V.. Dieser Frage sind kürzlich R.H. Cloward und L.E. Ohlin (1966) etwas intensiver nachgegangen, wobei sie drei Typen von Subkultur unterscheiden: die kriminelle, die konfliktorientierte und die 'ausweichende' Subkultur."[270] So wird in vielen folgenden Kritiken die Anomietheorie als zu einfaches und zu wenig nachprüfbares und konkretisierbares Modell verstanden, das keine Möglichkeit bietet, die Umsetzung von sozialstrukturellem Anomiedruck auf die Ebene des handelnden Subjekts, also den Übertragungsmechanismus zwischen Gesellschaft und Individuum, zu erklären.[271] Lamneck sieht auch noch ein anderes Defizit: „Abweichendes Verhalten wird also begriffen als individuelle Reaktion auf strukturelle gesellschaftliche Be-

---

[268] A.a.O., 165.
[269] *Franke, Kerstin*, a.a.O., 96
[270] Wörterbuch der Soziologie, Hg. von Bernsdorf, Wilhlem, Enke Verlag Stuttgart 1969, Artikel 'Abweichendes Verhalten' von *Sack, Fritz*.
[271] "*Merton*s Theorie über die soziale und kulturelle Struktur als Ursprung des Drucks auf das Individuum stellt ein einfaches Täter - Motivations - Modell dar, nämlich daß 'Druck' bestimmte Verhaltensweisen hervorruft. Dieses Modell ist nie als nachprüfbarer Teil seiner Theorie vorgestellt worden." Kindlers Psychologie des 20. Jahrhunderts, Kriminalität und abweichendes Verhalten, Band 1, hrsg. von Hans Joachim Schneider, Beltz Verlag Weinheim und Basel 1983.

dingungen. Gesellschaftliche Voraussetzungen der Norm, z. B. deren Entstehung, Anwendung und Durchsetzung, sind nicht Gegenstand dieser Theorie. Soziale Kontrolle als gesellschaftliche Reaktion auf abweichendes Verhalten wird in der Anomietheorie nicht thematisiert."[272] Weitere Kritikpunkte sind

die mangelnde empirische Nachweisbarkeit der Begriffe normal und anormal in Bezug auf Kriminalität einer Gesellschaft (dieses „Fehlen" bezieht sich in der Tat nur auf Kriminalität),

die ungenaue Beschreibung der kulturellen Ziele und sozialen Schichten,

die Voraussetzung einer einheitlichen Werte- und Normenstruktur in Gesellschaften,

der angeblich ausschließliche Bezug auf den 'american dream' vom finanziellen Erfolg,

die fehlende Ausprägung einer Theorie der Vorbeugung gegenüber delinquentem Verhalten, [273]

die Anwendbarkeit nur auf bestimmte Formen von abweichendem Verhalten.[274]

Außerdem erklärt die Theorie nicht, so *Kunz*, "warum viele Menschen trotz Anomiedrucks konform handeln. Der Einzelne wird als reines Objekt sozialer Einwirkung verstanden, das unter äußerem Druck agiert."[275]

Auf diese Kritikpunkte hat Merton selbst bereits geantwortet. „Es sollte also klar geworden sein, daß, kurz gefaßt, (1) die hier vorgestellte Theorie auf kulturell betonte Ziele unterschiedlicher Art abstellt und nicht nur auf das zur Veranschaulichung herangezogene Ziel des wirtschaftlichen Erfolgs, (2) diese Theorie Formen von abweichendem Verhalten unterscheidet, welche sehr weit entfernt von denen sein können, die Gesetzesverstöße darstellen; (3) abweichendes Verhalten nicht notwendig dysfunktional für das erfolgreiche Funktionieren und die Entwicklung der Gruppe ist; (4) die Begriffe von sozialer Devianz und sozialer Dysfunktion keine verborgenen moralischen Prämissen enthalten; und (5) alternative kulturelle Ziele eine Basis für die Stabilisierung des sozialen und des kulturellen Systems bieten."[276]

Heinz Abels weist in seiner Darstellung der Anomietheorie auf den Zusammenhang mit der Entwicklung des Rollensets durch Merton in der Fortführung der Parson'schen Rollentheorie hin. Die Merton'sche Theorie geht im Gegensatz zu Parsons von den Phänomenen der Unordnung in der Gesellschaft aus

---

[272] *Lamnek, Siegfried*, a.a.O., 19

[273] Zus.fassung der Kritikpunkte bei Schwind, Hans Dieter, Kriminologie, Kriminalistik Verlag Heidelberg, 11. Aufl. 2001, 127.

[274] So *Franke, Kirsten*, a.a.O., 15; so auch *Kunz, Karl-Ludwig*, Kriminologie, Bern, Stuttgart, Wien: Verlag Paul Haupt, 3., vollständig überarb. Aufl. 2001, 162.

[275] Ebd..

[276] Soziologische Theorie und soziale Struktur, Berlin: Walter de Gruyter 1995, hrsg. und eingel. von Meja, Volker und Stehr, Nico, 176.

und sucht diese zu erklären. Der Rollenset unterscheidet zwischen Interrollen- und Intrarollenkonflikten. Das letztere ist der Konflikt innerhalb einer Person, die verschiedene Rollen spielt. Das erstere erklärt Konflikte zwischen verschiedenen Personen als Rollenträgern. Im Gegensatz zu Parsons, der in seiner Rollentheorie annahm, dass eine geglückte Sozialisation die Individuen zur freiwilligen Annahme der Rollenerwartungen bringt, geht Merton davon aus, dass viele Individuen die Rollenerwartungen nicht erfüllen, weil sie es nicht können oder nicht wollen.[277] Abels betont, dass Merton „keine Theorie des Verhaltens, sondern eine Rollentheorie mit Blick auf Struktur und Funktion sozialer Gebilde" entwirft.[278] Mit diesem Hinweis können viele Einwände gegen die Anomietheorie als erledigt gelten, weil sie ihr falsche Annahmen unterstellen.

B) Gesellschaft und Individuum

In der Soziologie (I)...

Die Anomietheorie erklärt Zusammenhänge im Makrobereich von nationaler und globaler Gesellschaft und gibt dadurch Anhaltspunkte zur Darstellung und zum Verständnis der Situation, in der sich gesellschaftlicher Druck aufbaut, der u.a. in Richtung Migration wirksam werden kann. Das Problem des Zusammenhanges von Individuum und Gesellschaft ist ein eigenes Thema der Soziologie von Anfang an.[279] Dass dieses nur in einem multiperspektivischen – Beziehungs- und Rückwirkungsgeflecht beschrieben werden kann, dürfte als Konsens gelten. Es geht darum, sich eine Vorstellung davon zu machen und zu beschreiben, dass Individuen „kraft ihrer elementaren Ausgerichtetheit, ihrer Angewiesenheit aufeinander und ihrer Abhängigkeit voneinander auf verschiedene Weise aneinander gebunden sind und demgemäß miteinander Interdependenzgeflechte oder Figurationen mit mehr oder weniger labilen Machtbalancen verschiedener Art bilden."[280] Huinink nennt den Versuch, mehrere Strukturen zusammenzusehen, das „Mehrebenenstruktur-Modell"[281] und hat das in folgendem Schema dargestellt:

„Von seiner durch diese Faktoren geprägten Handlungssituation macht sich jeder Mensch sein eigenes, sehr subjektives Bild – und dieses ist letztendlich für das wahrgenommene Spektrum von Handlungsmöglichkeiten und die Ent-

---

[277] *Abels, Heinz*, Einführung in die Soziologie, Band 1 und 2, Die Individuen in ihrer Gesellschaft, Hagener Studientexte zur Soziologie Band 7 und 8, Westdeutscher Verlag Wiesbaden 2001, 90f..
[278] *Abels*, a.a.O., 97.
[279] Dazu in Kurzform: *Huinink*, Orientierung Soziologie, 20ff.. Hier nimmt er *Emile Durkheim* zum Kronzeugen für die Orientierung der Soziologie an der Makrostruktur, *Max Weber* für die Orientierung an der Mikrostruktur des Individuums.
[280] *Elias, Norbert*, Was ist Soziologie, München 1993,
[281] *Huinink, Johannes*, Mehrebenensystem-Modelle in den Sozialwissenschaften, 1989.

scheidung für eine dieser Optionen maßgeblich."[282] Das Modell veranschaulicht, dass Individuen einerseits in ihrer Prädisposition von den Rahmenbedingungen gesellschaftlicher Art abhängen und zugleich durch Handeln diese gestalten. Im Grundsatz leuchtet es damit ein, dass individuelles Handeln in menschlicher Gesellschaft multiperspektivisch und reziprok zu beschreiben ist. Bei der Beschreibung geht es um (vereinfachende) Modelle, da sich auch der oder die Beschreibende im beschriebenen Prozess befindet. Die Zuordnungen der verschiedenen Ebenen zueinander bleiben vorläufig und offen – eben in einem labilen – vielleicht besser komplex-beweglichen Zusammenhang. Damit wird jedoch immer noch kein Modell geschaffen, warum z.B. ein anomischer Druck auf A und B verschieden wirkt.

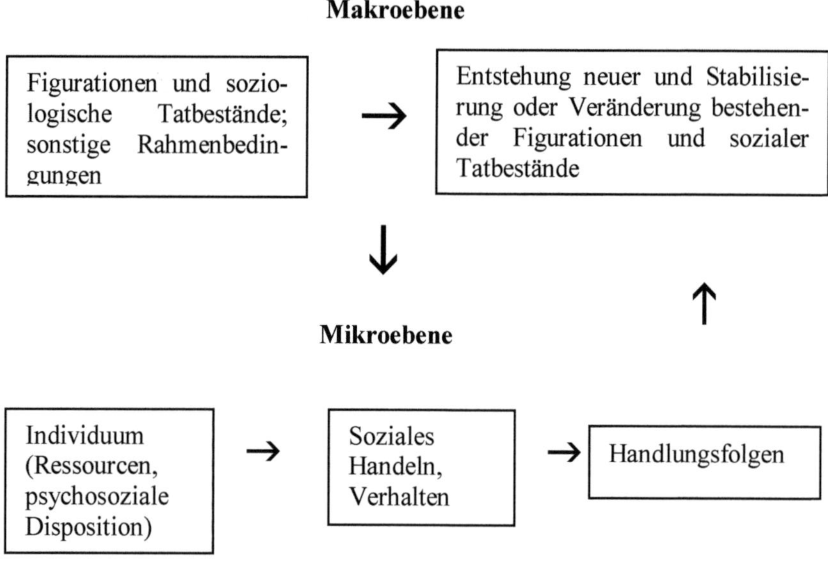

In der Kriminologie...

Wie sich anomischer Druck in individuelles Handeln umsetzt, das ist auch ein Dauer - Thema der Kriminologie. Sie untersucht die Entstehungsbedingungen für abweichendes Verhalten, um damit kriminelle Belastungen einem Verständnis näher zu bringen. Sie ist nahezu die einzige Wissenschaft, die den Versuch unternimmt, individuelles Verhalten und gesellschaftliche Grundbedingungen konkret miteinander zu verknüpfen. Dabei ist die Anomietheorie

---

[282] Huinink, Orientierung Soziologie, 29.

einer der Klassiker, der als Grundlage für eine weitere Auffächerung gesellschaftlicher Strukturen bis in die individuelle Vernetzung hinein dient. Monika Fommel hat die möglichen Ebenen in einem Schema dargestellt[283], das nur geringfügig verändert auch als Grundlage für unsere Fragestellung dienen kann.

Mikro-Meso-Makro-Ebene irregulärer Migration

A) Makroebene

<table>
<tr><td>

Weltweite und nationale* Sozialstruktur, *Kulturkreise

Verteilung von Macht, Geld, Kultur und anderen Ressourcen

Mythen oder Metaerzählungen, Leitideen

Gewaltstrukturen /(fehlende) soziale (Ausgleichs) - Struktur

Konstruktion des Geschlechterverhältnisses

Soziale Kontrolle

Bedürfnisentstehung

Verwirklichungschancen

Gesellschaftliche Normen

Sanktionserwartungen (formell)

</td></tr>
</table>

B) Mesoebene 

<table>
<tr><td>

Psychosoziale Einflüsse im Nahbereich, u.a.

familiäre Faktoren

schulische Faktoren

berufliche Faktoren

Freizeitfaktoren

Bedürfnisentstehung

Verwirklichungschancen

Kulturelle/Subkulturelle Normen

Sanktionserwartungen (formell und informell)

Verhältnis der Geschlechter

Vergleich mit anderen Systemen

</td></tr>
</table>

C) Mikroebene ⇕

<table>
<tr><td>

Individuum

Bedürfnisse

individueller Anpassungsstil

Fähigkeiten

Sanktionserwartung

Selbstkontrolle

</td></tr>
</table>

---

[283] Frommel, Monika, Vorlesung Kriminologie an der Universität Kiel, WS 2004/5. Die kursiv gedruckten Textteile stammen von mir.

Geschlecht
Situation
Gelegenheits- bzw. Zwangsstruktur
Lernprozesse

individuelle irreguläre Migrationsdisposition

Verfügung über Ressourcen
soziale Benachteiligung
fehlende Beziehungs- und Konfliktbewältigungsmöglichkeit durch gesellschaftlichen Ritualismus
oder Anomie durch insuffizente gesellschaftliche Systeme
riskanter Lebensstil

Selektionsmechanismen
Etikettierungsprozesse

Es geht mit diesem Schema nicht darum, eine Nähe zwischen Kriminalität und Migration herzustellen. Vielmehr dient das Schema als Anhaltspunkt für die weitere Auffächerung sozialstruktureller Zusammenhänge und ihre Einwirkung auf die Individuen in der jeweils gegebenen Situation. Es wird hier besonders deutlich, wie vielfältig die Variablen für Verhalten und die Perspektiven für seine Interpretation sein müssen, um zu einem Ansatz von Verständnis zu gelangen. Dabei gehen wir davon aus, dass die verschiedenen Ebenen der Sozialstruktur keine objektiven Tatbestände sind, sondern Interpretationen oder Konstruktionen von Wirklichkeit. So wird die Sichtweise der Makroebene ebenso von den übermittelten Einstellungen auf der Mikro- und Mesoebene (Familie, soziale Position) bestimmt wie die kulturellen Ziele, die in ihrer Wirksamkeit besonders auf der Meso-Ebene anzusiedeln sind. Auch in diesem Schema zeigen die Pfeile die „Gegenseitigkeit" an, so dass die verschiedenen Ebenen als Wirkung und Ursache verstanden werden müssen.

Eine Migrationsgeschichte aus Ingelheim kann als Anwendungsbeispiel dienen:

„Ich heiße C. R. und bin in der Provinz Gui Zhou in einem armen Dorf geboren. Seit ich klein bin, lebe ich sehr arm. Schon als ich sechs Jahre alt war, starb mein Vater. Mein älterer, geistig behinderter Bruder war damals 9 Jahre alt, meine jüngere Schwester 3 Jahre alt. Seit damals hat uns unsere Mutter alleine großgezogen. Als ich groß war, wollte ich meiner Mutter ein besseres Leben schenken, aber ich fand keine Methode. Ich habe Hühner gezüchtet, aber in einer Nacht kam ein Sturm und eine Überschwemmung und alles war zerstört. Deswegen habe ich mich hoch verschuldet (...) In meinem Dorf habe ich

von Leuten gehört, dass es sehr gut ist, nach Deutschland zu gehen. Die Deutschen seien sehr menschlich. Wenn die Polizei dich dort aufgreift, bringen sie dich ins Flüchtlingsheim. So beschloss ich, nach Deutschland zu gehen, um meiner Familie ein besseres Leben zu schenken. Ich habe mehrere zehntausend Yuan[284] ausgeliehen, um einen Schlepper zu bezahlen. Wer hätte gedacht, dass der Schlepper mich betrügen und mich einfach auf einem Berg in Deutschland zurücklassen würde. "[285]

Die Geschichte macht einen tragisch-anrührenden Eindruck. Hier setzt ein Mann seine gesamte Existenz ein, um mit einer vagen Vorstellung von Deutschland seiner „Mutter ein besseres Leben zu schenken". Die heimischen Pläne als selbständiger Unternehmer (Kleinbauer) scheitern an einer Naturkatastrophe. Dadurch ist der Mann hoch verschuldet. Mit weiteren Schulden bezahlt er einen Schlepper in ein weit entferntes fremdes Land, von dem er nur etwas vom „Flüchtlingsheim" und von menschlichen Bewohnern bzw. Polizisten gehört hat. Diese Geschichte ging in einem „armen Dorf" in China herum. In einem armen Dorf, der Vater früh gestorben, die zurückgebliebene Familie zusätzlich mit einem behinderten Mitglied „beschwert" – das beschneidet Lebensmöglichkeiten erheblich. Da von der Schule oder einer Form von abhängiger Arbeit nicht die Rede ist, wird vermutlich das Leben als kleiner Bauer die einzige Chance gewesen sein.

Die Geschichte ist nicht so nuanciert ausgefallen, dass etwas zum Thema der innerstaatlichen Lösungssuche enthalten wäre. Auch zur Wahrnehmung der chinesischen Gesellschaft sagt sie nichts, wobei ein Hinweis doch enthalten sein könnte: Er hat gehört, dass die Leute in Deutschland „menschlich" sind. Diese Äußerung deutet darauf hin, dass sie dort, wo er jetzt lebt, „nicht menschlich" sind. Unklar bleibt, worauf sich dieser Hinweis bezieht. Er versucht die Not mit Migration zu lösen. Daraus kann die Schlussfolgerung gezogen werden, dass er einer „Binnenmigration", also Abwanderung in die Stadt, Arbeitssuche bei weiter entfernt liegenden Arbeitgebern o.ä. keine Lösungschance beigemessen hat. Es bleibt allein der sehr dürre Mythos von Deutschland[286], in dem er den Versuch, seiner Mutter ein besseres Leben zu schenken, fortsetzen möchte. Wie gesagt: Mit der Geschichte ist wohl erklärt, dass hier

---

[284] Das entspricht mehreren tausend Euro. Das jährliche Durchschnittseinkommen eines Bauern in China wurde in einem Bericht von ‚n-tv' am 13. März 2006, 23.30 Uhr, mit rund dreihundert Euro angegeben. Es handelt sich also um Kredite im Gegenwert von zehn, zwanzig oder noch mehr Jahreseinkommen, deren Rückzahlung unter solchen Bedingungen kaum möglich erscheint.
[285] Menschen in Abschiebungshaft, a.a.O., 9.
[286] Ob in der chinesischen Gesellschaft noch Erinnerungen in Form mythischer Versatzstücke über die Zeit des „deutschen Engagements" in China im 19. Jahrhundert vorhanden sind und hier möglicherweise eine Rolle spielen, könnte nur bei einer näheren Untersuchung dieses Themenkomplexes eruiert werden.

persönliches Schicksal, objektiv schwierige Lebensverhältnisse auf dem chinesischen Land[287] und wirtschaftlicher Misserfolg einen Druck aufbauen, dem der Betroffene mit einer illegalen Reise zu entgehen sucht. Da er jedoch die Methode „mehr vom selben" benutzt (noch mehr Geld leihen), macht er die Lage noch schwieriger. Sein „Schlepper" tut nur das übliche und überlässt ihn dann seinem Schicksal. Die Hoffnung vom besseren Leben kann nur darin bestehen, dass es hier Chancen gibt, die wirtschaftlich durch die Migration noch erheblich verschlechterte Lage dadurch zu bessern, dass er „zu Geld kommt". Eine Chance dazu scheint auf dem Gebiet legalen Wirtschaftens nicht gegeben.

Hier hängt die Sozialstruktur (armes Dorf, Schulden) untrennbar mit persönlichem Schicksal und wirtschaftlichem Scheitern durch eine Naturkatastrophe zusammen. Es bedarf augenscheinlich keines zusätzlichen sozialstrukturellen Drucks, um die irreguläre Migration auszulösen. Hellhörig machen in dem Zusammenhang die bereits bestehenden und die für den Schlepper dazukommenden Schulden. Es müsste zumindest die Frage gestellt werden, welcher Umgang mit - der Erzählung nach - uneinbringlichen Schulden in der ländlichen Region des Migranten gepflegt wird: Gibt es Gesetze, die dazu helfen, zumindest den Lebensunterhalt zu fristen. Sind die Schulden reguläre Bankschulden oder treiben auf dem Land Wucherer ihr Unwesen? Können Schulden einem Moratorium zugeführt werden oder was passiert, wenn die Gläubiger ihr Geld nicht zurückbekommen? Mit etwas Spekulation erwächst aus dieser Konstellation ein ganz anderes Motiv (vollkommene wirtschaftliche Aussichtslosigkeit, höchste Armut auf Dauer, Ächtung durch die Dorfgemeinschaft bis hin zur Bedrohung des Lebens, willkürliche Justiz[288] oder aber große Scham über die eigene wirtschaftliche Situation), das Land zu verlassen, um anderswo vielleicht doch noch den Traum vom besseren Leben zu erfüllen. Im letzteren Falle wären es eher die Mesostrukturen in bäuerlich - dörflicher Umgebung, die den Druck erzeugen, nach „innovativen Lösungen" zu suchen. Der irreguläre Migrant ist zwar von den Naturereignissen und dem frühen Tod des Vaters ohne eigenes Zutun betroffen, bleibt aber der Akteur, der mit diesem Druck umgeht. Die Entscheidung, mehr Geld zu leihen, um sich nach Deutschland bringen zu

---

[287] Der chinesische Volkskongress hat im März 2006 Beschlüsse gefasst, die den Einsatz von erheblichen Geldmitteln vorsehen, um die Kluft zwischen den Wirtschaftszentren und dem agrarischen Bereich mit rund 750 Millionen (Klein)Bauern nicht noch größer werden zu lassen: „In diesem Jahr wird die chinesische Regierung die Agrarsteuern vollständig abschaffen und die Subventionen für den Getreideanbau aufstocken. Zudem werden die Ausgaben für die allgemeine Schulpflicht auf dem Lande erhöht und die Schüler in Westchina von Schulgebühren befreit. Nicht zuletzt werden mehr Finanzmittel zur Verfügung gestellt, um den chinesischen Bauern einen besseren Zugang zu medizinischer Versorgung zu ermöglichen." (China.org.cn, 9. März 2006)
[288] Über die Situation in der Justiz und Polizei Chinas wurde in der bereits angesprochenen n-tv – Sendung vom 13. März 2006 berichtet.

bringen zu lassen, war vermutlich die schlechteste Lösung. Aber sie versprach, eine radikale Lösung zu sein, wenn andere Wege versperrt erscheinen.

In der Soziologie (II)...

Die Strukturen der Systeme in der globalisierenden Welt besitzen eine bisher nicht ausdrücklich besprochene Eigenart darin, dass sie zunehmend lokal zentriert, aber global ausgerichtet sind. „Es entsteht eine Dynamik von lokal zentrierten und zugleich global ausgerichteten systemischen Vernetzungen – mit der Folge, dass die überkommenden Strukturen, zumal diejenigen, die nationalstaatlich, nationalkulturell, nationalreligiös und nationalsprachlich definiert waren, schrittweise an Bedeutung verlieren. Genau besehen werden die traditionellen Strukturen nur relativiert und an die aktuellen Entwicklungen neu angepasst."[289] Bukow spricht von einer polyzentrischen Weltgesellschaft, die dem metropolitanen Modell folgt und sich aus „unterschiedlich gelagerten und jeweils mit verschiedenen Themen befassten *diversen* lebenden Systemen"[290] konstruiert. Das Individuum kommt in dieser Sicht in die Problematik eines breiten Spielraums der Kontingenz, weil Sicherheitsräume überkommener Strukturen an Orientierungskraft verlieren und Freiheitsspielräume neu entstehen. Diese wirken auf das Individuum als Zwang zur Selbstdefinition, d.h. die Wirklichkeitskonstruktion unterliegt nicht mehr den Orientierungen von traditionellen Rollen, Berufen, etc., sondern das Individuum muss zunehmend als Subjekt seine „Position in der Welt" gestalten. So wird es auch verantwortlich für diese in einem zunehmend exklusiven Sinne. Daher kommt der Ausbildung der Fähigkeiten, diese Verantwortung wahrzunehmen, eminente Bedeutung zu. Das produziert auch neue Ein- und Ausschlüsse in den diversen Systemen, die lokal und global wirksam werden. Auch Staaten bilden in diesem globalen Netzwerk Systeme, die durch Ein- und Ausgrenzung ihren Platz in der Welt definieren. Daher kommt es beispielsweise zu Exklusionen gegenüber Menschen, die ihren Platz in der Welt ohne Anwendung der jeweiligen Regeln zu definieren und zu gewinnen suchen. Die systemische Sicht der metropolitanen Weltgesellschaft erweitert die in der Anomietheorie angenommene Wirkungsweise der Ziel-Mittel-Konstellation im Blick auf die Orientierung der Konstellationen im globalen Raum. Zudem erarbeitet sie ein Scharnier zwischen Individuum und Weltgesellschaft, das erklären kann, warum nicht alle Menschen in

---

[289] Bukow, Wolf-Dietrich, Tekin, Ugur, Menschen im Gefängnis – Lebensläufe und Lebenswelten von Menschen ohne deutsche Papiere, in: Reader Gefängnisseelsorge, hrsg. Von Wever, Dieter, Selbstverlag der Evangelischen Konferenz für Gefängnisseelsorge in Deutschland, Heft 12/2006, 5. Der Autor wird aus diesem Text zitiert, weil die Abreviatiuren, die ein Vortrag erzwingt, das Gemeinte deutlicher herausstellt als zum Lesen verfasste Texte. Der Gedankengang ist von Beck, Ulrich, Hg., Perspektiven der Weltgesellschaft, Suhrkamp Verlag Frankfurt a.M. 1998, übernommen und in die These der metropolitanen Gesellschaften eingepasst.
[290] A.a.O..

der Lage sind, sich „erfolgreich" in der Welt zu positionieren. Abweichendes Verhalten wäre als Folge von Abgrenzungen der Systeme zur Umwelt zu verstehen, irreguläre Migration als eigenes System. Wie im systemischen Denken allgemein kommt auch hier die Frage auf, ob das Konkurrieren der Systeme wirklich ein angemessener Ausdruck für die Machtverhältnisse in den Strukturen sein kann, die in der Anomietheorie durch den Begriff „Druck" gekennzeichnet wird.

Ertrag für die Migrationsproblematik

Die kulturellen Ziele der Menschen in verschiedenen Gesellschaften werden offenbar durch die Globalisierung von Information, Wirtschaft, Tourismus, internet und den darin aufscheinenden Mythen vom anderen Leben, nicht zuletzt Migration, nicht weiter differenziert, sondern einander immer ähnlicher.[291] Ökonomischer Erfolg im Sinne von bezahlter Arbeit oder der Möglichkeit, „Geld zu machen", freie Bewegungsmöglichkeiten, soziale Sicherheit und Gesundheitsvorsorge sind aus den kulturellen Zielsetzungen nicht mehr wegzudenken.[292] Allerdings ist die Verwirklichung dieser Ziele auf die Angehörigen bestimmter gesellschaftlicher Milieus in den jeweiligen nationalen Einheiten beschränkt. Sie lassen sich nur mit der Verfügung über Ressourcen wie Macht und/oder Geld und Eigentum, aber auch Rechtssicherheit verwirklichen. Große Teile der nationalen Bevölkerungen verfügen darüber nicht oder nicht im entsprechenden Ausmaß. Die Verteilung dieser Ressourcen differiert nach Regionen und Gesellschaften, aber auch unter ihnen. Der Zugriff auf Geld, Besitz und Macht ist in den westlichen Gesellschaften für die große Masse beispielsweise durch Arbeitsverträge und demokratische Teilhabe geregelt. Die großen Einkommen und Vermögen befinden sich aber auch hier in den Händen weniger Familien oder Personen. Das scheint derzeit jedenfalls nicht zu Anomiedruck zu führen. Offenbar gibt es genügend Möglichkeiten für Bevölkerungsmehrheiten, sich als auf dem Weg zu diesen Zielen zu verstehen.

In den Abwanderungsländern dagegen erscheinen nicht nur für die große Mehrheit ökonomischer Erfolg bzw. das nötige Geld oder andere Mittel zum Leben unerreichbar. Damit wird auch die freie Bewegung erheblich eingeschränkt. Weil die erlaubten bzw. vorgeschriebenen Wege keinerlei Änderung bei dieser Zielrichtung versprechen bzw. überhaupt keine definierten Wege zur Verfügung stehen (etwa in Gebieten mit Terrorismus und gewaltdominierten

---

[291] Gleichzeitig kommen auch weitere Differenzierungen bzw. Differenzwahrnehmungen je eigener Kulturen zustande wie sie etwa Huntington als treibende Kräfte in der Politik des 21. Jahrhunderts ansieht. Das ist aber für die hiesige Betrachtung nicht entscheidend. S. dazu auch Huinink, Orientierung Soziologie, Rowohlt Taschenbuch Verlag, Reinbek bei Hamburg, 2001, 150-154.
[292] Dieser Bereich wird bei Huntington mit Modernisierung (im Gegensatz zur Verwestlichung) bezeichnet, Kampf der Kulturen, vor allem 3. Kapitel, 76-114.

oder fehlenden Ordnungsstrukturen, willkürlicher Polizei- und Justizarbeit) entsteht der Druck, nach innovativen Lösung zu suchen. Die Abwanderungsgesellschaften unterliegen aber auch als ganze einem Anomiedruck, weil es so scheint, als seien die wirtschaftlichen und politischen Möglichkeiten der westlichen Welt ihnen vorenthalten bzw. als gäbe es keine für sie möglichen und erlaubten Wege, diese Ziele für ihre Bevölkerungen zu erreichen. Zudem werden die Abwanderungsgesellschaften als Gesellschaften im Umbruch geschildert und wahrgenommen. Das alles zusammen produziert diverse soziale und politische Bewegungen innerhalb der Bevölkerungen und zwischen den gesellschaftlichen Milieus.

Die Themen Arbeit, mit der man sich die nötigen Ressourcen zum Leben erschließen kann, Rechtssicherheit, soziale Absicherung und Zugang zu Gesundheitsleistungen spielen hier eine eminente Rolle. Diese sind in den westlichen Ländern (noch) einer größeren oder kleineren Mehrheit zugänglich, wodurch die Teilnahme an den geregelten Strukturen für viele die entsprechende Sicherheit (kulturelles Ziel) erbringt. In den Abwanderungsländern scheint der Zugang zu eben diesen Zielen der menschlichen Kultur für die Mehrheit der Bevölkerungen schwierig oder gar unmöglich zu sein. Dadurch baut sich ein erheblicher gesellschaftlicher Druck auf, der mit verschiedenen Mitteln bearbeitet wird. Eines davon ist der anomische – irreguläre - Migrationsversuch. Die Nichterreichbarkeit der Ziele und fehlende Mittel in der eigenen Region werden zwar national oder regional erlebt, aber nicht national und regional einer Lösung zugeführt. Die Abwanderer glauben nicht daran, dass in ihrer Herkunftsregion genügend Ressourcen zur Verfügung stehen, um durch Änderung des Umgangs mit den Mitteln (also durch andere Formen der Anpassung) einen größeren Anteil an den Ressourcen zu erreichen.

In vielen Ländern - Migranten behaupten sogar weltweit - haben sich Strukturen gebildet, die den Anomiedruck nutzen. Botschaftsangehörige verkaufen Einreisepapiere, womit sie selbst ein deviantes Handeln an den Tag legen. Schleuser organisieren Reisen und verkaufen Papiere aller Art. Die Schattenwirtschaft „Handel mit Papieren und Schleusen von Personen" soll nach Medienberichten bereits lukrativer sein als der Rauschgifthandel. Alle Beteiligten nutzen den Druck, um ihn in die eigenen Taschen zu lenken. Das abweichende Verhalten ist in diesen Fällen kriminelles Handeln auch in den Herkunftsländern. Wer Menschen, die unter Druck stehen, mit falschen Versprechungen gegen viel Geld in unlösbare Situationen vermittelt, kann ohne Zweifel als moralisch verwerflich angesehen werden. Im Schema der Anomietheorie kann solches Verhalten ebenfalls bei der „Innovation" angesiedelt werden. Auch den Schleppern und Passhändlern sind andere Wege versperrt. Sie benutzen verbotene Mittel, um für sich selbst Wohlstand aufzubauen. Einige von ihnen sind oder waren selbst irreguläre Migranten. Das abweichende Verhalten bringt für die „Gewinnler" die Chance, ihre gesellschaftliche Situation status- und ressourcenmäßig zu verbessern. Für die irregulären Migranten gehen dagegen Status und Ressource verloren.

In den Zielländern, wahrscheinlich auch in den meisten Herkunftsländern handelt es sich mindestens um den Straftatbestand der Fälschung und des Missbrauchs von Dokumenten.

Aus anomischen Druck erwächst ein enormes wirtschaftliches Potential für Personen, die nach dem Merton'schen Schema ebenfalls innovativ auf den Druck reagieren. Wenn sie zu Geld kommen, erkennt das nahezu jede Gesellschaft an. Wie sie zu Geld kommen, interessiert am Ende niemand. Das deckt sich mit der Anmerkung von Merton zu den großen Vermögen in Amerika[293]. Das Versprechen, der Mythos der „Rettung" passt in die Situation der irregulären Migranten, die meinen, mit Glück werde man es in einem Land in Westeuropa schon schaffen.

Die kulturellen Ziele, die einen anomischen Druck aufbauen, lassen sich nicht allein innerhalb einer durch nationale Grenzen definierten Gesellschaft finden. Vielmehr sorgt die Globalisierung der kulturellen Ziele dafür, dass offenbar national definierte Mittel nicht ausschließlich als Maßstab genommen werden. Das setzt die sich national definierenden und strukturierenden Gesellschaften unter Druck. Im globalem Strukturgeflecht gibt es dann ähnliche Anpassungsformen wie innerhalb der einzelnen Gesellschaften.

Globale kulturelle Ziele hatten in der Geschichte etwas mit Hegemonieansprüchen und Deutungshoheiten zu tun. Gesellschaftsmodelle verschiedener Provenienz haben globale Ziele bisher nur behauptet oder positiv gesagt formuliert, konnten sie aber nicht global verwirklichen. Die Religionen beispielsweise nehmen einen globalen Horizont für sich in Anspruch. Dessen Einlösung beschritt bisher den Weg der Bekehrung (also über das Individuum) oder den Weg der Eroberung (Kreuzzüge, Ausbreitung des Islam, Kolonialismus, Terrorismus). Der Globalisierungsanspruch der Religionen bestand und besteht im eigenen Anspruch auf die je „einzige Wahrheit", die ein Erklärungs- und Ethikmodell für alle generiert, es jedoch aufgrund der Vielzahl von religiösen Vorstellungen nicht weltweit durchsetzen kann. Verschiedene Zeitalter erlebten verschiedene Formen einer Verbindung von religiösen Modellen mit dem Herrschaftsanspruch von Fürstenhäusern oder anderen Herrschaftssystemen. Die von Huntington beschriebene und im Alltag erlebbare „Resurgenz des Islam", wo die ‚Modernisierung' mit dem Wiedererstarken der islamischen Religion und daraus folgender Verweigerung einer Verwestlichung einhergeht, kann als Reaktionsbildung auf die westliche Dominanz verstanden werden.[294] Sie produ-

---

[293] Merton, Soziologische Theorie und soziale Struktur, 162.
[294] Kampf der Kulturen, 168ff. und passim.

ziert aber gleichzeitig erhebliche Spannungen in der Ressourcenverteilung innerhalb der islamischen Welt und einzelner Gesellschaften, deren Folge unter anderem das Migrationsverhalten ist.

Gesellschaften orientierten sich im Zeitalter der Nationalstaaten nicht an Weltzielen, sondern an überschaubaren Größen gleicher Sprache, Religion oder ähnlicher Kultur. Letztere allerdings wollten sie dem Teil der Welt, der „unterentwickelt" war, „zugute kommen" lassen. (Zeitalter des Kolonialismus). Noch heute wird von „Entwicklungshilfe" gesprochen, wenn politische Hilfsprojekte die ehemaligen Kolonialstaaten betreffen.

Die politische Philosophie des Marxismus – Leninismus war eine Form der Vorstellung von der Durchsetzung des Menschenrechts gegen kapitalistische und andere Formen der Unterdrückung. Die vorübergehende Diktatur des Proletariats wurde als Übergang in die Zeit ohne Herrschaft von Menschen über Menschen verstanden. Ihr Verwirklichungsversuch mit ungebremstem Weltgeltungsanspruch sollte die Nationalstaaten und den Kapitalismus als Quelle aller Gewalt überwinden.

Der Panarabismus des islamistischen Denkens hat dieses Ziel ebenfalls. Seine politische Vorstellung verwirft die Demokratie als widergöttlich, da sie Gott die Herrschaft rauben will. Die „Nationen" der arabischen Welt sind danach durch einen panarabischen Staat mit der Regierung durch den Koran (im Kalifat) zu überwinden.[295]

Die Migrationsströme der Welt verlaufen aber in eine Richtung, die von den beiden letztgenannten als „Feind" verstanden wurde oder wird: in die westlichen Staaten, in denen es teilweise gelungen ist, politische Macht- und Gestaltungsprozesse aus weltanschaulichen Klammern zu befreien und Menschenrechte unabhängig vom Status des Einzelnen als ‚globale Vorstellungen' bzw. Prinzipen zur Geltung zu bringen. Diese allein dem westlich-christlichen Kulturkreis zuzuordnen, ist trotz vielfältiger Analysen in dieser Richtung zumindest fragwürdig.[296] Mit dieser These übersieht man die vielfältigen gegenseitigen Beeinflussungen beispielsweise zwischen Judentum, Christentum und Islam in den Gelehrtendisputen des mittelalterlichen Spanien, die sich vielfältig auf die kulturelle Entwicklung in Europa ausgewirkt haben.[297] Wenn man von Kulturkreisen in Anbindung an die Religionen ausgeht, dann liegen diese in vielfacher Vermischung vor und haben ihre derzeitigen Konturen durch ihre

---

[295] Sayyid Qutb, Wegmarken, Kairo, 10. Auflage 1983, Textauszug in: Andreas Meier, Der politische Auftrag des Islam, Peter Hammer Verlag Wuppertal 1994, S. 201 ff.; Abu l-A`la l-Maududi, Vorlesung über islamisches Staatrecht in Marrakesch (1952), in: Andreas Meier, Der politische Auftrag des Islam, Peter Hammer Verlag Wuppertal 1994.

[296] Auch hier sei stellvertretend Huntington, Kampf der Kulturen genannt.

[297] Sieh dazu die interessanten Ausführungen von Girtler, Roland, Irrweg Jakobsweg, Edition Gutenberg 2005, bes. 75 ff..

Auseinandersetzungen und gegenseitigen Einträge ebenso gewonnen wie durch ihre Funktion als sinngebende Horizonte in der Neuordnung der Welt nach dem Ost-West-Konflikt.

Geld = Leben

Die von mir befragten Migranten folgen der Gleichung, dass Erfolg (hier: Sicherheit, Arbeit Familie etc.) mit Glück zu tun hat und bestätigen insofern zumindest ihre Wahrnehmung der Herkunftsgesellschaft als anomisch. Ihre Lösung für die Problematik der fehlenden Mittel überrascht durch die Anpassung an die westliche Welt. Sie versuchen, den Weg für die Migration über Geld zu eröffnen. Geld ist das Mittel der Verteilung von Ressourcen schlechthin. Es erhält nahezu die Qualität von „Leben".[298] Die Beschaffung von Geld für eine irreguläre Reise, bei der vor allem die Schlepper verdienen, erfolgt jedoch nicht durch unerlaubte Mittel, wie etwa kriminelle Handlungen. Vielmehr werden die vorhandenen Ressourcen genutzt, deren Ungleichheit zu denen im Zielgebiet der Migration auf der Hand liegt. So gewinnt die Gleichung von Geld und Leben noch eine stärkere Akzentuierung. Die MigrantInnen setzen in der Tat Leben in Geld um, wie sich an dem Einsatz der eigenen Ressourcen zeigt. Dabei vertrauen sie auf die „Evidenz" ihrer Not, die sie zu dieser Handlung bewogen hat. Der Einsatz der Mittel erfolgt nicht zweckorientiert in unserem Sinne, sondern beruht auf dieser Evidenzhoffnung und den Metaerzählungen (Mythen) vom goldenen Westen. Man könnte fast von einem religiösen Ritual sprechen: Der Mitteleinsatz ähnelt einem „Opfer", das die Götter gnädig stimmen, das Schicksal beeinflussen oder das Glück hervorrufen soll. Dieses Verhalten wird dadurch noch weiter akzentuiert, dass es häufig die letzten Reserven oder gar Kredite[299] sind, die eingesetzt werden in der Hoffnung, dass im „gelobten Land" der sofortige Anschluss an die dortigen Ressourcen gelingt.

Neubeginn, nicht Auszeit

Wenn Menschen auf dem Wege der irregulären Migration ihre Lebenslage verändern wollen, zeigt dies aber noch weitere Aspekte ihrer Wahrnehmung der Realität. Mit den eingesetzten Mitteln wäre eine ganz normale Reise in eines

---

[298] Vgl. dazu noch mal den Bericht über eine Abschiebung nach Armenien: Sona Shirvanyan, "Dienstag fliegst du nach Armenien. Ich wünsche dir alles Gute." Protokoll einer Abschiebung, Gegenwind 204, Sept. 2005: „In Armenien ist es so, entweder hat man Geld, dann ist man eine Person, ein Mensch. Oder man hat kein Geld, dann ist man auch kein Mensch."

[299] Im Börsenfieber Ende der 1990iger Jahre scheiterten „im goldenen Westen" diverse Aktionäre an einem ähnlichen Vorgang. Sie setzten geliehenes Geld zum Kauf von Aktien ein oder nahmen dafür Hypotheken auf. Wenn sie die Aktien nicht rechtzeitig wieder verkauften, blieben statt des erhofften Gewinnes am Ende Schulden übrig - Ende einer riskanten Kalkulation. Großaktionäre wie Banken und Versicherungsgesellschaften konnten dagegen das Börsenproblem, bei dem Werte großer Firmen teilweise bis auf ein Zehntel des Höchststandes zurückgingen, aufgrund ihrer „Masse" auffangen.

der Zielländer problemlos möglich. Dann aber handelte es sich wie bei den Urlaubsreisen der Bürger der westlichen Welt um ein Phänomen des Überflusses, des sozialen Standards oder geschäftliche Situationen. Solche Art zu reisen, um anschließend mit einer neuen Perspektive, einem geschäftlichen Abschluss oder einem besonderen „event" im Erfahrungsrepertoire wieder in das „normale Leben" zurückzukehren, liegt offenbar den meisten irregulären Migranten völlig fern (Ausnahme: Interviews 21, 23). Bei ihnen geht es um Neubeginn und um Fahrkarten ohne Rückkehr. Sie nutzen individuelle Möglichkeiten der Fortbewegung auf dem Planeten, um das alte Leben hinter sich zu lassen, nicht um Kräfte für die Bewältigung der heimischen Probleme zu sammeln oder aber geschäftliche Fäden zu knüpfen.

Ergebnis

In den Abwanderungsgebieten baut sich ein doppelter Anomiedruck auf (global und national, wobei beide eng zusammenhängen), weil die kulturellen Ziele in Formen der Mythen vom westlichen Leben und die kulturellen Ziele der je eigenen Gesellschaft mit den erlaubten Mitteln der sozialen Struktur nicht erreichbar sind (scheinen). Der Druck wirkt auf marginalisierte und alle anderen Gruppen. Die Randgruppen verfügen jedoch selten über die Mittel, die eine irreguläre Migration verschlingt. Daher handelt es sich um Menschen aus gesellschaftlichen Schichten, in denen Mittel zur Verfügung stehen oder zumindest beschafft werden können. Die Beschaffung der Mittel in Form von Geld, Krediten zum Erwerb falscher Ausweise und Visa erhöht den anomischen Druck, statt ihn zu mildern. Der Anomiedruck wird durch die Ungleichzeitigkeit der Gesellschaften weiter verstärkt. Irreguläre Migration wird von Ab- und Zuwanderungsgesellschaften als nicht erlaubtes Mittel angesehen. Sie ist von Anfang an deviantes Verhalten, das dem Mythos der Rettung oder Selbstrettung aus unhaltbaren Zuständen folgt. Ihre innere individuelle Dynamik erhält sie aus der menschlichen Bedürfnisstruktur. In einigen Einzelfällen wird der Anomiedruck noch höher, wenn das System mit ungerechten Maßnahmen einzelne gezielt unter Druck setzt.

Die irreguläre Migration wird durch den Einfluss des Mythos vom „Land, in dem Milch und Honig fließen" gespeist. Der Mythos wird allerdings heruntergebrochen in

1) ein Land, wo man durch Arbeit und ohne Behinderung durch Krieg und Willkür eine Familie gründen und ernähren kann,- also grundlegende menschliche Bedürfnisse befriedigen kann-, was in der Anomiesituation zu Hause nicht oder nur schwer möglich ist;

2) ein Land, wo Gerechtigkeit herrscht und man vor aggressiver Politik, Justiz, Polizei, Nachstellungen, die man als ungerecht empfindet, und geschäftlicher Willkür sicher ist.

Dass sich gleichzeitig ein Anomiedruck in den westlichen Ländern erhöht, weil die Industrien durch Lohndumping „im Ausland" immer mehr Menschen in den Zuwanderungsländern marginalisieren, erzeugt die Kreuzung der einen Anomie mit der anderen. Der Mythos, der die einen zur irregulären Handlung bewegt, wird in den Zielländern nicht nur für die Randgruppen gerade wieder von der Realität zum Mythos zurückgeführt.[300]

Zudem und daher werten die Migranten – wenn nicht den Worten nach – die eigene Herkunftsgesellschaft (aktiv und nicht nur reaktiv) als anomisch im ursprünglichen Sinne: ‚gesetzlos' mit der Konnotation ‚ohne Gerechtigkeit'. Dabei kann Gerechtigkeit auf verschiedene Ebenen des gesellschaftlichen Lebens angewendet werden. So empfindet der eine seine wirtschaftliche Situation als ungerecht, ein anderer, dass er nicht an der Macht ist, ein dritter, dass die Gesetze und die Art der Justiz ihn über Gebühr benachteiligen, ein vierter eventuell die Einziehung zum Wehrdienst als Nachteil. Weitere verarbeiten Arbeitslosigkeit als Diskriminierung im Sinne der Anomie.

Aus dieser Sicht wird der Begriff der Anomie zur Rechtfertigung für Handlungsformen verschiedener Art. Die Betroffenen empfinden sich zwar als Objekte eines Druckverhältnisses. Der anomische Druck kann aber auch als subjektive Einschätzung der gesellschaftlichen Situation durch diejenigen verstanden werden, die ihm besonders ausgesetzt sind. Das ergäbe eine einfache Möglichkeit der Beziehung von der Makro- auf die Mikroebene. Der irreguläre Migrant und das ihn umgebende Milieu interpretiert seine „Chancenlosigkeit" nicht als Naturereignis, sondern als Ergebnis gesellschaftlichen Strukturhandelns. Die Situation, aus der wegzugehen die einzige Chance zu sein scheint, wird als „konstruiert" unterstellt. Die Konstruktionen der ‚Mächtigen', der Ressourcenbesitzer und –verteiler werden als gewalttätig und bedrohlich wahrgenommen, die eigene Situation als bedroht und ohnmächtig. Die Handlung, die zur Migration führt, kann als Rettungsversuch aus der Hand todbringender Mächte und Zugriffe verstanden werden. Wenn dieses zu hoch gegriffen erscheint, so wirkt die anomisch wahrgenommene Situation und Ressourcenverteilung als „Ermächtigung" zur Gegenwehr in Form des irregulären Wanderns. Der irreguläre Migrant sieht sich mit dem Argument der Anomie in der Herkunftsregion ‚im Recht als Mensch', sich einen anderen Platz zu suchen. Der Migrationsvorgang beruht also auf einer Anomiewahrnehmung, nicht einfach nur auf gesellschaftlichem Druck. Es handelt sich um die Interpretation der Situation durch das Individuum oder durch Gruppen. Der subjektiv wahrgenommenen Anomie zu entrinnen, wird als ‚gutes Recht' angesehen. Sie zu

---

[300] Alexander Hagelüken, Wohlstand in Deutschland: Die Mittelschicht schrumpft, die Politik schaut zu, http://www.zeit.de/wirtschaft/2017-03/wohlstand-deutschland-mittelschicht-abstieg-sozialsystem-loehne.

bekämpfen erscheint als unmöglich. Im Bild der systemisch orientierten These von der metropolitanen Weltgesellschaft wäre der Druck so zu beschreiben, dass irreguläre Migranten ihren Platz in der Welt ohne die erforderliche Zurüstung, welche die nationale und die Weltgesellschaft ihnen vorenthalten, suchen.

Die irregulären Migranten suchen mit ihrem Wanderungsvorgang die Gesellschaft, in der sie Aufnahme begehren, zur Auflösung ihrer prekären Situation zu zwingen. Sie geben ihr nicht die Chance, ja oder nein zu sagen. Darauf reagieren die Zuwanderungsländer ihrerseits mit rechtlichen und bürokratischen Mitteln, mit denen sie den Umgang untereinander üblicher Weise regeln. Diese Mittel empfinden irreguläre Zuwanderer und ihre Lobby als Verweigerung von menschlicher Grundsolidarität, als unverdiente und ungerechte Exklusion, als bürokratische Verwahrlosung, letzten Endes auch als Form der Anomie.

C) Weitere Annäherung: Die Bedürfnispyramide von Maslow

Abraham H. Maslow entwickelte in Auseinandersetzung mit dem Behaviorismus[301] und der Psychoanalyse[302] als humanistische Psychologie die Vorstellung, der Mensch sei aktiver Gestalter seines Daseins und als Ganzheit zu betrachten. Grundbedürfnisse und deren Befriedigung sind dabei die Grundannahmen, die Maslow in folgende Form gebracht hat[303], die als ‚Maslowsche Bedürfnispyramide' rezipiert wurde:

Grundlegende Bedürfnisse sind:

Physiologische Bedürfnisse: Nahrung, Sexualität,

Sicherheitsbedürfnisse: „Sicherheit, Stabilität, Geborgenheit, Schutz, Angstfreiheit, Bedürfnis nach Struktur, Ordnung, Gesetz, Grenzen, Schutzkraft..."[304]

Bedürfnis „nach Liebe, Zuneigung und Zugehörigkeit"[305]

Bedürfnis nach Achtung: „nach Stärke, Leistung, Bewältigung und Kompetenz, Vertrauen ..."[306]

Bedürfnis nach Selbstverwirklichung: „Was ein Mensch sein *kann, muß* er sein."[307]

Das Bedürfnis der nächsthöheren Kategorie tritt in der Theorie erst auf, wenn das der darunter angesiedelten Kategorie befriedigt ist. Oder umgekehrt, wenn

---

[301] Skinner, B.F., Science and Humn Behavior, New York 1953. Dargestellt auch bei Corell, Werner, Verstehen und Lernen, Grundlagen der Verhaltenspsychologie, Moderne Verlagsgesellschaft München 2. Auf. 1991.

[302] Freund, Sigmund, Studienausgabe, in zehn Bänden, S. Fischer Verlg, Frankfurt am Main, Teilbände mit verschiedenen Auflagen, 1969.

[303] Maslow, Abraham H., Motivation und Persönlichkeit, Rowohlt, Reinbek bei Hamburg, 10. Aufl. 2005, (in den USA veröffentlicht als Motivation and Personality, 1954 und 1970), 62-87.

[304] A.a.O., 66.

[305] A.a.O., 70.

[306] A.a.O., 72.

[307] A.a.O., 74.

ein Bedürfnis befriedigt ist, tauchen neue auf. Das ist aber keine unumkehrbare Reihenfolge oder gegenseitige Ausschließung, wie Maslow häufiger verstanden wurde. In der Realität können Handlungen von Menschen aufgrund verschiedener Bedürfnisse aus verschiedenen Kategorien erfolgen. Hunger beispielsweise kann ebenso ein Bedürfnis nach Verwöhnung und Zugehörigkeit ausdrücken wie eines nach Nahrung an sich. „Es sei noch einmal darauf hingewiesen, daß alle physiologischen Bedürfnisse und das konsumierende Verhalten, das mit ihnen verknüpft ist, als Kanäle für alle möglichen anderen Bedürfnisse dienen können.... Mit anderen Worten, diese physiologischen Bedürfnisse sind relativ, aber nicht vollständig isolierbar." Die physiologischen Bedürfnisse sind aber die mächtigsten von allen. „Jemand, dem es an Nahrung, Sicherheit, Liebe und Wertschätzung mangelt, würde wahrscheinlich nach Nahrung mehr als nach etwas anderem hungern."[308] In einer Notsituation würde danach das physiologische Bedürfnis den gesamten menschlichen Organismus beherrschen. Maslow sieht diese Situation als selten an „in einer normal funktionierenden friedlichen Gesellschaft"[309]. „Es stimmt zwar, daß der Mensch vom Brot allein lebt – wenn es keines gibt. Aber was geschieht mit den menschlichen Wünschen, wenn es Brot genug gibt und wenn der Magen chronisch voll ist?"[310] Auf dieser letzten Stufe sehen sich oder sind tatsächlich auf dieser Welt vor allem viele Menschen der sogenannten westlichen Welt. In vielen Regionen Afrikas und Arabiens sieht es anders aus. Dort sind die Mägen vieler Menschen chronisch leer.

Maslow hat seine Theorie der Bedürfnisse als Zugang zu den Fragen der Motivation verstanden. Was sind die leitenden Bedürfnisse, nach denen Menschen handeln? Die Bedürfnishierarchie ist unter anderem auch eine Kritik der Triebtheorien, wie sie etwa die Psychoanalyse, aber auch andere Richtungen entwickelt haben. „Trieb und Vernunft" stehen nach Maslow bei richtiger Interpretation und Definition nicht im Gegensatz zueinander, so dass „instinktoide Bedürfnisse und Vernunft wahrscheinlich synergisch und nicht antagonistisch sind".[311]

Dennoch geht Maslow davon aus, dass „der Organismus selbst die Wertehierarchie bestimmt, die vom wissenschaftlichen Beobachter nicht geschaffen, sondern berichtet wird".[312] Diese Grundansicht der humanistischen Psychologie wird im Gegensatz zu den Denkrichtungen gewonnen, die eine Hierarchie von Bedürfnissen oder Werten als „Eintrag" des Forschers in die Beobachtungsergebnisse verstehen. In dreizehn Schritten versucht Maslow einen Nachweis,

[308] A.a.O., 63.
[309] A.a.O., 64.
[310] A.a.O., 65.
[311] A.a.O., 114.
[312] A.a.O., 127.

dass höhere Bedürfnisse eine spätere phylogenetische und evolutionäre Entwicklung darstellen.[313] Je höher die Bedürfnisse angesiedelt sind, desto komplexere Bedingungen verlangt ihre Befriedigung. Für die oberste Stufe der Bedürfnisbefriedigung sind hervorragende Bedingungen notwendig, die bei der Befriedigung der anderen Bedürfnisse entstehen.

Bei dieser Befassung mit der menschlichen Motivation kommt ein Denken zum Ausdruck, das die menschliche Entwicklung als einen referentiellen Prozess zwischen dem Individuum und der Gesellschaft zu mehr Menschlichkeit und Höherentwicklung der Kultur versteht. Diese ist in universalen Grundbedürfnissen angelegt, deren Befriedigung von soziokulturellen Faktoren geprägt wird.

Die humanistische Sicht der Welt wirkt heute als weltanschauliche Verzerrung der Realität.[314] Sie sieht den Menschen durch die Brille der „geordneten und gesättigten" Gesellschaft. Dadurch erscheint eine Art der harmonischen Steigerung zwischen den verschiedenen Bedürfnissen zumindest als Postulat nahe liegend. Das Ziel ist der sich selbst verwirklichende Mensch, der seine anderen Bedürfnisse befriedigt hat und so zur selbstverwirklichenden Persönlichkeit heranreift. Diese Vorstellung klingt nach Entwicklung einer sozusagen vorhandenen Person, einer Art der „Selbstentfaltung"[315], jedenfalls bei bestimmten äußeren Bedingungen. Der Begriff Bedürfnisse weist auf eine sich entfaltende Dynamik hin, die erklären kann, dass jedenfalls mit der bloßen Ernährung und Fortpflanzung (Stufe 1) weder die Menschheit noch das Individuum „befriedigt" ist. (Wenn die Bedürfnishierarchie rein individualpsychologisch verwendet wird, erhält sie eine Stoßrichtung, wie sie in der Therapie von Individuen und Gruppen angewendet werden kann.) Maslow hat jedoch nicht nur aufeinander aufbauende Bedürfniskategorien für das Individuum angenommen, sondern in ihnen auch „Wachstumswerte" gesehen und sie sogar mit „böse" und „gut" qualifiziert: „Wir verlassen uns nicht länger auf bloße Lebensfähigkeit und Überleben als unseren Beweis, dass Armut und Krieg oder Vorherrschaft oder Grausamkeit nicht gut, sondern schlecht sind. Wir betrachten sie als böse,

[313] AA.a.O., 127-130.
[314] Der weltanschauliche Optimismus der Entwicklung der Gesellschaften der Welt zu höheren Stufen wurde in den neunziger Jahren des 20. Jahrhunderts durch die Jugoslawienkrise und den ersten Irakkrieg erheblich beschädigt. Konfrontationserfahrungen anderer Art wie die Auseinandersetzung mit dem Islamismus und Terrorismus und der Wut der arabischen Welt auf „den Westen" lassen Zweifel an den Vorstellungen von „Entwicklung" zur Selbstverwirklichung zu. Zudem erlebt der als gesichert geltende Westen durch die „Globalisierung" und die Rückentwicklung der sozialen Sicherungssysteme in Westeuropa eher depressiv-ängstliche und aggressive Stimmungsschwankungen, die jedenfalls nicht optimistisch wirken.
[315] Siehe auch Rogers, Carl R., Entwicklung der Persönlichkeit, Klett-Cotta Stuttgart, 4. Auflage 1983, 129) (original: On Becoming a Person, USA 1961).

weil sie auch die Qualität des Lebens, der Persönlichkeit, des Bewusstseins, der Weisheit hindern."[316]

Sozialpsychologische Anwendung der Bedürfnistheorie

Versucht man eine sozialpsychologische Anwendung der Bedürfnistheorie, ergeben sich interessante Zugänge zu den befragten Migranten. Die Bedürfnisse der Stufe 1 führen offenbar nicht zur Migration in weiter entfernte Regionen, sondern zum nächsten Ort, an dem es etwas zu essen gibt und das nackte Leben gerettet werden zu können scheint. Dabei wird aber deutlich, wieweit Ernährung und Sicherheit miteinander zusammenhängen. Wenn in der sudanesischen Provinz Darfur Milizen die Dörfer niederbrennen und die Felder zerstören (so im Jahre 2005), ist mit der Sicherheit auch die Ernährungsgrundlage nicht mehr vorhanden. Die Ernährung von Menschen hängt mit der Organisation der Nahrungsgewinnung zusammen. In größeren Gruppen und Gesellschaften ist damit bereits eine (Macht)struktur notwendig. Reine Ernährung könnte man nur in einem angenommenen Urzustand annehmen, in dem die Nahrungsgewinnung ohne gesellschaftliche Struktur möglich wäre – so etwa im paradiesischen Garten.[317] Insofern erscheint die Trennung der Stufen eins und zwei eher theoretisch und als Möglichkeit, das individuelle Wachsen zu erklären (etwa in der Entwicklungspsychologie).

Viele Migrationsgründe, die in dieser Studie erhoben wurden, lassen die zweite Ebene der Bedürfnishierarchie assoziieren. Hier geht es um Sicherheitsbedürfnisse und eine geordnete Welt, in der man seinen Platz finden kann. Diese Bedürfnisse werden in vielen Gesellschaften frustriert. Die Vorstellungen von einer Welt, in der diese Frustrationen nicht auftreten, kommen in den Metaerzählungen vom goldenen Europa vor. Damit können die Migranten erfasst werden, die aus ungesicherten, desorganisierten und chaotischen Gesellschaftsverhältnissen kommen. Es kann, muss dabei aber nicht vordergründig um das Leben überhaupt gehen und auch nicht um individuelle Einzelerfahrungen. Es kann sich auch um Stimmungen und Empfindungen handeln, die in diesen Gesellschaften von vielen geteilt werden. Daraus entwickeln sich dann verschiedene Reaktionsmuster, wie sie auch die Anomietheorie beschreibt. Wer in seinem Sicherheitbedürfnis nicht befriedigt werden kann, sieht sich vielfältig bedroht oder gar beschädigt. Darauf kann man je nach den vorhandenen Ressourcen völlig verschieden reagieren. Clans können ihren eigenen Schutz durch Waffen in die eigene Hand nehmen, was wiederum den Druck auf andere vergrößert, die nicht in der Lage sind, sich dies leisten zu können. Wer sich die Nahrungsgrundlage nicht durch Arbeit verschaffen kann, versucht es mit anderen Mitteln wie Diebstahl oder Drogenanbau. Wenn ein Gebiet einer Mehrheit

---

[316] A.a.O., 134.
[317] Beschrieben im 1. Buch Mose, Kapitel 2.

der Bewohner nicht befriedbar erscheint, bilden sich verschiedenste Methoden, das Bedürfnis der Sicherheit als Lebensvoraussetzung zu befriedigen. Eine dieser Methoden ist die Migration.

In diese Stufe können auch Migrationsvorgänge fallen, bei denen das Schutzbedürfnis der einen die Schutzlosigkeit des anderen auslöst bzw. die Schutzvorstellungen verschieden definiert werden und verschiedene Gruppen umfassen, wie es in den Interviews mehrfach beschrieben wird (7, 17, 44, 54, 99). Auf diese Situation passt das Asylrecht am ehesten, auch wenn es in diesen Fällen verweigert wurde, weil es in unserer Definition mit Machtfragen innerhalb eines definierten Staatswesens zu tun haben muss und nicht mit der Auseinandersetzung zwischen Untergruppen.[318]

Setzt man diese Interpretation an, wird deutlich, wie sehr bei Menschen, die aus diesem Motiv heraus migrieren, das nächst liegende Bedürfnis frustriert zu werden droht. Manche geben die bisherigen Befriedigungen der Stufe 3 (Zugehörigkeit) auf und werden in ihren Zuwanderungsstaaten lange nicht als zugehörig angesehen. In einigen Fällen diente dagegen der Verlust der Zugehörigkeit als Migrationsgrund (Interviews 13, 43, 66). Manche orientieren sich in ihrer Zugehörigkeit in das Herkunftsland oder in der Gruppe der MigrantInnen. Sie legen sich durch ihre Migration der aufnehmenden Gesellschaft gegenüber selbst für möglicherweise längere Zeit auf die Stufe 2 fest, was zu erheblichen Frustrationen führen dürfte. Sowohl die aufnehmende wie die eingewanderte Bevölkerung empfindet das dann als mangelnde Integration, die zu Spannungen und Milieubildungen führt. Wenn die Migration irregulär erfolgt, gewährt die aufnehmende Gesellschaft nicht einmal die Befriedigung der zweiten Stufe der Bedürfnisse.

Bei irregulären MigrantInnen kommen auch die anderen Stufen der Bedürfnisse vor. So gehen studierte Palästinenser (24, 73), Migranten aus dem Iran (27, 31, 85) oder aus Georgien (34; 35) in ein anderes Land, weil sie unter den gegebenen Bedingungen in ihrem Bedürfnis nach Achtung keine Befriedigung finden zu können meinen. Das tun sie irregulär, weil auch die anderen Staaten der Welt ihnen diese Befriedigung durch Einreise- und Niederlassungserlaubnisse nicht anbieten.

Migration kann auf allen Stufen der Bedürfnishierarchie ausgelöst werden. Die Verteilung ist aber eine Frage der Ressourcen. Vorwiegend in den höheren Schichten der Gesellschaft globalisiert sich die Welt zunehmend. Für Familien und Gruppen ohne finanzielle Grenzen wird die ganze Welt zur Heimat. Auch in diesen gesellschaftlichen Regionen gibt es erzwungene Migration oder

---

[318] Hier wird nebenbei klar, dass es sich bei den Asylrechten der organisierten Staaten nur um einen kleinen Unterausschnitt der Migrationsvorgänge handelt, dass aber auch alles mit allem zusammenhängt.

Flucht, häufig aufgrund geistiger Erzeugnisse oder politischer Einstellungen und Vorgänge. In diesen Fällen bieten die aufnehmenden Gesellschaften in der Tat einen Schutz. Auch die Wirtschaft, das Kapital und die „große" Kriminalität bewegen sich problemlos über den Erdball. Die Fragen der irregulären Migration betreffen Menschen, die zwar durch hohen Einsatz familiärer Ressourcen das Verlassen der gefährdeten Region ermöglichen können, dann aber keine weiteren Ressourcen haben. Ihr Versuch, an die Ressourcen der Zielstaaten anzuknüpfen, wird verweigert. Bei der Rückkehr in die Herkunftsländer sind die Ressourcen verbraucht.

D) Der ‚Kampf der Kulturen' bringt keine Erkenntnisse über die irreguläre Migration

Huntingtons These vom kommenden Kampf der Kulturen wurde Mitte der 1990iger Jahre veröffentlicht. Huntington unterzieht die internationalen Beziehungen einer politikwissenschaftlichen[319] Sichtweise und kommt zu dem Ergebnis, die Politik des 21. Jahrhunderts werde von einem „clash" bestimmt, in dem Kräfteverhältnisse neu geordnet werden. Bei jedem Aufflackern von (antiwestlicher) Wut in der islamischen Welt wird seitdem Huntingtons These angewandt oder zumindest die Frage gestellt, ob das nun der Kampf der Kulturen sei.[320] Diese Frage bewegte auch die Diskussionen nach den Anschlägen von Madrid und London. Die „westliche Welt" musste zur Kenntnis nehmen, dass in England Einwanderer der zweiten Generation die sinnlosen Gewalttaten in der U-Bahn begingen[321], in Madrid Einwanderer aus Marokko[322]. Es handelte sich bei den Tätern nicht um benachteiligte junge Männer, deren Wut zu irrwitzigen Handlungen führt. Ratlosigkeit auf der einen und Zugehörigkeitswahn auf der anderen Seite prägt das Bild eher als ein Kampf von Kulturen.

Huntington sortiert die Welt nach Kulturkreisen, deren Rückgrat Religion und Sprache bilden. Das Wiedererstarken der „Kulturen" wurde mit dem Ende des Ost-West-Konfliktes, der alle andere Beziehungen dominierte, (erneut) wahr-

---

[319] Huntington betont ausdrücklich, dass es sich nicht um eine sozialwissenschaftliche Arbeit handelt, Kampf der Kulturen, 12.

[320] Zuletzt bei den Demonstrationen „beleidigter" Moslems gegen Mohammed - Karikaturen in Dänemark. S dazu Ibn Warraq, "Entschuldigt Euch nicht!" SPIEGEL ONLINE - 03. Februar 2006, (http://www.spiegel.de/politik/ausland/0,1518,398876,00.html); *Gottschlich, Jürgen*, Maulhelden der Meinungsfreiheit SPIEGEL ONLINE - 04. 02. 2006, (http://www.spiegel.de/politik/debatte/0,1518,399146,00.html)

[321] Zusammenfassung in: Terroranschläge in London aus Wikinews, der freien Nachrichtensite (BETA), 8. Juli 2005, 07:52 Uhr, http://de.wikinews.org/wiki/Terroranschlaege_in_London.

[322] Die Anschläge von Madrid (11. März 2004) wurden der El-Kaida zugeschrieben. Zwei Jahre danach ist die rechtliche Bewertung noch nicht durch Gerichtsverfahren abgeschlossen, s. beispielsweise: Kahl, Hubert, Die Aufklärung der Terror-Anschläge von Madrid läuft derart schleppend, dass viele Verdächtige auf ihre Freilassung hoffen können, dpa vom 9. März 2006, 10.05 Uhr.

genommen.[323] Die Wirtschaftstätigkeit ordnet sich nach Huntingtons These bevorzugt den Kulturkreisen an. Besonders die islamische Welt und China (sinische Kultur) werden die Dominanzkräfte der Welt sein, (falls sich der Westen nicht erneuert....).

Die politologische Sichtweise beschreibt eher Zusammenhänge als dass sie Methoden zur wissenschaftlichen Analyse entwickelt und sie ist, zumindest im Hinblick auf die Verwicklungen der nahöstlichen Religionen / Kulturen, nicht sehr geschichtsfest. Huntington wendet seine Deskription vor allem dazu an, die Frage zu erörtern, wie die westliche Welt / Kultur sich gegenüber den anderen durchsetzen kann.[324] Damit bleibt er (wahrscheinlich unbewusst) in der Tradition der westlichen Kämpfer gegen den Vormarsch des Islam.

Das Thema Immigration entfaltet er vor allem als die Sorge der westlichen Welt – besonders Europas - vor muslimischer Immigration. Die Gründe der Wanderung erkennt Huntington im dynamischen Wachstum der Bevölkerungen in den islamischen Ländern. „Das islamische Bevölkerungswachstum ist daher ein wesentlicher, mitausschlaggebender Faktor für Konflikte zwischen Musli-

---

[323] In Wirklichkeit handelt es sich zumindest im Falle der jüdisch - moslemisch – christlichen Auseinandersetzungen um die Wiederkehr des Themas aus der Zeit der Ausbreitung des Islam nach 632, der sich Austausch und Auseinandersetzung zumindest über das ganze Mittelalter hinweg anschlossen. Eine Ergebnis dieser Auseinandersetzungen ist die Tradition des Heiligen Jakobus in Santiago de Compostela, die seit den 1970iger Jahren in totaler Geschichtsvergessenheit als Pilgerfahrt auf dem Jakobsweg wieder in christliche Mode gekommen ist. In Wirklichkeit ist Jakobus, der „Maurentöter", der ‚Heilige gegen die Moslems'. S. auch Girtler, Roland, Irrweg Jakobsweg, Edition Gutenberg 2005, sowie Legler, Rolf, Sternenstraße und Pilgerweg, Bastei Lübbe 1. Aufl. 2000.

[324] Mit seiner Vorstellung von den Kulturen stellt sich Huntington in die Tradition von Spengler, Oswald, Der Untergang des Abendlandes. Umrisse einer Morphologie der Weltgeschichte (München 1963, Erstveröffentlichung 1918 und 1923), in der der Titel Programm ist. „Nach eigenem Bekunden war es der Schock über die Ohnmacht des Deutschen Reiches während der Marokkokrise von 1911, die Spengler zur Konzeption und Niederschrift des Untergangs des Abendlandes veranlaßte, nachdem er sich vorher vor allem mit "kunstphilosophischen Fragen" beschäftigt hatte", so Bienefeld, Hans-Jürgen, Physiognomischer Skeptizismus, Oswald Spenglers "Morphologie der Weltgeschichte" im Kontext zeitgenössischer Kunsttheorien (http://www.humboldtgesellschaft.de/inhalt.php?) „Durch die Untersuchung der schon dagewesenen Hochkulturen, der Herausarbeitung bestimmter grundsätzlicher Entwicklungen in allen diesen Kulturen und dem Vergleich mit dem Zustand unserer abendländischen Kultur, kam Spengler zu den Ergebnis, daß die abendländische Kultur ihren Zenit überschritten habe und nun mit Notwendigkeit ihrem Untergang entgegen gehe.", so die Kurzzusammenfassung von Peter Möller (www.philolex.de, Peter Möller). So wird Spengler auch weithin zitiert. Die Geschichte hat sich bisher nach Spenglers Vorstellungen nicht gerichtet. Das Abendland existiert immer noch und erlebt gerade durch die Migration eine erhebliche Zustimmung für sein Lebens- und Gesellschaftsmodell. Bei Huntington werden allerdings die Begriffe Kultur und Zivilisation in umgekehrter Bedeutung (im Gegenüber zu Spengler und analog der angelsächsischen Begriffsbildung verwendet.) verwendet.

men und anderen Völkern entlang den Grenzen der muslimischen Welt."[325] ...
und auch für die Migration. Die Zahl der Berufsanfänger ist aufgrund des Be-
völkerungswachstums in den islamischen Ländern von 1970 - 1990 bis zum
Jahr 2010 massiv angestiegen. Die heimischen Wirtschaften können aber immer noch keine Arbeit anbieten.[326] Gleichzeitig haben diese Gesellschaften
einen Modernisierungs- und Alphabethisierungsschub erlebt, der sie in eine
Dissoziation von „Wissen und Macht" geraten lässt, also ihr bisheriges politisches System harten Proben unterzieht.[327] Damit nähert sich die politologische
Sichtweise in ihrem sachlichen Gehalt der Anomietheorie. Die Abwanderungsgesellschaften leiden darunter, dass sie ihren Mitgliedern nicht die Möglichkeit
geben (können), sich ihren Regeln gemäß zu verhalten. Die Innovation vollzieht sich teilweise in Form des islamistischen Denkens und Handelns, zum
Teil in der bewussten kulturellen Abgrenzung zum „dekadenten Westen".

Die Einwanderung von Muslimen nach Europa und von Mexikanern in die
USA könnte – so extrapoliert Huntington seine Sichtweise - zu einer Spaltung
der Gesellschaften führen, da bei beiden Einwanderungsgruppen wenig Nei-
gung zur Assimilation besteht und in Europa auch die Politik sie nicht zur Assimilation veranlasst.[328]

Ertrag

Der Ertrag dieses politologischen Ansatzes liegt darin, zu vermuten, dass Mig-
ration unter politischen Auspizien als demographische Ausdehnung wachsender
Bevölkerungen und damit als Ausbreitung einer Kultur gesehen werden kann.
Die damit verbundene Vorstellung setzt voraus, dass die Zielländer auf die
Zuwanderung nicht politisch reagieren können und ihre gesellschaftlichen
Strukturen bloße Attrappen sind. Die Wanderung wäre dann so etwas wie ein
„Raumgewinn" der Herkunftsgesellschaften, in etwa vergleichbar mit der von
Europa ausgehenden Siedlungseroberung Amerikas. Sie beruht weiter auf der
Annahme, die Herkunftsgesellschaften, vor allem die islamische, seien keiner
Wandlung zugänglich und fähig.

Nicht nur die islamische Resurgenz, sondern auch die Migration deuten jedoch
eher auf Situationen gesellschaftlichen Drucks in den Herkunftsländern hin, die
auch dort politischer und sozialstruktureller Wandlung unterliegen werden. Die

---

[325] Huntington, Kampf der Kulturen 187.

[326] A.a.O., 186ff..

[327] A.a.O., 183.

[328] A.a.O., 316ff.. Die Einwanderung von Mexikanern in die USA fällt eigentlich nicht unter das
von Huntington angeschlagene Thema. Mexiko zählt unbestritten zum christlichen Kulturkreis.
Damit wäre der Schluss naheliegend, dass wachsende Bevölkerungen, auf die die Wirtschaftskraft
der jeweiligen Staaten nicht vorbereitet ist, erhöhte Migrationsbereitschaft erzeugen. Die These von
der Kulturkreisabhängigkeit der Integrationsprobleme würde dann von ihm selbst widerlegt.

islamistischen Bewegungen richten sich vor allem gegen die heimischen Regierungen und den Einfluss des Westens auf diese.[329]

Die morphologisch-deskriptive Betrachtung der Migrationsproblematik dieser Provenienz erbringt also keinen Theoriegewinn, sondern allenfalls weltanschauliche Dynamik, in der alle Strukturen der Wirklichkeit nach diesem weltanschaulichen Muster interpretiert werden. Weltanschauliche Sprachfiguren ermöglichen keinen Zugang zum Phänomen der irregulären Migration, die für solche Größenordnungen auch unerheblich sein dürfte. Die Kulturkreisthese stärkt jedoch die Annahmen der Anomietheorie.

---

[329] Dazu Hagenmaier, Martin, Selbsteinladung ins Paradies. Islamistischer Terrorismus als religiöse Herausforderung, Sierksdorf 2016.

Kapitel 6

Konstruierte Wirklichkeit als Berechtigung und Ausschluss

Erweiterung der Anomietheorie um das Subjekt

Die irreguläre Migration kann einer Theoriebildung nähergebracht werden, wenn man den subjektiven (nicht nur den indviduellen) Faktor in die Anomietheorie einführt. Die Kritiker der Anomietheorie haben stets bemängelt, dass diese Theorie keine wirkliche Erklärung von abweichendem Verhalten liefere, weil sie lediglich eine gesellschaftliche Druckkulisse beschreibe. Sie ließe damit das eigentlich theorienotwendige Interesse für individuelles Verhalten vermissen und könne so ein Verhalten nicht wirklich erklären. Diesem Umstand kann mit der Einführung subjektiver Elemente in die Anomietheorie abgeholfen werden. Eine anomische Situation wirkt auf Individuen und Gruppen. Diese sind nicht bloße Objekte von Druck. Vielmehr stehen sie in der kommunikativen Situation ihrer Wirklichkeit. Wirklichkeit gibt es nur als interpretierte Wirklichkeit bzw. als Wirklichkeitskonstruktion. Die Linien dieser Wirklichkeitsinterpretation werden nicht subjektiv erfunden. Vielmehr richten sie sich nach Linien des Überkommenen, das man als selbstverständlich ansieht, den Plausibilitäten, dem Alltagswissen und den Metaerzählungen, die sich je nach gesellschaftlicher und globaler Position erheblich unterscheiden können.[330] Ein Individuum nimmt seine Gesellschaft subjektiv als anomisch wahr und sucht nach „plausiblen Lösungen" für dieses Problem. Diese sehen je nach Standort in der Sozialstruktur und nach persönlicher psychischer Ver-

---

[330] Die Wirksamkeit der vorgegebenen Strukturen bzw. Verhältnisse bis in die Handlungen des Individuums hinein nimmt auch die Ethnopsyhoanalyse an. So erklärt z.B. Parin, Paul, Das Mikroskop der vergleichenden Psychoanalyse und die Makrosoziätät, in: Haase, Helga, Hg., Ethnopsychoanalyse, Wanderungen zwischen den Welten, Verlag Internationale Psychoanlyse, Stuttgart 1996, 116-142: „Dieses Koordintensystem, Sozialisation versus gesellschaftliche Verhältnisse, eignet sich vorzüglich, um Forschungsergebnisse, die mit den verschiedensten ethnologischen und psychologischen Methoden gewonnen sind, miteinander in Beziehung zu setzen oder zu vergleichen." (121) ... „Wir haben ... belegt, daß makrostrukturelle Kräfte einen direkten Einfluß auf das Kind haben, der aus dem Verhalten der ‚Vermittler' und der Struktur der entsprechenden sozialen Institutionen nicht abgeleitet werden kann." (135f.) „Die Änderung eines kultur- oder klassenspezifischen psychischen Modells, eines typischen psychischen Verhaltens erfolgt nur langsam, weil sich Erziehungsgewohnheiten nur langsam ändern und weil sie langwährende Folgen haben, die über Generationen hinaus fortwirken. Raschere und spektakuläre Folgen (...) sind von Änderungen der Macht- und Lebensverhältnisse in einer Soziätät, in einer Klasse, bei einem Volk zu erwarten. Diese Prozesse ergänzen einander und müssen wohl in einer noch kaum zu erfassenden Weise aufeinander einwirken, um historische, das heißt fortschreitende und gesellschaftliche wirkende Folgen zu haben und nicht einfach zu einer Vermehrung psychischer Pathologie und gesellschaftlichen Elends zu führen." (142).

fasstheit sehr verschieden aus. Die nichtsubjektiven Anteile werden von Generation zu Generation weitergegeben, wenn nicht äußere Entwicklungen in der Makrostruktur (Revolutionen, Bürgerkriege, Änderung der politischen Verhältnisse, Erfindungen, Naturkatastrophen etc.) dazwischen kommen.

Die eigene Gesellschaft als anomisch zu interpretieren, reicht als Grundlage für einen Migrationsentschluss noch nicht aus. Es müssen andere Wahrnehmungen hinzukommen, die heute durch die Medien global rasch (im Gegensatz zu anderen historischen Situationen mit mündlicher Überlieferung[331]) zugänglich geworden sind: ‚In anderen Regionen der Welt leben die Menschen anders als in der eigenen anomischen Lage', so die Wahrnehmung aufgrund von persönlichen Informationen, Medien und Meta - Erzählungen. Die plausible Lösung für dieses Problem ist es, dorthin zu gehen, wo die Menschen in Frieden leben, wenn für die betroffenen Individuen keine andere Lösungsmöglichkeit erkennbar wird. Nach allem, was bekannt ist, entscheiden sich Menschen in diesen Situationen sehr unterschiedlich. Aus einer Anomie - Wahrnehmung kann die Teilnahme am Guerilla – Kampf oder am Terrorismus oder ein stilles Leiden bis hin zur Apathie entstehen.

Die Regeln für das Hin- und Hergehen der Menschen zwischen verschiedenen Staaten lassen die schlichte und plausible Lösung nicht zu. Diese Regeln gehören zu den Sozialstrukturen (Machtstrukturen) der Weltbevölkerung und zu den Sozialstrukturen der einzelnen Staaten oder Staatenbünde. Sie sind nicht einfach nur Regeln, sondern spiegeln Machtverhältnisse der globalen Strukturen wider. Die Regeln werden nach der Definitionsmacht der jeweiligen Machtverhältnisse angewandt und enthalten dadurch den Charakter politischer Machtausübung, die über Ein- und Ausschluss entscheiden kann.

Die Entscheidung, auf den sozialstrukturellen Druck mit irregulärer Migration zu reagieren, also an den bestehenden Regeln vorbei zum Ziel kommen zu wollen, ist eine individuelle und subjektive oder eine ‚intersubjektive' von bestimmten Gruppen (in Gestalt mehrerer Subjekte) aus der jeweiligen Bevölkerung. Sie trifft aber nicht auf eine leere Welt, sondern auf gesellschaftliche Strukturen, in denen genau diese Formen von abweichendem Verhalten zu verhindern, das Ziel ist.

Verschiedenste Gründe können nun hinter einer Migrationsentscheidung stehen, wie sie in dieser Studie gezeigt wurden. Sie reichen von der schlichten Flucht vor ungerecht empfundener Behandlung durch heimische Gerichte über die Vorstellung, dass die Situation anderswo einfach ein besseres Leben ermöglicht bis hin zur Flucht vor der unmittelbaren Bedrohung des eigenen Lebens.

---

[331] In Zeiten, in denen nicht die schriftlichen oder elektronischen Medien den Austausch von „Wissen" steuerten, gab es nicht etwa kein Wissen über andere Regionen. Vielmehr wurde in Mythen und Erzählungen „Wissen" transportiert. Daran schließt die „narrative Methode" an.

Letztere führt aber meistens nur ins Nachbarland. Daher kommen in Europa – außer bei den MigrantInnen aus Exjugoslawien – die Fluchtvorgänge aus direkt brutaler Unterdrückung und sinnloser Zerstörung von Leben derzeit weniger vor, mehr dagegen die aus insuffizienten Gesellschaftsordnungen mit nichtgeregeltem Macht- und Sozialausgleich.

Ein irregulärer Migrationsvorgang kann somit nicht einfach nur als Re-aktion, sondern muss als Aktion bezeichnet werden. Die oben erwähnte Handlungstheorie gibt als Hintergrund für irreguläre Migration ein Maß vor, nach dem Individuen so miteinander in Kommunikation treten, dass sie beim Gegenüber eine Rationalität voraussetzen, die der ihren entspricht. Daher setzen sie ihre Wirklichkeitskonstruktion, in der die eigene Notlage eindeutig durch anomische Umstände bedingt ist, als rational voraus und unterstellen dem Gegenüber in den Zuwanderungsländern eine ähnliche Rationalität. Wäre dies der Fall, würden die irregulären MigrantInnen eine problemlose Aufnahme in den Zuwanderungsländern erleben. Die Rationalität in den Zuwanderungsländern deutet die Situation jedoch völlig anders. Politischer Diskurs und Medien legen die Anomie einerseits im Sinne von Gesetzlosigkeit, andererseits im Sinne von gesellschaftlichen Strukturproblemen in diversen Herkunftsländern dar. Dies wird eher als bedrohlich, denn als Aufruf zur Öffnung der Grenzen empfunden. Zudem wird in den westlichen Ländern Zuwanderung aus Notgebieten als Ressourcen- und Ordnungsproblem gedeutet. Notzuwanderer erleben dies als umständliches Prüfungs- und Aufnahmeverfahren mit der ständigen latenten Ablehnungs- und Ausweisungsdrohung, irreguläre Zuwanderer als totale Ablehnung, bis hin zur Abschiebung. Dabei appellieren beide Gruppen an humanitäre Regeln der westlichen Gesellschaften. Sie fordern mit ihrem Zuwanderungsversuch eines der höchsten kulturellen Ziele der westlichen Gesellschaften ein, machen aber hier eine neue Anomieerfahrung. Die von ihnen angesteuerte Gesellschaft verweigert die Mittel, an dem kulturellen Ziel der Humanität teilzuhaben. Bei irregulären Migrationsversuchen wird das mit der Nichteinhaltung der Regeln, also mit abweichendem Verhalten begründet.

Die potentiellen Aufnahmeländer reagieren auf die Regelverletzung mit einer Maßnahme, die im Wahrnehmungshorizont der irregulären MigrantInnen der Willkürjustiz in ihren Herkunftsregionen nahe kommt. Die Inhaftierung ausreisepflichtiger Personen, denen ein ausgefeiltes Rechtssystem zugrunde liegt, sowie die Beschlagnahme des mitgeführten Geldes mag ihnen genau so unverständlich erscheinen wie eine Inhaftierung in Togo, die aus heiterem Himmel erfolgt, möglicherweise aber nach dem dortigen System den gesetzlichen Vorgaben und vor allem den Machtverhältnissen entspricht. Auch wenn demokratische Staaten diktatorischen Regimen die Legitimität absprechen und damit ihre Rechtssysteme in Frage stellen, auch wenn es innerhalb dieser Systeme keine

Rechtssicherheit gibt, beeinflusst diese Differenz die Wahrnehmung der Betroffenen wenig.

Eine weitere „Rationalität" führt zu unterschiedlichen Wirklichkeitskonstruktionen. Die westlichen Länder gestehen fest umschriebenen Gruppen von Menschen bestimmte Rechte zu (s. Kapitel 1). Dies tun sie aufgrund ihrer Definition des Flüchtlingsbegriffs. Dabei handelt es sich eigentlich nicht um Zuwanderung, sondern um vorübergehende Aufenthalte. Der Flüchtlingsbegriff der Genfer Flüchtlingskonvention wurde von fast allen Staaten der Erde unterschrieben. Auch Abwanderungsländer in unserem Sinne sind daher von Flüchtlingswellen betroffen. Häufig werden die entsprechenden Lager vom UNHCR organisiert und betrieben. Das daneben in verschiedenen nationalen Formen vorhandene Asylrecht setzt keine allgemeinen Notlagen oder allgemein anomische Verhältnisse voraus, sondern umschreibbare politische und gesellschaftliche Gewalt- und/oder Unrechtssituationen mit individuell wirksamem Charakter. Gruppenspezifische oder individuelle Anomiewahrnehmungen zählen nicht zu den Asylgründen.

Die Makrostruktur der Gegenwart kann nicht national oder auf bestimmte Gebiete beschränkt beschrieben werden. Die Globalisierung der Wirtschaft und der Medien lassen eine Soziostrukturwahrnehmung der eigenen Situation in der Welt entstehen. Das trifft alle Befindlichkeiten des öffentlichen und privaten Lebens. Westliche Staaten fühlen sich durch Vorgänge in weit entfernten Ländern bedroht.[332] Arbeiter aus Deutschland konkurrieren in ihrer Arbeitskraft nicht mit anderen Deutschen, sondern mit Arbeitern aus China, Japan, den USA, Südafrika oder der Türkei oder Nordkorea. Solche Konkurrenz entsteht nicht durch Zu-, sondern durch Abwanderung der Betriebe in günstigere Regionen, was natürlich nur in Regionen mit Ausbeutung ohne „sozialen Ballast" bedeutet. Konkurrenz durch Zuwanderung entsteht zudem in vielen westlichen Staaten durch ausbeuterische (irreguläre) Schwarzarbeit von irregulären Migranten.

Es wäre denkbar, zu untersuchen, ob nicht das Verhalten der globalen Industrien eine Anomie am strukturierenden Ende der Gesellschaft(en) signalisiert. Hier werden kulturelle Ziele wie „sozialer Ausgleich", „gerechter Lohn", „Erfüllung durch Arbeit", „Gesundheit für alle" mit der Absicht der Gewinnmaximierung nicht mehr geteilt. Den Menschen werden institutionalisierte Mittel und Wege zum Leben in Freiheit und Gerechtigkeit verwehrt. Weil das der Fall ist, enthalten Industrien in Niedriglohnländern ihren Mitarbeitern den gerechten Lohn vor mit dem Hinweis auf Gegenden mit Kinderarbeit und ohne jede Ar-

---

[332] So konnte der ehemalige deutsche Verteidigungsminister Peter Struck unwidersprochen behaupten, Deutschlands Freiheit würde auch am Hindukusch verteidigt. Eine ernstere globale Bedrohung entstand nach der Explosion des Atomkraftwerkes von Tschernobyl im Jahr 1987.

beitszeitregulierungen, also volle Verfügbarkeit für die Arbeit. Das wirkt wieder als Druck auf die westlichen Wirtschaften zurück. Beim Weltmeister der Exporte, der dieses Ziel mit einer Arbeitswoche von unter vierzig Stunden erreicht hat, kann ungeniert behauptet werden, man müsse wieder mehr arbeiten, weil die Menschen in Vietnam schließlich auch sechzig oder achtzig Stunden in der Woche arbeiten und dafür sogar noch mit einem zwanzig- bis hundertfach geringeren Lohn zufrieden sind. Auch hier wirken Metaerzählungen erheblich auf die Sozialstruktur ein.

Am oberen Ende der Gesellschaften summieren sich im Gegensatz zu den unteren und marginalisierten Gruppen die Vorteile der globalen Situation: Wer in Deutschland nicht genug Geld zu verdienen meint, verkauft seine Manager- oder Wissenschaftlerfähigkeiten teurer in anderen Staaten. Durch Vergleich mit den USA fordern die Vorstände von Unternehmen ungeniert Jahreseinkünfte in hundertfacher Höhe von Durchschnittslöhnen und senken für dieses Ziel gleichzeitig die Mitarbeitereinkommen. Anomiewahrnehmungen breiten sich angesichts solcher Differenzen bisweilen in der Boulevardpresse aus, münden aber je nach gesellschaftlicher Verfassung allenfalls in Demonstrationen oder Streiks. Die westlichen Gesellschaften haben einen politischen Prozess entwickelt, der Anomiesituationen durch Teilhabe (teilweise) handhabbar macht. Genau dieser scheint in den Abwanderungsstaaten zu fehlen und dadurch die Wahrnehmung der Wirklichkeit so zu verschärfen, dass nur noch Abwanderung sinnvoll zu sein scheint. Da soziale Systeme durch individuelle Entscheidungen und Handlungen (fort)konstruiert werden, ist mit einer Migrationsentscheidung nicht etwa das Ende der Wirkungen erreicht. Vielmehr wirken nun die subjektiven Entscheidungen von Individuen und Gruppen auf die Sozialstruktur zurück. Daher kann man von einer fortlaufenden reziproken Konstruktion der Wirklichkeit sprechen. Massenhafte Migration von Individuen wirkt auf alle beteiligten Systeme und umgekehrt. Die subjektiv individuelle Handlung ist darin als Wirkung und Ursache verknüpft.

Statusübergänge

Zum weiteren Verständnis des subjektiven Anteils im System lässt sich das Modell des Statusüberganges nach Strauss einführen. Irreguläre Migration hängt mit Statusübergängen zusammen. Das Individuum vollzieht einen Übergang zum Status des irregulären Migranten. Das Kennzeichen des Statusüberganges ist, dass das Individuum und die umgebende Sozietät in Umbruchsituationen eine Wirklichkeitskonstruktion aushandeln, die den Status „stimmig" macht (s. Kapitel 4). Im Herkunftsland „stimmt" dieser Status für Leute, die das Land aufgrund der wahrgenommenen Situationen verlassen wollen. Es gibt eine innere Begründungs- und eine äußere Infrastruktur für irreguläre Migration, sowie Mythen von den Zielländern. Die Zielländer der irregulären Migration verweigern irregulären Migranten den Statusübergang zum schutzbedürftigen Flüchtling. Der irreguläre Migrant selbst versucht diesen Statusübergang durch Hinweis auf seine Notlage als Opfer von anomischen Verhältnissen und oftmals auch durch Identitätsverschleierung zu erzwingen. Dem folgt häufig ein zähes Ringen der Beteiligten um den individuellen Status, das sich auf dem Boden des jeweiligen Ausländerrechts abspielt. Die Probleme bei der Rückkehr in das Herkunftsland entstehen dadurch, dass dieses dem gescheiterten Abgewanderten den Status des irregulären Migranten seinerseits zuschreibt und den Übergang zum Status des „normalen" Gesellschaftsmitglieds verweigert. Häufig sind innerhalb der Herkunftsländer auch andere Agenten der Statuszuschreibung bzw. –gewährung tätig, wenn z.B. die Macht von Banden, Untergrundarmeen oder „warlords" ausgeübt wird. Eine noch schwierigere Situation entsteht, wenn es sich bei den irregulären Migranten um Angehörige von marginalisierten oder diskriminierten Gruppen der Bevölkerung handelt.

Die Anomietheorie beschreibt Gründe dafür, warum in den Sozialstrukturen Verhalten auftaucht, das sich nicht konform, sondern abweichend entwickelt.[333] Sie erklärt dies mit der Ziel – Mittel – Konstellation, nach der die Mittel zur Erreichung der Ziele ungleich verteilt sind. Um jedoch Verhalten zu erklären, wurde der subjektiv - konstruierende Faktor eingeführt. Gesellschaft existiert nicht an sich, sondern nur in der Konstruktion von Individuen, Gruppen und Systemen, die jeweils miteinander verknüpft und voneinander abhängig sind. Die Verteilung von Ressourcen in den Strukturen der sozialen Welt unterliegt der Interpretation von Individuen und Gruppen im Gegenüber und in Auseinandersetzung mit anderen Individuen und Gruppen. Die Interpretation knüpft wiederum an soziale, kulturelle, schichtenspezifische Wahrnehmungen, Erzählungen und Meta – Erzählungen an und schreibt diese im Akt der Interpretation fort. Die Akteure der Anomie sind also nicht die Strukturen selbst, sondern die jeweiligen gesellschaftlichen Akteure in verschiedensten Wahrnehmungs-, Gruppierungs-, Status- bzw. Milieuhorizonten. Diese Horizonte stehen nicht im

---

[333] Heinz *Abels* weist in seiner Darstellung der Anomietheorie auf den Zusammenhang mit der Entwicklung des Rollensets durch *Merton* in der Fortführung der Parson'schen Rollentheorie hin. Die *Merton*'sche Theorie geht im Gegensatz zu *Parsons* von den Phänomenen der Unordnung in der Gesellschaft aus und sucht diese zu erklären. Der Rollenset unterscheidet zwischen Interrollen- und Intrarollenkonflikten. Das letztere ist der Konflikt innerhalb einer Person, die verschiedene Rollen spielt. Das erstere erklärt Konflikte zwischen verschiedenen Personen als Rollenträgern. Im Gegensatz zu *Parsons*, der in seiner Rollentheorie annahm, daß eine geglückte Sozialisation die Individuen zur freiwilligen Annahme der Rollenerwartungen bringt, geht *Merton* davon aus, daß viele Individuen die Rollenerwartungen nicht erfüllen, weil sie es nicht können oder nicht wollen. (*Abels, Heinz*, Einführung in die Soziologie, Band 1 und 2, Die Individuen in ihrer Gesellschaft, Hagener Studientexte zur Soziologie Band 7 und 8, Westdeutscher Verlag Wiesbaden 2001, 90f.) *Abels* weist darauf hin, daß *Merton* "keine Theorie des Verhaltens, sondern eine Rollentheorie mit Blick auf Struktur und Funktion *sozialer Gebilde*" entwirft. (A.a.O., 97.)

eigentlichen Sinne zur freien Disposition, sondern entstammen der zunächst fraglosen Übernahme und Tradierung von Wirklichkeitskonstruktionen. Indem sie jedoch übernommen werden, werden sie zugleich fortgeschrieben oder im Akt der Handlung jeweils neu konstruiert. Die Horizonte der Wirklichkeitskonstruktion enthalten verschiedene Zugänge zu den Ressourcen und damit auch Regulierungs- oder Machtkonstellationen. So kann die Wirklichkeit nicht einfach neu konstruiert werden, weil alles mit allem zusammenhängt. Die einzelnen Horizonte verfestigen sich zu Systemen, die durch Regeln und Sanktionierungen gestützt werden. Sie bewirken dadurch einerseits eine Reduktion von Komplexität[334], weil sie immer gleiche Abläufe garantieren. Andererseits schreiben sie „Wirklichkeiten" auch fest und damit die Verteilung von Ressourcen in der Gesellschaft. Diese Wirklichkeitskonstruktionen sind das „Alltagswissen" der Gesellschaften. Sie werden nur in Frage gestellt, wenn etwas nicht wie vorgegeben in das geltende Bezugsschema hineinpasst.[335] Dass etwas nicht „hineinpasst", kann alle Bezüge betreffen, hängt aber von individuellen und überindividuellen Wahrnehmungen ab. Wenn jemand in Somalia nichts anderes kennt als die gegenwärtig dort vorhandene Wirklichkeit, wird er wahrscheinlich auf bewaffnete Überfälle oder Auseinandersetzungen zwischen den Kriegsherren damit reagieren, dass er sich in eine landesübliche Form von Sicherheit bringt. Denn er handelt innerhalb seiner Alltagswelt. Wenn er jedoch aus Geschichten, von Angehörigen in anderen Lebenswelten oder aus Medien „weiß", dass es auch andere Möglichkeiten des Lebens gibt, kann das übliche Handeln umgestaltet werden z.B. in irreguläre Migration. Das bedeutet, er trifft die Entscheidung, wegzugehen, sich eines Schleppers oder Passverkäufers zu bedienen, sich einer Gruppe, die auch geht, anzuschließen etc.. Voraussetzung dieser Entscheidung ist die Wahrnehmung der Situation als Anomie, als Unordnung oder „falsche Ordnung", wo es für sie keinen angemessenen Platz gibt. Das Handeln der irregulären Migranten ist innovativ im Sinne dessen, dass sie sich die Mittel, die ihnen ihre Gesellschaft verweigert, auf nicht vorgeschriebenen Wegen zu verschaffen suchen.

Struktur – Funktion - System

Hier erscheint es mir angebracht, in einem weiteren Schritt Grundgedanken des Strukturfunktionalismus einzutragen. Der Funktionalismus versteht jede Kultur als ein in sich sinnvolles System nämlich "als instrumentellen Apparat, durch den der Mensch in die Lage versetzt wird, mit seiner Umwelt besser fertig zu

---

[334] Luhmann, Niklas, Soziale Systeme, Suhrkamp Verlag, Frankfurt a.M. 1984.
[335] Luckmann, Thomas, Schütz Alfred, Strukturen der Lebenswelt, UVK Verlagsgesellschaft Konstanz 2003 (zuerst 1975), 35.

werden und seine Bedürfnisse zu befriedigen."[336] Das Ensemble des Systems bewirkt eine Reduktion von Komplexität. Parsons hat von Malinowski vor allem den Systemgedanken unter folgender Frage übernommen: „Wenn die Gesellschaft ein sinnvolles Ganzes ist, was sind dann die Bedingungen, daß das System weiterbesteht?"[337] Die Grundlegung lautet: "Eine Struktur ist eine Reihe von verhältnismäßig stabilen Beziehungsmustern zwischen Einheiten."[338] Diese Grundlegung sagt, dass es sich um die Beziehungen einschließlich der Normen und Erwartungen handelt, die die verschiedenen Systeme an sich und die darin agierenden Individuen an sich und andere stellen. Entscheidend ist die Zuordnung der Subsysteme eines Systems zueinander, also ihre Funktion ("Strukturfunktionalismus"). Das Interesse Parsons liegt auf der Ordnung, die solchermaßen geschaffen wird, und auf der Freiwilligkeit der Rollenübernahme durch die Individuen, nicht auf der Abweichung. Parsons sieht in den Systemen eine Tendenz zum Selbsterhalt und zum Gleichgewicht, der Homöostase.[339] Das System ordnet also die Phänomene. Die Systembildung ist eine anthropologische Grundkonstante.[340] Werte und Normen garantieren den Erhalt der sozialen Ordnung. Aber auch die Abweichung erfüllt im System eine Funktion. Sie schafft Raum zwischen den Systemen und stellt deren unbedingte Gültigkeit in Frage.

In der Sozialisation wird das Individuum in die in diesem System und seinen Subsystemen entstandenen und interagierenden Rollen eingeführt. Da einem System Erwartungen und Normen inhärent sind, ist das Individuum der Schnittpunkt, an dem sich gesellschaftliche Erwartungen und persönliche Elemente treffen. Die Einführung ins System sieht Parsons in fünf Phasen der Sozialisation, wobei er die Theorie vom Über-Ich von Freud übernimmt [341] und die Entwicklungsphasen an Freud anlehnt. Für diese Abhandlung reicht der Blick auf die beiden letzten Phasen:

In der vierten Phase bilden sich die Beziehungen zu Gleichaltrigen heraus, die nicht affektiv und auf die kindliche Rolle bezogen sind, sondern hier entwickeln sich eher neutrale Beziehungen und Hierarchien nach Leistung.

---

[336] *Malinowski, Bronislaw K.*, Eine wissenschaftliche Theorie der Kultur, Frankfurt am Main: Suhrkamp Verlag, 3. Aufl. 1988, 1. Aufl. 1944; aus *Abels, Heinz*, Einführung in die Soziologie, Wiesbaden: Westdeutscher Verlag 2001, S. 117
[337] *Abels*, a.a.O., Band 1, 195.
[338] *Parsons, Talcott*, Beiträge zur soziologischen Theorie, Hrsg. v. *Rüschemeyer, Dietrich*, Neuwied, Luchterhand, 1964, darin: Systematische Theorie in der Soziologie. Gegenwärtiger Stand und Ausblick, 1945, 54.
[339] *Abels*, a.a.O., 198.
[340] *Abels*, ebd..
[341] *Abels*, a.a.O., Band 2, 75.

Die fünfte Phase ist die des Heranwachsenden, der oder die sich an generellen Erwartungen orientieren sowie lernen muss, Leistungsanforderungen verschiedener Subsysteme zu entsprechen.

Motivation und soziale Kontrolle sind die grundlegenden funktionalen Prozesse im System. Sie erklären, warum Individuen lernen, freiwillig Normen und Rollen zu akzeptieren, zu wollen, was sie sollen. Der Übergang von der Anschauung der vorgegebenen Strukturen und Funktionen in Handlungsweisen geschieht als Internalisierung. Die Grundordnung eines Systems beruht auf Stabilität, Integration, Konfliktlosigkeit und normativem Konsens. Das Modell betont die Funktionen der Ordnung und Stabilität. Dahingehend wurde es auch als hemmend gegenüber Veränderung kritisiert. Für abweichendes Verhalten, das als ubiquitär gelten dürfte, gibt es nur die Kategorie, dass es dem System seinen unbedingten Anspruch nimmt.

Angenommen, der Drang zur Homöostase wohne allen Strukturgebilden inne, dann ließe sich folgern, dies gelte auch für Systeme der Unordnung oder der Anomie, die ohne Zweifel auch Systeme sind. Auch hier bilden sich Tendenzen zum Erhalt des Systems, was eine hohe Marginalisierungsrate gegenüber anderen Teilsystemen zur Folge hätte. Das desintegrierte System zerfällt in Subsysteme, die miteinander in Konkurrenz stehen. Wer sich jedoch dem einen anschließt oder in ihm sozialisiert ist, wird entweder seine Wirklichkeit verteidigen oder sich beim Misslingen der Sozialisation ihm verweigern und eventuell dem konkurrierenden Modell zuneigen. Die konkurrierenden Subsysteme können nicht die soziale Kontrolle und Motivierung erzielen, die zur Integration notwendig wäre. Daher unterliegen sie dem Drang, sich immer weiter aufzuspalten und schließlich die Anomie voll zu entwickeln. Anomie wäre dann der Zustand, in dem die Eingewöhnung in Rollen und Normen, an Sinnhaftigkeiten und Bedeutungen sich nicht mehr an größeren Systemen orientiert, sondern familiäre oder durch bloße Gewalt gebildete Kleinsysteme an deren Stelle treten. Darin gibt es keine öffentliche, für alle zugängliche und auch durch alle kontrollierbare Sphäre mehr. Eine Ausprägung dieser Art findet sich in den Schilderungen der Migranten aus Somalia und anderen afrikanischen Staaten. Eine daran angelehnte Folge ist das weltweite Netz der Schlepper, die von falschen Papieren über Reiserouten bis zur durchorganisierten Reise alles gegen absurde Preise anbieten.

Der Strukturfunktionalismus böte mit seinem Sozialisationsmodell eine nähere Erklärung dafür, dass vor allem im fortgeschrittenen Jugend- und jungen Erwachsenenalter Migrationsentscheidungen getroffen werden. Wenn die Systeme, an die man sich anpassen soll, nur um den Preis der Unterwerfung, der Arbeitslosigkeit oder der sonstigen Chancenlosigkeit zu haben sind, wird die Vorstellung, sich diesem zu entziehen, anwachsen. Da die Systeme keine Mittel anbieten und teilweise auch insuffizient erscheinen, verschärft sich der Druck in Richtung einer irregulären Migration. Sie wird durch die Mythen und Erzählungen von den anderen Welten genährt. Irreguläre Wanderung wird von der Abgangs- und von der Zugangsgesellschaft als abweichendes Verhalten interpretiert. In den meisten Ländern stehen auf dem Missbrauch von Identitätspapieren und illegaler Einreise Geld- und Haftstrafen. Die deutsche Bundesregierung erhebt die Daten über illegale Zuwanderungsversuche und Aufenthalte denn auch aus der Kriminalstatistik.[342] Die Abwehrmaßnahmen der Zugangsgesellschaften erhalten von den Wanderern im Umkehrschluss das Etikett „Strafe" zumindest in der massenhaft angewandten Abschiebungshaft und Abschiebung, obwohl rein rechtlich kein Zusammenhang zwischen Strafen für illegale Einreisen und der Abschiebungshaft besteht. So stehen sich ein nach Homöostase strebendes irreguläres Migrationssystem und ein rechtlich geordnetes, definitorisch öffentlich abgesichertes Abwehrsystem gegenüber.

Im Migrationssystem werden hohe Summen (persönliche und gesellschaftliche Ressourcen) ausgegeben und umgesetzt und im Abwehrsystem ebenso. Das Abwehrsystem ist bürokratisch geordnet und schaut weder nach Effizienz noch nach Humanität. Es setzt sich ins Unendliche fort, wie unschwer an denKetteninhaftierungen innerhalb der EU festzustellen ist. Von einer Reduktion der Komplexität des Daseins kann durchaus die Rede sein, wenn man sieht, dass hier individuell verschiedenste Migrationsdauern, -ursachen und -verhaltensweisen gleich behandelt werden. Eine Reduktion von Komplexität kann aber für das europäische Verfahren insgesamt nicht festgestellt werden. Hier handelt es sich eher um eine „bürokratische Verwahrlosung". Sie ordnet Probleme, die nur durch ihre Existenz entstehen.

Das irreguläre Migrationssystem unterliegt keiner bürokratischen oder anderen öffentlichen Ordnung. Es macht den Eindruck einer Art privaten Netzwerkes, bei dem keine Verantwortlichkeiten existieren, sondern immer nur einer einen anderen kennt, der .... Da es keine Legitimität enthält, sondern von anomischen Situationen und der dafür typischen Ausbeutungsmentalität auf der einen und einer extremen Risikobereitschaft auf der anderen Seite genährt wird, können die Themen der Anomie nicht dort bearbeitet werden, wo sie entstehen. Die Not der Menschen bleibt individuell und leicht benutzbar. Das System führt zur Benutzbarkeit von irregulären Wanderern in den Zuwanderungsländern. Werden sie „unbequem", kann man sie den Behörden anzeigen. Dann greift wieder das offizielle System ein. Obwohl es sich beim System der irregulären Migration also nicht um ein System im herkömmlichen Sinne handelt, folgt es doch beschreibbaren Regeln, Normen sowie den dazugehörigen Sanktionen, Zugehörigkeiten und Ausschlüssen, Über- und Unterordnungen und bildet eine globale lockere Struktur mit regionaler Ausprägung. Diese hängt von Bedingungen in

---

[342] Migrationsbericht 2004, 56-59.

Makrosystemen und deren Zuordnungen im globalen System ab und beeinflussen wiederum Makrosysteme und das globale System in vielfacher Hinsicht.

Am deutlichsten treten Einflüsse im politischen System auf. Die einzelnen Staaten – in Abwanderung und Zuwanderung – sehen sich gezwungen, sich in Grenzregimen, Strafrecht und Wirtschaft auf irreguläre Migration einzustellen. Menschenrechte und Humanitätsfragen müssen definiert werden und erweisen so einerseits ihre Zugehörigkeit zu Makrostrukturen unter politischen Bedingungen, d.h. unter definitorischer Macht mit den zugehörigen Platzanweisungen und Etikettierungen. Das System der irregulären Migration bildet Vermögen auf der Seite der „Schleuser" und vernichtet Vermögen auf Seiten der MigrantInnen und hat damit Anteil an der weltweiten Ressourcenverteilung.

Beispiel Einheirat

In den westlichen Staaten kann man z.B. bei der Einheiratung gegen Bezahlung auch von einer Wirkung der und auf die sozialen Systeme sprechen. Die Heirat gegen Geld findet vorwiegend in gesellschaftlichen Milieus statt, die in der Ressourcenverteilung eher am schlechten Ende der Gesellschaft stehen. Oft wandert das Geld in legalen oder illegalen Konsum (Drogen etc.) weiter. Damit findet es auch seine Auswirkung auf die sozialen Systeme. Der Wirtschaft im Abwanderungsland wird es entzogen. Klar wird auch, dass nur MigrantInnen mit Ressourcen sich diesen Weg leisten können. Mit mehr Ressourcen ausgestatte Menschen können sich in diesem System, ohne Geld zu nehmen, eine Heirat aus Humanität leisten, wenn sie psychisch und gesellschaftlich dazu in der Lage sind. Menschen auf der einen oder anderen Seite ohne Ressourcen können dagegen nur hoffen, dass sich, wie es eigentlich als regulär vorgesehen ist, jemand in sie verliebt. Sie wären dann die, die der Vorstellung von Eheschließung in Deutschland am nächsten kämen.

Der Vorgang beruht in Deutschland auf dem prononcierten Schutz von Ehe und Familie und der freien Wahl des Ehepartners. Die dahinter stehende Wertvorstellung ist nicht die romantische Liebe, sondern der „rationale" Zweck, einen festen Ort für den Nachwuchs zu begründen. Die freie Wahl des Ehepartners gründet auf garantierten Freiheitsrechten des Individuums.[343] Die Menschen treten aufgrund der Bedeutungen und Sinnhaftigkeiten, die damit verbunden sind, in die Ehe. Beim Schutz von Ehe und Familie stellt die private Sinnhaftigkeit nicht auf den „Zweck" ab, sondern auf das genaue Gegenteil, nämlich die romantische Liebe. Der Staat erlaubt sich nunmehr durch seine Agenten die definitorische Unterscheidung von rechtmäßiger und nichtrechtmäßiger Eheschließung. Dabei wird er sich hüten, die rationale Begründung zu unterstützen.

---

[343] In seinem historischen Zusammenhang gehört es in Deutschland unter die Freiheitsrechte der Frau.

Er definiert sich zum Hüter der privaten Sinnhaftigkeit und behauptet so, die Gesellschaft vor „Missbrauch" zu schützen. Die Individuen erleben bei solchen Vorgängen möglicher Weise den Wandel eines gesellschaftlichen Wertes oder die Konstruktion von Wirklichkeit. Sie sehen, dass Eheschließung auch im Sinne einzelner Personen oder ganzer Gruppen zweckrationalen Zielen folgen kann, die nicht vom Gemeinwesen, sondern vom einzelnen nach Notlagen oder Wünschen in den Rahmen hineindefiniert werden. Dabei wird die Vielgestaltigkeit und Interpretierbarkeit der symbolischen Interaktion im Bereich der Ehe sichtbar. Dadurch gerät die „Rationalitätsunterstellung" im Miteinander in Mitleidenschaft. U. U. setzt ein Prozess der Auseinandersetzung mit dem „Ordnungssymbol" Ehe ein, der zu neuen Positionierungen und Klarstellungen zwingt, d.h. einen neuen politisch – definitorischen Vorgang über den Schutz von Ehe und Familie bis hin zum Steuerrecht in Gang setzt. Sichtbar wird auch der Wirkungsmechanismus von gesetzlich garantierten Werten in einer Gesellschaft: Sie sanktionieren eine bestimmte ausgehandelte Sinnhaftigkeit einer allgemeinen Handlung und schreiben so ein bestimmtes Modell von Wahrnehmung und Verhalten fest.

Das Beispiel der irregulären Migration durch Eheschließung erläutert auf einfache Weise die gegenseitigen und rückwirkenden Zusammenhänge von sozialen Strukturen und individuellem Handeln. Dabei werden sogar Zusammenhänge mit der Ressourcenverteilung in der (in diesem Falle) Zuwanderungsgesellschaft deutlich: Eine Nutzung der gegebenen Strukturen der Eheschließung zum Zwecke der Einwanderung könnte sich jemand mit guten finanziellen Ressourcen unter dem Stichwort der Humanität eher problemlos leisten. Zusätzlich stehen weitere sozialstrukturelle Überlegungen an. Wenn ein deutscher Mann sich eine Frau aus Thailand oder den Philippinen nach Katalog „kauft" (s.o. Heiratsmigration) und sie in den Stand der Ehe führt, gibt es selten Probleme. Die Interaktion aufgrund der Bedeutung „Ehe" lässt männliche ‚Aktion' in einer insgesamt immer noch nach dem Prinzip der hegemonialen Männlichkeit konstruierten Gesellschaft problemloser zu. Wieweit das mit den offen männlich ausgerichteten Herkunftsländern der meisten irregulären MigrantInnen zusammenhängt, soll hier nicht diskutiert werden. Wie Kriminalität und Terrorismus dominieren Männer auch zumindest die gescheiterte irreguläre Migration.

Das Beispiel der Eheschließung unter diesen Gesichtspunkten erklärt nicht und das ist auch nicht seine Aufgabe, wie die Beteiligten psychisch und in ihrem Lebensentwurf mit einer solchermaßen geschlossenen Zweckehe zurechtkommen. Das wird vermutlich der Inhalt der vielen Geschichten, die über die Ehen zum Zwecke der Einwanderung umlaufen und sich dann zu Mythen verdichten, die wiederum ihre Wirkung auf die Wahrnehmung der Welt ausüben.

Regulär und irregulär

Welche Vorstellung steckt nach dem Eintrag dieser Vorstellungen hinter der Unterscheidung von regulärer und irregulärer Migration? Die reguläre Migration läuft nach den Regeln der jeweils herrschenden politischen Rationalität und der daraus erwachsenden Definitionsmachtverhältnisse ab. Menschen lassen sich also „erlauben", ein anderes Land zu betreten, bzw. sie werden dazu eingeladen. Sie stärken die Homöostase der Systeme. Sie respektieren die gegebenen Verhältnisse. Sie nehmen auf diese Weise an einem Metasystem teil bzw. sie konstruieren es.

Die irreguläre Migration tut dies nicht. Eine Einladung wird an sie schon gar nicht gerichtet, sondern sie nimmt ein aus der eigenen Wahrnehmung ihrer Lebenswirklichkeit konstruiertes Recht der Humanität auf das Betreten anderer Länder und den Anschluss an dessen Ressourcen in Anspruch. Darin wird sie von Agenten des irregulären Migrationssystems unterstützt, die ihrerseits daraus erheblichen Gewinn ziehen. Im Metasystem der Globalität bilden sich die Über- und Unterordnungen der regionalen, kulturellen, nationalen und kleineren Systeme bzw. Strukturen fort und umgekehrt. Unterschiede innerhalb der Gesellschaften bilden zugleich Unterschiede in der globalen Struktur. Der Anteil an den Ressourcen bezieht sich wohl auf nationale und andere Einheiten, bildet aber auch das Substrat für den Anteil an der globalen Struktur. So steht gesellschaftliche Struktur oder das System der Gesellschaften nicht mehr sich selbst gegenüber. Westliche Systeme oder Strukturen vergleichen sich mit den Strukturen in Ländern anderer Kontinente.[344] Vertragliche Übereinkommen zwischen den Staaten sollen eigentlich auch Ab- und Zugang regeln. Nach diesen Verträgen bekommt das Nichtgeregelte den Charakter des Irregulären, des Abweichenden. Aber hier taucht der Horizont auf, den Ulrich Beck in seinem Werk „Die Metamorphose der Welt" beschreibt: Die kosmopolitischen Perspektive macht ein neues Verständnis der Generationen nötig, die nicht mehr nationalstaatlich gedacht werden können. Beck gebraucht den diagnostischen Begriff der ‚Generationenkonstellationen', der die Alterspolarisierung ebenso enthält wie die Ausbildungs- und Arbeitsmarktposition und die ethnisch-kulturelle Diversität. Dazu kommen die Aspekte ‚Verteilung von goods und bads' und die Ausbreitung der Gleichheitsidee, welche den weltweiten sozialen Ungleichheiten allmählich jede Legitimation entzieht. Dieser Entlegitimierung folgt, dass sich auch der rechtliche Unterschied zwischen In- und Ausländern, zwischen Bürger- und Nichtbürgerrechten, ja letztlich der zwi-

---

[344] Das deutsche Bildungssystem wird dann als etwa so erfolgreich wie das aus Mexiko oder Burundi bezeichnet, während Deutschland sich zur westlichen (wissenschaftlich und wirtschaftlich führenden) Welt rechnet. Deutsches Pisa-Konsortium, Hg., Pisa 2000, Basiskompetenzen von Schülerinnen und Schülern im internationalen Vergleich, Leske + Budrich, Opladen 2001.

schen Einheimischen und Migranten auflöst. Da steht ein „globaler Umverteilungskampf" aufgrund der Erfahrungen der kosmopolitischen Risikogenerationen ins Haus, siehe Migration. In der Verwandlung der Welt steht letztlich die „Metamorphose der Ungleichheit" im Zentrum zukünftiger Wahrnehmung.[345]

---

[345] Ulrich Beck, Die Metamorphose der Welt, Suhrkamp Verlag, Berlin 2017

Anhang

Untersuchungsplan mit Interviewleitfaden

Für den Erhalt von statistischem Material und für die Genehmigung von Akten-studium und Interviews mit Abschiebungshäftlingen waren Anfragen bei den beteiligten Ministerien notwendig. Dazu wurde der folgende Untersuchungs-plan beim Ministerium für Justiz in Kiel, beim kriminologischen Dienst in Hannover, bei der Zentralen Ausländerbehörde, Abteilung Abschiebungshaft, in Eisenhüttenstadt, bei der Leitung des Abschiebegewahrsams Köpenik in Berlin, beim Justizministerium in Schwerin, bei der Leitung des Polizeigewahr-sams in Bremen und beim Justizministerium in Stuttgart vorgelegt:

Die reinen Fakten über die Abschiebungshaft, also die Zahl der Haftplätze, die Durchführung der Haft, die rechtlichen Grundlagen, wurden verschiedentlich dargestellt und kritisiert. Es fehlt eine genauere Differenzierung mit dem Focus auf die Frage, wer in Abschiebungshaft kommt und ob bestimmte Verhaltens-weisen und soziale Zugehörigkeiten von Menschen unter den Migranten Ab-schiebungshaft mit verursacht (konstruktivistischer Ansatz, nach dem niemand nur Objekt ist, sondern seine jeweilige Wirklichkeit durch eigene Bewertungen und Handlungen verantwortlich konstruiert). Denkbar wäre beispielsweise risikobereites Verhalten etwa durch bewusstes Ignorieren überall bekannter Vorschriften (Passgesetze, Einreiseformalitäten etc.), abweichendes Verhalten in der Herkunftsregion, die zur planlosen Migration veranlasst; Verhältnisse - auch im Weltmaßstab gesehen - , die eine Art Anomie - Verhalten provozieren, dem jedoch - wie in anderen Zusammenhängen nicht - jeder erliegt.

Für diese Fragestellungen bietet sich eine multiperspektivische Studie an.

Die Möglichkeit, dass scheiternde Migration etwas mit „abweichendem Verhal-ten" und anomischer Situation zu tun haben könnte, ist in Erwägung zu ziehen. (Hilfsweise Hypothese).

1) Interviewleitfaden Abschiebungshaft

Alter
Herkunftsland, Region, Stadt, „Land"
Schuldbildung,
Ausbildung,
Tätigkeit vor dem Entschluss zur Migration,
Herkunftsfamilie;
Familienstand, eigene Familie: Wer, wo, Kontakt?
Zielvorstellung bei der Migration: Welche „Vorstellung vom Leben" steckt
    hinter dem Entschluss?

Kulturelle Werte und gesellschaftliche Ziele im Herkunftsland

Einschätzung der gesellschaftlichen Position im Herkunftsland

Reiseweg, wie viele Anträge auf Asyl in welchen Ländern? Bzw. welche Art des Aufenthalts.

Informationskanäle, auf denen Kenntnisse über das ausgewählte Zielland bzw. die Zielregion in das Herkunftsland gelangen.

Migrationsmöglichkeiten durch Schlepper o.ä..

Darstellung bzw. Wahrnehmung des Herkunftslandes sowie des /der Ziellandes / -länder.

Welche finanziellen Mittel stehen durch wen für evtl. Schlepper oder illegale Rückkehr oder Einreise bzw. Überquerung des Mittelmeeres zur Verfügung? Wer bezahlt?

Anzahl der Abschiebungen vorher

Abschiebung - Zurückschiebung?

Dauer der Abschiebungshaft – Geldmittel, die eingezogen wurden.

Wenn ich könnte, was ich wollte.... Welches Leben möchte ich in Zukunft haben?

Konkrete Pläne für die Zukunft

Schwierigkeiten mit der Auswertung bestehen in der Interpretation der sozialen Verhältnisse in den Herkunftsländern.

Die weitere empirische Grundlage der Studie soll in drei Teilbereichen erhoben werden. **(Sie sind nicht in dieser Studie abgedruckt.)**

2) Datenlage in der Abschiebungshaft

1) Anzahl der Aufnahmen
darunter:
a)   Abschiebungshaft beantragende Behörde
b)   Herkunfts- und/oder Drittländer
c)   Anzahl der vorangegangenen Abschiebungen
d)   Familienstand
e)   Aufenthaltsstatus (illegale Einreise, abgelehnte AsylbewerbInnen, Bürgerkriegsflüchtlinge)
2) Anzahl der Entlassungen
Darunter:
a) Abschiebungen in
- Herkunftsland,
- Drittland
b) Entlassungen aus der Haft
        - Gründe für die Entlassung aus der Haft
c) Verlegung in andere Anstalten etc.
3) Dauer des Aufenthalts in der Abschiebungshaft

a)   Gesamtüberblick, so vorhanden, ansonsten:
b)   Durchschnitt
c)   Längste und kürzeste Aufenthaltsdauer
4) Personal
a)   Staatsbedienstete
b)   Sicherheitsdienst
c)   Soziale Beratung, Seelsorge etc.
d)   Ehrenamtliche Betreuung
e)   Zugang für Beratung rechtlicher Art
5) Gewahrsamsordung, Abschiebungshaftgesetz
-    vorhanden? Wenn ja, bitte Bezugsquelle oder Fundort

3) Aktenstudium

Zur Nachrecherche bitte ich um die Genehmigung, Akteneinsicht in etwa jede zehnte Akte der letzten zwei Jahre zu erhalten.

4) Recherche über Entlassungen aus der Abschiebungshaft anhand der vorhandenen Akten.

Ich bitte um die Genehmigung, die Akten der aus der Abschiebungshaft entlassenen Personen nach rechtlichen und argumentativen Gesichtspunkten auswerten zu dürfen. Eine Genehmigung durch die Personen selbst ist nach der Entlassung nicht möglich. Persönliche Daten werden dabei nicht erhoben.

5) Datenschutz

Der Datenschutz wird dadurch gewährleistet, dass durch die Aktenstudien zu III. und IV. keine Namen aufgezeichnet werden. Die anderen Daten lassen Rückschlüsse auf die Personen nicht zu. So die betroffenen Personen noch anwesend sind, werden sie um die Genehmigung gebeten, ihre Akte zu lesen.

Beim strukturierten Interview werden die Befragten über den Zweck des Interviews unterrichtet, bevor das Interview stattfindet. Es können auch nur Personen interviewt werden, die damit einverstanden sind. Teilweise sind andere Abschiebungshäftlinge oder ehremamtliche MitarbeiterInnen als Dolmetscher tätig. Die Befragten dokumentieren ihre Bereitschaft zur Mitwirkung dadurch, dass sie ihren Namen auf eine Liste setzen, die von den Interviews getrennt aufbewahrt wird. Der Zusammenhang zur Namensliste kann durch eine Ziffer hergestellt werden, die jedoch nach Abschluss der Untersuchung vernichtet wird.